셀프트래블
말레이시아

상상출판

셀프트래블
말레이시아

초판 1쇄 | 2017년 2월 20일
초판 2쇄 | 2018년 3월 5일

글과 사진 | 김주희

발행인 겸 편집인 | 유철상
편집 | 황유라, 이유나, 이정은
디자인 | 주인지, 조정은, 조연경, 이혜수
마케팅 | 조종삼, 최민아

펴낸 곳 | 상상출판
주소 | 서울시 동대문구 정릉천동로 58, 103동 206호(용두동, 롯데캐슬 피렌체)
구입·내용 문의 | **전화** 02-963-9891 **팩스** 02-963-9892
이메일 cs@esangsang.co.kr
등록 | 2009년 9월 22일(제305-2010-02호)
찍은 곳 | 다라니

※ 가격은 뒤표지에 있습니다.

ISBN 979-11-87795-07-0(14980)
ISBN 979-11-86517-10-9(set)

© 2017 김주희

※ 이 책은 상상출판이 저작권자와의 계약에 따라 발행한 것이므로
  본사의 서면 허락 없이는 어떠한 형태나 수단으로도 이용하지 못합니다.
※ 잘못된 책은 구입하신 곳에서 바꿔 드립니다.
※ 이 도서의 국립중앙도서관 출판예정도서목록(CIP)은 서지정보유통지원시스템 홈페이지(http://seoji.nl.go.kr)와
  국가자료공동목록시스템(http://www.nl.go.kr/kolisnet)에서 이용하실 수 있습니다. (CIP제어번호 : CIP2017003114)

www.esangsang.co.kr

셀프트래블
말레이시아
Malaysia

김주희 지음

Prologue

오래 기다렸다. 2013년 말레이시아 초판이 나오고 4년 만이다. 그동안 개인 음반도 발매하고 『독일 셀프트래블』도 출간했지만 『말레이시아 셀프트래블』의 개정 준비도 놓지 않고 있었다. 취재 여행이라는 핑계로 틈날 때마다 말레이시아로 날아가 새로운 사람들과 만나 친구가 되었고, 갈 때마다 달라지는 말레이시아의 모습에서 즐거움과 보람, 안타까움이 교차하는 기분을 느꼈다. 혼자 간직하고 싶었던 서울의 서촌이 발전하고 변해가는 모습을 지켜보는 기분이랄까.

말레이시아의 매력은 순수함과 유연함에 있다. 사람들은 자신들이 믿는 종교 혹은 공동체 안에서 순응하며 착하게 살고 있다. 강대국의 식민 지배로 남겨진 유산과 중국, 인도 등에서 넘어와 정착한 이민자들이 전파한 문화는 말레이 전통문화와 결합하여 어디에도 없는 이국적이고 독특한 문화로 발전했다. 하나의 거리에 이슬람 모스크와 힌두사원, 불교사원과 기독교회가 나란히 있어도 전혀 어색하지 않다. 인디아 거리와 차이나타운이 뒤엉켜 있고 유럽식 건축물이 세워져 있는 게 너무도 자연스럽다. 유네스코 세계문화유산으로 지정된 조지타운의 예스러운 골목골목은 계속 돌아봐도 새롭다. 물론 수많은 전설이 담겨 있는 산과 바다 등 천혜의 자연이 주는 매력도 빠질 수 없다.

처음 말레이시아 책을 냈을 때와 달리 서점에는 말레이시아와 관련된 가이드북의 수가 많아졌다. 작가님들이 얼마나 열심히 발로 뛰었을지 상상이 되는 유익한 내용이 채워져 있어 정신을 바짝 차리자고 다짐했다. 독자들이 선택할 수 있는 폭이 넓어진 만큼 말레이시아와 가까워질 수 있는 기회도 많아진 것 같아 내심 뿌듯하다.

말레이시아와 7년이다. 권태기에 접어들 법도 한데 틈날 때마다 말레이시아행 비행기를 검색해보는 버릇이 생길 만큼 계속 좋아진다. 처음엔 혼자였는데 이제는 혼자 가도 혼자가 아니다. 어시스트를 자청하며 나보다 더 열성적으로 취재를 도와주는 말레이시아 친구들과 휴가를 잡아 날아와주는 친구들이 늘어나고 있다. 참 복 받은 인생이다. 올해는 이 책을 들고 사랑하는 조카들과 함께 말레이시아에 갈 예정이다. 얼마나 재미있을지 벌써 설렌다.

독자 여러분께

말레이시아 여행을 계획 중인 독자 여러분, 우선 이 책을 선택해주셔서 감사합니다. 『말레이시아 셀프트래블』은 여행자를 위한 책입니다. 이 책을 통해 여행의 시행착오를 줄이고 자꾸 가고 싶어지는 말레이시아의 매력에 접근하시길 바랍니다. 지속적인 업데이트를 위해 노력하고 있긴 하지만, 책의 개정이 수시로 바뀌는 도시와 관광지의 변화 속도를 따라가지 못하는 이유로 어쩌면 불편함을 드릴 수도 있습니다. 너그러이 이해하시고, 틀린 정보나 달라진 정보가 있다면 언제라도 저에게 알려주세요. 여러분의 의견이라면 어떤 것이라도 소중합니다. 이 책에서 못다 한 이야기는 개인 블로그에 풀어 놓았습니다. 또 여행 일정이나 여행 관련 고민되는 부분이 있다면 주저 말고 메일로 보내주세요. 생각하신 것보다 조금 더 친절한 작가랍니다. 말레이시아에서 여러분을 마주칠 수 있다면 정말 행복할 거예요.

Special Thanks to

어제보다 오늘 더 사랑합니다. 서울시 행당동 최여사님&하늘시 구름위동 아빠님, 언제나 든든한 가족후원군 현신&경복, 숙정&인일 부부 감사합니다. 존재만으로도 기쁨과 위로가 되는 내 사랑 민태훈, 민지훈, 이시윤, 이시은! 건강하게 잘 자라서 이모랑 여행 가자!

여행의 동반자이자 베프 김양 김지희, 자칭 준비된 어시스트 맹자 현숙이, 앞으로도 자주 말레이시아에서 만나! 그리고 한국을 사랑하는 말레이시아 친구들, Natalia Kamarudin, Tan PohYeng, Ng Chee Fong, PhooiSi Lum. I love you guys and See you soooooon!

마지막으로 작가를 우선으로 배려해주는 상상출판 식구들, 함께해줘서 고마워요. 유라 에디터&주인지 과장, 쪽 원고 폭격으로 괴롭혀서 미안해요. 다음부터는(?) 잘할게요. 상상의 최고 미남 조 팀장님&마케팅팀, 이 책도 잘 부탁드려요. 그리고 대장 유철상 대표님 앞으로도 함께해요. 책 많이 팔아준다고 약속해줘! 모두 모두 감사합니다.

2017년 2월
말레이 킴, 김 주 희

c★ntents

Photo Album • 4

Proloue • 14

Map of Malaysia • 22

All about Malaysia • 24

Try Malaysia • 26

말레이시아 일정 • 26
01 세계문화유산과 함께하는 **도시 여행** • 27
02 직장인을 위한 꿀 같은 **5박 7일** • 28
03 화보 같은 사진을 남기는 **6박 8일** • 29
04 허니무너를 위한 로맨틱 **4박 6일** • 30
05 말레이반도 완전 정복 배낭여행 **12박 14일** • 31

Mission in Malaysia • 32

Mission 1. Inside

01 Thing to Know 말레이시아, **그것이 알고 싶다** • 32
02 History of Malaysia 말레이시아 **역사** • 34
03 Politics of Malaysia 말레이시아의 **정치 구조** • 35

Mission 2. Activity
01 Why Malaysia 말레이시아의 **매력 탐구** • 36
02 Malaysia Fun 말레이시아 **특전** • 38
03 Animals and Plants 말레이시아의 **동식물** • 39
04 Must See 13 말레이시아에서 **놓치지 말아야 할** 13가지 • 40
05 Religion & Culture 말레이시아의 **종교와 문화** • 43

Mission 3. Eat
01 Food Paradise **미식 천국** 말레이시아 • 46
02 Tropical Fruits **열대 과일**의 향연 • 50
03 Local Franchise Restaurant **프랜차이즈** 레스토랑 • 52

Mission 4. Buy
01 All about Shopping 말레이시아 **쇼핑**의 모든 것 • 54
02 Malaysia Brand 말레이시아 **브랜드**에 관한 모든 것 • 56
03 Made in Malaysia **메이드 인** 말레이시아 • 59
04 Malaysia Shopping List 말레이시아 **쇼핑 리스트** • 60
05 Super Shopaholic 슈퍼 **쇼퍼홀릭** • 61

Mission 5. Stay
01 Malaysia Hotel 말레이시아 **호텔** • 62
02 Global Hotel Chain 세계적인 **체인 호텔** • 64
03 Hostel & Homestay **호스텔 & 홈스테이** • 66

Mission 6. Relax
01 Massage & Spa 말레이시아 **마사지 & 스파** • 67

Enjoy Malaysia · 68

Kuala Lumpur　**1 쿠알라 룸푸르** · 68
　★ Kuala Lumpur Metro Map · 79
　★ GOKL City Bus Map · 81
　★ Map of Kuala Lumpur · 84
　Guide 01 KLCC & 부킷 빈탕 · 86
　★ Map of KLCC & Bukit Bintang · 88
　Guide 02 부킷 빈탕 · 96
　★ Map of Bukit Bintang · 97
　Special Night Life 창캇 부킷 빈탕, 루프톱 바, 라이브 클럽 · 103
　Guide 03 KL 센트럴 & 차이나타운 · 124
　★ Map of KL Sentral & China Town · 126
　Special Place 방사, 미드 밸리 시티, 원 우타마 & 더 커브 & 이케아 · 148
　Special Day Tour 반딧불이 투어, 바투 동굴, 리조트 월드 겐팅,
　　　　　　　　　　선웨이 라군 · 152
　Special Tour in Johor Bahru 레고랜드 · 158

Malacca　**2 말라카** · 160
　★ Map of Malacca · 164

Putrajaya　**3 푸트라자야** · 182
　★ Map of Putrajaya · 186

Cameron Highland　**4 카메론 하일랜드** · 188
　★ Map of Cameron Highlands · 192

Penang　**5 페낭** · 196
　★ CAT Bus Map · 205
　★ Map of Penang · 207
　★ Map of George Town · 208
　Guide 01 역사와 문화가 살아 숨 쉬는 세계문화유산, **조지타운** · 210
　Guide 02 조지타운 스트리트 아트 · 212

Special Sightseeing 페낭 힐 • 224
Special Food 페낭의 거리 음식 • 230
Special Stay 조지타운의 게스트하우스 • 236
Special Place 거니 드라이브, 바투 페링기 • 238

Langkawi

6 랑카위 • 248
★ Map of Langkawi • 256
Guide 01 판타이 체낭 & 판타이 텡아 • 272
★ Map of Pantai Cenang & Pantai Tergah • 273
Guide 02 판타이 콕 • 288
★ Map of Pantai Kok • 288
Guide 03 쿠아 타운 • 292
★ Map of Kuah Town • 293
Special Beach 다타이 베이, 탄중 루 비치 • 298

Kota Kinabalu

7 코타 키나발루 • 302
★ Map of Kota Kinabalu • 311
★ Map of KK City Centre • 312
Special Shopping 코타 키나발루 시장 구경 • 342
Special Island 가야 섬 • 352

Kuching

8 쿠칭 • 356
★ Map of Kuching • 366

Step to Malaysia • 386

01 말레이시아 일반 정보 • 386
02 말레이시아 연중 행사 • 389
03 말레이시아 들어가기 & 나오기 • 390
04 말레이시아 여행 준비 • 392
05 서바이벌 여행 영어 • 395
06 바하사(Bahasa) 말레이시아 • 396

완벽한 『말레이시아 셀프트래블』 활용법

『말레이시아 셀프트래블』은 배낭여행자부터 트렁크족까지 여행자를 위한 정보들로 채워져 있다. 말레이시아 초행자들도 여행에 어려움이 없도록 정보를 최대화했고, 역사와 문화 등 현지인의 삶에 접근할 수 있는 정보도 함께 실었다. 여기서는 보다 알차게 책을 활용할 수 있는 방법을 알아보자.

1. 지역 구분으로 좀 더 쉽게 파악하는 말레이시아

말레이반도의 쿠알라 룸푸르와 말라카, 푸트라자야, 카메론 하일랜드, 페낭, 랑카위와 보르네오 섬의 코타 키나발루, 쿠칭까지 말레이시아 대표 관광지 여덟 지역을 소개하고 있다. 지역별 핵심 일정과 특징 등을 선두로 교통정보, 투어와 관광지, 레스토랑, 쇼핑, 추천 숙소를 차례로 구성했다.

2. 도움이 되는 여행 일정

 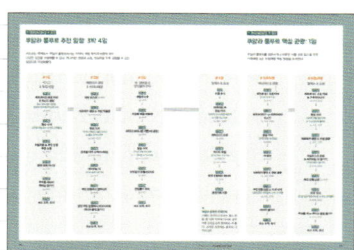

가장 일반적인 여행 코스부터 핵심만을 콕콕 짚은 반나절 코스와 하루 코스를 소개하고 있다. 여행의 목적과 기간에 따른 말레이시아 여행 일정은 책 앞부분에 소개된 전체 일정을 참고하고, 각 지역별로 소개된 추천 일정을 토대로 나만의 일정을 만들어도 좋다.

3. 말레이시아의 알찬 볼거리 정보

모든 투어와 관광지는 중요도에 따라 ★로 단계를 표시했다. ★★★는 놓치지 말아야 할 투어와 관광지이니 참고하도록 하자. 상세 정보에는 교통편과 주소, 운영시간, 입장료, 홈페이지 등을 더했다. 또한 전설이나 관련 뉴스는 Story로 추가하고 알아두면 유용한 추가 정보는 Tip으로 정리했다.

★ 『말레이시아 셀프트래블』은 2018년 2월까지 수집된 정보를 기준으로 하고 있다.
　현지 사정에 따라 요금과 운영시간이 변동될 수 있으니 방문할 곳의 홈페이지를 미리 체크하는 것이 좋다.

4. 맛집과 쇼핑 정보

다양한 인종과 문화가 만들어낸 말레이시아의 식도락은 미식가들에게도 큰 만족감을 준다. 이 책에서는 수많은 현지 맛집들 가운데 위치와 접근성을 기준으로 여행자들이 큰 어려움 없이 방문할 수 있는 레스토랑을 중심으로 구성했다. 낯선 음식들은 추천 메뉴와 주문 방법을 추가로 적어 놓았으니 참고하자. 또한 만족감을 높일 수 있는 쇼핑 정보 역시 알차고 자세하게 적어 두었으니 꼼꼼히 읽어보도록 하자.

5. 말레이시아 숙소 정보

교통의 편리성, 접근성, 주요 관광지와의 거리, 청결도, 안전도 등을 고려해 추천할 만한 숙소 위주로 선택해 소개했다. 대부분의 숙소는 저자가 직접 숙박하거나 방문해 환경을 확인한 곳이다. 특히 저가 숙소는 안전과 청결도를 기준으로 선택했으니 배낭여행자들은 안심하고 선택해도 좋다. 호텔은 객실과 부대시설을 기준으로 성급을 표기하였으며 호텔 이용 팁도 함께 실었다(p.63). 지면상 부족한 호텔 정보는 저자의 블로그에서 추가로 확인할 수 있다.

6. 명칭 표기

알파벳으로 표기하는 말레이시아어는 간혹 영어와 헷갈리기도 한다. 이 책에서는 되도록 말레이시아 현지 발음에 충실해 표기하려고 노력했고, 기타 외래어는 외래어 표기법을 기준으로 표기했다. 일부는 구글지도에서 검색이 쉽도록 영어와 한자를 병행해 표기했다.

7. 지도 활용법

이 책의 지도에는 아래와 같은 부호를 사용하고 있다.

- ● 관광지, 스폿
- Ⓗ 호텔, 호스텔 등 숙소
- Ⓢ 백화점, 슈퍼마켓 등 쇼핑 장소
- Ⓡ 레스토랑, 카페 등 식사할 수 있는 곳
- 🚇 지하철역
- 🚌 버스정류장, 버스터미널
- ⚓ 선착장
- ℹ 관광안내소
- ✉ 우체국
- ⛽ 주유소

Map of Malaysia

필리핀
Philippines

남중국해
South China Sea

키나발루 산
Mt. Kinabalu

코타 키나발루 **Kota Kinabalu**

사바 Sabah

브루나이
Brunei

사라왁
Sarawak

말레이시아
Malaysia

쿠칭 **Kuching**

인도네시아
Indonesia
(보르네오 섬)

N

All about Malaysia

말레이시아는 남중국해를 사이에 두고 말레이반도(Peninsula Malaysia)의 남쪽에 위치한 서 말레이시아(West Malaysia)와 보르네오 섬 북부에 위치한 동 말레이시아(East Malaysia)로 이뤄져 있다. 서 말레이시아는 북으로 태국, 남으로 싱가포르와 국경이 닿아 있고, 서쪽으로 인도네시아의 수마트라 섬과 인접해 있으며, 동 말레이시아는 인도네시아령 보르네오, 브루나이 국경과 맞닿아 있다. 말레이시아의 위도와 경도는 북위 2°30', 동경 112°30'로 적도와 가깝고 한국과의 시차는 한 시간이다. 국토 면적은 남한 면적의 3.3배 규모인 329,758㎢이고 세계에서 67번째로 큰 나라다. 수도는 쿠알라 룸푸르, 행정수도는 푸트라자야다.

이 책에서는 아시아 허브도시이자 꾸준히 성장하고 있는 메트로폴리스 쿠알라 룸푸르와 유네스코 세계문화유산에 빛나는 페낭과 말라카, 신도시 푸트라자야, 딸기와 보 티 생산지로 유명한 고원 카메론 하일랜드, 대표적 휴양지로 말레이시아의 대자연을 만날 수 있는 코타 키나발루, 랑카위, 쿠칭까지 총 여덟 개의 여행지에 대한 정보를 소개하고 있다. 뿐만 아니라 역사와 문화, 현지인들의 사람 사는 이야기까지 함께 담았으니 지금부터 다채로운 말레이시아의 매력에 흠뻑 빠져보자.

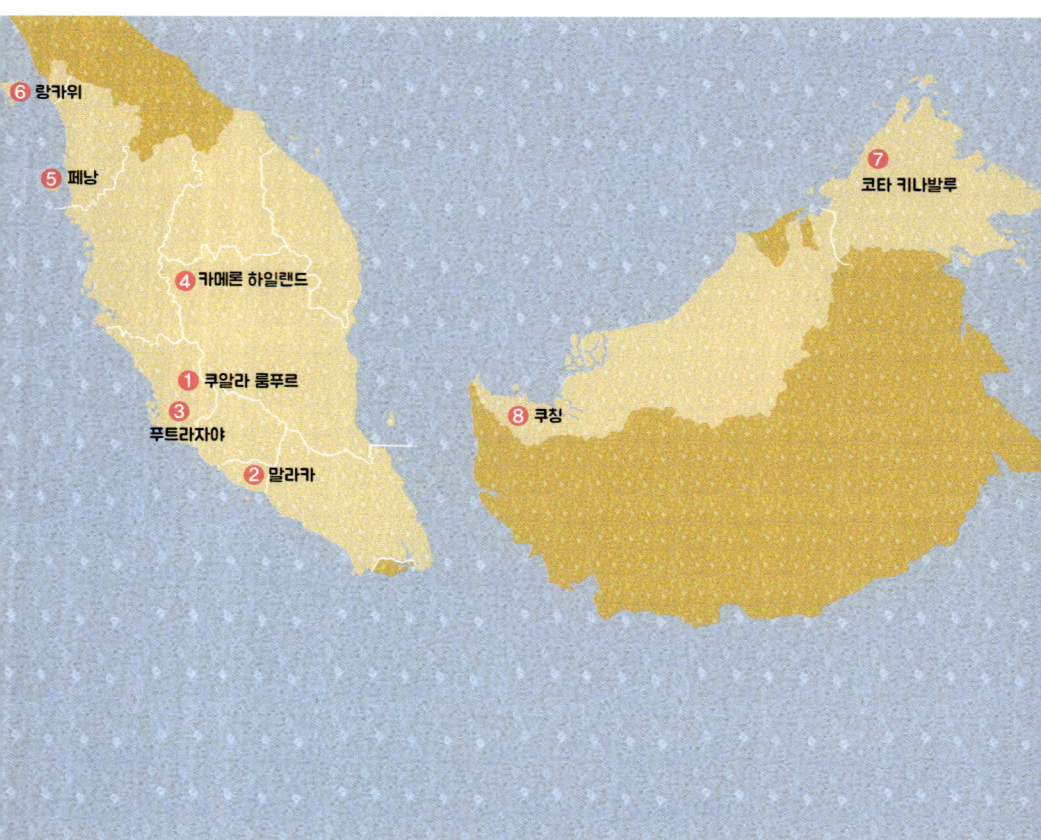

❶ 쿠알라 룸푸르 p.68
아시아 최고의 국제도시

말레이시아 정치, 경제의 중심이자 말레이시아의 과거와 현재, 미래의 모습을 모두 담고 있는 살아 있는 도시다. 여행자들은 이국적인 문화와 종교를 경험할 수 있을 뿐 아니라 쇼핑과 식도락면에서도 큰 만족감을 얻을 수 있다. 특히 가격 대비 훌륭한 조건의 호텔이 많으니 도시 여행을 선호하는 사람이라면 꼭 방문해보자. 쿠알라 룸푸르의 상징 페트로나스 트윈 타워와의 인증 사진은 필수!

❷ 말라카 p.160
유네스코 세계문화유산의 도시

말라카 해협의 기점으로 동서양을 잇는 실크로드의 중심지였던 말라카는 말레이시아에서도 손꼽히는 이국적인 분위기의 도시다. 말라카 강 유역의 존커 스트리트와 네덜란드 광장을 중심으로 유럽과 중국, 아랍 등 동서양을 모두 경험할 수 있어 유네스코 세계문화유산의 가치를 만끽할 수 있다. 작은 도시지만 소박하고 정이 넘치는 매력에 장기 체류하는 여행자가 많기로도 유명하다.

❸ 푸트라자야 p.182
말레이시아 행정수도

철저한 기획하에 행정수도로 지어진 푸트라자야는 교통 체증 없는 도로와 쾌적한 환경, 말레이 이슬람의 정수를 보여주는 호려한 건축물로 시선을 압도한다. 쿠알라 룸푸르와 쿠알라 룸푸르 국제공항(KLIA) 사이에 있으니 반나절이나 하루를 투자해 다녀오도록 하자.

❹ 카메론 하일랜드 p.188
신비한 정글이 있는 고원지대

겐팅 하일랜드와 더불어 말레이시아인들이 더위를 피해 여행을 떠나는 대표적인 고원지대다. 버스를 타고 굽이굽이 이어진 산길을 따라 도착한 카메론 하일랜드는 생각보다 더 시골이고 생각보다 더 빈티지한 매력이 있다. 원주민인 오랑 아슬리가 정글에서 채취한 두리안과 꿀 등 특산품을 경험해봐도 좋다. 딸기와 보 티 생산소로도 유명하다.

❺ 페낭 p.196
반짝거리는 동양의 진주

말레이시아 주석 생산과 무역의 중심지로 전 세계와 교류했던 페낭은 여전히 동양의 진주로 반짝거린다. 영국의 지배하에 형성된 조지타운은 유네스코 세계문화유산의 도시로 페낭 여행의 핵심이고, 이슬람, 힌두교, 불교, 기독교 등 다양한 종교와 현지화된 다국적 문화를 체험하는 일도 즐겁다. 말레이시아에서 음식이 제일 맛있기로 유명한 페낭에서 아삼 락사와 차퀘티아우를 먹는 일도 빼놓을 수 없다. 조지타운의 새로운 자랑으로 떠오르는 거리 벽화에서 인증 사진도 놓치지 말자.

❻ 랑카위 p.248
전설이 살아 있는 섬

말레이시아에서 유일한 면세 지역으로 현지인들은 면세 쇼핑과 휴양을 즐기기 위해 이곳을 찾는다. 태국과 국경을 나누고 있는 랑카위의 바다는 조용하고 아름답기로 유명하다. 배낭여행과 가족여행은 여행자의 거리 판타이 체낭을 기점으로 즐기고, 신혼여행이나 은둔형 휴양을 즐기고 싶다면 탄중 루나 다타이 베이의 숨은 리조트를 찾도록 하자.

❼ 코타 키나발루 p.302
정글과 바다가 있는 친숙한 휴양도시

짧은 비행시간과 천혜의 자연, 시설 좋은 리조트로 인기 있는 가족 여행지로 손꼽히는 코타 키나발루는 남녀노소 누구나 좋아할 만한 여행지다. 유명 관광지답게 다양한 투어도 선보이고 있어 선호에 따라 정글과 바다를 선택해 즐길 수 있다. 야시장 등 다양한 현지 문화도 체험할 수 있고 대형 쇼핑몰과 슈퍼마켓에서 만족할 만한 쇼핑 리스트도 채울 수 있다. 대형 리조트에 묵는다면 수영장 등 부대시설과 액티비티 프로그램도 알차게 이용해보자.

❽ 쿠칭 p.356
보르네오의 고양이 도시

우리나라에서는 잘 알려지지 않은 도시지만 쿠칭은 말레이시아에서도 살기 좋은 도시로 첫손에 꼽히는 안전하고 깨끗한 곳이다. 보르네오의 사라와 강을 따라 형성된 조용하고 소박한 도시는 오랜 시간 영국의 지배하에 있었고 그 문화와 유적이 그대로 남아 있어 이국적인 정취가 느껴진다. 바코 국립공원과 사라왁 민속촌은 놓치지 말아야 할 쿠칭의 관광지이고, 일정에 여유가 있다면 산투봉 산과 맞닿은 다마이 비치에서 힐링의 시간을 가져보자.

Try Malaysia

말레이시아 일정

한국과 말레이시아 간 직항 비행기가 운항되는 지역은 쿠알라 룸푸르와 코타 키나발루 두 곳이다. 따라서 다른 지역과 연계한 일정은 저가항공인 에어아시아나 고속버스, 페리 등을 이용해야 한다. 한국의 휴가 기간이 짧기 때문에 여러 지역을 방문하기에 무리가 있어 일주일 이내의 일정을 중심으로 테마별로 구성하였고 배낭여행자를 위한 2주 일정을 추가했다. 여기서 소개하는 일정은 개괄적인 가이드이고 지역별 자세한 일정은 각 지역 챕터에서 확인할 수 있으며, 그를 바탕으로 여행 목적과 일행에 따라 자유롭게 조정할 수도 있다. 더 궁금한 사항은 언제나 열려 있는 작가의 메일로 문의하자(judypink@naver.com).

#알찬 여행 일정을 위한 Tip

01 | 말레이시아 내 도시 간 이동
도시 간 이동은 비행기나 고속버스를 이용하자. 공항까지 이동 시간과 대기 시간을 계산하면 고속버스로의 이동이 유리한 경우도 있다. 고급 고속버스인 에어로라인은 최고의 시설과 서비스를 제공하고 있고 일반 고속버스도 꽤 괜찮은 시설이다.

02 | 야간 버스
배낭여행의 경우 야간 고속버스로의 이동도 고려해볼 만하다. 침대 칸이 있는 야간 열차도 있기는 하나 시설이 열악한 편임을 참고하자.

03 | 마지막까지 실속 있게
한국으로 돌아오는 직항 비행기는 대부분 밤늦게 출발하므로 마지막 날 일정을 알차게 꾸려보자.

04 | 휴양이 목적이라면
휴양이 목적인 여행은 시설 좋은 호텔이나 리조트를 선택해 숙소의 서비스를 잘 활용하자.

05 | 여행을 더욱 특별하게
지역별로 축제 기간이나 야시장이 열리는 요일을 체크해 일정에 포함시키면 더욱 특별한 추억을 남길 수 있다.

#Theme 1_세계문화유산과 함께하는 도시 여행 🏛

말레이시아의 수도 쿠알라 룸푸르와 유네스코 세계문화유산에 빛나는 페낭과 말라카를 돌아보는 일정이다. 부지런히 돌아보는 배낭여행 일정과 휴양을 포함한 여유로운 일정으로 구성했다. 문화와 역사 체험은 물론 쇼핑과 식도락까지 꽉 채워 즐겨보자.

01 | 에어아시아로 배낭여행 4박 6일

1 Day
인천공항 출발(6시간 45분 소요)
⋯▸ 쿠알라 룸푸르 공항 도착
⋯▸ KLCC & 부킷 빈탕 관광
▼

2 Day
오전 쿠알라 룸푸르 관광
(메르데카 광장 & 차이나타운)
⋯▸ 오후 반딧불이 투어
▼

3 Day
오전 페낭으로 이동
(고속버스 or 에어아시아 항공)
⋯▸ 오후 조지타운 관광
▼

4 Day
페낭 관광
(페낭 힐, 바투 페링기)
⋯▸ 콤타에서 야간 버스로 이동
(야간 버스에서 1박)
▼

5 Day
말라카 관광
⋯▸ 쿠알라 룸푸르 공항으로 이동
▼

6 Day
01:00 인천행 비행기 탑승
▸ 08:20 인천공항 도착

02 | 여유롭게 돌아보는 휴양 4박 6일

1 Day
인천공항 출발(6시간 45분 소요)
⋯▸ 쿠알라 룸푸르 공항 도착
⋯▸ KLCC & 부킷 빈탕 관광
▼

2 Day
오전 쿠알라 룸푸르 관광 및 쇼핑
▸ 오후 말라카 투어
▼

3 Day
오전 페낭으로 이동
(고속버스 or 에어아시아 항공)
▸ 오후 조지타운 관광
▼

4 Day
오전 페낭 관광(페낭 힐)
⋯▸ 오후 바투 페링기로 이동
▼

5 Day
오전 바투 페링기에서 휴식
⋯▸ 오후 쿠알라 룸푸르 공항으로 이동
(1시간 소요)
⋯▸ 인천행 비행기 탑승
▼

6 Day
오전 인천공항 도착

★
바투 페링기 추천 리조트
하드 록 호텔(파티), 론 파인 호텔(힐링)

#Theme 2_직장인을 위한 꿀 같은 5박 7일

일주일 이내의 짧은 휴가 동안 가족 또는 연인과 함께 힐링의 시간을 가질 수 있는 일정으로 구성해보았다.
역시 쇼핑과 식도락은 덤이다.

01 | 쿠알라 룸푸르 + 랑카위 5박 7일

1 Day
인천공항 출발(6시간 45분 소요)
⋯ 쿠알라 룸푸르 공항 도착
⋯ KLCC & 부킷 빈탕 관광
▼

2 Day
쿠알라 룸푸르 관광 및 쇼핑
▼

3 Day
오전 랑카위로 이동
(비행기로 1시간 소요)
 오후 리조트 휴식 or 선셋 크루즈
▼

4 Day
랑카위 코랄 투어
▼

5 Day
랑카위 호핑 투어
▼

6 Day
랑카위 리조트 휴식 후
쿠알라 룸푸르 공항으로 이동
(1시간 소요)
⋯ 인천행 비행기 탑승
▼

7 Day
오전 인천공항 도착

02 | 보르네오의 자연과 함께 5박 7일

1 Day
인천공항 출발(5시간 30분 소요)
⋯ 코타 키나발루 공항 도착
▼

2 Day
오전 리조트 휴식 or 반일 투어
 오후 반딧불이 투어
▼

3 Day
코타 키나발루 일일 투어
(키나발루 산 국립공원 투어
or 사피 섬 등 스노클링 투어)
▼

4 Day
오전 휴식 후 쿠칭으로 이동
(비행기로 1시간 25분 소요)
⋯ 오후 쿠칭 관광
▼

5 Day
쿠칭 바코 국립공원 관광
▼

6 Day
쿠칭 관광(사라왁 민속촌 외)
⋯ 코타 키나발루 공항으로 이동
⋯ 인천행 비행기 탑승
▼

7 Day
오전 인천공항 도착

#Theme 3_화보 같은 사진을 남기는 6박 8일

여행은 사진을 남기고…. 그렇다. 여행 후 물질적으로 길이길이 남는 건 사진뿐이다.
이국적인 도시와 자연을 배경으로 인생 사진을 찍어보자.

01 | 도시 + 거리 예술 + 바다

1 Day
인천공항 출발(6시간 45분 소요)
⇢ 쿠알라 룸푸르 공항 경유(1시간 소요)
⇢ 페낭 공항 도착
▼

2 Day
페낭 관광(조지타운, 페낭 힐)
▼

3 Day
오전 랑카위로 이동
(페리로 약 2시간 40분 소요)
⇢ 랑카위에서 휴식 및 관광
▼

4 Day
코랄 투어 및 판타이 체낭 휴식
▼

5 Day
오전 랑카위 시내 투어(랑카위 케이블카)
⇢ 오후 쿠알라 룸푸르로 이동
▼

6 Day
오전 쿠알라 룸푸르 관광
⇢ 오후 반딧불이 투어 or 말라카 투어
▼

7 Day
쿠알라 룸푸르 관광 & 쇼핑
⇢ 쿠알라 룸푸르 공항으로 이동
⇢ 인천행 비행기 탑승
▼

8 Day
오전 인천공항 도착

02 | 도시 + 정글 + 바다

1 Day
인천공항 출발(5시간 30분 소요)
⇢ 코타 키나발루 공항 도착
▼

2 Day
일일 투어(사피 섬 스노클링 투어 외)
▼

3 Day
일일 투어(반딧불이 투어 외)
▼

4 Day
오전 리조트 휴식 & 시내 관광
⇢ 오후 쿠칭으로 이동 (비행기로 1시간 25분 소요)
⇢ 쿠칭 관광(워터프런트)
▼

5 Day
일일 투어(바코 국립공원)
▼

6 Day
오전 쿠알라 룸푸르로 이동
(비행기로 1시간 45분 소요)
⇢ 오후 쿠알라 룸푸르 관광 & 쇼핑
▼

7 Day
오전 호텔 휴식
⇢ 오후 쿠알라 룸푸르 관광 & 쇼핑
⇢ 쿠알라 룸푸르 공항으로 이동
⇢ 인천행 비행기 탑승
▼

8 Day
오전 인천공항 도착

#Theme 4_허니무너를 위한 로맨틱 4박 6일

평생의 추억이 될 허니문을 위한 일정이다. 무인도인 듯 무인도 아닌 커플여행에 최적화된 리조트에서
둘만의 시간을 보내며 아름다운 추억을 쌓아보자.

01 | 쿠알라 룸푸르 + 랑카위

1 Day
인천공항 출발(6시간 45분 소요)
⋯ 쿠알라 룸푸르 공항 경유
⋯ 랑카위 공항 도착
▼

2 Day
랑카위에서 휴식 및 관광
▼

3 Day
랑카위 일일 투어 및 면세 쇼핑
▼

4 Day
랑카위 시내 투어
⋯ 쿠알라 룸푸르로 이동
(비행기로 1시간 소요)
▼

5 Day
오전 쿠알라 룸푸르 관광 및 쇼핑
⋯ 오후 쿠알라 룸푸르 공항으로 이동
⋯ 인천행 비행기 탑승
▼

6 Day
오전 인천공항 도착

★
랑카위 추천 호텔
세인트 레지스 랑카위, 포 시즌스 리조트

02 | 코타 키나발루 + 가야 섬

1 Day
인천공항 출발(5시간 30분 소요)
⋯ 코타 키나발루 공항 도착
▼

2 Day
가야 섬으로 이동(보트로 15분 소요)
⋯ 리조트에서 휴식
▼

3 Day
가야 섬에서 리조트 휴식 및
액티비티 즐기기
▼

4 Day
체크아웃 후 코타 키나발루 시내로 이동
▼

5 Day
코타 키나발루 일일 투어 및 마사지
⋯ 코나 키나발루 공항으로 이동
⋯ 인천행 비행기 탑승
▼

6 Day
오전 인천공항 도착

★
가야 섬 호텔 추천
가야 아일랜드 리조트

★
코타 키나발루 호텔 추천
샹그릴라 라사 리아 리조트, 오션 윙

#Theme 5_말레이반도 완전 정복 배낭여행 12박 14일

다른 동남아 국가보다 교통 인프라가 잘 갖춰져 있고 볼거리, 먹거리가 풍부한 말레이시아를 배낭여행으로 다녀오자.
마음에 드는 여행지를 만났다면 좀 더 머물러도 좋다.

1 Day
인천공항 출발(6시간 45분 소요)
⋯▶ 쿠알라 룸푸르 공항 도착
쿠알라 룸푸르 관광
▼

2 Day
쿠알라 룸푸르 관광 및 쇼핑
▼

3 Day
카메론 하일랜드로 이동
(고속버스로 약 4시간 소요)
⋯▶ 카메론 하일랜드 관광
▼

4 Day
카메론 하일랜드 관광
⋯▶ 페낭으로 이동
(고속버스로 약 4시간 30분 소요)
⋯▶ 페낭 관광
▼

5 Day
페낭 관광 및 쇼핑
▼

6 Day
오젠 휴식 및 관광
⋯▶ 오후 랑카위로 이동
(페리로 약 2시간 40분 소요)
⋯▶ 휴식
▼

7 Day
랑카위 코랄 투어 후 휴식

8 Day
랑카위 일일 투어
▼

9 Day
쿠알라 룸푸르로 이동
(비행기로 1시간 10분 소요)
⋯▶ 쿠알라 룸푸르 관광
▼

10 Day
오젠 쿠알라 룸푸르 관광 및 쇼핑
⋯▶ 오후 반딧불이 투어
▼

11 Day
쿠알라 룸푸르 근교 관광
(푸트라자야 or 리조트 월드 겐팅)
▼

12 Day
말라카로 이동
(고속버스로 약 2시간 30분 소요)
⋯▶ 말라카 관광
▼

13 Day
말라카 관광 및 쇼핑
⋯▶ 쿠알라 룸푸르 공항으로 이동
⋯▶ 인천행 비행기 탑승
▼

14 Day
오젠 인천공항 도착

★
보르네오의 자연과 함께하는
5박 7일 일정을 추가해 구성해도 좋다.

Inside 01. Things to Know

말레이시아, 그것이 알고 싶다

말레이시아는 종교적 영향으로 어딜 가나 편안하고 차분한 분위기다. 우리와 달라 낯설게 다가오는 그들의 문화를 알아보고 좀 더 친숙해진 마음으로 말레이시아를 방문해보자.

#한국과 달라요

01 | 교통 방향
우리나라와 교통 방향이 반대이기 때문에 길을 건널 때나 렌터카를 이용할 경우 각별한 주의가 필요하다.

02 | 택시 이용
도시마다 미터 택시가 있지만 공항이나 센트럴역의 택시 카운터에서 정액제 쿠폰 택시를 이용할 수 있다. 차량 공유 서비스인 우버나 그랩 앱 이용자도 늘고 있다(p.33 참고).

03 | GST & SC
주요 레스토랑이나 호텔, 리조트의 유료 시설 이용 시 금액에 세금(GST 6%)과 서비스 요금(SC 10%)이 함께 결제되는 경우가 많다. 이미 금액에 포함된 경우는 'nett'으로 표시되어 있고, 경우에 따라 세금만 추가되기도 한다.

04 | 외국인 요금
숙박 시설 이용 시 외국인에게는 1박(1 방)에 RM10의 세금이 부과돼 체크인이나 체크아웃 시 결제해야 한다. 관광지에서도 외국인 입장료가 다른 곳이 많아 50%까지 차이가 나기도 한다.

05 | 건물의 1층은 G층
말레이시아에서 건물의 1층은 우리나라의 2층을 말한다. 그라운드층인 G층이 우리의 1층에 해당하고 LG층은 지하 1층을 뜻한다.

06 | 돼지고기는 없어요
이슬람 국가인 탓에 대부분이 할랄 식당이며 돼지고기 요리는 찾아보기 어렵다. 다만 중국계 인구 비중이 높은 만큼 일부 중국계 식당과 논할랄 식당에서는 돼지고기 요리를 제공한다.

07 | 화장실은 유료
말레이시아 여행에서 가장 어려움을 겪는 부분이 바로 화장실일 것이다. 물론 유럽에서도 유료 화장실을 이용해야 하는 경우가 많지만 말레이시아의 유료 화장실은 상태가 양호하지 못해 당황하는 경우가 종종 있다. 좌식 변기나 변기 위에 덮개가 없는 곳이 많으니 주의해야 하며 휴지 등은 미리 준비해가는 것이 좋다. 그래도 다 사람이 쓰는 것이니 미리 각오하고 가면 훨씬 이용이 수월할 것이다. 주요 역과 쇼핑몰 등도 유료이고 요금은 10~30센트 정도다.

★화장실 팁★
주요 레스토랑과 스타벅스, 맥도날드 등은 무료이며 시설도 깨끗한 편이다.

쿠폰 택시 카운터 / 외국인 요금

건물 G층이 우리나라의 1층

레스토랑의 할랄 마크 / 변기에 올라앉지 말라는 경고문

#조심 또 조심!

01 | 오토바이 날치기와 소매치기

말레이시아의 치안은 안심하고 여행할 수 있을 정도로 안정된 편이다. 그러나 쿠알라 룸푸르와 페낭, 말라카 등 주요 도시에서 오토바이 날치기와 소매치기로 피해를 입는 경우가 종종 발생하고 있어 거리를 걸을 때 특별히 주의해야 한다. 특히 가방은 한쪽으로 메지 않아야 하고 지갑, 휴대폰, 카메라 등도 노출되지 않도록 조심해야 한다.

02 | 식당에서 가방 주의

레스토랑에서 잠시 자리를 비울 경우 가방이나 소지품을 두고 가면 도난 당할 위험이 있다. 특히 뷔페에서는 가방을 들고 다니는 게 일반적이다.

주요 관광지에서는 날치기를 조심해야 한다

#우버/그랩 택시 이용

말레이시아 주요 도시에서 저렴하고 편리하게 우버와 그랩 택시를 이용할 수 있다. 카카오 택시와 비슷한 개념으로 출도착지를 입력, 예약하면 주변의 택시가 응답하는 시스템이다. 인원에 따라 차량을 선택할 수 있고, 거리별로 금액이 정해져 있어 바가지 요금의 우려가 없으며, 기사와 차량 정보, 기사에 대한 평가도 확인할 수 있다. 우버는 구글 맵을 통해서도 예약이 가능하며, 그랩은 톨게이트 비용이 별도로 청구된다. 현위치로 출발지 입력 시 실제 위치와 다르게 입력되기도 하니 출도착지를 정확히 입력해야 한다.

★이용하기★
1 'Uber'나 'Grab' 앱 다운받기
2 핸드폰 등록
3 출도착지 입력 후 요금 확인하고 예약
4 기사와 차량 정보 확인 후 대기(차량 위치 확인 가능)
5 차량 번호 확인 후 승차
6 하차 후 결제(신용카드 등록 시 자동 결제)

#세금 환급받기

말레이시아에서 구입하는 거의 모든 제품에는 말레이시아 정부가 적용한 부가가치세인 GST(Goods and Services Tax)가 물품 금액의 6%씩 포함되어 있다. 관광객의 경우 이 세금을 환급받을 수 있다. 'TAX FREE' 또는 'Global Blue'라고 붙어 있는 쇼핑몰의 상점에서 RM300 이상 구매하면 '택스 리펀 영수증'을 발급해준다. "Can I get a tax refund?"라고 문의해보자. 말레이시아를 출국하는 마지막 공항에서 택스 리펀 영수증과 물품을 확인받은 후 세금을 환급받을 수 있다. 여권 확인 절차가 필요하므로 여권을 지참해야 한다.

★환급받기 팁★
1 쇼핑 후 택스 리펀 영수증 받기
RM300 이상 구매 시, 여권 지참
2 세관 도장받기
공항 출국장에 있는 'GST Refund Verification Counter'에서 영수증과 물건을 확인받고 도장을 받는다. 쇼핑한 물건도 확인하므로 수하물에 부치지 말고 바로 확인 가능하도록 준비하는 게 좋다(고가의 주얼리를 제외하고 대부분 자세히 확인하지 않는다). 여권, 비행기 탑승권 지참할 것.
3 세금 환급받기
Global Blue GST Refund 카운터에서 신용카드나 현금을 환급받는다.

Inside 02. History of Malaysia

말레이시아 역사

2~3세기경 인도양과 남중국해 사이의 말레이반도에 동서양 무역상들이 드나들며 무역항과 해안마을을 건설했다. 이 시기에 전해진 인도와 중국의 문화가 현지 문화에 강한 영향을 끼쳤고, 힌두교와 불교도 이 시기에 유입되었다. 2세기 말레이반도 최초의 힌두교 왕국으로 꼽히는 랑카수카(Langkasuka) 왕국이 오늘날 크다(Kedah) 주 부근에 세워져 번창하기 시작했고 15세기까지 존재했다. 7~13세기 말레이반도 남부 해안지역은 스리비자야 제국(Srivijaya, 7~11세기)의 일부였고, 스리비자야 왕국의 멸망 이후 등장한 마자파힛 제국(Majapahit, 1293~1520년)은 말레이반도 일대에 큰 영향력을 끼쳤다.

동서양이 만나는 요지인 말레이반도는 말라카 해협을 중심으로 상업과 무역의 중심지로 번성했다. 14세기 무렵 아랍 상인들에 의해 전해진 이슬람교가 전국적으로 퍼지기 시작했고, 오늘날 말레이시아를 대표하는 종교이자 국교가 되었다. 15세기 초 옛 스리비자야 제국의 왕자였던 파라메스와라가 지금의 말라카 지역에 말레이반도 최초의 독립 국가로 간주되는 말라카 왕국을 건설했다. 국제적인 무역항으로 크게 번성했던 말라카는 군사적 요새의 역할을 하며 서구 열강의 각축장이 되었다.

16세기 포르투갈의 침공 이후 17세기에는 네덜란드가 말라카를, 18세기에는 영국이 페낭을 점령하면서 말레이시아는 20세기 초까지 외세의 지배를 받았다. 한편 보르네오 섬 사라왁 주는 1841년 이후 영국인 제임스 브룩(James Brooke)과 그 후손들의 통치를 받다가 1888년 북보르네오(현재 사바 주)와 함께 영국 보호령이 되었다. 이후 파란만장한 역사를 거쳐 1957년 8월 31일 말라야 연방으로 독립했다.

#말레이시아 역사 연대표

1403년 말라카 왕국 성립
1511년 포르투갈의 말라카 왕국 지배
1641년 네덜란드의 말라카 왕국 지배
1824년 영국의 말라카 지배권 영유
1874년 영국의 보호령 시작
1941년 일본의 지배
1946년 4월 영국이 재점령한 후 '말라야 연합Malayan Union' 형성. 군정 실시
1948년 2월 영국과의 협정에 따라 말레이 연방 형성 (군사, 외교, 재정 등 3권은 영국이 계속 장악)
1955년 7월 초대 총리 툰쿠 압둘 라만Tunku Abdul Rahman 집권
1957년 8월 31일 말라야 연방 독립
1963년 8월 싱가포르 자치령과 영국령의 보르네오를 합해 말레이시아 형성
1965년 8월 말레이시아에서 싱가포르 분리, 독립
1969년 5월 말레이인과 중국인 간 인종폭동 발생. 말레이인 우대 정책인 부미푸트라 정책을 실시하고 공식 언어를 영어에서 말레이어로 교체
1970년 9월 2대 총리 압둘 라작 후세인Abdul Razak Hussein 집권. 인종 간 불평등 해소를 골자로 하는 신경제정책(NEP) 제창
1976년 6월 라작 총리 사망으로 후세인 온Hussein Onn 부총리가 총리직 계승
1978년 7월 총선에서 후세인 온 총리가 이끄는 여당 연합 국민전선(BN) 압승
1981년 7월 4대 총리 마하티르 빈 모하마드Mahathir Bin Mohamad 취임. 이후 모든 총선에서 마하티르 총리가 이끄는 BN이 압승하면서 22년 동안 5차례 연임
2003년 10월 부총리 압둘라 바다위Abdullah Badawi가 총리직 승계받아 5대 총리 취임
2004년 4월 총선에서 압둘라 바다위가 이끄는 BN의 압승으로 평화적인 권력 이동
2008년 3월 압둘라 바다위 재취임
2009년 4월 나집 툰 라작Najib Tun Razak 부총리가 총리직 승계받아 6대 총리 취임

Inside 03. Politics of Malaysia

말레이시아의 정치 구조

말레이시아는 연방제 국가이며 선거 군주제를 기반으로 한다. 영국 식민지의 영향으로 정치 구조도 유사하다. 아공(Agong)으로 불리는 국왕은 페낭, 말라카, 사바, 사라왁을 제외한 9개 주의 술탄(Sultan)이 차례로 5년을 임기로 이어간다. 정식 명칭은 양 디 퍼르투안 아공(Yang di-Pertuan Agong)이다.
2016년 말에 14대 아공으로 임기를 마친 크다 주의 술탄 압둘 할림(Abdul Halim) 국왕(1927년~2017년)은 1970년부터 5대 아공을 역임하고 두 번째 아공의 자리에 앉아 화제가 되기도 했다. 2018년 현재는 클란탄 주의 술탄인 무하마드 5세(Muhammad V)가 15대 아공이다.
국왕은 5년 임기 동안 총리와 내각을 임명할 권리와 국가 최고 사령관으로서의 통솔권 등을 갖는데 실질적인 정치는 행정권을 책임지는 내각에서 행해지며 내각의 수장은 총리다. 현재 집권 여당인 BN은 영국으로부터 독립 이후 한 번도 선거에서 패한 적이 없으며 말레이계가 최대 정치 세력으로 자리 잡고 있다. 초대 총리인 툰쿠 압둘 라만의 이름을 딴 지명과 역대 총리의 기념관을 흔히 볼 수 있으며 역대 총리들은 국민들의 신망과 독재 등에 대한 지탄을 동시에 받고 있다. 현 총리인 나집 툰 라작은 2015년 부패 스캔들이 불거진 이래로 국민들에게 퇴진 압박을 받고 있다.

#말레이시아 행정구역

말레이시아는 13개 주와 연방직할구 3개로 구성된 연방 국가다. 말레이반도에 11개 주와 2개의 연방직할구가 있고, 보르네오 섬에 2개의 주와 1개의 연방직할구가 있다. 말레이반도의 행정구역을 서말레이시아로, 보르네오 섬의 행정구역을 동말레이시아로 부른다.

Activity 01. Why Malaysia

말레이시아의 매력 탐구

다음 여행은 어디로 갈까? 휴가 기간도 짧고 주머니도 가볍지만 최선의 조건으로 최고의 만족을 얻고 싶다면, 이 책에서 추천하는 여행지는 당연히 말레이시아다. 처음엔 조금 낯설지만 차츰 중독될 수밖에 없는 말레이시아의 매력을 탐구해보자.

01 | 천혜의 자연환경

천혜의 자연환경에서 힐링의 시간을 가져보자. 아름다운 산호와 열대어를 만날 수 있는 스노클링과 로맨틱한 선셋을 감상할 수 있는 해변이 있는 바다. 〈정글의 법칙〉에 단골로 등장하는 열대의 정글이 말레이시아에 있다. 애니메이션 〈정글에서 살아남기-마루의 어드벤처〉의 배경도 말레이시아 보르네오 섬이니 어린이 여행자에게는 더욱 특별한 곳이 된다.

02 | 다민족 다문화

말레이계, 중국계, 인도계의 종교와 문화가 조화롭게 어우러진 것은 물론 식민지를 거치면서 유입된 유럽의 문화까지 융합된 독특한 문화 환경을 경험해보자.

03 | 미식 여행

우리처럼 쌀을 주식으로 하고 다양한 민족의 문화가 섞인 말레이시아 음식은 우리 입맛에도 잘 맞는다. 고급 레스토랑부터 거리의 야시장까지 다채로운 음식을 경험할 수 있다.

04 | 쇼핑 대만족

감히 아시아 국가 중 쇼핑하기 가장 좋은 나라로 꼽고 싶다. 세일 기간에 방문할 예정이라면 넉넉한 캐리어를 준비해 가는 것이 좋다(단, 명품 쇼핑은 홍콩으로).

05 | 말레이시아 사람들

히잡을 쓰고 이마에 빈디나 신두르를 장식하고 있는 사람들은 종교 안에서 신실하게 살아간다. 관광객에게도 친절하고 언제나 웃어준다. 대부분 영어를 사용해 의사소통도 수월하다.

06 | 다양한 호텔

특급 호텔의 전쟁터라고 할 수 있는 국제도시 쿠알라 룸푸르에서는 다른 도시보다 저렴한 가격에 좋은 시설과 서비스의 호텔을 예약할 수 있다. 코타 키나발루나 랑카위의 고급 대형 리조트도 합리적인 가격을 선보이고 있다.
실속파 여행객이라면 수영장이 없는 비즈니스형 호텔이나 시설 좋은 호스텔을 고려해도 만족스럽다.

07 | 저가항공

말레이시아는 저가항공 노선이 발달해 있다. 에어아시아를 이용하면 쿠알라 룸푸르를 허브로 세계 각 지역으로 이동할 수 있고, 진에어 등이 취항하는 코타 키나발루로의 접근도 쉽다.

Activity 02. Malaysia Fun

말레이시아 특전

다른 곳에는 없다. 말레이시아에만 있는 두 가지! 한 번 써본 사람은 중독되고 만다는 전신 마사지 의자 '레스트 앤 고'와 남자한테 엄청 좋은데 말로는 표현할 길이 없는 '통캇 알리'를 기억해두자!

01 | 레스트 앤 고
Rest N Go

공항이나 대형 쇼핑몰 등 사람이 많이 모이는 곳이라면 어디에서나 Gintell 사의 전신 보디마사지 의자인 'Rest N Go'를 만날 수 있다. 공공장소에 놓여 있는 마사지 의자가 반갑기도 하지만 진동이 큰 편이라 사람들의 시선을 끌기가 쉬워 이용하려면 약간의 용기가 필요하기도 하다. 3분(RM1), 15분(RM5), 30분(RM10) 중 선택할 수 있고 지폐만 사용 가능하다. 무척 시원해 단시간 이용으로도 여행에서 뭉친 근육과 피로를 풀어주기 충분하니 Rest N Go를 만난다면 꼭 이용해보자.

02 | 통캇 알리 Tongkat Ali

말레이어로 '신의 지팡이(지팡이 Tongkat, 신 Ali)'라는 뜻을 가진 말레이시아 열대 정글 자생 식물이다. 우리나라의 인삼 같은 탁월한 효능을 가진 통캇 알리는 남성호르몬의 수치를 높여주는 것은 물론 정력제의 효과까지 있어 특히 남성에게 좋다고 알려져 있다. 재미있는 것은, 말레이시아 여행 쇼핑 리스트에서 빠지지 않는 인기 품목인 통캇 알리가 들어간 알리 카페는 여성들에게 인기가 있다는 사실! 슈퍼에서 파는 알리 카페로 통캇 알리에 입문해보자.

【Story】
통캇 알리와 나

더운 여름 언제나 그랬듯이 편의점에서 시원한 알리 카페 캔을 꺼내 계산을 하려는데 어린 남자 점원이 그건 남자 거라며 정색을 하며 말렸다. '지금껏 수십 개는 마신 것 같은데 난 어찌되는 거지?'라는 의문이 잠깐 스쳤고 이유를 묻는 내게 그저 여성용이라며 펄 카페를 건넸다. 말레이 친구들에게 물어보니 가임기 여성들이 통캇 알리를 피하는 것은 사실이나 음료에는 미비한 양이 들어 있어 크게 지장이 없다고 했다. 그래서 난 여전히 맛있는 까망이 알리 카페를 마신다.

남성용과 여성용

★덤으로 추천하는 갈증 해소 캔 음료 Best 5★
1 말레이시아 대표 이온 음료 100PLUS
2 인도식 밀크 티 테타릭
3 라임 주스
4 사탕수수 주스
5 코코넛 주스

100PLUS
테타릭

라임 주스

사탕수수 주스

코코넛 주스

Activity 03. Animals and Plants

말레이시아의 동식물

말레이시아 정글에서 만날 수 있는 특별한 친구들을 마주하는 행운을 누려보자!

01 | 코주부원숭이
Proboscis Monkey
긴 코와 불룩한 배가 특징. 긴코원숭이로도 불리고 술 취한 사냥꾼과 닮았다고 해 '더치맨'이라 부르기도 한다.
★코타 키나발루, 쿠칭 바코 국립공원

02 | 혼빌(코뿔새) Hornbill
말레이시아 정글의 상징이자 사라왁주를 대표하는 새다. 영혼의 새로 불리며, 긴 부리 위에 뿔처럼 생긴 돌기가 얹혀져 있고 색이 선명하고 아름답다.
★코타 키나발루, 쿠칭, 새 공원

03 | 오랑우탄 Orangutan
말레이어로 '숲 속의 사람'이라는 뜻. 열대우림이 파괴되면서 멸종위기어 있어 특별히 보호하고 있다. 보르네오 섬과 수마트라 섬에만 분포한다.
★코타 키나발루, 쿠칭

04 | 은색잎원숭이
Silver Leaf Monkey
온순한 원숭이. 아기 때는 황색을 띠다가 자라면서 은빛이 도는 검은색이 된다.
★쿠알라 룸푸르 반딧불이 투어

05 | 검은잎원숭이
Dusky Leaf Monkey
동남아 몇 지역에 서식하는 온순한 원숭이로 하얀 안경을 쓴 듯한 눈이 귀엽다.
★랑카위

06 | 왕도마뱀 Monitor Lizard
숲과 물이 있는 곳에서 흔히 발견된다. 먼저 공격하지 않으면 위험하지는 않다고 한다.
★코타 키나발루, 쿠칭, 랑카위, 말라카

07 | 히비스커스 Hibiscus
말레이시아의 국화로 무궁화과에 속하는 꽃이다.
★말레이시아 전역

08 | 라플레시아 Rafflesia
현존하는 꽃 중 가장 큰 꽃으로 동남아시아 섬과 말레이반도에만 분포한다.
★코타 키나발루, 쿠칭

09 | 네펜데스 Nepenthes
열대 식충식물로 한글로는 '벌레잡이풀속'이다.
★코타 키나발루, 쿠칭 외

Activity 04. Must See 13

말레이시아에서 놓치지 말아야 할 13가지

전 세계가 주목하는 국제도시 쿠알라 룸푸르는 물론 서구와 아시아를 연결하는 해상교통의 요지이자 주석 생산지로 서구 열강의 치열한 쟁탈전을 겪은 말레이시아는 다양한 인종과 문화, 종교가 공존하며 독특한 문화적 특색을 가진 나라다. 열대의 정글과 바다를 품은 보르네오 섬과 말레이반도의 아름다운 자연환경 또한 말레이시아를 사랑할 수밖에 없는 요소다. 놓치지 말아야 할 Colorful Wonderful 말레이시아의 대표 관광지를 소개한다.

#자연과 함께하는 투어

01 | 툰쿠 압둘 라만 해양국립공원
Tunku Abdul Rahman National Marine Park (p.318)
제티에서 10분이면 다다를 수 있는 가야 섬, 사피 섬, 마누칸 섬 주변에서 아름다운 산호와 함께 스노클링을 즐겨보자. 좀 더 조용하고 평화로운 스노클링을 원하면 만타나니 섬으로 떠나보자.

02 | 코랄 투어
Coral Tour (p.262)
물 반 물고기 반의 아름다운 산호섬인 파야 섬 해상공원에서 온순한 상어와 함께 수영을 즐겨보자. 긴장은 잠시. 어느새 검은 지느러미 상어와 함께 둥둥 떠다니며 유유자적 수영하는 자신을 발견하게 된다.

03 | 반딧불이 투어 Firefly Tour
잠시 동심으로 돌아가 한밤의 강가에서 작은 반딧불이가 만들어내는 황홀한 빛의 향연을 즐겨보자. 코타 키나발루(p.321)와 쿠알라 룸푸르(p.152)에서 만날 수 있다.

04 | 바코 국립공원
Bako National Park (p.368)
보르네오 섬의 환상적인 자연을 경험해보자. 코주부원숭이를 비롯한 희귀 동식물이 서식하는 열대 정글 트레킹과 맹그로브 숲이 있는 아름답고 신비로운 바다를 이곳에서 만날 수 있다.

05 | 민속촌 Cultural Village
정글 속에서 원주민의 의식주를 체험하면서 지혜로운 삶의 방식과 전통문화를 경험할 수 있다. 마리 마리 민속마을(p.317)과 사라왁 민속촌(p.369)이 대표적이다.

#로맨틱 선셋

01 | 코타 키나발루 (p.352)
해 질 녘의 풍경이 아름답지 않은 곳이 어디 있겠냐만 코타 키나발루의 석양은 세계 3대 석양으로 꼽힐 정도로 아름답다. 탄중 아루 비치Tanjung Aru Beach를 비롯해 워터프런트와 고운 모래가 깔린 해변에서 바라보는 석양은 로맨틱의 극치를 보여준다.

02 | 랑카위 (p.266)
코타 키나발루만큼이나 아름다운 선셋을 보여준다. 국내 항공사 CF에드 등장했던 탄중 루 비치를 비롯해 판타이 체낭의 석양도 황홀하다.

#역사적&현대적 명소

01 | 페트로나스 트윈 타워
Petronas Twin Towers (p.90)
말레이시아의 눈부신 경제 성장과 미래를 상징하는 페트로나스 트윈 타워에서 국제도시 쿠알라 룸푸르의 위용을 느껴보자.

02 | 메르데카 광장 주변
Merdeka Square (p.128)
말레이시아 독립의 상징으로 19세기에 형성된 주변 지역에는 역사적 가치가 있는 건물이 모여 있다. 술탄 압둘 사마드 빌딩 등 동서양이 혼합된 이국적인 건축 양식을 감상해보자.

03 | 랑카위 케이블카
Langkawi Cable Car (p.265)
랑카위 최고의 관광지 오리엔탈 빌리지에서 맛 친창 산을 따라 오르는 케이블카를 타고 산봉우리를 잇는 스카이 브리지를 건너며 지상 최대의 짜릿한 스릴을 즐겨보자.

#말레이시아 유네스코 세계유산

말레이시아에는 유네스코 지정 세 곳의 문화유산과 두 곳의 자연유산이 있다. 지리적 영향으로 외세의 침략과 지배를 받으면서 형성된 페낭의 조지타운과 말라카의 독특한 건축과 문화의 가치를 경험하고, 자연과 자원의 보고인 키나발루 산에서 자연의 소중함을 다시 한 번 깨우쳐보자.

01 | 페낭 조지타운
Penang George Town (p.210)

영국 통치 시대에 형성된 조지타운은 서구의 건축물과 19세기 주석산업의 붐으로 유입된 중국계와 인도 무슬림의 문화와 종교, 또 그들이 정착하면서 형성된 프라나칸 문화가 조화를 이루는 독특한 역사문화지구다. 2008년 7월 세계문화유산으로 지정되었고 이를 기념해 2010년 그려진 스트리트 아트로 관광객을 사로잡고 있다.

02 | 말라카 Malacca (p.160)

2008년 페낭 조지타운과 함께 세계문화유산으로 지정된 말라카는 15~16세기 해상 실크로드의 거점이었고, 19세기에는 서구 열강의 전쟁으로 치열했던 곳이다. 순수 말레이 토착 문화와 중국계의 결합이 낳은 문화와 포르투갈, 네덜란드, 영국의 지배 시절 영향을 받은 유럽의 문화가 혼재되면서 다양하고 독특한 문화적 특성을 보여준다.

03 | 키나발루 산
Mt. Kinabalu (p.314)

동남아시아 최고봉이자 유네스코 세계자연유산으로 지정된 키나발루 산에 올라보자. 1박 이상의 공을 들여 최정상 로우 피크에 올라 맞이하는 장엄한 해돋이는 평생의 감동으로 남을 것이다. 정상까지 오르진 못해도 일일 투어로 키나발루 국립공원까지 다녀올 수도 있으니 키나발루 산의 자연과 하나가 되어보자.

Activity 05. Religion & Culture

말레이시아의 종교와 문화

말레이시아에서는 헌법상 말레이인(인구의 약 60%)은 국교인 이슬람교를 믿어야 하지만 다른 인종은 종교의 자유가 보장되어 있다. 이에 중국계는 도교, 불교, 기독교, 이슬람교 등 믿는 종교가 다양하고, 대부분이 힌두교도인 인도계도 일부는 기독교나 이슬람교를 믿는다. 덕분에 각 민족 간 다양한 종교와 문화가 공존하며 조화를 이루는 것이 말레이시아 문화의 큰 특징이다. 이들의 문화를 이해하면 말레이시아를 더 특별하게 즐길 수 있다.

#이슬람 문화

다양한 민족과 종교가 어우러져 있지만 말레이시아의 국교는 이슬람교다. 전 세계적으로 반무슬림에 대한 정서가 커지고 있지만 말레이시아의 무슬림들은 오늘도 성실하고 신실하게 종교 안에서 살아가고 있다. 테러로 큰 문제를 일으키는 이슬람 원리주의, 근본주의 등은 엄격히 통제하고 있다.

★포교 금지★
무슬림인 말레이인을 상대로 포교나 전도 활동을 하는 것은 불법행위로 간주된다.

수라우 기도실

01 | 이슬람교
7세기 초 아라비아의 예언자 모하메드 Mohamed가 완성시킨 종교로 그리스도교, 불교와 함께 세계 3대 종교다. 전지전능한 알라의 가르침이 대천사 가브리엘을 통해 모하메드에게 계시되어 유대계의 여러 종교를 완성시킨 유일신 종교임을 주장한다. 모하메드의 입을 통해 알려진 알라의 계시를 모아 만든 경전이 코란 Koran이다.

02 | 살라트 Salat (이슬람교의 예배)
이슬람교의 신자라면 의무적으로 하루에 다섯 번(일출, 정오, 하오, 일몰, 심야) 예배를 드리고 금요일 정오 직후에 합동예배를 드린다. 살라트는 개인적으로 할 수도 있지만 사원에서 예배를 드리는 것에 큰 의미를 둔다. 집에서 기도하면 하나의 은혜를 입고, 모스크에서 기도하면 28개의 은혜를 입는다고 한다. 공공시설이나 호텔, 쇼핑몰 등에는 기도실인 '수라우 Surau'가 마련되어 있다. 금요일은 합동예배 참석으로 오후에 잠시 문을 닫는 관공서와 레스토랑이 있다.

수라우 기도실

03 | 라마단 Ramadan (이슬람의 단식)
아랍어로 '더운 달'이라는 뜻으로 이슬람 달력으로 9월을 뜻한다. 9월은 '코란'이 내려진 신성한 달로 이 달 동안 해가 떠 있는 시간에는 음식과 물을 먹지 않는 단식을 하게 된다. 보통 새벽 기도를 마친 시간부터 오후 7시경까지 단식이 이어지는데, 대부분이 신이 내린 명령을 기꺼이 받아들이며 '하리 라야'를 위한 예비 축제 기간처럼 즐긴다. 단, 어린이와 임산부 등은 제외된다. 라마단 기간 동안은 여러 시설의 운영시간이 달라지기도 한다. 레스토랑은 라마단 뷔페 Buka Plasa를 준비하고 도시마다 라마단 바자가 열려 풍성한 저녁 식사를 즐기는 분위기다.

★라마단 바자 Ramadan Bazaar★
라마단 기간 동안 무슬림들의 저녁 식사를 책임지는 야시장으로 즉석으로 만들어주는 각종 말레이시아 전통 음식을 저렴하고 푸짐하게 즐길 수 있다. 무슬림들은 이곳에서 음식을 포장해 집에서 차려 먹는다고 한다. 보통 오후 4시경부터 시장이 열리고 6시경이 피크 타임이다. 음식이 마감되는 8시경이면 문을 닫기 시작한다.

04 | 하리 라야
Hari Raya (이슬람의 대축제)

전 세계 무슬림에게 1년 중 가장 큰 명절이자 축제로 한 달간의 라마단이 끝나는 날을 하리 라야 푸아사 Hari Raya Puasa 또는 하리 라야 Hari Raya라고 부른다. 공식 휴일은 이틀이지만 대부분의 직장인은 일주일 동안 쉬면서 축제를 만끽한다. 7~8월에 방문하면 하리 라야의 분위기를 느낄 수 있는데, 쇼핑몰과 거리거리에 크리스마스 캐럴처럼 '하리 라야 송'이 울려 퍼진다.

05 | 이슬람 패션

무슬림의 여성들은 필요 이상의 피부를 노출해서는 안 되기 때문에 머리에 히잡 Hijab이나 투둥 Tudung을 두르고 팔과 다리가 가려지는 의상을 입는다. 뿐만 아니라 수영장에도 머리와 온몸을 가릴 수 있는 무슬림용 수영복이 따로 있다. 남성용 모자는 토피 Topi라고 부른다. 말레이시아 무슬림 여성은 히잡을 머리에 쓰지 않아도 처벌받지 않는다.

06 | 할랄 Halal

과일, 야채, 곡물 등 식물성 음식이나 해산물과 같이 이슬람 율법에서 무슬림이 먹을 수 있는 음식을 통틀어 말하며 아랍어로는 '허용된 것'이라는 뜻이다. 대부분의 말레이시아 레스토랑이 할랄 마크를 달고 있는데, 종교적 절차에 따라 도살된 고기와 재료를 사용하고 무슬림에게 금기시되는 돼지고기와 술은 없다는 뜻이다. 쿠알라 룸푸르 같은 대도시의 중국 음식점이나 서양 음식점들은 논할랄인 곳도 많다.

쇼핑몰

토피

07 | 모스크 Mosque

이슬람의 사원으로 말레이어로는 마스짓 Masjid이라고 부른다. 모스크의 건축양식은 지역마다 다양한데 일반적으로 지붕이 있는 본당과 기도시간을 알리는 높은 첨탑인 미나레트 Minaret가 있다. 기도시간에는 낭송자가 코란 낭송법에 따라 코란을 읊는 소리가 모스크 담을 넘어 마을에 울려 퍼진다. 무슬림은 기도 전에 세정식을 마치고 깨끗한 몸으로 모스크에 입장하며, 남녀의 예배공간이 구분되어 있다.

★ 관광객의 모스크 방문 ★

무슬림이 아니어도 예배당을 제외한 모스크를 둘러볼 수 있다. 단, 반바지나 민소매 등 노출이 있는 의상은 금하고 여성은 머리에 스카프를 둘러야 한다. 대부분 입구에서 방문용 가운을 빌려준다. 신발은 벗고 들어가야 하며 절대 금연이고 음식물 반입은 안 된다. 정숙은 기본이고 신성한 곳이니 존중하는 마음으로 방문하자.

페낭 카피탄 클링 모스크의 미나레트 / 예배당

가운 대여

#힌두교

힌두교는 인도의 토속 신앙과 브라만교가 융합해 발전한 종교로 세계에서 가장 오래된 종교 중 하나이며 다신교적 일신교가 특징이다. 비슈누와 시바를 숭배하는 사람들이 힌두교의 대종파를 형성한다. 힌두교에서는 시바 신이 타고 다니는 '소'는 먹지 않는다. 힌두사원 방문 시 반바지나 노출이 있는 의상일 경우 사롱을 두르고 들어가야 하며 신발은 벗고 들어간다.

01 | 타이푸삼
Thaipusam (힌두교 최대 축제)

매년 1월 말~2월 초에 열리는 힌두교 최대 축제로 말레이시아 전 지역에서 열린다. 무르간 신이 있는 사원을 향해 참회와 속죄의 의미로 길고 긴 고행의 행진을 펼친다. 쿠알라 룸푸르는 차이나타운에서 바투 동굴까지, 페낭은 조지타운에서 보타니컬 가든까지 대규모 행렬이 이어진다.

바투 동굴

#불교

대부분 중국계 말레이시아인들의 종교로 우리나라의 불교와는 약간 차이가 있다. 도교적 성격이 강한 불교사원은 부처와 관음상 외에 중국의 신화에 나오는 신을 모시는 사당이 따로 있다. 불교사원에는 언제나 기도를 올리는 신도들이 피우는 향기 가득하다.

Eat 01. Food Paradise

미식 천국 말레이시아

다민족 국가인 말레이시아는 다양한 인종과 레시피의 음식을 선보이고 있다. 말레이식 전통 요리는 물론이고 여러 문화의 결합으로 창조된 독창적인 요리들이 넘쳐나는 말레이시아는 말 그대로 식도락 천국이다. 우리 입맛에도 잘 맞는 음식들이니 말레이시아에서는 잠시 한식을 잊는 것도 좋겠다. 말레이시아 음식은 크게 말레이 요리, 중국 요리, 인도 요리, 노냐 요리 4개로 나눌 수 있다.

01 | 말레이 요리
주식인 쌀(나시Nasi)로 지은 밥과 몇 가지 반찬을 곁들여 먹는 형식이 우리와 비슷한 말레이 요리는 코코넛 밀크를 많이 사용한다. 짭짤한 건멸치 튀김과 땅콩은 기본으로 나오는 나시의 짝꿍이다.

02 | 인도 요리
인도계는 말레이, 중국 다음으로 높은 인구 비중을 차지하고 있다. 특히 남인도 타밀계 인디언 무슬림의 레시피가 말레이 음식과 결합해 현지화된 인도식 요리들을 맛볼 수 있다.

03 | 중국 요리
인구의 높은 비중을 차지하고 경제 활동의 주역이 중국계인 덕에 말레이시아에서도 중국 요리는 무척 인기 있다. 특히 이슬람에서 금기시되는 돼지고기를 먹을 수 있다.

04 | 노냐 요리
중국계 이민자와 말레이 여성이 결혼해 만들어진 바바노냐(프라나칸) 문화는 음식에까지 지대한 영향을 미쳤다. 우리나라에서는 접할 수 없는 독특한 바바노냐의 음식들을 꼭 맛보도록 하자.

★나시 짬푸르 VS 나시 칸다르★
Nasi Campur VS Nasi Kandar
말레이시아 로컬 식당에서 흔히 볼 수 있는 뷔페식 식사로 원하는 만큼 담아 계산해 먹는다는 공통점이 있다. 나시 짬푸르는 밥(나시Nasi)과 여러 반찬을 섞어 먹는다(짬푸르Campur)는 뜻으로 주로 말레이 무슬림의 요리를 선보인다. 페낭에서 유래된 북부 말레이시아 요리인 나시 칸다르는 인도계 무슬림 요리인 마막Mamak 음식을 선보이고 각종 커리와 탄두리 치킨 등을 포함한다. 뷔페식뿐 아니라 개별 메뉴도 주문할 수 있다.

★화끈한 한국인들이 챙겨야 할 소스★
1 삼발 Sambal
매운 칠리 소스로 새우를 기본으로 한 '삼발 블라찬'이 가장 인기가 있다. 매운맛을 원하면 식당에서 삼발 소스를 외쳐보자.

2 칠리 파디 Chilli Padi
말레이시아산 작은 고추로 아주 맵고 톡 쏘는 맛이다. 식당에서 칠리 파디를 주문하면 잘게 썬 칠리 파디를 간장에 넣어 작은 종지에 담아준다.

【More & More】
알아두면 유용한 말레이 음식 용어

한국어	말레이어 표기 【발음】
쌀	Nasi 【나시】
굵은 면	Mee 【미】
가는 면	Meehoon 【미훈】
납작한 국수	Koay Teow 【퀘티아우】
볶음, 튀김	Goreng 【고렝】
바나나	Pisang 【피상】
조림요리	Rendang 【른당】
닭	Ayam 【아얌】
새우	Udang 【우당】
소고기	Daging 【다깅】
게	Ketan 【크탄】
오징어	Sotong 【소똥】
설탕	Gula 【굴라】
소금	Garam 【가람】
차	The 【테】
커피	Kopi 【코피】
공심채	Kang Kong 【깡꽁】

#말레이시아 대표 음식

01 | 나시 르막 Nasi Lemak
가장 즐겨 먹는 아침 식사로 코코넛 밀크를 넣고 지은 밥에 튀긴 멸치와 땅콩, 오이, 삼발 소스를 곁들여 먹는다. 바나나잎으로 포장해 삼각김밥처럼 간단하게 즐기기도 한다.

02 | 나시 고랭 Nasi Goreng
말레이식 볶음밥으로 인도네시아 등 동남아 지역에서 많이 볼 수 있다. 케첩마니스와 삼발 소스를 넣어 짭조름한 단맛이 난다. 남녀노소 누구나 좋아할 만한 맛이다.

03 | 미 고랭 Mee Goreng
말레이식 볶음국수. 나시 고랭과 더불어 어디서나 기본은 하는 가장 무난한 음식이다. 인도식 볶음국수는 '미 고랭 마막'이라고 부른다. '고랭'은 말레이시아어로 '볶는다'는 뜻이다.

04 | 사테 Satay
말레이식 꼬치구이. 닭고기, 소고기, 양고기 등을 숯불에 구워 달달한 피넛 소스에 찍어 먹는다. 두 입 정도의 작은 크기로 보통 10개씩 판매한다.

05 | 로작 Rojak
신선한 과일과 야채, 튀긴 두부 등을 칠리, 라임 주스, 구운 땅콩으로 만든 독특한 드레싱과 버무려 먹는 매콤한 말레이식 샐러드.

06 | 오탁 오탁 Otak Otak
생선을 다져서 향신료를 뿌리고 바나나 잎에 싸서 구운 요리로 말레이시아 전통 방식이다. 생선을 통째로 넣어 굽기도 한다.

07 | 피상 고랭 Pisang Goreng
바나나 튀김. 피상은 바나나, 고랭은 튀김 또는 볶음이라는 뜻이다. 현지에서 즐겨 먹는 간식이다. 바나나의 단맛에 고소함까지 더해져 손을 뗄 수 없게 된다.

08 | 른당 Rendang
소고기, 닭고기, 새우를 주재료로 코코넛 밀크와 향신료를 넣어 삶은 조림이다. 매운 삼발 소스나 다양한 커리를 넣기도 한다. 치킨 른당은 닭도리탕과 비슷한 느낌이다.

09 | 르망 Lemang
라마단 기간에만 먹을 수 있는 찹쌀밥으로 른당과 같이 먹는다. 코코넛 밀크를 넣은 찹쌀을 대나무에 넣어 찐 밥이다. 찰기 있는 식감과 달달한 맛으로 그냥 먹어도 맛있다.

10 | 크로쭉 로코 Keropok Lekor
로코라고도 부르는 말레이식 어묵튀김으로 간식용으로 인기가 높다. 말레이식 푸드코트나 야시장에서 많이 볼 수 있다.

11 | 로티 차나이 Roti Canai
인도계 무슬림의 주된 아침 식사다. 밀가루와 달걀, 버터로 반죽한 얇은 피를 구워 만든 부드러운 빵으로 커리와 곁들여 먹는다.

12 | 빠빠담 Papadam
바삭하고 짭조름한 인도식 크래커로 대부분의 인도식당에서 기본으로 나온다. 중독성 있는 맛으로 동네 식료품점에서 팔기도 한다.

13 | 차퀘티아우 Char Koay Teow
불 맛이 일품인 중국식 볶음면으로 새우, 오징어 등 해산물과 계란 등을 추가해 볶아 나온다. 어디서나 기본은 하는 메뉴로 중독성 있는 맛이다.

14 | 치킨 라이스 Chicken Rice
닭 육수로 지은 밥에 삶은 닭고기를 얹어 먹는 요리로 어디서나 흔하게 접할 수 있는 요리다. 중식 소스로 조린 닭고기를 올리기도 한다.

15 | 바쿠테 Bah Kuh The
돼지 갈비를 한약재와 마늘에 넣고 푹 고아 낸 요리. 한약 재료를 넣은 갈비탕 맛이다. 속이 확 풀리는 시원한 국물 맛이 일품이며 건강한 맛이다.

16 | 프론 미 Prawn Mee
시원하고 얼큰한 새우 국물이 일품인 면 요리로 페낭 지역의 호키엔 프론 미가 유명하다. 푸드코트와 야시장에서 흔히 볼 수 있는 메뉴이며, 올드 타운 화이트 커피의 프론 미도 맛있다.

17 | 페낭 아삼 락사 Penang Asam Laksa
시큼하고 매콤한 맛이 특징인 페낭 대표 음식으로 생선 육수를 사용한다. 페낭이라면 어디라도 맛있지만 기타 지역에서는 본토의 맛을 찾기가 쉽지 않다.

18 | 노냐 락사 Nyonya Laksa
우리나라의 짬뽕이 떠오르는 매콤한 국물의 면 요리. 바바노냐 요리의 대표주자격이다. 가게마다 레시피가 약간씩 차이가 있어 코코넛 향과 단맛의 정도가 다르다.

19 | 톱 햇 Top Hat
모자 모양의 튀긴 과자에 해산물과 함께 무친 야채 샐러드를 넣어 먹는 바바 노냐 요리의 애피타이저. 귀여운 모양과 채소의 단맛에 입맛이 확 돈다.

20 | 노냐 나시 르막 Nyonya Nasi Lemak
말레이식 아침 식사인 나시 르막의 바바노냐 버전이다. 각종 허브를 이용해 밥을 지어 푸르스름한 색을 띤다.

21 | 퀴이 Kuih
알록달록한 색과 쫄깃한 맛이 일품인 말레이식 떡으로 코코넛 밀크가 많이 들어가 달달하고 부드럽다.

22 | 도돌 Dodol
찹쌀가루와 코코넛으로 만든 달콤한 말레이 전통 디저트로 진한 농도의 젤리 같은 끈끈한 질감이다. 과일 향을 첨가한 도돌도 있다.

23 | 첸돌 Cendol
말레이식 팥빙수로 코코넛 밀크를 넣은 얼음빙수에 녹색 판단젤리와 팥을 넣어 먹는다. 카페와 레스토랑에서 빠지지 않는 디저트 메뉴다.

24 | ABC 아이스 까창 ABC Ice Kachang
색색의 시럽이 화려한 말레이식 빙수로 젤리나 아이스크림을 얹어 먹기도 한다.

#해산물 레스토랑 #Seafood Restaurant

코타 키나발루와 랑카위 등 바다와 접한 도시에는 수조에서 바로 잡은 해산물을 요리해주는 해산물 레스토랑이 많이 있다. 신선한 재료와 합리적인 가격의 이들 레스토랑은 대부분 중국계이지만, 사진과 영어 메뉴판을 준비해 외지인들도 수월하게 주문하도록 하고 있다. 가격은 1kg당 시가로 표기되며 인원수에 맞는 양을 추천해준다. 랍스터를 제외하고는 한국보다 훨씬 저렴하다.

★주문하기★
1 수조에서 원하는 해산물과 양을 고른다. 종류와 크기에 따라 가격 차이가 있다.
2 원하는 소스와 조리법을 선택한다. 칠리, 버터, 버터 크림, 웻 버터, 블랙 페퍼 소스가 한국인에게 인기 있고, 스위트앤사워, 솔티드 에그, 마늘 소스도 있다.
3 음료를 주문하고 밥과 야채를 추가한다. 밥은 일반 밥과 볶음밥 중 선택하면 되고 야채는 공심채, 채심이 무난하다. 코타 키나발루에서는 사바 베지, 쿠칭에서는 미딘을 선택해보자. 소스는 삼발 소스나, 갈릭 소스, 굴 소스 중 고르면 된다.

Eat 02. Tropical Fruits

열대 과일의 향연

동남아 여행의 묘미, 맛도 좋고 몸에도 좋은 열대 과일을 실컷 맛보도록 하자. 아열대 기후에서 생산되는 높은 당도와 풍부한 과즙의 열대 과일은 여행의 피로회복제 역할을 톡톡히 한다. 호불호가 갈리지만 '과일의 왕'으로 인정받는 두리안부터 우리나라에서는 쉽게 구할 수 없는 각종 열대 과일은 보기만 해도 기분이 좋아진다. 시장이나 슈퍼마켓에서 살 수 있고 호텔 조식에서도 풍족하게 나온다. 과수원 견학과 함께 과일 뷔페가 차려지는 과일 농장도 랑카위와 페낭에서 인기 관광지로 떠오르고 있다. 과일별로 수확기가 다른 점은 참고하자.
※ 시장과 슈퍼마켓에서 잘 깎아 놓은 과일을 구입할 수 있다.

01 | 두리안 Durian
역한 냄새 때문에 처음엔 거부감이 들지만 그 맛에 익숙해지면 '과일의 왕'임을 인정하게 된다. 냄새 때문에 호텔이나 버스 등에는 반입이 금지되는 과일이니 참고하자.

02 | 망고 Mango
풍부한 과즙과 진한 단맛의 노란 속살이 과일의 여왕답다. 새콤하고 아삭한 녹색망고는 주로 양념을 곁들여 샐러드로 먹는다. 5월부터 10월이 제철이며, 한여름에 제일 싸고 맛있다.

03 | 망고스틴 Mangosteen
새콤달콤한 맛의 열대 과일의 여왕. 껍질을 까면 마늘 모양의 하얀 알맹이가 나온다. 붉은 물이 든다는 이유로 호텔 반입 금지 과일이기도 하다. 6월에서 10월이 제철이다.

04 | 파파야 Papaya
호텔 조식당에서 흔히 볼 수 있는 과일로, 약간 냄새가 나지만 무척 달고 식감이 부드럽다. 배변활동에 도움을 주는 과일로 예민한 사람들은 바로 효과를 보기도 한다.

05 | 코코넛 Coconut
머리 크기만 한 코코넛의 꼭지 부분을 잘라내 빨대를 꽂아 마시면 잠시나마 더위와 갈증을 잊을 수 있다. 속의 하얀 과육도 긁어 먹어보자.

06 | 잭 푸르트 Jack Fruit
연두색의 커다란 과일로 겉에는 작은 가시가 돋아 있으며, 안에는 노랗고 긴 알맹이가 겹겹이 있다. 부드럽고 쫄깃한 식감에 단맛이 강하다. 커다란 잭 푸르트를 해체하는 모습도 장관이다.

07 | 람부탄 Rambutan
말레이어로 '털이 있는 열매'라는 뜻으로 껍질을 손으로 까서 하얀 속을 먹는다. 새콤달콤한 맛으로 말레이시아 정글의 붉은 보석으로 불린다.

08 | 포멜로 Pomelo
자몽과 비슷한 모양과 맛으로 쓴맛이 거의 없고 새콤하며 과즙이 풍부하다. 과일가게에서 알맹이만 판매하기도 하고 주스로도 즐긴다.

09 | 구아바 Guava
울퉁불퉁한 사과처럼 생긴 구아바는 속이 분홍색일수록 맛있다. 과즙이 많고 단감과 비슷한 푸석한 식감이다. 주스로도 많이 먹는다.

10 | 롱안 Longan
달콤하고 과즙이 많은 과일로 손으로 까 먹는 재미가 있다. 안에 검정색 씨가 있으며 통조림으로도 판매된다.

11 | 스타 푸르트 Star Fruit
단면이 별 모양이라 '스타 푸르트'라는 이름이 붙여졌다. 과즙이 풍부하나 시고 풋풋한 맛이다.

12 | 수박 Watermelon
한국의 수박보다 당도가 높고 맛있다. 속이 노란 망고수박은 일반 수박보다 더 단맛이 난다. 진짜 수박주스도 맛보자.

13 | 살락 Salak
표면이 뱀 껍질 같다고 해서 '스네이크 푸르트 Snake Fruit'라고도 불린다. 뱀 껍질 같은 모양에 마늘 같은 알맹이가 들어 있다. 밤 같은 아삭한 식감이지만 별다른 맛은 없다.

14 | 바나나 Banana
말레이시아 바나나는 당도가 높고 종류도 많다. 포장마차와 거리에서 바나나를 기름에 튀긴 피상 고랭이라는 바나나 튀김을 판다.

15 | 용과 Dragon Fruit
불꽃모양을 하고 있는 화려한 과일로 하얀 속살에 까만 씨가 촘촘히 박혀 있다. 단맛이 강하지는 않지만 샐러드로 먹으면 맛있다. 속이 빨간 용과도 있다.

Eat 03. Local Franchise Restaurant

말레이시아표 프랜차이즈 레스토랑

말레이시아 현지인들에게 사랑받는 토종 프랜차이즈 레스토랑은 여행자에게도 좋은 휴식처이자 식사 공간이 되어준다. 특히 우리나라에 그대로 옮겨 놓고 싶을 정도로 맛도 분위기도 좋은 올드 타운 화이트 커피는 말레이시아 여행에서 가장 자주 만나는 레스토랑이다.

01 | 올드 타운 화이트 커피 Old Town White Coffee

말레이시아에서는 스타벅스만큼이나 많이 볼 수 있는 현대식 코피티암으로 말레이시아 여행 내내 반가운 쉼터가 되어주는 곳이다. 이곳의 화이트 커피는 현지에서 생산된 진한 커피에 연유와 설탕이 들어가 달달하고 부드러운 맛이며 카야 토스트와는 환상 궁합을 자랑한다.

다양한 말레이시아 요리를 맛볼 수 있으며 맛은 보통 수준인데, 새우 국물로 맛을 낸 프론 미 Prawn Mee 는 얼큰한 국물이 일품이어서 한국인 입맛에 딱 맞는다. 식사 메뉴에 RM2을 추가하면 음료가 같이 나온다. 쿠알라 룸푸르 국제공항(KLIA) 지점은 활주로가 훤히 내려다보이는 공간으로 많은 여행자들의 쉼터이니 시간 여유가 있는 사람은 이용해보자.

Cost   나시 르막 RM7.9~, 카야&버터 토스트 RM4.5, 프론 미 RM11.5
        (GST 6% & SC 10%)
Web   www.oldtown.com.my
Outlet 쿠알라 룸푸르, 말라카, 페낭, 코타 키나발루, 랑카위 등

02 | 시크릿 레시피
Secret Recipe

올드 타운 화이트 커피만큼이나 많이 보게 되는 빨간색 간판의 코피티암이다. 음료와 케이크 등 디저트류는 맛있지만 음식 맛은 평범한 수준이다. 런치와 하이 티 타임에 다양한 프로모션을 하고 있어 저렴하게 이용할 수 있다.

Cost   조각 케이크 RM7~, 런치 세트 RM17~
        (GST 6% & SC 10%)
Web   www.secretrecipe.com.my
Outlet 쿠알라 룸푸르, 말라카, 페낭, 쿠칭, 코타 키나발루 등

03 | 파파리치 Paparich
'부자아빠'라는 재미난 이름의 체인 레스토랑으로 말레이식, 중국식, 인도식 레시피를 포괄하는 말레이시아 음식을 접할 수 있다. 고급스러운 인테리어와 정갈한 음식으로 인기가 있으며 가격은 다소 높은 편이다. 누 센트럴과 방사 등에 지점이 있고 호주 전역에도 지점이 있다.

Cost 면류 RM10.9~, 하이난 치킨라이스 RM14.9~ (GST 6% & SC 10%)
Web www.papparich.com.my
Outlet 쿠알라 룸푸르, 말라카, 페낭 등

04 | 차타임 Chatime
전 세계에 체인점을 둔 대만 음료 체인으로 말레이시아 전역에도 분점이 있다. 공차와 마찬가지로 타피오카가 들어간 펄 밀크티 Pearl Milk Tea가 기본 메뉴이고 더위와 갈증을 해소할 만한 다양한 음료가 있다. 한국에도 지점을 늘리고 있다.

Cost 펄 밀크티 RM6.5~ (GST 6%)
Web www.chatime.com.my
Outlet 쿠알라 룸푸르, 말라카, 페낭, 쿠칭, 코타 키나발루, 랑카위 등

05 | 더 로프 The Loaf
랑카위 텔라가 하버 파크에 본점이 있는 일본식 베이커리 체인으로 전 총리였던 마하티르 빈 모하마드가 퇴임 후 시작한 사업으로 유명하다. 고급스럽고 맛있는 빵과 스테이크, 파스타 등 이탈리안 요리를 제공한다. 부드러운 컵케이크인 '우후후 UHUHU' 치즈케이크도 인기다.

Cost 조식 RM18~28, UHUHU 치즈케이크 RM3.2
Web www.theloaf.com.my
Outlet 쿠알라 룸푸르, 랑카위 등

06 | 빅 애플 도넛&커피
Big Apple Donuts & Coffee

던킨 도넛 같은 도넛 체인점으로 화려한 색감의 다양한 도넛을 선보인다. 할랄음식으로 코코넛과 열대 과일을 재료로 해 다양한 맛을 즐길 수 있다. 단맛은 강한 편이다. 6개와 12개 팩도 판매한다. 누 센트럴과 방사 등에 지점이 있고 호주 전역에도 지점이 있다.

Cost 커피 RM6.5~, 도넛 RM3~
Web www.bigappledonuts.com
Outlet 쿠알라 룸푸르, 말라카, 쿠칭 등

07 | 상카야 Sangkaya
프리미엄 코코넛 아이스크림 전문점으로 유제품 대신 신선한 코코넛 밀크를 사용해서 채식주의자들도 먹을 수 있다. 콘(RM3.1)과 컵(RM7.3), 시그니처 중 선택해 아이스크림 위에 견과류 토핑을 올려 먹으면 된다. 시그니처를 주문하면 코코넛 껍질에 4스쿱이 담겨 나온다. 달지 않은 신선한 맛이다.

Cost 시그니처 코코넛 아이스크림 RM10.5 (GST 6%)
Web sangkaya.co
Outlet 쿠알라 룸푸르, 말라카, 페낭 등

★코피티암 Kopi tiam ★
말레이시아, 싱가포르 등 동남아 지역에서 볼 수 있는 전통 커피숍으로 음료와 식사를 한번에 해결할 수 있는 곳이다. 연유가 들어가는 화이트 커피와 카야 토스트도 코피티암에서 맛볼 수 있다.

> Buy 01. All about Shopping

오늘만 쇼퍼홀릭, 말레이시아 쇼핑의 모든 것!

홍콩이나 싱가포르가 명품 쇼핑으로 유명하다면 말레이시아는 명품 쇼핑은 물론 SPA 브랜드와 슈즈, 액세서리 등 트렌드에 민감한 합리적인 구매자에게 더없이 좋은 쇼핑의 장이 된다. 특히 BBKLCC로 불리는 쿠알라 룸푸르의 KLCC와 부킷 빈탕은 대형 쇼핑몰과 개성 있는 쇼핑몰이 모여 있어 짧은 일정에 최상의 만족도를 느낄 수 있는 쇼핑 밀집 지역이다. 세계적 규모의 원 우타마나 미드 밸리 시티를 방문해도 좋다. 우리나라 백화점처럼 쇼핑몰이나 브랜드별로 세일과 프로모션이 1년 365일 진행 중이지만, 쇼핑이 목적이라면 말레이시아 3대 빅 세일 기간에 맞춰서 방문할 것을 추천한다.

#말레이시아 3대 빅 세일

01 | 말레이시아 그랑프리 세일 (3~4월 초)
The 1Malaysia Grand Prix Sale
매년 F1 그랑프리가 개최되는 기간에 시작하는 세일로 쿠알라 룸푸르를 중심으로 진행된다. 클리어런스 세일과 겹치면서 70% 이상까지 할인되기도 한다.

02 | 말레이시아 메가 세일 (6월 중순~8월 말)
Malaysia Mega Sale Carnival
말레이시아 전 지역에서 시작되는 여름 세일로 6월 중순부터 두 달 이상 진행된다. 거의 모든 쇼핑몰과 브랜드, 항공 기내와 야시장에서도 진행되는 최대 세일 기간으로 최고 70%까지 할인받을 수 있다.

03 | 말레이시아 이어 엔드 세일 (11~12월)
Malaysia Year-End Sale
연말 시즌에 대대적으로 열리는 세일 축제로 해를 넘겨 1월까지 이어지기도 한다. 원하는 품목을 가장 저렴하게 살 수 있는 기간으로 현지인들의 수요가 적은 겨울 의류를 파격적인 가격에 살 수 있다.

#Mall in Mall

말레이시아 대형 쇼핑몰은 쇼핑몰 안에 백화점과 다른 마트가 입점해 있는 독특한 구조를 취하고 있다. 입점해 있는 각 백화점의 특징과 브랜드를 파악해 두면 좀 더 효율적인 쇼핑을 할 수 있다.

백화점	Web	특징	입점 쇼핑몰
팍슨 Parkson	www.parkson.com.my	고급 백화점 체인	파빌리온, 수리아 KLCC, 숭아이 왕 플라자, 누 센트럴, 원 우타마, 거니 플라자, 퍼스트 애비뉴, 이마고 몰, 플라자 메르데카(쿠칭)
메트로자야 Metrojaya	www.metrojaya.com.my	고급 백화점 체인	미드 밸리 메가몰, 더 커브, 수리아 사바
이세탄 Isetan	www.isetankl.com.my	일본 백화점 체인	수리아 KLCC, 더 가든스, 원 우타마
데번햄스 Debenhams	www.debenhams.com	영국 백화점 브랜드	스타힐 갤러리, 더 커브, 거니 파라곤(페낭)
막스 & 스펜서 Marks & Spencer	global.marksandspencer.com/my	영국 백화점 브랜드	수리아 KLCC, 가든스 몰, 원 우타마
대형마트 & 슈퍼마켓	이온AEON, 자이언트Giant, 에버라이즈Everise, 콜드 스토리지Cold Storage		

★사이즈 조견표★
통상적인 사이즈이므로 디자인과 브랜드에 따라 차이가 있을 수 있다.

여성 의류 사이즈	한국	미국	영국	유럽, 이탈리아	가슴둘레 inch	허리 inch	엉덩이 inch
XS	44(85)	2	6~8	36	32	24	34
S	55(90)	4, 6	10	38~40	33~34	25~26	35~36
M	66(95)	8, 10	12~14	42~44	35~37	27~29	37~39
L	77(100)	12, 14	16~18	46~48	38~40	30~32	40~42
XL	88(105)	16, 18	20~22	50~52	42	34	44
XXL	99(110)	18, 20	24~26				

여성 신발 사이즈			
한국	미국	유럽	영국
220	5	36	2
225	5.5	36.5	2.5
230	6	37	3
235	6.5	37.5	3.5
240	7	38	4
245	7.5	38.5	4.5
250	8	39	5
255	8.5	39.5	5.5
260	9	40	6

남성 의류 사이즈	한국	영국	유럽, 이탈리아	가슴둘레 inch	허리 inch	목둘레 inch	팔길이 inch
XS	80~90	0	44~46	34	28	14	32.5
S	90~95	1	46	36	30	14.5	33
M	95~100	2	48	38	32	15	33.5
L	100~105	3	50	40	34	15.5	34
XL	105~110	4	52	42	36	16	34.5
XXL	110~	5	54	44	38	16.5	35
XXXL				46	40	17	35.5

남성 신발 사이즈			
한국	미국	유럽	영국
245	6.5	40	6
250	7	40.5	6.5
255	7.5	41	7
260	8	41.5	7.5
265	8.5	42	8
270	9	42.5	8.5
275	9.5	43	9
280	10	43.5	9.5
285	10.5	44	10
290	11	44.5	10.5

Buy 02. Malaysia Brand

말레이시아 브랜드에 관한 모든 것

디자인과 품질로만 따진다면 우리나라의 패션 수준이 한 수 위지만 가격과 이국적인 디자인으로 비교하면 결코 뒤지지 않는 것이 말레이시아 패션 브랜드다. 세일 기간에 구입하면 절로 웃음이 나는 만족스러운 쇼핑을 할 수 있다. 한류의 영향으로 한국에서 수입한 의류와 액세서리도 흔히 볼 수 있다.

#말레이시아 픽업 로컬 브랜드

대형 쇼핑몰을 채우고 있는 글로벌 브랜드에 뒤지지 않는 말레이시아의 패션 브랜드를 소개한다. 이국적인 디자인의 리조트룩과 파티룩을 비롯해 빠르게 바뀌는 유행을 반영하는 젊은 감각의 브랜드까지 말레이시아의 패션을 경험해보자. 플러스 사이즈의 패션도 놓치지 말 것.

01 | 브리티시 인디아
British India
린넨, 실크, 면 등 천연 소재로 시원하고 편안한 룩을 선보인다. 동서양이 교차된 이국적이고 세련된 디자인으로 유행을 타지 않아 오래 입을 수 있으며 품질에 비해 가격이 합리적이다.
Web www.britishindia.com.my

02 | 저스트 비 Just B
브리티시 인디아의 자매 브랜드로 10대 후반~20대 여성을 타깃으로 한 브랜드다. 화려한 색감의 재기발랄한 디자인과 액세서리를 선보이는 저스트 비는 미드 밸리 메가몰과 퍼블리카 등에 매장이 있다.
Web www.just-b.co.uk

03 | 이클립스 Eclipse
독특하고 이국적인 드레스로 여성들을 사로잡는 의류 브랜드다. 광택이 있는 고급 소재에 과감한 색감이 돋보이며 드레스에 걸맞은 화려한 장식의 구두와 액세서리를 선보인다. 메가 세일 기간에는 70%까지 할인하기도 한다.
Web www.eclipse.com.my

04 | 키첸 Kitschen

10대 후반부터 20대 남녀를 타깃으로 한 캐주얼하고 재기발랄한 디자인을 선보이는 SPA 브랜드다. 창의적이며 생동감 넘치는 스타일의 패턴과 디자인이 특징이다. 세일과 프로모션이 잦은 편이다.

Web www.kitschen.com

05 | 니치 Nichii

20대 중후반의 여성을 위한 브랜드로 오피스룩을 비롯해 캐주얼 의류와 파티용 드레스까지 선보여 많은 인기를 끌고 있다. 이슬람에서 영감을 받은 디자인도 있다.

Web www.nichii.com

#브랜드 편집숍

대형 쇼핑몰을 중심으로 편집숍의 종류가 늘고 있는 추세다. 다양한 편집숍 중 괜찮은 품질의 제품을 제공하는 편집숍 두 곳을 추천한다.

01 | 파디니 콘셉트 스토어
Padini Concept Store

PDI, 빈치, 시드 등 말레이시아의 대중적인 브랜드를 소유한 파디니 그룹의 모든 브랜드를 한자리에 모아 놓은 매장이다. 아동부터 성인까지 비슷한 성향의 의류를 한곳에서 원 스톱으로 살 수 있는 장점이 있고, 세일 기간에는 기획 상품도 나온다. 액세서리를 구매하기에도 좋다.

Web www.padini.com

02 | F.O.S

중저가 브랜드들의 재고를 모은 아웃렛 매장으로 시작해 말레이시아 전역에 지점을 둔 편집 매장이다. 넓은 매장에 유아부터 성인 남녀까지 두루두루 만족시킬 만한 다양한 제품군이 있다. Gap, 바나나 리퍼블릭, ZARA 등 수입 브랜드의 의류도 있으며 지점에 따라 브랜드와 물건이 차이가 있는 편이다.

Web www.fos.com.my

【More & More】
플러스 사이즈

글래머러스한 플러스 사이즈 여성을 위한 패션 제안. 66사이즈 이상의 옷만 취급하며 체형을 고려한 디자인에 가격 만족도도 높다. 망고 자매브랜드인 Violeta by Mango도 있다.

❶ 미즈 리드 Ms. Read
화려한 색감과 체형을 고려한 심플한 디자인의 옷으로 어머님들에게도 추천할 만한 브랜드다.
Web my.msreadshop.com

❷ 플로 Flow
미즈 리드보다 젊고 과감한 디자인이다. 볼드한 액세서리도 눈여겨볼 만하다.
Web www.flowclothing.com

【More & More】
포니 Poney

말레이시아 대표 아동복 브랜드로 싱가포르, 인도네시아, 중국 등에 진출하고 있는 글로벌 브랜드다. 갓난아기 옷부터 아동복까지 좋은 품질과 깔끔한 디자인의 아동복을 제작하고 있다. 가격도 저렴한 편으로 세일 기간에는 더욱 만족스러운 쇼핑을 할 수 있다.

Web www.poney.com.my

#우리나라에 없는 브랜드

외국에서 하는 쇼핑의 즐거움은 뭐니 뭐니 해도 남들에겐 없는 나만의 것을 얻는 데 있다. 언젠가는 우리나라에 들어올 수도 있지만 아직은 없는 인기 브랜드를 말레이시아에서 만나보자.

01 | 코튼 온 Cotton On
호주발 SPA 브랜드로 주로 면과 데님 소재의 편안하고 실용적인 데일리룩을 선보인다. 부담 없는 가격에 할인과 프로모션 코너가 항상 있다. 소재 좋은 아동복도 인기 있고, 착용감 좋은 언더웨어도 눈여겨볼 만하다. 특히 요가복 등 운동복 코너는 꼭 챙겨보도록 하자. 계산 시 직원이 기부 목적의 추가 구매를 권하는 경우가 많으니 참고할 것.
Web   www.cottonon.com

02 | 톱 숍 Top Shop
영국 대표 SPA 브랜드로 개성 있는 디자인과 합리적인 가격으로 패션 피플을 열광시키는 브랜드다. 남녀 의류뿐 아니라 액세서리, 화장품까지 취급하고 남성을 위한 톱 맨 Top Man 매장이 따로 있어 더욱 인기를 끌고 있다. 영국 특유의 록 시크한 디자인이 매력 있다.
Web   www.topshop.com

#슈즈 파라다이스 말레이시아

'신발 사러 말레이시아 간다'는 말이 장난이 아닐 정도로 말레이시아의 구두는 쇼핑 0순위다. 지미 추 Jimmy Choo의 고향이기도 한 말레이시아의 구두 브랜드는 트렌디한 디자인과 좋은 품질, 무엇보다 저렴한 가격으로 열광적인 지지를 받는다. 자, 호텔에 짐을 풀었다면 가까운 구두 매장으로 달려가보자.

01 | 빈치 Vincci
말레이시아의 대표적인 구두 브랜드로 대중적이고 다양한 디자인과 편안한 착화감에 매장에 들어가면 이것저것 신어보기 바빠진다. 보통 RM100~200의 착한 가격대이고 세일 기간에는 1만원 내외로 샌들을 구입할 수도 있다. 액세서리류도 눈여겨보자.
Web   www.padini.com

02 | 바타 Bata
유럽과 남미, 동남아시아에서 큰 사랑을 받는 유럽발 신발 편집숍이다. 바타 자체 브랜드 외에도 다국적 브랜드를 선보이며 남녀노소 모두가 만족할 만한 다양한 제품을 보유하고 있다. 특히 바타 컴핏 Bata Comfit 제품은 디자인은 다소 투박한 편이지만 착화감이 편해 만족도가 높다. 수량에 따라 할인 폭이 커지므로 가족의 사이즈를 미리 알아가도 좋겠다.
Web   www.bata.com.my

03 | 지미 치아 Jimmy Chia
스와로브스키를 사용한 화려한 디자인의 럭셔리 브랜드다. 다리 라인을 고려한 여성스러운 디자인으로 착화감도 좋다.
Web   www.facebook.com/jimmychia.kl

04 | 노즈 Nose
빈치와 쌍벽을 이루는 인기 브랜드로 유행에 따라 구두와 가방의 디자인 회전이 빠르고 인기 제품의 매진도 빠른 편이다.
Web   www.nose.com.my

05 | 찰스&키스 Charles & Keith
우리나라에서도 많은 사랑을 받는 싱가포르 브랜드로 좀 더 다양한 디자인의 제품을 저렴하게 구입할 수 있다.
Web   www.charleskeith.com

메이드 인 말레이시아

말레이시아 여행을 추억할 수 있는 특산품에 주목해보자. 세계 최고 수준의 주석 수공예 명품 로열 셀랑고르의 제품들은 현지에서 구입할 수 있고, 품질 좋은 말레이시아산 나무로 만드는 아치의 기념품과 화려한 염색의 바틱 제품도 유용한 기념품이 된다. 저렴한 거리 시장표 기념품과 액세서리도 놓치지 말자.

01 | 로열 셀랑고르 Royal Selangor

세계적으로 유명한 말레이시아 명품 주석 브랜드로 모든 제품이 장인의 수작업으로 완성되는 것으로도 유명하다. 말레이시아 왕국에서 사용하는 제품으로 80년대부터는 VIP를 위한 최고의 선물로 국내에서도 인기를 끌었으나 최근 김영란법으로 타격이 있다고 한다. 열전도율이 높은 주석 잔은 따뜻하거나 차가운 음료의 온도를 유지시켜주며, 독성이 전혀 없는 금속으로 쓴맛이나 신맛을 부드럽게 완화시켜준다. 잔 외에도 찻잔 세트, 액자, 액세서리 등 다양한 제품을 생산한다. 파빌리온 등 대형 쇼핑몰에 입점해 있다.
Web www.royalselangor.com

기네스북에 오른 세계 최대의 주석 잔

02 | 아치 Arch

'One City, One Heritage'라는 콘셉트로 다양한 컬렉션을 선보이는 아시아 최대의 건축모형 제작사다. 천연 무늬목으로 만든 책갈피나 자석 등은 가벼우면서도 특색 있고 고급스러워 부담 없는 선물로 좋다. 쿠알라 룸푸르 수리아 KLCC와 센트럴 마켓에도 매장이 있고 시티 갤러리에 매장과 D.I.Y 워크숍이 있다.
Web www.archcollection.com

03 | 바틱 Batik

말레이시아와 인도네시아의 전통 천연 염색으로 유네스코 무형 문화재로 지정된 바틱 염색은 파라핀으로 그린 밑그림 위에 색을 칠해 표현한다. 화려하고 대담한 무늬와 색감이 특징이다.

04 | 거리 시장표

정글의 재료로 만드는 말레이시아 시장표 액세서리와 나무 제품들은 말레이시아 여행의 추억을 오래오래 간직하게 해준다.

Buy 04. Malaysia Shopping List

말레이시아 쇼핑 리스트

길거리표 & 시장표를 선호하는 지극히 개인적 취향으로 고른 말레이시아 쇼핑 리스트!

아이폰, 아이패드 케이스
in 페낭 조지타운 RM25, RM35
페낭의 거리 예술을
손에 들고 다녀요.

조지타운 노트
in 페낭 조지타운 RM1(3권)
옛날 추억이 생각나는 노트

사라왁 원두커피
in 쿠칭 블랙 빈 RM100(250g)
커피 마니아에게 강추!

제비집 젤리
in 쿠칭 RM6.99
어르신 선물용으로 좋은
건강 젤리

사라왁 후추
in 쿠칭 슈퍼마켓 RM7
삼겹살과 목살의
풍미를 더해줘요!

페낭 화이트 커리 라면
in 페낭 슈퍼마켓 RM2~
무려 세계 라면 베스트 2위!
향신료가 강하니 참고할 것!

플립플롬
in 바타 RM25
휴양지나 숙소에서 유용해요

바타 컴피트 신발
in 바타 RM69~
많이 살수록 싸게 해줘서
사돈에 팔촌 것까지 살 뻔했어요!

호피 구두
in 노즈 수리아 KLCC RM79
말레이시아에서
구두 쇼핑은 필수!

목걸이
in 랑카위 RM35~
이국적인 재료와 색감이
최고에요!

북마크
in 아치 RM9
가벼워서 선물용으로도 굿!

마그네틱
in 아치 RM9
여행에서 마그네틱을
안 사면 서운해요

파시미나 숄
in 센트럴 마켓 KL RM20
좋은 품질에 미친 가격!

양주가 든 초콜릿
in 랑카위 코코밸리 RM16.9
랑카위에서
면세 쇼핑을 즐겨봐요!

TWG 티백
in TWG 파빌리온 KL RM21
다양한 종류의 명품 티.
선물용으로도 좋아요

래틀 셰이커
in 쿠칭 메인 바자 RM27.9
뮤지션이라면
좋은 품질의 악기도 필수!

Buy 05. Super Shopaholic

슈퍼 쇼퍼홀릭

여행 고수들은 안다. 현지의 생필품을 파는 슈퍼마켓이 알짜 쇼핑의 성지라는 것을. 카트를 가득 채워 쓸어오고 싶지만 트렁크의 여유와 무게를 고려해 현명하게 쇼핑에 임하도록 하자.

망고 젤리
RM9.3(320g), RM26.5(1kg)
남녀노소 모두가 좋아하는
진한 망고 맛의 군것질거리

망고 푸딩
RM3.5(3개)
아이들이 좋아하는
망고 푸딩

멸치 스낵
RM2.3(30g)
영양 간식이나 술안주로
딱 좋은 달달하고 짭조름한 맛.
커리 맛도 있다

미 고랭 컵라면
RM1.79
맛이 끝내주는
MAMEE의 컵라면

바쿠테 스프
RM6.9~
중국식 보양식 스프.
A1이 제일 유명하다.

카야 잼
RM3~(180g)
NONA와 SUNSTAR
브랜드가 유명하고 병부터
캔까지 다양하다

연유(Krimer Manis)
RM2.65~
커피나 떼타릭에
넣어 먹는 달달한 연유

껌
RM5(40g)
동남아껌. 단단하고 작고
쿨한 느낌이 강하다

고체 주방세제
(Good maid) RM2.68
살림 100단 주부라면
누구나 인정하는 주방 세제

케찹 마니스
RM2.75~(275ml)
말레이시아와 인도네시아
요리의 필수인 달달한
간장 소스

칠리 파디
RM3.9(200g), RM6.5(360g)
태국 고추로 만든
매우 매운 소스

굴 소스
RM2.3(305g)
맛있다고 소문난
굴 소스

블랙페퍼 소스
RM6.25(500g)
매콤한 동남아
레시피의 완성!

칠리 소스
RM2.75(340g)
어디에나 어울리는
칠리 소스

사바 티 티백
RM3.75~(25개)
사바 정글에서 나오는
사바 티. 매우 진하다

알리 카페 골드 5 in 1
RM6.25(200g)
(커피+설탕+프림+통캇 알리+인삼)
통캇 알리 향과
달달한 맛이 일품인
고급 커피다

알리 카페 블랙 5 in 1
RM17.9(600g)
(커피+설탕+프림+통캇 알리+인삼)
가장 고급 원두를
사용하며 양이 많아
깊은 맛이 난다

펄 카페 4 in 1
RM6.9(200g)
(커피+설탕+프림+통캇 알리)
여성용 알리 커피.
일본산 마린 콜라겐이
첨가돼 있다

테놈 커피 오
RM7.2~(240g)
간편히 티백으로
즐길 수 있는 원두커피.
은색(블랙커피), 금색(커피+설탕),
볼록(커피+설탕+크림) 등이 있다

보 티 티백
RM7.5~(50개)
티백 보 티부터
달달한 가득믹스까지
취향대로 골라보자

Stay 01. Malaysia Hotel

말레이시아 호텔

말레이시아는 호텔 가격이 저렴하고 여행 목적에 따라 선택의 폭이 넓다. 특히 수도 쿠알라 룸푸르는 국제 도시답게 럭셔리 호텔 브랜드들이 각축을 벌이고 있고, 다른 도시에 비해 가격도 저렴해 큰 부담 없이 5성급 호텔을 선택할 수 있다. 위치, 서비스, 청결도, 시설 대비 만족도가 높은 수많은 '밸류 포 머니(Value for Money)' 호텔들도 실속파 여행자들을 행복하게 한다. 또한 말레이시아 각 지역의 문화와 자연을 바탕으로 한 개성 있고 흥미로운 숙소들이 많아 특별한 경험을 원하는 여행자들에게 각광받고 있다.

#호텔 예약 시 Check Point!

01 | 호텔의 위치
대중교통이 편리한 쿠알라 룸푸르라면 주요 역 근처로의 접근성이 좋은 곳이 좋고, 다른 도시라면 관광객을 위한 편의시설이 모여 있는 도시 중심에 있는 숙소가 좋다. 호텔 예약 시 사이트 내의 지도를 통해 위치를 확인하고, 공항과의 거리도 고려해 예약하도록 하자.

02 | 가격 조건
사이트에 제시된 금액은 부가세와 수수료 등을 포함하기 전 가격인 경우가 많아 최종 결제 금액은 예약 시 확인할 금액보다 높아진다. 또 특가 상품의 경우 환불이나 변경이 불가한 상품이 대부분이니 신중히 결정해야 한다. 예약 변경과 환불 조건 확인도 필수!

03 | 조식 포함 여부
조식이 포함되지 않은 경우 필요하면 옵션으로 신청하자. 호텔의 경우 예약 시 결제하는 게 더 저렴하다.

04 | 체크인과 체크아웃 시간
일반 리조트와 호텔은 24시간 리셉션을 운영하지만 작은 규모의 호텔이나 호스텔은 그렇지 않은 경우도 있으니 본인의 체크인, 체크아웃 시간을 미리 확인해야 한다.

05 | 침대의 형태와 사이즈
예약 시 침대 형태와 사이즈를 확인할 수 있다. 2인실의 경우 더블베드와 트윈베드(싱글침대 2개) 여부도 확인하고 예약하자. 가족여행인 경우 엑스트라 베드의 설치가 가능한지, 가능하다면 추가 요금은 얼마인지도 확인하는 것이 좋다. 호스텔의 경우는 도미토리의 침대 한 칸 요금으로 표시된다.

06 | Non Smoking Room
대부분의 호텔이 금연이지만 흡연에 예민한 사람들은 한 번 더 확인할 필요가 있다.

07 | 부대시설
3성급 이상 호텔의 경우 운동시설과 비즈니스 공간, 레스토랑, 수영장, 스파 등의 부대시설을 갖추고 있다.

08 | 리뷰
호텔 예약 사이트에서 해당 숙소의 리뷰를 읽어보자. 주관적 평가라 100% 신뢰할 순 없지만 일반 설명에 나타나지 않는 장점과 단점을 참고하기에 충분하다.

#호텔 등급 구분

호텔 등급은 세계 공통의 표준화된 기준이 있다기보다는 나라별로 나름의 기준을 정하고 있다. 두바이의 경우 세계 최고의 럭셔리 호텔을 자처하며 7성급의 등급을 매긴 호텔도 있다. 다소 차이가 있지만 1~5성급까지 공통된 분류 기준은 다음과 같다.

1성급 기본 객실, 공용 화장실
2성급 컬러 TV를 갖춘 기본 객실, 바와 레스토랑
3성급 다양한 객실 타입, 레스토랑, 운동시설, 비즈니스 공간
4성급 다양한 객실 타입과 스위트룸, 레스토랑과 부대시설, 수영장과 짐, 키즈클럽 구비, 안내서비스
5성급 위의 모든 조건을 갖춘 럭셔리한 공간

호텔 미니 바
욕실 어메니티

#호텔 이용 가이드

호텔은 잠만 자는 곳이 아니라 충분히 즐길 수 있는 여행의 한 부분이다. 체크인부터 체크아웃까지 알고 보면 별거 아닌 호텔 가이드. 이제부터 호텔도 관광지처럼 꼼꼼하고 알차게 즐겨보자.

01 | 체크인 Check-in
리셉션에서 바우처(예약 확인서)와 여권을 제시하고 체크인 한다. 클럽룸 투숙객은 클럽 라운지를 이용하면 편리하다. 체크인 시간은 오후 2시나 3시지만, 방이 준비되어 있으면 이보다 이른 시간에도 체크인이 가능하다. 웰컴 드링크를 주는 곳도 있다.

02 | 디포짓 Deposit
체크인 시 보증금으로 1박 정도의 금액을 지불한다. 미니 바나 레스토랑 등 호텔 내 시설을 이용할 경우 여기에서 차감되며, 이용 내역이 없으면 신용카드는 결제가 자동으로 취소되고, 현금은 체크아웃 시 돌려받는다(체크인 시 받은 영수증 지참할 것).

03 | 어메니티 Amenity
객실 내 무료로 제공되는 비품으로 커피와 티, 비누, 샴푸, 칫솔 등을 말한다. 부족할 경우 요구하면 가져다 준다. 일반적으로 생수 2병은 무료 Complimentary로 제공된다.

04 | 미니 바 Mini Bar
객실 내 작은 냉장고 안에 채워진 음료와 주류는 유료로 체크아웃 시 결제하게 되며 일반적으로 미니 바 위에 가격표가 있다. 미니 바가 비워져 있는 경우도 있다.

05 | 부대시설 Facility
호텔 내 시설 중 피트니스와 수영장, 사우나 등은 대부분 무료로 이용할 수 있다. 결제가 필요한 경우 객실 번호를 말하고 사인만 하면 체크아웃 시 일괄 결제할 수 있다.

06 | 턴 다운 서비스 Turn Down Service
특급 호텔의 서비스로 오후 늦게 객실을 한 번 더 정리해 준다. 과일이나 초콜릿 등을 놓고 가기도 한다.

07 | 아침 식사 Breakfast
조식당 입구에서 객실 번호를 확인하고 들어가면 된다. 대부분 뷔페 형식으로 제공되며, 메인 메뉴는 따로 주문하고 샐러드 바를 이용하는 곳도 있다. 체크인 시 조식 쿠폰을 주는 곳도 있다.

★팁은 센스★
우리에게 익숙지 않은 문화이지만 분명 팁이 필요한 타이밍이 있다. 객실로 짐을 옮겨주는 직원에게 팁을 주는 게 일반적이며, 외출 시에는 청소하는 직원을 위해 탁자 위에 팁을 놓아두도록 하자. RM3~5이 적당하다.

귀중품은 세이프티 박스에 보관하자

Stay 02. Global Hotel Chain

세계적인 체인 호텔

세계적인 체인 호텔은 체계적이고 안정적인 서비스와 시설로 믿고 선택할 수 있어서 여행 시 우선적으로 고려하게 된다. 대부분의 호텔이 좋은 위치에 있고 등급별로 다양한 브랜드가 있어 여행 목적과 예산에 맞게 선택할 수 있다. 호텔 체인별로 멤버십 프로그램이 있어서 이용에 따른 포인트 적립도 가능하며 등급별 다양한 혜택을 누릴 수 있으므로 주 이용 체인 호텔을 정해두는 것도 좋다(2016년 9월 23일부터 스타우드와 메리어트가 합병되어 메리어트만 남게 되었다. 멤버십은 2018년 초까지 독립적으로 운영된다).

#SPG 스타우드 호텔 #www.starwoodhotels.com

럭셔리 호텔	5성급 이상	쿠알라 룸푸르	세인트 레지스 KL St. Regis KL 더 웨스틴 The Westin (p.119)
		랑카위	세인트 레지스 랑카위 St. Regis Langkawi (p.296) 더 웨스틴 The Westin (p.296) 안다만 리조트 The Andaman, a Luxury Collection Resort (p.298)
	5성급	쿠알라 룸푸르	르 메르디앙 Le Meridien (p.146) 알로프트 Aloft (p.145) 셰라톤 임페리얼 Sheraton Imperial
		푸트라자야	르 메르디앙 Le Meridien
		코타 키나발루	르 메르디앙 Le Meridien (p.348)

#메리어트 호텔 #www.marriott.com

럭셔리 호텔	5성급 이상	쿠알라 룸푸르	JW 메리어트 JW Marriott (p.120) 리츠칼튼 The Ritz-Carton (p.119)
	4~5성급	쿠알라 룸푸르	르네상스 호텔 Renaissance Hotel (p.120)
		푸트라자야	푸트라자야 메리어트 Putrajaya Marriott

#힐튼 월드와이드 #www.hilton-worldwide.com

럭셔리 호텔	5성급	쿠알라 룸푸르	힐튼 호텔 Hilton Hotel (p.145) 더블 트리 바이 힐튼 Double Tree by Hilton (p.118)
		쿠칭	힐튼 호텔 Hilton Hotel (p.383)
		페낭	더블 트리 리조트 바이 힐튼 Double Tree Resort by Hilton
		코타 키나발루	힐튼 호텔 Hilton Hotel

#하얏트 호텔 #www.hyatt.com

| 럭셔리 호텔 | 5성급 | 쿠알라 룸푸르 | 그랜드 하얏트 호텔 Grand Hyatt Hotel (p.116) |
| | | 코타 키나발루 | 하얏트 리젠시 Hyatt Regency (p.348) |

#아코르 #www.accorhotels.com

럭셔리 호텔	5성급	쿠알라 룸푸르	풀만 KLCC Pullman KLCC
		푸트라자야	풀만 푸트라자야 Pullman Putrajaya
		쿠칭	풀만 쿠칭 Pullman Kucing (p.383)
중급호텔	3~4성급	쿠알라 룸푸르	노보텔 KLCC Novotel KLCC
		코타 키나발루	머큐어 호텔 Mercure Hotel
		쿠칭	풀만 쿠칭 Pullman Kucing (p.383)

#IHG(InterContinental Hotel Group) #www.ihg.com

럭셔리호텔	5성급 이상	쿠알라 룸푸르	인터콘티넨털 InterContinental (p.118)
중급호텔	3~4성급	말라카	홀리데이 인 Holiday Inn
		페낭	홀리데이 인 리조트 Holiday Inn Resort (p.247)
실속호텔	3성급	쿠알라 룸푸르	홀리데이 인 익스프레스 Holiday Inn Express

#샹그릴라 #www.shangri-la.com

럭셔리 호텔	5성급 이상	쿠알라 룸푸르	샹그릴라 호텔 Shangri-la Hotel (p.120)
		푸트라자야	푸트라자야 샹그릴라 Putrajaya Shangri-la
		코타 키나발루	샹그릴라 탄중 아루 리조트 Shangri-la's Tanjung Aru Resort (p.346) 샹그릴라 라사 리아 리조트 Shangri-la's Rasa Ria Resort (p.347)
		페낭	샹그릴라 라사 사양 리조트&스파 Shangri-La's Rasa Sayang Resort&Spa (p.246)
럭셔리 호텔	5성급	쿠알라 룸푸르	트레이더스 호텔 Traders Hotel (p.117)
		페낭	골든 샌즈 리조트 Golden Sands Resort (p.246) 호텔 젠 Hotel Jen (p.233)

#YTL 호텔 #www.ytlhotels.com

럭셔리 호텔	5성급 이상	쿠알라 룸푸르	마제스틱 호텔 The Majestic Hotel (p.146)
		카메론 하일랜드	카메론 하일랜드 리조트 Cameron Highlands Resort
		말라카	마제스틱 말라카 The Majestic Malacca (p.178)
		코타 키나발루	가야 아일랜드 리조트 Gaya Island Resort (p.354)

Stay 03. Hostel & Homestay

호스텔 & 홈스테이

말레이시아는 저렴한 숙소가 많아 배낭여행자들에게도 훌륭한 여행지가 된다. 학생이라면 호스텔의 도미토리를 이용하면서 경비 절감뿐 아니라 전 세계 여행자들과 친구가 되어보자. 내 집같은 분위기의 한인 민박도 좋은 선택이 될 수 있다. 최근에는 에어비앤비를 선호하는 개성 강한 여행자도 늘어나고 있다.

#호스텔

파란만장한 역사와 풍요로운 문화적 배경, 훌륭한 자연환경을 갖추고 있는 말레이시아는 저가항공과 저렴한 숙소까지 많다. 호스텔, 유스호스텔, 백패커, 로지 등의 명칭으로 불리는 도미토리형 객실을 갖춘 숙소는 저렴하고 실용적인 시설로 배낭여행자들에게 사랑받고 있다. 4인실에서 10인실 이상까지 2층 침대를 갖춘 도미토리는 대부분 공동욕실과 화장실을 사용하게 되며, 부엌을 갖춘 곳은 간단한 요리도 가능하다. 최근에는 최신시설을 갖춘 것은 물론 사생활이 보장되는 폐쇄형 도미토리도 늘고 있어 만족도가 더욱 높다. 도미토리는 1~2만 원의 가격으로 이용할 수 있다. 풍부한 여행정보를 얻을 수 있고 다양한 국적의 여행객들과 교류할 수 있다는 장점이 있으나 공동욕실과 화장실 사용, 소음 등의 문제로 불편할 수도 있다.

호스텔 예약과 이용

01 | 관리가 잘 되지 않는 곳은 베드버그가 발견되기도 하니 무조건 예약하지 말고 후기를 잘 살펴보자. 공동 샤워시설이나 화장실이 열악한 곳도 있으니 역시 꼼꼼히 확인할 것!

02 | 여럿이 사용하는 만큼 기본적인 매너를 지키고 혹시 모를 도난 사고에 대비해 짐 보관에 신경을 써야 한다.

03 | 도미토리 예약 시 여성 전용인지 남녀 공용 Mixed Dorm인지 확인하자. 별도의 표시가 없는 곳은 남녀 공용 도미토리다.

호스텔 공동욕실

호스텔 도미토리

#한인 민박

유럽처럼 흔하지는 않지만 한인 민박은 의사소통에 부담이 없고 내 집처럼 편안한 분위기로 인기가 있다. 대부분이 수영장 이용이 가능한 안전한 주택가에 위치해 있으며 현지 투어 예약도 대행해주고 있다. 또 운영하는 카페를 통해 유용한 최신 정보를 제공하기도 한다. 단, 장기간 운영하는 곳이 드문 편이니 되도록 리뷰를 잘 확인하고 오래 운영해 온 신뢰할 수 있는 곳을 선택하도록 하자.

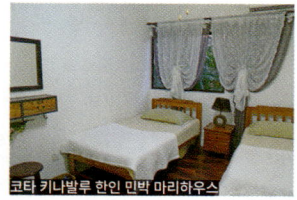
코타 키나발루 한인 민박 마리하우스

에어비앤비

기존 호텔 여행에서 탈피해 그 지역의 가정집에서 숙박할 수 있다는 게 장점. 숙소별 리뷰도 바로 확인할 수 있고 비교적 믿을 만한 숙소를 소개하고 있지만, 개인이 운영하는 곳이 대부분이어서 기대했던 바와 다른 경우도 있다. 도시 외곽에 위치한 곳도 있으니 교통을 비롯한 여러 요소들을 따져보고 예약하도록 하자. (www.airbnb.co.kr)

Relax 01. Massage & Spa

말레이시아 마사지 & 스파

동남아 여행에서 빠질 수 없는 것 중 하나가 여행의 피로를 풀어주는 마사지를 받는 것이다. 다른 동남아에 비하면 다소 비싼 편이지만 부담 없이 즐길 수 있는 수준이다. 말레이시아와 태국, 중국 스타일이 대부분이며, 말레이시아의 자연자원을 원료로 하는 럭셔리 스파 경험도 가격만큼의 충분한 가치가 있다.

#마사지 받기 전 알고 가기

01 | 팁은 얼마나 줘야 할까?
서비스에 만족했다면 마사지사에게 RM5~10 정도 주면 된다. 대부분의 숍은 메뉴 가격에 세금(GST 6%)을 별도로 부과한다. SC 10%가 포함된 경우 별도의 팁은 주지 않는다.

02 | 마사지는 식후 2시간 후!
마사지는 누워서 받게 되는 경우가 많아 식후에 바로 마사지를 받으면 불편함을 느낄 수 있어 어느 정도 소화가 된 상태에서 받는 게 좋다.

#마사지 종류

01 | 발마사지
여행자들이 가장 저렴하고 편하게 받을 수 있는 마사지로 말레이시아에서는 혈 자리를 자극해 피로를 풀고 혈액순환을 돕는 반사요법 'Foot Reflexology'가 두루 행해지고 있다. 중저가숍에서는 30분부터 받을 수 있으며 1시간 정도 받는 게 일반적이다. 등과 어깨, 머리 마사지를 포함하는 패키지 프로그램도 있다.
Cost 중저가 마사지(60분) RM50~80

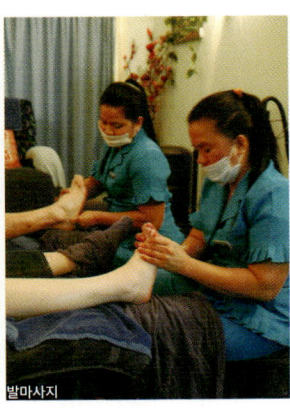
발마사지

02 | 허벌 볼 마사지
각종 허브를 넣은 따뜻한 허벌 볼로 전신을 지그시 누르는 태국식 마사지로 근육의 긴장 완화와 통증 감소에 효과가 있다고 한다. 아로마 오일 마사지 후 받으면 더욱 효과적이며 중급 이상의 숍에서 받을 수 있다.
Cost 중가 마사지(120분) RM180 내외

03 | 보디마사지
얼굴을 제외한 전신의 혈을 자극하고 근육을 이완시켜 스트레스 완화와 혈액순환에 도움을 주는 마사지다. 크게 옷을 입고 받는 건식 마사지와 탈의 후 맨몸에 받는 오일 마사지로 나뉜다. 보디마사지는 보통 60분, 90분, 120분으로 나뉘며, 보디 스크럽을 포함하는 프로그램도 있다.

건식 마사지 Traditional Massage
익히 알려진 태국 전통 마사지와 중국식 마사지가 건식 마사지에 속하고, 말레이시아 원주민 부족에서 발달한 말레이 전통 마사지도 건식 마사지에 속한다.
Cost 중저가 마사지(60분) RM70~100

오일 마사지 Oil Massage
다양한 효능이 있는 아로마 에센스 오일을 사용하는 아로마테라피 마사지가 대표적으로, 혈액순환과 신진대사를 원활하게 해주고 스트레스 완화에 효과가 있다. 고급 스파일수록 다양한 아로마 에센스 오일을 준비하고 있고, 체질에 적합한 것을 선택해 서비스하기도 한다.
Cost 중저가 마사지(120분) RM120~170

• Intro •

진화하는 메트로폴리스, 쿠알라 룸푸르

말레이시아 연방 수도이자 최대 도시로서 아시아 최고의 국제도시로 떠오르는 쿠알라 룸푸르는 말레이시아의 과거와 현재, 미래의 모습을 모두 담고 있는 역동적인 도시다. 비즈니스 방문객들이 몰려드는 아시아 경제와 금융의 허브이자, 최첨단 시설의 공항과 저가항공의 발달로 여행자들을 끌어들이는 여행 허브도시이기도 하다. 이를 반영하듯 특급 호텔들이 들어서면서 소리 없는 전쟁을 하고 있으니 여행자의 입장에서는 즐겁기만 하다.
말레이시아의 미래를 보여주듯 비상하는 페트로나스 트윈 타워와 빌딩 숲 속의 KLCC 공원은 진짜 숲으로 살아 숨 쉬고, 대형 쇼핑몰과 특급 호텔은 물론 거리 야시장과 마사지 골목까지 있는 부킷 빈탕에서는 럭셔리 모드와 서민 모드를 모두 즐길 수 있다. 동서양을 아우르는 문화와 종교의 융합을 경험할 수 있는 차이나타운과 리틀 인디아에서는 컬러풀 말레이시아의 진수를 경험할 수 있고, 우리에게 다소 이질감이 있는 이슬람교의 건실한 모습도 엿볼 수 있다. 일정에 여유가 있다면 도심에 산소를 공급해주는 퍼다나 보타니컬 가든에서 열대우림의 자연을 느껴봐도 좋겠다.

★
도시 개요
【도시명】
쿠알라 룸푸르
Kuala Lumpur
【위치】
말레이반도 서말레이시아 중서부 슬랑고르 주
【인구】
약 7,457,000명 (2016년)
【홈페이지】
www.visitkl.gov.my
【키워드】
연방 수도, 국제도시, 쇼핑, 트윈 타워, 호텔, 금융

★
관광안내소
Information Center
【Access】
MaTiC 내에 위치
【Open】
08:00~22:00
【Address】
No. 109, Jalan Ampang, Kuala Lumpur, 50450 Kuala Lumpur
【Tel】
603-9235-4827
【Web】
www.matic.gov.my

★
쿠알라 룸푸르의 어원
말레이어로 쿠알라(Kuala, 합류)와 룸푸르(Lumpur, 흙탕물)가 합쳐진 말로, '흙탕물의 합류'라는 뜻이다. 자멕 모스크 바로 옆으로 '클랑 강(Kelang River)'과 '곰박 강(Gombak River)'이 합쳐지는 지점이 있는데 바로 이곳이 쿠알라 룸푸르의 어원이 발생한 지역이다. 현지인들은 쿠알라 룸푸르를 'KL'로 부르고 표기한다.

• Must Try •

쿠알라 룸푸르 Best 3

#Sightseeing
볼 것 많고 할 것 많은 쿠알라 룸푸르 관광 Best 3

페트로나스 트윈 타워 (p.90)

바투 동굴 (p.154)

반딧불이 투어 (p.152)

#Food & Relax
야시장과 푸드코트 대표를 소개합니다. 도시의 루프톱 바도 놓치지 마세요.

잘란 알로 (p.100)

푸드 리퍼블릭 (p.98)

루프톱 바 (p.106)

#Shopping
쇼핑만 해도 모자란 시간. 쿠알라 룸푸르 쇼핑 스폿 Best 3

파빌리온 (p.113)

수리아 KLCC (p.112)

센트럴 마켓 (p.143)

#Stay
쿠알라 룸푸르 호텔 성급별 Best를 소개합니다.

Luxury 그랜드 하얏트 호텔 (p.116)

Economy 르 애플 부티크 호텔 (p.122)

Backpacker 레게 맨션 (p.147)

• Information • 01
쿠알라 룸푸르 들어가기 & 나오기

1. 비행기

쿠알라 룸푸르는 인천공항에서 직항으로 6시간 30분 정도의 비행을 마치면 도착할 수 있는 가까운 도시다. 대한항공, 말레이시아항공, 에어아시아에서 매일 인천과 쿠알라 룸푸르 간 직항노선을 운행하며, 공항에서 30분~1시간 정도면 쿠알라 룸푸르 도심으로 이동할 수 있다.

#쿠알라 룸푸르 국제공항 KLIA/KLIA2
#Kuala Lumpur International Airport

쿠알라 룸푸르에서 남쪽으로 약 50km 떨어진 세팡Sepang에 위치한 쿠알라 룸푸르 국제공항(KLIA)은 인천공항 등과 함께 아시아 대표 공항이자 국제 허브공항의 역할을 하고 있다. 그만큼 이용 항공사와 이용객이 많은 곳이고 휴식 공간과 면세점 등을 잘 갖추고 있다. 바로 옆에 **저가항공사 전용 공항인 KLIA2**가 2014년에 새로 문을 열면서 명실공히 세계 최고의 공항으로 자리 잡았다. 대한항공과 말레이시아항공 등을 이용하면 KLIA로, 에어아시아는 KLIA2로 들어가게 된다.

Web   www.klia.com.my

★
KLIA~KLIA2 간 이동
공항 간 이동은 셔틀버스나 고속전철을 이용하면 된다.
【무료셔틀버스】
약 10분 간격으로 24시간 운행.
KLIA L1 4번 출구, KLIA2 L1 A10번
【고속전철】
KLIA 익스프레스
성인 RM2, 어린이(2~12세) RM1

★
공항 구조
① 버스, 택시 타는 곳
② GATE A 국내선
③ GATE B 국내선
④ 에어로트레인
⑤ Satellite Terminal
⑥ 사마사마 익스프레스
⑦ GATE C 국제선
⑧ 게이트웨이@KLIA2
⑨ 사마사마 익스프레스 KLIA2
⑩ 스카이 브리지
⑪ GATE J 국내선
⑫ GATE K/L 국내선/국제선
⑬ KLIA 익스프레스 & KLIA 트랜짓
⑭ GATE Q 국제선
⑮ GATE C 국제선
⑯ 튠 호텔
⑰ 캡슐 바이 컨테이너 호텔
⑱ 사마사마 호텔

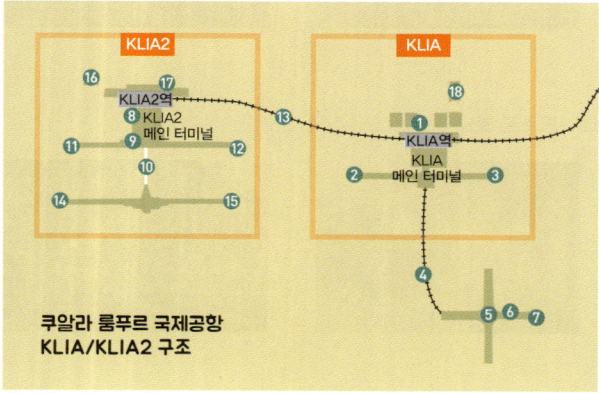

쿠알라 룸푸르 국제공항 KLIA/KLIA2 구조

#수방공항 #Subang Airport

KLIA 이전에 국제공항으로 이용되었고, 현재는 말레이시아 국내선을 운항하는 저가항공 버자야항공(www.berjaya-air.com)과 파이어플라이(www.fireflyz.com.my)가 이용하고 있다. 사람이 많은 편이 아니라 여유롭게 이용할 수 있다.

Web   www.subangskypark.com

#공항 주변 트랜짓 호텔

✓ 사마사마 익스프레스 Sama-Sama Express
따로 입국심사 없이 경유 대기 시간에 이용하기 좋은 호텔로 KLIA와 KLIA2 내에 있다. 최소 6시간부터 원하는 시간만큼 예약할 수 있고 4인 패밀리룸도 있다. 경유 여행자를 위한 호텔이어서 보딩 패스가 있어야 이용 가능하다.
Access   KLIA는 C5 게이트 옆에, KLIA2는 3층(L3) 국제선 출발층에 위치
Cost   수피리어 6시간 RM265~
Tel   Sama-Sama Express KLIA 603-8787-4848
         Sama-Sama Express KLIA2 603-8775-6600
Web   www.samasamaexpress.com

✓ 캡슐 바이 컨테이너 호텔 Capsule By Container Hotel
공항에 있는 경유 호텔로 6시간, 9시간, 12시간 단위로 예약할 수 있다. 컨테이너를 개조한 개성 있는 디자인의 호텔로 한 명씩 이용할 수 있는 호스텔식 호텔이다. 여성 전용이 따로 있고 퀸사이즈 침대가 있는 2인실도 있다.
Access   KLIA2 1층(L1) 게이트웨이@KLIA2에 위치
Cost   6시간 RM90~, 9시간 RM100
Tel   603-7610-2020
Web   www.capsulecontainer.com

✓ 사마사마 호텔 Sama-Sama Hotel
KLIA와 연결되어 있는 5성급 호텔로 24시간 버기가 다닌다. 442개의 객실에서 조용하고 편안한 휴식을 취할 수 있고, 레스토랑과 수영장 등 부대시설도 훌륭하다. KLIA2 간 무료 셔틀버스도 있다.
Access   KLIA 2층과 스카이 브리지로 연결
Cost   디럭스룸 RM640~
Tel   603-8787-3333
Web   www.samasamahotels.com

✓ 튠 호텔 Tune Hotel
에어아시아 계열의 저가 호텔로 KLIA2가 건설되면서 지어진 새 호텔이다. 호텔 내 편의점이 있고 에어아시아 셀프 체크인도 가능하다. 에어컨, 욕실용품 등 객실 시설은 필요한 것을 따로 신청해야 한다.
Access   KLIA2 L1M층에 연결 통로가 있다. 도보 10분 소요
Cost   더블룸 RM300~
Tel   603-8787-1702
Web   www.tunehotels.com

2. 고속버스

쿠알라 룸푸르와 말레이시아 각 지역, 싱가포르를 연결하는 여러 버스 노선이 있다. 버스의 상태는 전반적으로 괜찮은 편이지만 운행 회사에 따라 상태와 환경이 달라지고, 장거리의 경우 휴게소에서 쉬기도 한다. 여러 온라인 사이트에서 예매가 가능한데, 몇몇 노선을 제외하고는 현장 구매도 무리가 없다.
온라인 예매 www.easybook.com, www.busonlineticket.com

TBS 버스터미널

TBS 버스터미널
Access 반다르 타식 슬라탄 Bandar Tasik Selatan 역과 연결되어 있다.
　① **LRT Ampang 라인, KTM 코뮤터 Rawang 라인 :**
　　 KL 센트럴역에서 네 정거장
　② **KLIA 트랜짓 :**
　　 공항(KLIA, KLIA2)과 세 정거장, KL 센트럴역과 한 정거장
Web www.tbsbts.com.my

에어로라인 # Aeroline
쿠알라 룸푸르의 몇 지점과 페낭, 싱가포르, 조호 바루를 잇는 고급리무진 버스로 크루가 동승해 고급 서비스를 제공한다. 쿠알라 룸푸르에서는 코러스 호텔, 원 우타마, 선웨이 라군에서 출발한다.
Web www.aeroline.com.my

3. 기차

KL 센트럴역과 쿠알라 룸푸르역에 말레이시아 각 지역은 물론 태국과 싱가포르까지 연결하는 철도 노선이 있다. 페낭(버터워스역), 이포, 조호 바루 등으로 이동 시 고려해볼 만하나 기차 상태가 썩 좋은 편은 아니다. 침대칸도 있으며 좌석 등급별로 가격차가 크다. 이용 시 미리 예약하는 것이 좋다.
Web www.easybook.com

장거리 열차가 출발하는
쿠알라 룸푸르역

• Information • 02

공항에서 시내 이동

1. KLIA 익스프레스(KLIA Ekspres)

쿠알라 룸푸르 시내로 들어가는 가장 빠른 방법으로, KLIA와 KLIA2에서 도심한 KL 센트럴역까지 직행으로 28분(KLIA2에서는 33분)이 소요된다. 깨끗하고 안전하고 편안한 고속전철로 2명 이하일 경우 추천할 만하다. 15~20분 간격으로 운행된다.

Open   공항 출발 05:00~01:00, KL 센트럴역 출발 05:00~00:40
Cost   편도 성인 RM55, 어린이(2~12세) RM25
          왕복 성인 RM100, 어린이 RM45
Web   www.kliaekspres.com

KLIA 익스프레스, 승강장을 확인하고 타자!

#KLIA 트랜짓 #KLIA Transit

KLIA(KLIA2)에서 푸트라자야나 사이버자야로 들어가거나, TBS 버스터미널에서 다른 지역으로 가는 여정이면 KLIA 트랜짓을 이용해야 한다. 매표소는 같고 타는 곳이 다르니 표지를 확인하고 타도록 하자.

2. 버스

공항에서 쿠알라 룸푸르 도심까지 가장 저렴하게 이동할 수 있는 수단으로 KLIA나 KLIA2를 출발해 KL 센트럴역까지 운행한다. 약 1시간 정도 소요되며 약 30분 간격으로 버스가 있고 인원이 차면 출발한다.

공항	운행 회사	운행시간	요금	배차 간격
KLIA	Express Coach	KLIA 출발 06:30~00:30 KL 센트럴역 출발 05:00~00:00	성인 RM10 어린이 RM6	30분 간격
KLIA2	Aerobus	24시간	성인 RM10 어린이 RM5	20~30분 간격
	Skybus	KLIA 출발 03:00~00:00 KL 센트럴역 출발 05:00~02:45	성인 RM10 어린이 RM5	30분 간격

✓ KL 센트럴역까지 1시간 10분 정도 소요된다. 교통 사정에 따라 달라진다.
✓ Aerobus : 공항과 겐팅 간을 운행하는 버스도 있다.
✓ Skybus : 공항과 원 우타마까지 운행하는 버스도 있다.

| Kuala Lumpur

3. 택시

공항에서 쿠알라 룸푸르의 목적지까지 바로 연결하는 편리한 수단으로, 2인 이상이면 쿠폰 택시를 이용하는 편이 KLIA 익스프레스보다 저렴하고 편리하다. 인원과 트렁크 수에 따라 가격이 달라지는데 2인이 부킷 빈탕 주변의 숙소까지 쿠폰 택시를 이용할 경우 RM118(톨비 포함) 정도 나온다. 쿠알라 룸푸르 도심까지는 대략 1시간 소요. 미터 택시나 리무진 택시 또는 밴을 이용할 경우에는 가격이 높아진다. 우버나 그랩 택시는 도심까지 2인 기준 약 RM75이다. 수하물이 있는 4인은 6인승(약 RM120)을 타도록 하자.

Access KLIA : Level 3에 도착층에 택시 카운터와 타는 곳이 있다.
        KLIA2 : Level 1 게이트웨이@KLIA2에 타는 곳이 있다.
Open 24시간

#KL 센트럴 #KL Sentral

쿠알라 룸푸르 교통의 중심이 되는 곳으로 공항과 시외에서 들어오는 모든 기차, 지하철, 버스가 이곳을 통과하게 된다. 공항(KLIA, KLIA2)에서 출발한 공항버스나 KLIA 익스프레스의 종착지도 KL 센트럴역이다. 관광안내소와 환전소, 코인로커 등 관광객을 위한 편의시설이 있고, 힐튼Hilton, 르 메르디앙Le Meridien, 알로프트Aloft 등 특급 호텔과 대형 쇼핑몰인 누 센트럴Nu Sentral과 연결되어 있다. 도심공항터미널인 KL CAT(City Airport Terminal)도 이곳에 있어 말레이시아 항공 등을 이용한다면 탑승 수속을 마치고 공항으로 이동할 수 있다(p.391 참고).

KL 센트럴역에서 쿠알라 룸푸르 도심 이동 시 쿠폰 택시는 RM17, 우버나 그랩 택시는 RM7 내외의 요금이다.

Web www.klsentral.com.my

쿠알라 룸푸르 교통의 중심인 KL 센트럴역

• Information • 03

시내 교통

전철 노선이 잘 갖춰져 있는 쿠알라 룸푸르는 여행자에게는 더없이 편리한 도시다. 말레이어로 된 역 이름이 어렵긴 하지만 주요 역만 체크해 두면 효율적으로 시내와 근교를 여행할 수 있다. 택시가 많이 다니기는 하지만 상습 정체 지역인 KLCC나 부킷 빈탕 지역은 걷는 게 빠를 정도여서 지하철을 효율적으로 이용하는 게 좋다. 시내 버스도 잘 되어 있지만 외국인이 이용하기에는 무리가 있는 편이니 노선을 미리 확인하고 이용하도록 하자. 도심을 잇는 무료 버스인 GOKL도 알아두면 좋다.

1. 지하철 LRT & 모노레일

#LRT(Light Rail Transit), #MRT(Mass Rapid Transit)
쿠알라 룸푸르 구석구석을 누비는 지하철로 클라나 자야 라인Kelana Jaya Line과 스리 프탈링Sri Petaling & 암팡 라인Ampang Line이 있다. 2017년부터 운행을 시작한 고속전철 MRT는 다만사라 지역과 KL 센트럴, 파사르 스니, 부킷 빈탕 등 도심을 관통하는 노선으로 관광객에게도 유용하다. 요금은 이동 거리에 따라 달라진다. 티켓은 판매기에서 구입 가능하다. '목적지 선택 → 인원과 요금 확인 및 지불 방법 선택 → 요금 지불 → 토큰 받기'순으로 이용하면 된다.
Open 06:00~24:00(노선과 요일에 따라 막차가 달라진다)
Web www.myrapid.com.my

#모노레일 #Monorail
KL 센트럴역부터 티티왕사까지 지상의 모노레일 선로를 달린다. 관광객들은 부킷 빈탕역을 많이 이용하게 된다. 환승 시 외부의 역과 연결된 곳도 있으니 확인해보자.
Open 06:00~11:30

2. KTM 코뮤터(KTM Komuter)

KTM에서 운영하는 전철로 레드라인인 Seremban Line과 블루라인인 Port Klang Line으로 나뉜다. 레드라인의 바투 동굴역과 블루라인의 미드밸리역, TBS 버스터미널이 있는 반다르 타식 슬라탄역을 주로 이용하게 된다.

★
환승역

【항 투아역(Hang Tuah)】
모노레일과 스리 프탈링 & 암팡 라인 환승
【부킷 나나스역(Bukit Nanas)】
모노레일과 클라나 자야 라인의 당 왕이역이 도보 3분 거리
【KL 센트럴역】
모노레일과 LRT역이 다른 건물이고, 누 센트럴 방향 다리로 연결되어 있다.

★
지하철 노선도 애플리케이션

LRT와 모노레일의 노선과 빠른 경로를 소개하는 애플리케이션으로 우리나라의 지하철 애플리케이션과 비슷하다. 여러 종류가 있는데 한글이 지원되는 '쿠알라 룸푸르 Transit'이나 정부에서 만든 'RapidKL Travel Guide'가 추천할 만하다.

#지하철 & 모노레일 토큰 구입하기

지하철역에 창구가 있긴 하지만 토큰은 티켓 판매기를 통해 구입하도록 되어 있다. 잔돈 교환과 My Rapid 카드 구입은 창구에서 가능하다.

①초기화면

② English 선택

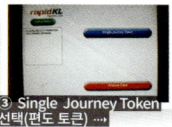
③ Single Journey Token 선택(편도 토큰)

④ 목적지 선택

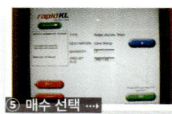
⑤ 매수 선택

⑥ 목적지와 사용 가능 화폐 확인

⑦ 지폐나 동전 넣기

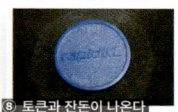
⑧ 토큰과 잔돈이 나온다

3. 택시

미터 택시는 블루캡(기본요금 RM6)과 레드캡(기본요금 RM3) 두 종류의 택시가 있고, 호텔과 쇼핑몰 주변에서 쉽게 잡을 수 있다. 일반적으로 미터 요금을 적용하나 일부 구간은 가격을 흥정하려는 기사들이 종종 있다. 공항이나 KL 센트럴역에서는 정액제 쿠폰 택시를 이용할 수 있다. 최근에는 차량 공유 서비스인 우버와 그랩 택시(p.33 참고) 이용자가 늘고 있다.

4. KL 홉 온 홉 오프 버스

쿠알라 룸푸르 주요 관광 스폿을 운행하는 시티 투어 버스로 지정된 정류장에서 몇 번이고 타고 내릴 수 있는 Hop-on Hop-off 버스다. 에어컨이 빵빵한 2층 버스로, 2층의 맨 앞자리가 최고 명당 자리다. 뜨거운 태양을 견딜 수만 있다면 야외석도 OK. 24시간, 48시간 동안 가능한 티켓이 있으며, 판매소에서 바우처를 사고 처음 버스를 탈 때 제시하면 기사가 티켓으로 바꿔주고 버스에서 바로 구입할 수도 있다. 영어 오디오 가이드와 함께한다. 1박이나 2박 정도로 체류 기간이 짧은 여행자들이 쿠알라 룸푸르 내의 관광지를 효율적으로 돌아보고 싶을 때 유용한 교통수단이다.

Access 지정된 정류장에서 승하차한다.
Open 09:00~20:00, 20~30분 간격
Cost **24시간** 성인 RM50, 어린이 RM25
     48시간 성인 RM90, 어린이 RM45
Web www.myhoponhopoff.com

5. GOKL 시티버스

쿠알라 룸푸르 황금노선을 운행하는 무료버스다. 에어컨과 와이파이 서비스를 갖춘 최신 설비의 버스가 주요 관광지를 무료로 움직여준다니 여행자의 입장에서는 고마울 따름이다. 현지인들도 많이 이용하고 있어 피크 타임과 주말에는 만차로 다니게 되고 교통체증이 심해 멀미가 날 지경이니, 도보 여행과 다른 대중교통을 적절히 잘 분배해 활용하도록 하자.
4개의 노선이 레드, 블루, 퍼플, 그린 라인으로 구분되어 있는데 KLCC, 부킷 빈탕, 차이나타운을 운행하는 퍼플라인과 그린라인의 이용자가 가장 많다. 레드라인을 이용하면 국립모스크와 메르데카 광장, 리틀 인디아를 돌아볼 수 있다. 일방으로 운행하고 정류장이 따로 있다.

Open 평일 06:00~23:00, 주말·공휴일 07:00~23:00, 5~10분 간격
Cost 무료
Web www.gokl.com.my

#그린라인 #Green Line
(KLCC~부킷 빈탕)
KLCC(페트로나스 트윈 타워) ⋯ MaTiC(말레이시아 관광센터) ⋯ 콩코드 호텔(르네상스, 샹그릴라 호텔) ⋯ 파빌리온, 스타힐 갤러리 ⋯ 부킷 빈탕(모노레일역) ⋯ 그랜드 하얏트 호텔 ⋯ KLCC

#퍼플라인 #Purple Line
(파사르 스니역~부킷 빈탕)
Pasar Seni(파사르 스니역, 센트럴 마켓, 차이나타운) ⋯ Bangkok Bank(자멕 모스크) ⋯ KL 타워 ⋯ 파빌리온, 스타힐 갤러리 ⋯ 부킷 빈탕(모노레일역)

#레드라인 #Red Line
(KL 센트럴역~Jalan Tunku Abdul Rahman)
티티왕사역 ⋯ 초우킷 ⋯ 콜로세움(리틀 인디아) ⋯ 메르데카 광장 ⋯ KTM 쿠알라 룸푸르역 ⋯ KL 센트럴역 ⋯ 국립박물관(레이크 가든) ⋯ 국립모스크(이슬람 예술 박물관) ⋯ 메르데카 광장

#블루라인 #Blue Line
(Medan MARA~부킷 빈탕)
Terminal Jalan Tun Razak ⋯ 콩코드 호텔 ⋯ 파빌리온, 스타힐 갤러리 ⋯ 부킷 빈탕(모노레일역) ⋯ 당 왕이역

GOKL 시티 버스 노선도
GOKL City Bus Map

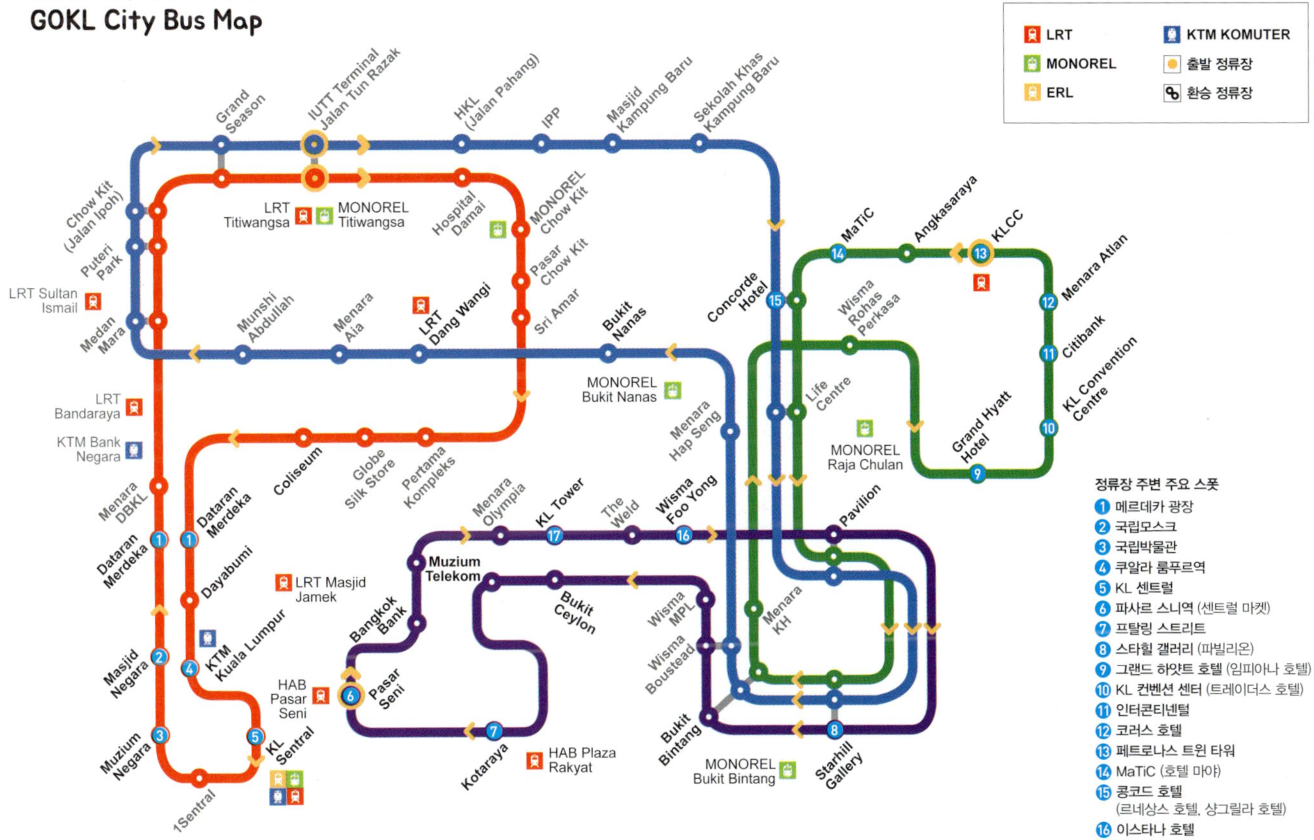

정류장 주변 주요 스폿
1 메르데카 광장
2 국립모스크
3 국립박물관
4 쿠알라 룸푸르역
5 KL 센트럴
6 파사르 스니역 (센트럴 마켓)
7 프탈링 스트리트
8 스타힐 갤러리 (파빌리온)
9 그랜드 하얏트 호텔 (임피아나 호텔)
10 KL 컨벤션 센터 (트레이더스 호텔)
11 인터콘티넨털
12 코러스 호텔
13 페트로나스 트윈 타워
14 MaTiC (호텔 마야)
15 콩코드 호텔 (르네상스 호텔, 샹그릴라 호텔)
16 이스타나 호텔
17 KL 타워

• Itinerary • 01

쿠알라 룸푸르 추천 일정: 3박 4일

떠오르는 국제도시 쿠알라 룸푸르에서는 각자의 여행 목적과 취향에 따라 다양한 일정을 구상해볼 수 있다. 여기서는 관광과 쇼핑, 식도락을 두루 경험할 수 있는 일정으로 구성해봤다.

#1일
KLCC & 부킷 빈탕

10:00 페트로나스 트윈 타워 & KLCC 공원
트윈 타워 내부 관람을 원하면 미리 예약하도록 하자!
(p.90, 91)

12:00 점심 식사
【추천】마담 콴스 or 푸드 리퍼블릭
(p.93, 98)

13:00 파빌리온 & 부킷 빈탕 주변 쇼핑
(p.113)

18:00 잘란 알로 야시장
(p.100)

20:00 루프톱 바에서 칵테일 즐기기
(p.106)

22:00 숙소 도착, 휴식

#2일
메르데카 광장 & 차이나타운

10:00 자멕 모스크
(p.129)

10:30 메르데카 광장 & 주변 박물관
(p.128)

12:00 점심 식사
【추천】프레셔스 올드 차이나 or 올드 차이나 카페
(p.140)

13:00 센트럴 마켓 & 차이나타운
(p.143, 133)

15:00 애프터눈 티
【추천】콜로니얼 카페
(p.142)

17:00 부킷 빈탕에서 발마사지

19:00 창캇 부킷 빈탕에서 저녁 식사와 라이브 클럽 즐기기
(p.103)

22:00 숙소 도착, 휴식

#3일
KL 센트럴 & 반딧불이 투어

09:00 국립모스크
(p.137)

10:00 이슬람 예술 박물관
(p.137)

11:00 퍼다나 보타니컬 가든
(p.135)

12:00 점심 식사
【추천】혼빌 레스토랑&카페 or 누 센트럴 내 레스토랑
(p.141, 144)

13:00 브릭필드 리틀 인디아
(p.139)

14:00 반딧불이 투어
(p.152)

23:00 숙소 도착, 휴식

• Itinerary • 02
쿠알라 룸푸르 핵심 관광: 1일

쿠알라 룸푸르를 경유하거나 하루만 머물 경우 참고할 만한 가족여행 또는 우정여행 핵심 일정을 소개한다.

#4일
릴랙스 & 쇼핑

오전
호텔 휴식
↓
12:00
체크아웃 후
점심 식사
【추천】 나시 칸다르 플리타
or 리틀 페낭 카페
(p.94)
↓
13:00
BBKLCC 쇼핑
(p.111)
↓
16:00
하이 티
【추천】 액미 바 & 커피
or TWG 티
(p.93, 101)
↓
18:00
부킷 빈탕에서 마사지
↓
20:00
공항으로 이동

★
쿠알라 룸푸르 외곽 지역
선웨이 라군이나
리조트 월드 겐팅 등 외곽 지역에
다녀올 경우 하루 일정을 모두
할애하는 게 좋고, 숙박을 포함해도
충분히 가치가 있다.

#가족여행
액티비티 & 관광

10:00
페트로나스 트윈 타워
온라인 예매 추천!
(p.90)
↓
11:00
페트로사인스 or 아쿠아리아 KLCC
(p.92, 91)
↓
13:00
점심 식사
【추천】 혼빌 레스토랑 & 카페
(p.141)
↓
14:00
KL 새 공원
(p.136)
↓
16:00
메르데카 광장 & 주변 관광
(p.128)
↓
17:00
부킷 빈탕 쇼핑 & 저녁 식사
【추천】 푸드 리퍼블릭 or 롯 10 후통
(p.98, 99)
↓
19:00
마사지 즐기기
↓
21:00
숙소 도착, 휴식

#우정여행
릴랙스 & 쇼핑

10:00
페트로나스 트윈 타워
& 수리아 KLCC
(p.90, 112)
↓
12:00
점심 식사
【추천】 리틀 페낭 카페
or 나시 칸다르 플리타
(p.94)
↓
13:00
메르데카 광장 & 주변 관광
(p.128)
↓
14:00
국립모스크 관광
& 애프터눈 티 즐기기
【추천】 콜로니얼 카페
(p.137, 142)
↓
17:00
부킷 빈탕 쇼핑
↓
19:00
저녁 식사
【추천】 잘란 알로 야시장 or 푸드 리퍼블릭
(p.100, 98)
↓
20:30
루프톱 바 or 라이브 클럽 즐기기
(p.106, 108)
↓
23:00
숙소 도착, 휴식

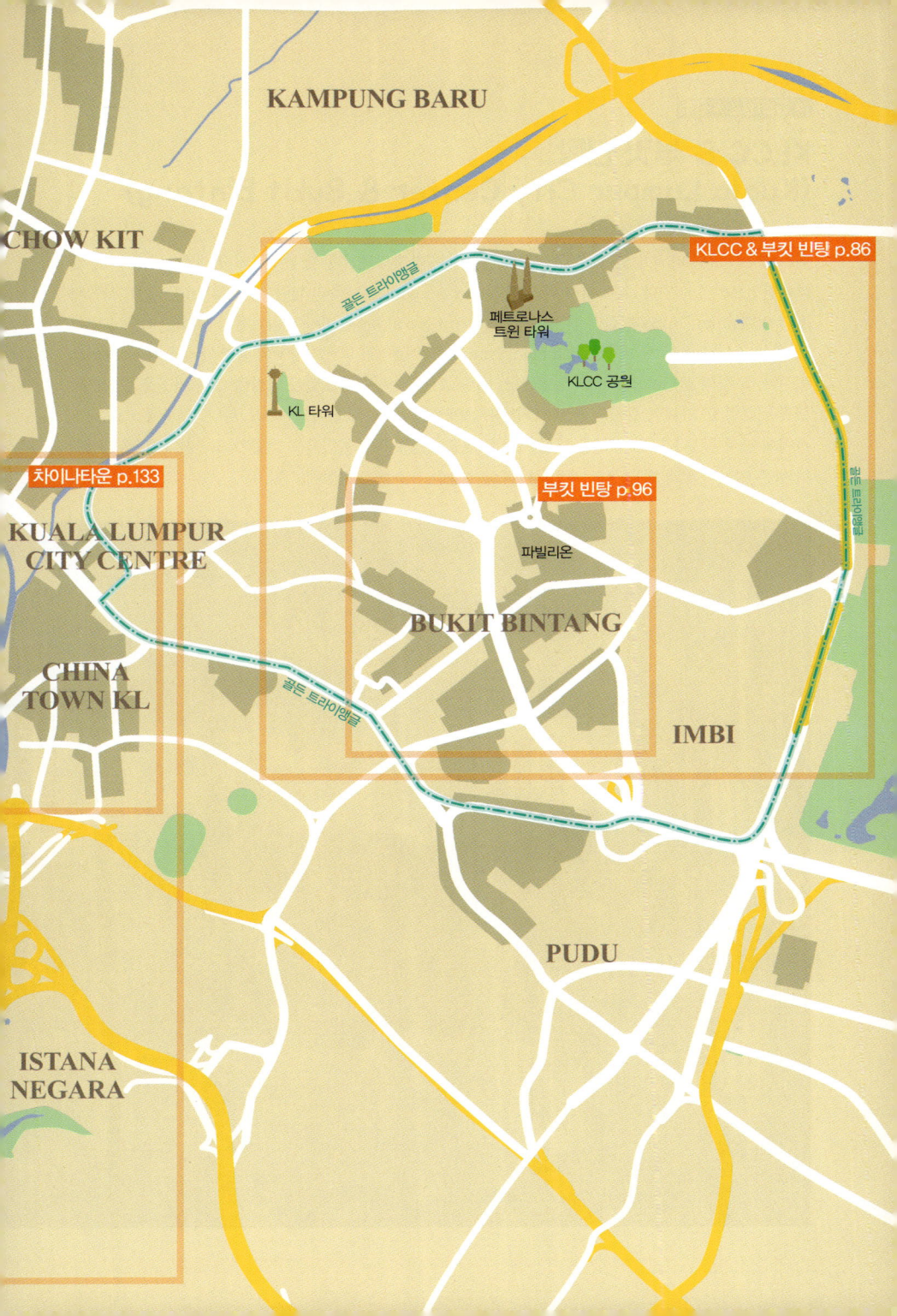

• Guide • 01

KLCC & 부킷 빈탕
(Kuala Lumpur City Center & Bukit Bintang)

페트로나스 트윈 타워가 있는 KLCC 주변과 부킷 빈탕 지역은 쿠알라 룸푸르의 경제와 상업, 쇼핑, 엔터테인먼트의 중심지다. 북쪽의 잘란 암팡(Jalan Ampang), 남쪽의 잘란 푸두(Jalan Pudu), 서쪽의 잘란 임비(Jalan Imbi)와 잘란 툰 라작(Jalan Tun Razak)에 둘러싸여 삼각형의 모양을 이루고 있는 이 핵심 지역은 골든 트라이앵글(Golden Triangle)로 불리며 말레이시아의 눈부신 성장의 단면을 보여준다. 도시의 랜드마크와 주요 상업빌딩, 대형 쇼핑몰, 럭셔리 호텔이 밀집해 있는 이곳은 현지인의 생활 터전일 뿐 아니라 관광의 중심이 되기 때문에 상습 교통 체증 지역이기도 하다. 때문에 고층 빌딩 사이에 자리 잡은 KLCC 공원은 도심의 산소 탱크이면서 휴식 공간으로 더없이 소중하다. 서울만큼이나 바쁜 이곳의 낮과 밤을 통해 메트로폴리스 쿠알라 룸푸르를 경험해보자.

Malaysia | **Kuala Lumpur**

Sightseeing ★★★

페트로나스 트윈 타워 Petronas Twin Towers

말레이시아의 눈부신 경제 성장과 미래의 상징인 높이 451.9m, 지상 88층의 페트로나스 트윈 타워는 국영 석유회사인 페트로나스의 사옥으로 1998년 완공되었다. 곧 발사될 것 같은 우주선 모양의 2개의 빌딩은 정문을 기준으로 오른쪽이 일본 건설사가 지은 1관이고, 왼쪽이 삼성건설이 지은 2관이다. 두 빌딩을 잇는 스카이 브리지는 프랑스에서 설계했다. 외형은 언뜻 보면 금속으로 지어진 것 같지만, 사실은 콘크리트 건물이고 외벽만 유리로 장식됐다. 쿠알라 룸푸르 어디든 트윈 타워가 보이는 전망을 최고로 치며, 페트로나스 트윈 타워와의 인증 사진은 필수다.

Access LRT KLCC역 수리아 KLCC 지하로 연결된 페트로나스 트윈 타워 지하 LG(CONCOURSE)층
Open 화~일 09:00~21:00 (금 13:00~14:30, 월 휴무)
Cost 성인 RM85, 어린이(3~12세) RM35
Address Kuala Lumpur City Centre, 50088 Kuala Lumpur
Tel 603-2331-8080
Web www.petronastwintowers.com.my

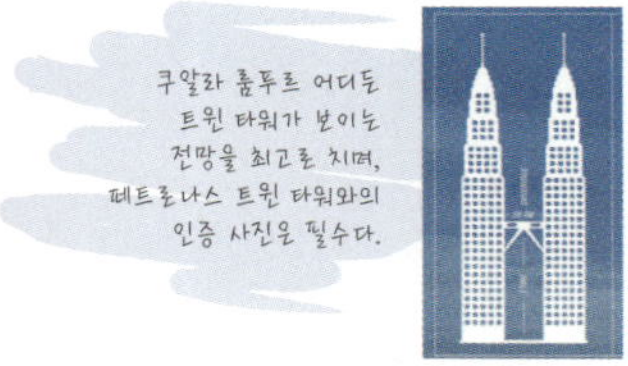

쿠알라 룸푸르 어디든 트윈 타워가 보이는 전망을 최고로 치며, 페트로나스 트윈 타워와의 인증 사진은 필수다.

Tip 1 트윈 타워 개요
층수 지상 88층, 지하 6층
각 타워의 높이 452m
스카이 브리지 길이 58.4m
지상에서 스카이 브리지까지 높이 170m

Tip 2 스카이 브리지 & 전망대
Sky Bridge & Observatory

쿠알라 룸푸르에서 최고의 전망을 선사하는 스카이 브리지와 전망대에 방문해보자. 잘생긴 쌍둥이 빌딩의 중간을 잇는 스카이 브리지(41~42층)와 86층 전망대에서 환상적이고 아찔한 전망을 감상할 수 있다. 오전 9시부터 30분 간격으로 40명씩 입장해 50분 정도 관람할 수 있고, 티켓은 오전 8시 30분부터 판매한다. 관람 인원이 한정되어 있고 인기가 많은 곳이라 매진이 빠른 편이어서 당일 티켓 구매가 어렵거나 대기 시간이 긴 경우가 많다. 온라인 예매도 가능하다.

Open 화~일 09:00~21:00 (금 13:00~14:30, 월 휴무)
Cost 성인 RM85, 어린이(3~12세) RM35

Sightseeing ★★★☆

KLCC 공원 KLCC Park

페트로나스 트윈 타워 앞에 펼쳐진 50ac의 공원으로 도심의 산소탱크이자 휴식처 역할을 하고 있다. 말레이시아 열대우림 지역의 나무와 야자수가 무성한 공원은 어린이 놀이터와 수영장, 심포니 분수, 조깅 트랙, 산책로와 벤치, 쉼터가 있고, 특급 호텔과 마천루로 둘러싸여 있는 도심의 오아시스다. 수리아 KLCC 앞 연못에 비춰지는 빌딩 숲의 모습은 한 폭의 그림 같으며, 연못 주변은 페트로나스 트윈 타워를 감상하기 좋은 명당이다. 밤 8시부터 약 한 시간 간격으로 화려한 조명과 심포니에 맞춰 춤을 추는 분수쇼가 펼쳐진다. 말레이, 중국, 인도계 사람들이 융화되어 살아가는 다민족 국가 말레이시아의 모습과 국제적 관광지로서의 쿠알라 룸푸르를 한자리에서 느낄 수 있다.

Access	페트로나스 트윈 타워 앞에 위치
Open	24시간
Cost	무료
Address	Jalan Ampang, Kuala Lumpur City Centre, 50450 Kuala Lumpur
Web	www.suriaklcc.com.my/attractions/klcc-park

Sightseeing ★★★☆

아쿠아리아 KLCC Aquaria KLCC

2004년에 문을 연 아쿠아리아 KLCC는 5,000여 마리 이상의 바다 생물을 보유하고 있는 세계적 규모의 아쿠아리움이다. 입구에 있는 육식성 민물고기 피라냐Piranha의 수조부터 예사롭지 않은 포스를 뿜어내며 어두운 조명과 수족관 위주의 신비스러운 분위기로 진짜 해저에 온 듯한 기분이 든다. 수족관의 하이라이트는 90m에 가까운 해저 터널로 황홀한 아름다움을 선사한다. 실제 크기의 70%로 보이는 거대한 가오리나 상어가 지나갈 때는 오싹해지기도 한다. 이곳의 피딩 타임 또한 최고의 볼거리다. 먹이 주위로 순식간에 몰려드는 물고기 떼에 둘러싸여 물고기 드레스를 입은 듯한 다이버의 모습도 재미있고, 가오리나 거북이들이 달려들 때는 아찔한 순간이 연출되기도 한다. 이 밖에도 다양한 볼거리와 놀 거리가 있어 반나절을 보내도 지루하지 않은 공간이다.

Access	쿠알라 룸푸르 컨벤션 센터 지하, 수리아 KLCC 지하(LG층)에서 연결 도로로 약 5분
Open	10:00~20:00
Cost	성인 RM69, 어린이(3~12세) RM59, 60세 이상 RM49
Address	Kuala Lumpur Convention Centre Complex, Kuala Lumpur City Centre, 50088 Kuala Lumpur
Tel	603-2333-1888
Web	www.aquariaklcc.com

Sightseeing ★☆☆

KL 타워 KL Tower

페트로나스 트윈 타워의 등장으로 자리를 내줬지만, 1996년 완공 이래 쿠알라 룸푸르의 랜드마크 역할을 한 421m 높이의 타워다. 고속 엘리베이터로 전망대에 오르면 360도 전망이 가능하고 날씨가 좋으면 말라카 해협까지 볼 수 있다. 13세 이상만 입장 가능한 야외 전망대가 따로 있고 동물원 등 다른 어트랙션과 엮은 콤보 티켓을 구입할 수도 있다. 오전 9시부터 15분 간격으로 무료 셔틀이 다닌다.

Access	퍼시픽 리젠시 호텔 건너편에 타워로 올라가는 셔틀버스 정류장이 있다.
Open	09:00~22:00
Cost	실내 전망대 성인 RM52, 어린이 RM31
Address	Jalan P Ramlee, Kuala Lumpur, 50250 Kuala Lumpur
Tel	603-2020-5444 Web www.menarakl.com.my

Sightseeing ★☆☆

페트로사이언스 Petrosains

간단한 과학원리를 이용한 놀이와 전시를 통해 쉽고 재밌게 과학에 접근할 수 있는 과학체험관이다. 제법 규모도 있고 다양한 체험과 시뮬레이션 기구들이 있어서 호기심 많은 아이들이 좋아하는 장소다. 석유탐사, 항공우주, 포뮬러 원 레이싱 카 등의 전시 공간과 체험관이 있고, 그림자 인형극, 음악, 미술 속의 과학도 경험할 수 있다. 어린이를 동반한 가족 여행객에게 추천할 만하다.

Access	수리아 KLCC 4층에 위치
Open	화~금 09:30~17:30, 주말·공휴일 09:30~18:30 (월 휴무)
Cost	성인 RM30, 어린이(3~12세) RM18
Address	Level 4, Suria KLCC, Petronas Twin Towers, 50088 Kuala Lumpur
Tel	603-2331-8181 Web www.petrosains.com.my

Sightseeing ★☆☆

말레이시아 관광센터
The Malaysia Tourism Centre(MaTiC)

정부에서 운영하는 종합 관광센터로 1935년 지어진 콜로니얼 양식의 건물에 관광안내소, 경찰서, 와이파이존, 카페, 기념품숍 등 관광객을 위한 편의시설이 모여 있다. 평일 오후 3시부터 말레이시아 각 부족의 전통 춤을 엮은 무료 전통공연이 열리니 문화에 관심 있는 사람이라면 들러 볼 만하다. 공연은 원형홀 Amphitheatre Hall에서 한 시간가량 열린다.

Access	모노레일 부킷 나나스역에서 도보 3분
Open	관광안내소 08:00~22:00
Cost	무료
Address	109, Jalan Ampang, Kuala Lumpur, 50450 Kuala Lumpur
Tel	603-9235-4827 Web www.matic.gov.my

Sightseeing ★★☆

왕궁 Istana Negara

말레이시아 최고 왕인 아공Agong이 거주하는 왕궁이다. 내부는 일반에 개방하지 않고 입구에서만 관람이 가능하다. 매시간 가드 교대식이 열리고 밤에는 아름다운 조명을 비추고 있어 일반 관람객이 끊이지 않는다. 홉 온 홉 오프 버스나 일반 시내투어를 통해 다녀올 수 있고, 택시를 이용할 경우 기사에게 대기해달라 하고 왕복으로 다녀오는 게 좋다.

Access	잘란 이스타나에 위치. 택시로 이동
Open	입구만 관람 가능
Address	Jalan Tuanku Abdul Halim, Bukit Damansara, 50490 Kuala Lumpur
Web	www.istananegara.gov.my

Food
① 마담 콴스 Madam Kwan's

마담 콴스의 특별한 레시피로 만든 말레이 요리 전문점으로 자극적이지 않으면서도 누구나 부담 없이 먹을 수 있는 요리를 선보인다. 다른 로컬 레스토랑에 비하면 가격이 높은 편이지만 주문도 쉽고 밝고 모던한 분위기에서 식사할 수 있어 만족도가 높다. 기본 음식인 나시 르막과 차퀘티아우, 짬뽕 같은 국물 맛의 락사도 맛있고, 곁들여 나오는 매콤한 아삼 소스는 우리 입맛에 잘 맞으니 밥에 비벼 먹어보자. 담백한 닭다리 튀김과 비프 른당에 밥이 함께 나오는 나시 보자리 Nasi Bojari 도 추천 메뉴다. 세 명 이상이면 마담 아삼 피시 헤드도 꼭 먹어보자. 커다란 생선 머리를 재료로 아삼 소스와 코코넛 소스를 넣어 얼큰하게 끓인 찌개 타입의 요리로 시원한 국물 맛이 일품이다. 수리아 KLCC를 비롯, 파빌리온, 방사, 미드 밸리 등에 지점을 두고 있다.

Access	수리아 KLCC 4층, 파빌리온 지하 1층에 위치
Open	11:00~22:00
Cuisine	말레이
Cost	나시 르막 RM21.9, 나시 보자리 RM29.9 (GST 6% & SC 10%)
Address	Lot 420/421, Level 4, Suria KLCC, Kuala Lumpur City Centre, 50088 Kuala Lumpur
Tel	603-2026-2297
Web	www.madamkwans.com.my

Food
② 액미 바&커피 Acme Bar & Coffee

세련되고 감각적인 인테리어로 트렌드에 민감한 젊은 층에게 핫 플레이스로 사랑받는 곳이다. 수많은 레스토랑을 설계한 건축가와 인테리어 디자이너의 아이디어로 시작한 이곳은 눈길 닿는 곳곳에 창의적이고 개성 있는 디자인이 조화를 이루고 있다. 특히 기하학적 무늬의 반투명 천장과 레트로한 디자인의 화장실이 인상적이다. 흡연이 가능한 야외 테라스석도 있다. 정성스러운 플레이팅으로 나오는 스테이크, 파스타 등 식사 메뉴도 만족스러운 편이고, 케이크를 비롯한 디저트류가 맛있기로 유명한데 아이스크림이 얹어 나오는 브라우니는 특히 인기 있다.

Access	LRT 암팡 파크역에서 도보 3분, 트로이카 건물 G층에 위치
Open	일~목 11:00~00:00, 금·토 09:30~01:00
Cuisine	웨스턴, 디저트
Cost	파스타 RM29~, 디저트 RM15~ (GST 6% & SC 10%)
Address	The Troika, Persiaran KLCC, Kuala Lumpur, 50450 Kuala Lumpur
Tel	603-2162-2288
Web	www.acmebar.coffee

Food 3
나시 칸다르 플리타 Nasi Kandar Pelita

1995년 페낭에서 처음 문을 연 이래로 말레이시아에서 제일 크고 유명한 나시 칸다르 체인이 되었다. 나시 칸다르를 먹고 싶으면 나시 칸다르 코너에서 원하는 메뉴를 접시에 담아 계산하면 되고, 로티나 탄두리 치킨 등 기타 메뉴와 음료는 따로 주문하면 된다. 로티 차나이는 로티와 세 종류의 커리가 같이 나오는데 기본적으로 모든 요리가 맛있다. 인도계 말레이시아인들이 많이 찾기 때문에 손으로 음식을 먹는 모습을 볼 수 있다.

Access	KLCC와 르네상스 호텔 사이에 위치
Open	24시간 (로티 16:00~11:00)
Cuisine	나시 칸다르
Cost	로티 차나이 RM1,2~, 1인 예산 RM10~15
Address	149, Jalan Ampang, Kuala Lumpur, 50450 Kuala Lumpur
Tel	603-2162-5532
Web	www.pelita.com.my

Food 4
리틀 페낭 카페 Little Penang Cafe

식사 시간에는 대기 줄이 줄어들 생각을 않는 맛집으로, 대기 상태에서 주문을 받아갈 정도로 인기가 있다. 음식이 맛있기로 소문난 페낭 음식을 파는 곳으로, 생선을 좋아하는 사람이라면 얼큰한 국물 맛의 페낭 아삼 락사를 시도해볼 만하고, 보기만 해도 군침이 도는 차퀘티아우나 나시 르막 종류를 주문하면 만족스럽게 한 끼를 챙길 수 있다. 미드 밸리와 더 커브에도 지점이 있다.

Access	수리아 KLCC 4층에 위치
Open	11:30~21:15
Cuisine	말레이(페낭)
Cost	시푸드 차퀘티아우 RM23.3, 치킨 나시 르막 RM15~ (GST 6% & SC 10%)
Address	Lot 409-411, Level 4, Suria KLCC, Kuala Lumpur City Centre, 50088 Kuala Lumpur
Tel	603-2163-0215

Food 5
진 퀴진 Xin Cuisine

식사 시간이 시작되자마자 360개의 좌석이 순식간에 가득 차는 맛집으로 쿠알라 룸푸르에서 딤섬이 가장 맛있는 곳이다. 다양한 종류의 홍콩식 딤섬을 선보이고, 논할랄 레스토랑이어서 돼지고기가 들어간 딤섬도 맛볼 수 있다. 쇼마이는 기본이고 가리비 딤섬, 프라이드 얌 퍼프 등 딤섬 마니아들이 열광할 만한 딤섬을 판다. 점심시간에만 오픈하는 누들바에서는 다양한 면 요리와 콘지도 즐길 수 있다. 디저트도 맛있으니 꼭 먹어보자.

Access	콩코드 호텔에 위치
Open	평일 11:30~14:30, 18:30~23:00
	토 11:00~14:30, 18:30~23:00
	일·공휴일 09:00~14:30, 18:30~23:00
Cuisine	중식(광동&홍콩식 딤섬)
Cost	딤섬 RM10~22, 메인요리 RM30~ (GST 6% & SC 10%)
Address	2 Jalan Sultan Ismail, 50250 Kuala Lumpur
Tel	603-2144-8750
Web	kualalumpur.concordehotelsresorts.com/restaurant/xin-cuisine

Food ❻

돌리 딤섬 Dolly Dimsum

중국 전통 찻집을 현대적으로 해석한 인테리어가 돋보이는 딤섬 전문점으로 젊은 층에게 입소문이 나고 있는 곳이다. 할랄 식당으로 돼지고기 대신 닭고기와 새우를 넣은 쇼마이와 새우딤섬 하가우 Har Gao, 얇은 찹쌀 피에 나오는 청펀 Cheong Fun 등의 딤섬에 밥이나 면, 채소요리를 곁들이면 푸짐해진다. 누 센트럴에도 분점이 있다.

Access	애비뉴 K G층에 위치
Open	11:00~22:00 Cuisine 딤섬, 할랄
Cost	딤섬 RM9.5~, 면&밥 RM19.3~ (GST 6% & SC 10%)
Address	G-9A Ground Floor, Avenue K, 156, Jalan Ampang, 50450 Kuala Lumpur
Tel	603-2181-3830 Web www.dollydimsum.com

Food ❼

고려원 Koryo-won

한국적인 소고 장식이 눈에 띄는 인테리어로 멀리서도 한국 식당임을 알 수 있는 고려원은 쿠알라 룸푸르에서 최초로 문을 연 한국 식당으로 현지인에게도 인기 있는 고급한식당이다. 김치를 비롯한 기본 반찬이 제공되며, 가격은 다소 높은 편이다. 스타힐 갤러리 지하에도 분점이 있다.

Access	수리아 KLCC 4층에 위치
Open	10:00~22:00 Cuisine 한식
Cost	찌개류 RM28~, 돌솥비빔밥 RM29 (GST 6% & SC 10%)
Address	Lot 418-419, Level 4, Suria KLCC, 50088 Kuala Lumpur
Tel	603-2166-6189

Food ❽

앳머스피어 360 Atmosphere 360

KL 타워에 있는 지상 282m 높이의 리볼빙 레스토랑으로, 이름처럼 360도 회전하며 다이내믹한 전망을 즐길 수 있는 곳이다. 런치 뷔페와 하이 티, 디너 뷔페를 선보이는데, 예약이 꽉 차는 경우가 많아서 미리 예약하는 것이 좋다. 뷔페요금에 타워 입장료가 포함되어 있고, 타워 입구에 있는 레스토랑 카운터에서 티켓을 받아 입장하면 된다.

Access	KL 타워에 위치
Open	런치 11:30~13:00, 13:30~15:00,
	디너 18:30~20:30, 21:00~23:00
Cuisine	뷔페
Cost	런치 성인 RM98, 어린이(5~12세) RM76
	디너 성인 RM220, 어린이 RM155 (GST 6% & SC 10%)
Address	Menara Kuala Lumpur, Jalan Puncak, 50250 Kuala Lumpur
Tel	603-2020-2121 Web www.atmosphere360.com.my

Food ❾

비쥬 베이크숍 Bisou Bake Shop

쿠알라 룸푸르에서 가장 예쁘고 맛있는 컵케이크 전문점이다. 모양도 예쁜 컵케이크는 방부제를 쓰지 않아 신선하고 건강한 맛이다. 다크 초콜릿으로 만든 초콜릿 디멘샤 Chocolate Dementiar와 레드 벨벳 Red Velvet은 꾸준한 베스트 메뉴이며 이외에도 다양한 재료의 컵케이크를 선보인다.

Access	수리아 KLCC 3층에 위치
Open	10:00~22:00 Cuisine 베이커리
Cost	컵케이크 RM7.5~10 (GST 6%)
Address	Lot OS305, Level 3, Suria KLCC, 50088 Kuala Lumpur
Tel	603-2166-5526
Web	www.bisou.com.my

Malaysia | Kuala Lumpur

• Guide • 02
부킷 빈탕
(Bukit Bintang)

쿠알라 룸푸르의 대표적인 상업지구로 쇼핑과 엔터테인먼트, 호텔, 레스토랑 등이 밀집해 있다. 파빌리온 쇼핑몰을 중심으로 세련되고 현대적인 건물과 럭셔리 호텔들이 들어서 있다. 잘란 알로와 퉁캇 퉁 신에는 배낭여행자를 위한 버짓 호텔과 게스트하우스, 로컬 식당, 저렴한 마사지숍들이 모여 있고, 숭아이 왕 플라자를 비롯해 저렴한 로컬 쇼핑몰도 자리 잡고 있다. 또한 이태원과 견줄 만한 외국인의 거리로 이국적인 나이트 라이프를 즐길 수 있는 창캇 부킷 빈탕도 빠질 수 없는 핫 플레이스다. 모노레일 부킷 빈탕역에서 북동쪽으로 아랍 스트리트인 아인 아라비아(Ain Arabia)가 있어 무슬림의 삶도 엿볼 수 있다. 이처럼 다양한 색깔과 매력으로 여행의 재미를 배가시켜주는 부킷 빈탕은 쿠알라 룸푸르 여행의 필수 코스다.

★
부킷 빈탕의 뜻
말레이어로 부킷(Bukit)은 '언덕', 빈탕(Bingtang)은 '별'이라는 뜻으로 영어로는 'Starhill'이라고 불린다.

Food

❶ 푸드 리퍼블릭 Food Republic

환한 조명 아래 넓고 쾌적한 공간의 대형 푸드코트로 싱가포르에 본사를 둔 유명 푸드코트 체인이다. 말레이시아 각 지역의 요리부터 일식, 중식, 태국식 등 전 세계 요리가 다 모여 있다고 해도 과언이 아닐 정도로 다국적 메뉴들을 선보이고 있어서 메뉴 선택에 깊은 고민을 안겨주기도 한다. 맛있는 한식코너인 '삼삼'과 '하루 치킨'이 나란히 입점해 있다. 굳이 다른 푸드코트에 비한다면 가격은 좀 높은 편이지만 깨끗하고 세련된 분위기에서 맛있고 저렴하게, 든든한 한 끼를 챙길 수 있어 여행자들에게 더없이 반가운 곳이다.

Access	파빌리온 지하 식당가에 위치
Open	10:00~22:00
Cuisine	푸드코트
Cost	1인 예산 RM10~30
Address	168 Jalan Bukit Bintang, 55100 Kuala Lumpur
Tel	603-2142-8006
Web	www.foodrepublic.com.my

Tip 쇼핑몰 내 푸드코트
대형 쇼핑몰 내 푸드코트는 현대인들이 빠르고 편리하게 부담 없는 한 끼를 해결하는 최적의 시스템이다. 다국적 메뉴를 한 테이블에 올려 편안한 분위기에서 음식을 즐길 수 있다는 장점도 있다. 쿠알라 룸푸르의 대형 쇼핑몰에도 현지인들에게 사랑받는 개성 강한 푸드코트가 있어 여행객들의 입맛까지 즐겁게 한다.

↳ 용 타우 푸 Yong Tau Foo

원하는 재료와 면을 선택하면 맑은 육수에 데쳐 나오는 시원한 국물의 면 요리다. 재료마다 가격이 다른데 푸짐하게 담으면 RM20~35 정도 나오고, 고르기 어려우면 세트(RM10~)를 주문해도 괜찮다.

↳ 삼삼 SamSam

떡볶이(RM18), 라면 등 분식부터 찌개류(RM15~)까지 반가운 한국 음식을 맛볼 수 있다. 특히 한국 맛의 돌솥비빔밥(RM17.5)은 추천 메뉴다. 김치는 별도 RM5.

↳ 익스프레스 테판야키 Express Teppanyaki

일본식 철판구이 코너로 소고기, 닭고기, 양고기, 해산물, 채소 등을 선택하면 눈앞에서 바로 요리해준다. 밥과 국이 기본으로 나온다. 구이 기본 세트 RM12~, 콤보 세트 RM35.

Food

롯 10 후통 Lot 10 Hutong

마치 중국의 먹거리 장터를 옮겨 놓은 듯한 롯 10 후통은 모든 세대가 좋아하는 국보급 맛집들만 모아 놓은, 그야말로 베스트 오브 베스트 푸드 빌리지다. 골목길을 뜻하는 후통을 콘셉트로, 작은 면적이긴 하지만 골목골목 숨은 맛집을 찾아가는 잔재미까지 있다. 중국 각 지역의 전통 있는 요리는 물론 한식과 일식, 태국, 웨스턴 식당도 찾아볼 수 있다. 영어 메뉴가 있더라도 어떤 음식인지 잘 모르는 경우가 많아 미리 유명한 곳을 알아 가면 선택에 도움이 된다.

Access	롯 10 지하에 위치. 외부에서 지하로 연결되는 엘리베이터가 있다.
Open	10:00~22:00
Cuisine	푸드코트
Cost	숭키 비프 누들 RM6.5~, 킴 리안 키 호키엔 미 RM8.9
Address	LG Floor, Lot 10 Shopping Centre, 50 Jalan Sultan Ismail 50250 Kuala Lumpur
Tel	603-2782-3500
Web	www.lot10hutong.com

↳ 킴 리안 키 Kim Lian Kee

1927년부터 4대째 전해지는 곳. 돼지비계로 볶은 재료에 면과 간장 소스를 넣어 볶은 면을 판다. 입구에서 가깝고 가장 줄이 긴 집이다.

↳ 호 웽 키 Ho Weng Kee

1935년부터 이어온 호웽가의 레시피로 만드는 광동식 돼지고기 완탕면을 판다(RM9.9).

↳ 콩 타이 Kong Tai

쿠알라 룸푸르와 페낭과는 다른 싱가포르 스타일의 호키엔 면을 판다 (RM10.85~).

↳ 모 상 코 Mo Sang Kor

2006년 바쿠테 챔피언십을 수상한 바쿠테를 파는 곳으로 한약이 들어간 갈비탕 맛이다(RM13).

↳ 숭 키 Soong Kee

1945년부터 이어진 호카Hokka면의 맛집으로 면에 다진 소고기와 돼지고기를 올려 비벼 먹는 Minced Meat Noodle이 대표 메뉴다.

↳ 캠벨 Campbell

40년 역사의 포피아로 야채가 듬뿍 들어간 스프링 롤 맛집. 오후 4시경이면 재료가 떨어져 매진될 정도로 인기가 있다.

Food

시그니처 푸드코트 Signature Food Court

현지인들뿐 아니라 알뜰 여행자들에게 저렴하고 풍성한 한 끼를 제공하는 곳이다. 세계 각국의 요리들이 모여 있는 먹거리 천국으로 어떤 메뉴를 선택할지 한참 고민하게 된다. KLCC 공원과 분수를 볼 수 있는 창가 쪽이 명당 자리인데 자리 나기는 쉽지 않다. 맛있는 요리를 기대하기보다는 로컬 분위기에서 현지인들과 어우러져 식사하는 데 의미가 있다.

Access	수리아 KLCC 2층에 위치
Open	10:00~22:00
Cuisine	푸드코트
Cost	누들 RM8~, 나시 르막 RM5~
Address	Suria KLCC, Kuala Lumpur City Centre, 50088 Kuala Lumpur
Tel	603-2382-2828
Web	www.suriaklcc.com.my

Food
④

잘란 알로 Jalan Alor(Alor Street)

부킷 빈탕 한복판에 펼쳐지는 노천 포장마차 거리로 밤이면 BBQ 연기가 자욱한 거리 양쪽을 따라 식당과 야외 테이블이 펼쳐지고 이곳을 즐기려는 사람들의 활기가 넘친다. 대부분이 중국식 요리를 선보이는 이곳에서는 종교적인 이유로 다른 곳에선 보기 힘든 돼지고기가 흔한 재료다. 다양한 해산물 요리와 숯불에 바로 구워주는 매콤한 육포, 꼬치구이인 사테 등을 맛볼 수 있다. 눈을 의심하게 하는 통구리 구이와 박쥐고기도 볼 수 있고, 각종 과일과 음료를 판매하는 작은 노점들까지 성황을 이뤄 구경하는 재미도 쏠쏠하다. 대부분의 식당이 비슷한 메뉴와 가격대를 형성하고 맛도 비슷한 편이다. 낮 시간에는 치킨라이스, 커리 미 등 다양한 중국식 면과 밥 요리를 판매하는 식당들이 문을 열고 오후 5시경부터는 본격적으로 포장마차 거리로 변신한다. 새벽까지 불야성을 이루며 음주와 식도락을 즐기는 잘란 알로에 있으면 이곳이 이슬람 국가라는 사실을 잠시 잊게 된다.

잘란 알로 맛집 Sai Woo

↳ 웡 아 와 Wong Ah Wah

맛집으로 가득한 잘란 알로에서 최고의 광동식 레스토랑으로 유명한 곳이다. '치킨 윙=웡 아 와'라고 여겨질 정도로 현지인들에게도 최고의 BBQ 치킨 윙 가게로 꼽힌다. 기대만큼 엄청난 맛은 아니지만 치맥을 즐기기에 충분한 맛과 분위기다. 치킨 윙은 두 조각부터 주문이 가능하고, 구운 가오리 Grilled Sting Ray, 버터로 익힌 새우 요리 Butter Prawn, 계란 묻힌 오징어 튀김 Salted Eggs Fried Sotong 등이 인기 메뉴다. 밥과 면, 채소 요리와 곁들인 한 끼 식사로도 좋다.

Access	잘란 알로 끝에 위치
Open	17:00~04:00
	(비정기적으로 월 휴무)
Cuisine	광동식 중식당, BBQ 치킨 윙
Cost	치킨 윙 1조각 RM3.3, 계란 묻힌
	오징어 튀김 RM15~ (GST 6%)
Address	9, Jalan Alor, Bukit Bintang,
	50200 Kuala Lumpur
Tel	603-2144-2463

Tip 치킨 윙 주문
치킨 윙(개당 RM3.3~)은 2조각부터, 사테(개당 RM1~)는 10꼬치부터 주문이 가능하다.

Food
5

사오 남 Sao Nam

노란색 건물에 붉은 천막, 베트남 공산당을 상징하는 팝 아트적인 페인팅들이 남다른 포스를 뿜어내는 이곳은 수많은 수상경력을 자랑하는 최고의 베트남 레스토랑이다. 로컬 레스토랑보다는 가격이 높은 편이지만 베트남 현지의 맛을 살린 맛있는 요리로 외국인에게 인기가 높다. 통통한 새우 살이 올려진 새콤하면서도 달달한 망고스틴 샐러드(RM32)와 여럿이 나눠 먹기 좋은 베트남식 팬케이크 Vietnamese Crispy Pancake는 이곳만의 특별한 메뉴이며, 쌀국수는 물론이고 속이 꽉 찬 스프링 롤과 커리 요리도 맛있다. 레시피가 메뉴판에 적혀 있으니 요리에 관심 있는 사람은 눈여겨보자.

Access	퉁캇 통 신에 위치
Open	런치 12:30~14:30, 디너 19:00~22:30
Cuisine	베트남
Cost	쌀국수 RM18, 베트남식 팬케이크 RM26, 스프링 롤 RM21,2 (GST 6% & SC 10%)
Address	25 Tengkat Tong Shin, 50200 Kuala Lumpur
Tel	603-2144-1225
Web	www.saonam.com.my

Food
6

TWG 티 TWG Tea

싱가포르가 자랑하는 티 Tea 브랜드로 큰 사랑을 받고 있는 TWG 티의 파빌리온 지점이다. TWG는 전 세계의 모든 티를 맛볼 수 있는 곳으로 세계 각지에 티 컬렉터가 있어 좋은 품질의 티를 공급하고 있다. 식사 메뉴들도 맛있지만, 애프터눈 티(15:00~18:00, RM26.5~55)는 이곳의 베스트 오브 베스트다. 삼단 트레이 겹겹으로 샌드위치와 스콘, 마카롱 등이 나오고, 예쁜 찻주전자에 나오는 차를 마시며 못다 한 쇼핑 이야기를 나눠봐도 좋겠다. 선물로도 좋은 티 세트도 한국보다 다양한 종류를 갖추고 있고 가격도 저렴하다.

Access	파빌리온 2층에 위치
Open	10:00~22:00
Cuisine	티하우스
Cost	샐러드 RM32.5~, 와규 버거 RM43 (SC 10%)
Address	Level 2, Pavilion, 168, Jalan Bukit Bintang, 55100 Kuala Lumpur
Tel	603-2142-9922
Web	www.twgtea.com

종류가 다양하고 한국보다 저렴해 선물용으로도 좋은 티 세트

Food ❼

드래곤 아이 Dragon-i

홍콩에 본점이 있는 유명한 딤섬 전문 중식당이다. 특히 상하이 소룡포Xiao Long Bao는 거의 모든 테이블에 올려질 정도로 인기 메뉴다. 상하이와 사천식 조리법으로 요리하고 딤섬에 밥이나 면을 추가해 식사를 하는 것이 보통이다. 파빌리온 지점은 베이징 덕 요리로도 유명하다. 기본으로 제공되는 물티슈와 땅콩조림은 추가 요금이 있으니 원하지 않으면 미리 이야기하자.

Access	파빌리온 지하 식당가에 위치
Open	10:00~22:00 Cuisine 중식
Cost	상하이 소룡포 RM12, 밥/면 RM20~.
	베이징 덕 2인 코스 RM105 (GST 6% & SC 10%)
Address	Level 1, Pavilion, 168, Bukit Bintang, 55100 Kuala Lumpur
Tel	603-2143-7688
Web	www.dragon-i.com.my

Food ❽

다온 Da On Fine Korean Cuisine

현지인들에게도 사랑받는 고급 한식당으로 파빌리온이 오픈하면서 같이 문을 열었다. 한국적 문양이 잘 조화된 모던하고 세련된 인테리어와 정갈하고 뛰어난 맛으로 유명 인사들도 자주 찾는다고 한다. 생등심과 냉면이 특히 인기가 있으며, 점심시간에는 세트 메뉴(RM45~)도 판매한다. 한국에서 판매되는 거의 모든 주류도 구비하고 있다. 지하 푸드코트에 분식집 '삼삼'도 같이 운영하고 있다.

Access	파빌리온 6층에 위치
Open	11:00~22:00 Cuisine 한식
Cost	삼계탕 RM55, 찌개류 RM30 (GST 6% & SC 10%)
Address	Lot 6,40,00, Level 6, Pavilion Kuala Lumpur, 168 Jalan Bukit Bintang, 55100 Kuala Lumpur
Tel	603-2141-2100
Web	www.daonrestaurant.com

Food ❾

스시 테이 Sushi Tei

싱가포르에 본점을 둔 일식당으로 쿠알라 룸푸르에는 파빌리온과 누 센트럴 등에 체인점을 두고 있다. 다양한 일식 메뉴를 선보이고 있는데, 개별 메뉴도 맛있지만 이곳에서는 회전초밥을 먹어보는 것도 좋겠다. 접시 색깔별로 가격이 다르고, 스시 롤은 3~6개로 푸짐하게 담겨 나온다. 다른 로컬 레스토랑보다는 높은 가격이지만 비교적 합리적인 가격을 제시하고 있다.

Access	파빌리온 지하 식당가에 위치
Open	10:00~22:00 Cuisine 일식
Cost	회전초밥 RM4~9.8, 덮밥류 RM14.8~ (SC 10%)
Address	Lot 1,18,01, Level 1, Pavilion Kuala Lumpur, 168 Jalan Bukit Bintang, 55100 Kuala Lumpur
Tel	603-2141-4640 Web www.sushitei.com

Food ❿

프레고 Prego

더 웨스틴 내 이탈리안 레스토랑으로 매주 일요일에는 'The Bubbalicious'라는 이름의 선데이 브런치로 유명하다. 로비까지 들썩일 만큼 화려한 이벤트와 함께하는 선데이 브런치는 음식도 최고의 수준을 보여준다. 신선한 해산물 요리를 비롯한 다양한 요리와 분자요리도 선보인다. 무제한 주류를 포함한 패키지도 있다(와인&맥주 포함 RM265, 샴페인 포함 RM365).

Access	더 웨스틴 내에 위치
Open	런치 12:00~14:30,
	디너 18:30~22:30,
	선데이 브런치 11:30~14:30
Cuisine	이탈리안
Cost	선데이 브런치
	성인 RM175nett
	어린이(6~12세) RM93nett
Address	The Westin, 199, Jalan Bukit Bintang, Bukit Bintang, 55100 Kuala Lumpur
Tel	603-2773-8338
Web	www.westindining.com.my

• Special Night Life • 01

창캇 부킷 빈탕(Changkat Bukit Bintang)

트렌디한 레스토랑과 카페가 모여 있는 창캇 부킷 빈탕은 쿠알라 룸푸르의 이태원+청담동으로 불리는 거리로 파인 다이닝 레스토랑과 유럽식 퍼브, 세련된 바가 거리 양쪽으로 자리 잡고 있다. 말레이시아의 힙스터들과 현지 거주 외국인들의 핫한 나이트 스폿이기도 하니 방문 계획이 있다면 한껏 꾸미고 가보도록 하자.

#오피움 #Opium

스타일리시한 바와 레스토랑이 모여 있는 창캇 부킷 빈탕에서도 눈에 띄는 독특한 콘셉트의 레스토랑 겸 바다. 아편이라는 뜻의 오피움은 1920~30년대 중국을 테마로 한 인테리어와 새롭게 해석한 퓨전 중국식 말레이 요리를 선보인다. 아편 관련 소품과 중국의 골동품을 전시해 놓은 박물관 같은 실내석과 테라스석은 고전적인 디자인임에도 모던한 분위기를 연출한다. 중국식 말레이 요리를 기본으로 새롭게 해석한 퓨전 요리들은 오피움을 더욱 특별하게 만든다. 요리의 맛도 특별하지만 예술적이고 창의적인 플레이팅은 이곳에 푹 빠지게 만드는 요인이기도 하다. 해산물을 주제로 한 튀김이나 면 요리, 딤섬 메뉴가 인기 있고, 끊임없이 셔터를 누르게 만드는 칵테일도 일품이다. 주류(16:00~20:00), 칵테일(16:00~18:00), 요리(23:00~01:00)의 프로모션 시간이 정해져 있으니 참고하도록 하자. 매일 저녁 7시 30분부터는 중국 전통 현악기인 고쟁Guzheng을 라이브 연주로 들을 수 있다. 할랄 레스토랑으로 돼지고기는 재료로 쓰지 않는다.

Access	창캇 부킷 빈탕 동쪽 입구에 위치
Open	월~목 12:00~01:00, 금·토 12:00~02:00, 일 16:00~01:00
Cuisine	아시아&오리엔탈
Cost	요리 RM32~, 음료 RM15~ (GST 6% & SC 10%)
Address	50, Changkat Bukit Bintang, 50200 Kuala Lumpur
Tel	603-2142-5670
Web	www.opiumkl.com

#비잔 #Bijan

다년간 각종 레스토랑 어워드에서 수상한 자타공인 최고의 파인 말레이 퀴진을 선보인다. 슬로우 쿠킹을 표방하는 비잔은 최고급 재료를 오랫동안 정성 들여 조리한 후 내놓고 있다. 자연친화적인 내부는 나무와 벽돌을 이용해 세련되면서도 편안한 분위기다. 말레이 전통 레시피를 그대로 선보이는 메뉴들은 오히려 외국인들에게 호평을 받고 있는데, 전체적으로 간이 강하지 않고 자극이 없는 깊은 맛이어서 건강한 음식으로 통한다. 대표 요리는 오랜 시간 푹 고아 카스테라처럼 부드러운 식감의 양념 소고기 갈비 요리인 오포르 루석Opor Rusuk으로, 두 명이 먹어도 충분한 푸짐한 양이다. 주문 시 친절한 비잔의 직원에게 의지해 메뉴를 선택해도 좋다. 판다나 사고, 두리안 등 말레이시아에서만 맛볼 수 있는 달달한 디저트도 꼭 챙겨서 식사를 마무리하자.

Access	창캇 부킷 빈탕 서쪽으로 하바나 바&그릴 지나서 잘란 실론에 위치
Open	16:30~23:00
Cuisine	말레이
Cost	오포르 루석 RM75, 해산물 RM35~ (GST 6% & SC 10%)
Address	3-5, Seri Bukit Ceylon, 8 Lorong Ceylon Off, Jalan Raja Chulan, Bukit Ceylon, 50250 Kuala Lumpur
Tel	603-2031-3575
Web	www.bijanrestaurant.com

#엘 세르도 #El Cerdo

이슬람 국가인 말레이시아에서 스페인식 돼지고기 요리를 맛볼 수 있는 논할랄 레스토랑으로 스페인어로 '세르도'는 '돼지'라는 뜻이다. 가장 인기 있는 메뉴는 새끼 통돼지 구이고 베이비 립 요리도 맛있다. 돼지고기 스테이크도 특이한 메뉴이며, 독일식 돼지고기 요리인 아이스바인과 학센도 맛볼 수 있다.

Access	오피움 건너편에 위치
Open	런치 12:00~14:30, 디너 18:00~22:30 (금, 토요일은 디너만 운영, 일요일은 선데이 브런치)
Cuisine	스페인&독일
Cost	새끼 통돼지 구이 2인 RM188~, 스파이시 멕시칸 립 RM68 (GST 6% & SC 10%)
Address	43 & 45, Changkat Bukit Bintang, 50200 Kuala Lumpur
Tel	603-2145-0511
Web	www.elcerdokl.com

#네로비보 #Nerovivo

이탈리안 셰프가 만드는 맛있는 피자로 유명하고, 와인 리스트도 훌륭하다. 시가를 물고 있는 도시 여성의 페인팅으로 유명한 산드라 뉴잇Sandra Knuyt의 작품이 걸려 있는 실내는 과감한 색을 사용한 세련된 디자인이다. 유럽계 손님들이 많다.

Access	비잔 옆에 위치	
Open	일~금 런치 12:00~15:00 디너 18:00~23:30	
	토 18:00~23:30	
Cuisine	이탈리안	
Cost	파스타 RM28~72, 12인치 피자 RM30~ (GST 6% & SC 10%)	
Address	3A, Jalan Ceylon, Bukit Ceylon, 50200 Kuala Lumpur	
Tel	603-2070-3120	Web www.nerovivo.com

#위스키 바 #The Whisky Bar

위스키 바의 진열장에 있는 약 275종의 위스키가 마니아들의 마음을 설레게 한다. 희귀한 싱글 몰트부터 아이리시 위스키로 알려진 스카치, 사케, 아메리칸 버번까지 위스키 마니아들을 열광시키기 충분하고, 독일계 오너의 자부심도 대단하다. 이것저것 다 마셔보고 싶다면 반 잔씩 5~6종의 위스키를 골고루 즐길 수 있는 위스키 세트 중에서 선택해보자. 고급 시가도 즐길 수 있다.

Access	오피움 옆에 위치
Open	일~목 16:00~01:00, 금·토 16:00~03:00
Cost	칵테일 RM39.9~, 위스키 세트(5종) RM41.9~ (GST 6% & SC 10%)
Address	46, Changkat Bukit Bintang, 50200 Kuala Lumpur
Tel	603-2143-2268 Web www.thewhiskybarkl.com

#하바나 바&그릴 #Havana Bar&Grill

열대 정글 안에 쿠반 스타일 농원을 콘셉트로 한 개성 있는 라틴 아메리카 클럽 겸 바로 야외 정원과 뒤뜰, 2층 라운지 3개 영역으로 공간이 나뉜다. 2층 발코니 옆에 큰 댄스 플로어는 살사와 삼바, 바차타 등 신나는 라틴 리듬에 맞춰 춤추는 사람들로 넘친다. 라이브 살사 밴드와 댄스쇼도 볼 수 있다. 다양한 럼으로 만드는 민트 모히토는 하바나의 자랑이고 쿠반 시가도 즐길 수 있다.

Access	창캇 부킷 빈탕 서쪽 끝에 위치
Open	평일 16:00~00:00, 주말 12:00~00:00
Cost	버거 RM48~, 맥주 RM20~, 모히토 RM32~ (GST 6% & SC 10%)
Address	Changkat Bukit Bintang, Bukit Bintang, 50200 Kuala Lumpur
Tel	603-2142-7170 Web www.havanakl.com

#트웬티 원 #Twenty One

철제로 만든 은색 간판이 눈길을 끄는 트렌디하고 모던한 디자인의 레스토랑 겸 바다. 유럽식 메뉴와 말레이 요리를 선보이고 점심시간에는 런치 세트도 판매한다. 밤 시간에는 힙한 클러버들이 모여들어 화끈한 분위기를 연출한다. 방사 지역에도 같은 이름의 클럽이 있다.

Access	하바나 바&그릴 건너편에 위치
Open	12:00~00:00
Cuisine	말레이&유럽
Cost	소고기 버거 RM28~, 치킨 티카 마살라 RM28~, 칵테일 RM23~28 (GST 6% & SC 10%)
Address	20-1, Changkat Bukit Bintang, 50200 Kuala Lumpur
Tel	603-2142-0021 Web www.drbar.asia

#매그니피슨트 피시&칩스 바 #The Magnificent Fish & Chips Bar

영국식 피시&칩스를 맛볼 수 있는 퍼브 겸 바다. 밝고 캐주얼한 분위기로 조식 메뉴도 있다. 대구, 민어, 병어 등 시즌별로 준비되는 생선을 골라 주문하면 겉은 바삭하고 속은 부드러운 생선 튀김의 식감을 느낄 수 있다.

Access	창캇 부킷 빈탕 중간쯤에 위치
Open	월~목 08:30~01:00, 금·토 08:30~03:00, 일 10:00~01:00
Cuisine	영국식
Cost	피시&칩스 RM38~, 해피 아워 맥주 RM13~ (GST 6%)
Address	28, Changkat Bukit Bintang, Bukit Bintang, 50200 Kuala Lumpur
Tel	603-2142-7021 Web www.thechippykl.com

• Special Night Life • 02

루프톱 바(Rooftop Bar)

시원시원한 도시의 스카이라인만큼이나 쿨Cool하고 힙Hip한 쿠알라 룸푸르의 밤을 즐기고 싶다면 루프톱 바로 가자. 아름다운 야경과 시원한 공기, 감각적인 공간에 울려 퍼지는 트렌디한 음악을 즐기는 세련된 도시 남녀들로 루프톱 바의 열기는 식을 줄을 모른다. 특별한 장소에 어울리는 센스 있는 차림으로 루프톱 바에 입장해보자. 일반적인 드레스 코드는 스마트 캐주얼로 스포츠 룩이나 반바지(남), 슬리퍼 차림은 입장이 안 될 수도 있으니 참고하자.

★
여자들만 보세요!
Ladies Night
여행 일정에 맞다면 레이디스 나이트에 클럽에 방문해보자. 지정된 칵테일 한 잔을 무료로 제공하는 등 여성만을 위한 혜택이 있다. 요일과 시간이 변경되기도 하니 방문 전에 확인해보자.
【스카이 바】
매주 수요일 18:00~23:00
【루나 바】
매주 화~목 21:00~00:00
【뷰 루프톱 바】
매주 목요일 21:00~00:00

#스카이 바 #Sky Bar

트레이더스 호텔 33층 수영장에 있는 스카이 바는 루프톱 바 중 가장 극적인 뷰를 보여준다. 밤 시간에 차려입고 수리아 KLCC에서 버기를 탄다면 십중팔구는 스카이 바로 향하는 사람이다. 페트로나스 트윈 타워의 야경을 제일 잘 찍을 수 있는 곳이어서 바의 분위기보다 야경을 즐기며 한잔하고 싶은 사람들에게 추천하고 싶다. 루나 바보다는 관광객과 서양인의 비중이 높은 편이다. 페트로나스 트윈 타워를 정면으로 볼 수 있는 창가 소파 자리를 원한다면 미리미리 예약해두자. 달달하고 알코올이 적게 들어간 칵테일도 맛있고 나초와 사테 등 스낵류가 푸짐하게 나온다. 술을 못 마신다면 알코올이 없는 목테일을 주문해보자. 해피 아워에는 '오늘의 칵테일'을 할인가에 제공하며 다양한 맥주와 와인 프로모션이 있다.

Access	트레이더스 호텔 33층에 위치
Open	일~목 10:00~01:00, 금·토·공휴일 전날 10:00~03:00, 해피 아워 11:00~21:00
Cost	칵테일 RM35~ (GST 6% & SC 10%)
Address	Level 33, Traders Hotel Kuala Lumpur, Kuala Lumpur City Centre, 50088 Kuala Lumpur
Tel	603-2332-9888
Web	www.skybar.com.my

#루나 바 #Luna Bar

퍼시픽 리젠시 호텔 34층에 위치한 루나 바는 쿠알라 룸푸르에서 가장 오래된 루프톱 바로 예전보다는 인기가 시들해졌지만 여전히 사랑받는 곳이다. 천장이 오픈된 커다란 수영장에 조명이 비춰지고, 트렌디한 음악이 어우러지면서 밤이 깊어갈수록 신비한 분위기를 더해간다. 환상적인 360도 파노라마 야경을 보며 릴랙스할 수 있는 창가 소파석을 원하면 미리 예약하는 게 좋다. 주중 화~목요일은 레이디스 나이트여서 여성들은 무료 칵테일 한 잔을 즐길 수 있다.

Access 퍼시픽 리젠시 호텔 34층에 위치. 밤 시간에는 택시로 이동하자.
Open   일~목 11:00~01:00, 금·토·공휴일 전날 11:00~03:00
Cost   칵테일 RM33~ (GST 6% & SC 10%)
Address Jalan Punchak, Kuala Lumpur, 50250 Kuala Lumpur
Tel   603-2332-7777
Web   www.pacific-regency.com/dining

#마리니스 온 57 #Marini's On 57

쿠알라 룸푸르에서 가장 높은 곳에 위치한 루프톱 바로 같은 층에 이탈리안 레스토랑 위스키&시가 라운지가 있다. 트윈 타워 옆에 건설된 페트로나스 타워 3관 57층에 있어 트윈 타워를 가장 가까이서 볼 수 있다. 57층까지 오르기 위해 세 번의 엘리베이터를 타고 올라가면 천장과 벽이 유리로 되어 시원한 전망을 선사하는 바가 나온다. 드레스 코드는 세미 캐주얼이지만 어느 정도 갖춰 입고 가는 게 좋다.

Access 페트로나스 타워 3관 G층에서 안내를 받고 엘리베이터를 탄다.
Open   일~목 17:00~01:30, 금·토·공휴일 전날 17:00~03:00, 해피 아워 17:00~21:00
Cost   맥주 RM25~, 칵테일 RM38~ (GST 6% & SC 10%)
Address Level 57, Menara 3 Petronas, Persiaran KLCC, 50088 Kuala Lumpur
Tel   603-2386-6030
Web   www.marinis57.com

#뷰 루프톱 바 #View Rooftop Bar

쿠알라 룸푸르의 스카이라인을 360도로 즐길 수 있는 세련된 루프톱 바로 G타워 호텔 34층에 위치하고 있다. 콘셉트에 따라 Alfresco Bar, Whiskey Lounge, Champagne Room으로 공간이 자연스럽게 분리되어 있다. 해 질 무렵에는 환상적인 도시의 선셋을 즐길 수 있는 곳으로 맥주나 와인의 프로모션이 있는 해피 아워에 방문해도 좋다. 최고의 바텐더가 만드는 칵테일도 이곳의 인기 요인으로 주말에 방문할 경우 미리 예약하는 게 좋다.

Access LRT 암팡 파크역 G타워 34층에 위치
Open   월~목 17:00~01:00, 금·토·공휴일 전날 17:00~03:00, 해피 아워 17:00~21:00 (일 휴무)
Cost   칵테일 RM38~ (GST 6% & SC 10%)
Address GTower, 199, Jalan Tun Razak, Kuala Lumpur, 50400 Kuala Lumpur
Tel   603-2168-1881
Web   www.view.com.my

• Special Night Life • 03

라이브 클럽(Live Club in KL)

국제도시 쿠알라 룸푸르에서 다국적 실력파 뮤지션들의 라이브 연주에 빠져보자. 시끄럽고 혼잡한 나이트 클럽이 부담스러운 사람들은 편안한 분위기에서 수준 높은 라이브 음악을 들으며 로맨틱한 밤 시간을 보내도록 하자.

#노 블랙 타이
#No Black Tie

쿠알라 룸푸르에서 오랜 시간 동안 사랑받아 온 재즈클럽이다. 입구 쪽에는 음식과 주류를 즐길 수 있는 테이블이 따로 있고, 공연을 보려면 입장료를 내고 무대 쪽 테이블에 자리를 잡으면 된다. 말레이시아 재즈 뮤지션과 다국적 연주자들의 수준급 연주가 거의 매일 열린다. 입장료(RM50 내외)는 공연에 따라 달라지므로 홈페이지에서 확인해보는 것이 좋다. 공연은 밤 9시경부터 시작된다.

Access 라자 출란 모노레일역, 이스타나 호텔 지나 Jalan Nagasari에서 Jalan Mesui 방향으로 왼쪽, 레인 포레스트 B&B 옆에 위치
Open 17:00~01:00 (월 비정기적 휴무)
Cost 맥주 RM20~, 칵테일 RM30~, 간식류 RM15~
 (GST 6% & SC 10%)
Address Jalan Nagasari & Jalan Mesui, Bukit Bintang, 50200 Kuala Lumpur
Tel 603-2142-3737
Web www.noblacktie.com.my

#포비든 시티
#Forbidden City

2016년 7월 문을 열면서 쿠알라 룸푸르 최고의 라이브 클럽으로 각광받고 있는 재즈 클럽으로 여러 레스토랑과 바를 운영하는 독일계 베르너 그룹The Werner's Group에서 운영한다. 정상급의 뮤지션들이 재즈는 물론 팝, 블루스, 펑크, 디스코 등 다양한 장르의 음악을 연주하며 유명 뮤지션의 쇼케이스도 열리는 공간이다. 공연은 보통 밤 9시 30분부터 시작되고 홈페이지에서 스케줄을 확인할 수 있다.

Access 창캇 부킷 빈탕 오피움 위층에 위치. 간판이 작으므로 입구를 잘 찾아야 한다.
Open 수·목 21:00~00:00,
 금·토 21:00~02:00
 (일~화 휴무)
Cost 칵테일 RM48~
 (GST 6% & SC 10%)
Address 50, Jalan Changkat Bukit Bintang, Bukit Bintang, 50200 Kuala Lumpur
Tel 603-2110-2088
Web www.forbiddencitykl.com

#하드 록 카페
#Hard Rock Cafe

1991년 문을 연 이래 꾸준히 사랑받아 온 하드 록 카페는 음식과 주류, 분위기까지 완벽한 나이트 라이프 스폿이다. 치열한 오디션을 거친 하우스밴드가 연주하는 팝과 록의 히트 넘버를 들으면서 자연스럽게 삼삼오오 모여 춤을 추는 유쾌한 분위기이다. 하우스밴드는 3개월에 한 번씩 교체된다고 한다. 공연은 밤 10시부터 시작하며, 하드 록 카페의 기념품을 살 수 있는 록 숍Rock Shop도 바로 옆에 있다.

Access 모노레일 부킷 나나스역에서 3분, 콩코드 호텔 G층에 위치
Open 매일 11:30~02:00
 (마지막 주문 22:30),
 해피 아워 16:00~21:00
Cost 버거 RM35~60,
 칵테일 RM47~
 (GST 6% & SC 10%)
Address Jalan Sultan Ismail, Kuala Lumpur, 50250 Kuala Lumpur
Tel 603-2715-5555
Web www.hardrock.com/cafes/kuala-lumpur

© Forbidden City KL
© Forbidden City KL

Spa : luxury 1

앙군 스파 Anggun Spa

젠 스타일의 부티크 어반 호텔인 호텔 마야에 있는 스파로 말레이시아 전통 스타일과 발리, 태국 등 아시아 스타일의 스파와 마사지 서비스를 제공한다. 2개의 커플룸을 포함한 6개의 룸이 있고 오랜 경력과 숙련된 기술을 가진 테라피스트들이 관리해준다. 스파 예약 30분 전에 도착하면 홈메이드 허브티와 티트리 오일 풋 스파 서비스를 받을 수 있다. 호텔 마야의 자랑인 하이드로 테라피 수영장도 함께 즐겨보도록 하자.

Access	호텔 마야 3층에 위치
Open	10:00~22:00
Cost	마야 시그니처 마사지 RM340/90분, 디톡스 테라피 RM390/2시간 30분 (GST 6% & SC 10%)
Address	138, Jalan Ampang, 50450 Kuala Lumpur
Tel	603-2711-8866
Web	www.hotelmaya.com.my

> **Tip 부킷 빈탕의 마사지 거리**
>
> 부킷 빈탕의 잘란 알로와 퉁캇 통 신 주변은 소위 '마사지 거리'로 불리며 저렴한 마사지숍들이 자리 잡고 있다. 호객 행위도 활발한 편으로 대부분 밤늦게까지 문을 열고 비슷한 가격대와 서비스를 제공한다. 가볍게 여행의 피로를 풀고 싶다면 적당한 곳을 선택해 발마사지나 1시간 정도의 보디마사지를 받아도 좋다. 본격적인 고급 스파를 즐기고 싶다면 특급 호텔 내의 스파를 이용해보자. 가격이 비싸긴 하지만 그만큼의 가치가 있는 서비스를 제공해준다.

Spa : luxury 2

스파 빌리지 Spa Village

YTL 그룹에서 운영하는 럭셔리 스파 체인인 스파 빌리지는 지역의 특성에 맞는 고급 스파 서비스로 유명하다. 도심의 스파 빌리지에서는 지압으로 뭉친 근육을 풀어주는 중국식 마사지 투이막 안모 Tui-Na An-Mo와 하와이언 마사지인 로미 로미 Lomi Lomi를 비롯 태국, 발리, 말레이시아 등의 오리엔탈 마사지를 제공한다. 빌리지 형태의 스파룸에서 단독으로 마사지를 받게 되며, 마사지 전후에는 잉어들이 여유롭게 헤엄치는 연못 주변의 소파에서 편안하게 휴식을 취할 수 있다.

Access	리츠칼튼 내에 위치
Open	09:00~21:00 (마지막 트리트먼트 20:00)
Cost	보디마사지 테라피 RM450/90분~, 스파 트리트먼트 RM990/3시간 (GST 6% & SC 10%)
Address	168, Jalan Imbi, 55100 Kuala Lumpur
Tel	603-2782-9090
Web	www.spavillage.com

Spa : luxury 3

돈나 스파 Donna Spa

2011 말레이시아 베스트 데이 스파 The Best Day Spa를 수상한 럭셔리 스파로 힐링에 중점을 둔 발리 스타일의 마사지와 말레이시아 전통 스타일을 접목한 마사지를 서비스한다. 2개의 커플룸과 6개의 싱글룸이 있고, 발리 출신의 숙련된 테라피스트들이 정성을 다한다. 근육을 이완시키고 심신의 밸런스를 맞춰주는 엑설런트 돈나 마사지가 이곳의 시그니처 마사지고, 독소 제거와 체중 감량 효과가 있는 3시간 디톡스 스파 패키지(RM580) 등 다양한 프로그램이 있다.

Access	스타힐 갤러리 내 팸퍼 층에 위치
Open	10:00~00:00
Cost	엑설런트 돈나 마사지 RM300/60분~, 발리니즈 마사지 RM260/60분~, 발마사지 RM180/40분~ (GST 6% & SC 10%)
Address	S20-S27, Pamper Level, Starhill Gallery, 181, Jalan Bukit Bintang, 55100 Kuala Lumpur
Tel	603-2141-8999
Web	www.donnaspa.net

Spa

트로피컬 스파 The Tropical Spa

저렴하고 괜찮은 마사지숍이 모여 있는 텅캇 통 신에 위치한 태국 스타일의 스파. 앤티크하고 이국적인 인테리어의 2층 건물로 아래층은 발마사지를 받도록 되어 있고, 위층에 커플룸을 비롯한 보디마사지를 위한 룸이 있다. 태국과 베트남 출신 테라피스트들의 시원한 손맛으로 유명하고 합리적인 가격을 제시하고 있어 일대에서 가장 인기 있는 마사지숍이다. 발마사지와 보디마사지 패키지는 30% 정도 할인된 금액이다.

Access	텅캇 통 신 중간쯤에 위치
Open	10:00~02:00
Cost	발마사지 RM50/60분, 전통 태국 마사지 RM60/60분 (GST 6%)
Address	29-31, Jalan Tengkat Tong Shin, Jalan Bukit Bintang, 50200 Kuala Lumpur
Tel	603-2148-2666
Web	www.thetropicalspa.com.my

Spa

타이 오디세이 Thai Odyssey

태국 출신의 테라피스트들이 태국식 마사지를 해주는 곳으로 파렌하이트 88 외에도 버자야 타임스 스퀘어, 방사, 미드 밸리 메가몰 등에 지점이 있는 마사지 체인이다. 매년 서비스 관련 우수 업체로 선정되는 곳으로 태국에 온 것 같은 이국적인 인테리어에서 오랜 경력의 테라피스트들의 손맛을 느낄 수 있다. 발마사지와 아로마 테라피 마사지로 가볍게 여행의 피로를 풀어보자.

Access	파렌하이트 88 2층에 위치
Open	10:00~22:00
Cost	타이 아로마 테라피 RM123/60분~, 발마사지 RM58/30분~ (GST 6%)
Address	Lot 2-42, Level 2, Fahrenheit 88, No.179, Jalan Bukit Bintang, 55100 Kuala Lumpur
Tel	603-2143 6166
Web	www.thaiodyssey.com

Shopping

애비뉴 K Avenue K

LRT KLCC역과 바로 연결된 쇼핑몰로 수리아 KLCC에 비하면 작은 규모지만 상대적으로 덜 혼잡하고, H&M이나 코튼 온 등 주요 패션 브랜드와 명품 화장품 편집숍인 세포라 Sephora가 있어 젊은 층에 인기가 있다. 다양하고 저렴한 식당가가 있는 것도 장점인데 한식당만 두 곳(미소 Miso, 비빔 Bbop)이 있다. 지하에는 고급 식료품 슈퍼마켓인 Village Grocer가 있고 3층에 볼링장, 4층에 루프톱 테라스가 있다.

Access	LRT KLCC역과 연결되어 있다.
Open	10:00~22:00
Address	156, Jalan Ampang, Kampung Baru, 55000 Kuala Lumpur
Tel	603-2168-7888
Web	www.avenuek.com.my

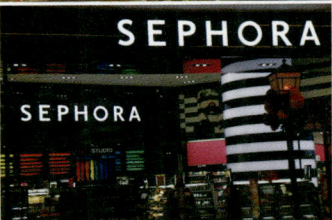

Tip 쿠알라 룸푸르 쇼핑 천국, BBKLCC 쇼핑

부킷 빈탕(Bukit Bintang)과 쿠알라 룸푸르 시티 센터(KLCC)를 일컫는 BBKLCC는 쿠알라 룸푸르, 골든 트라이앵글의 쇼핑 밀집지구로 9개의 개성 넘치는 쇼핑몰이 유기적으로 엮여 있어 세계적인 쇼핑구역에 이름을 올리고 있다. LRT KLCC역과 연결된 KLCC의 수리아 KLCC와 애비뉴 K, 모노레일 부킷 빈탕역의 파빌리온, 스타힐 갤러리, 파렌하이트 88, 롯 10, 숭아이 왕 플라자, 로 얏 플라자, 그리고 임비역의 버자야 타임스 스퀘어가 있다. KLCC와 파빌리온 간은 보행자 전용 도로인 BBKLCC 워크웨이로 연결되어 있다.

Web http://www.bbklccmalaysia.com

1. 여행자 우대 카드 The Tourist Privileges Card

BBKLCC 내 파빌리온, 수리아 KLCC 등 대형 쇼핑몰에서 사용할 수 있는 여행자 우대 쇼핑 카드다. 매장별로 5~10%의 할인 혜택이 있고 일정 금액 이상 구매하거나 제시한 조건을 채우면 특별 선물을 받을 수 있다. 쇼핑에 큰 뜻을 두었거나 메가 세일 기간이라면 카드를 만들어 혜택을 누려보자. 쇼핑몰의 컨시어지에서 무료로 만들어주며 여권을 지참해야 한다.

2. BBKLCC 워크웨이 Bukit Bintang-KLCC Pedestrian Walkway

수리아 KLCC 지하 Concourse층부터 파빌리온 4층까지 연결되는 보행자 도로로 KLCC 공원, 아쿠아리아 KLCC 등을 지난다. 10분 정도 소요되며 교통 대란 지역인 부킷 빈탕과 KLCC 간을 이동하는 지름길로 이용하기에 좋다.

Open 06:00~23:00

Malaysia | Kuala Lumpur

Shopping ②

수리아 KLCC Suria KLCC

파빌리온과 더불어 쿠알라 룸푸르를 대표하는 쇼핑몰로 최고의 명품 브랜드부터 중저가 브랜드까지 다양한 브랜드가 모여 있고, 유명 식당가와 푸드코트, 대형 서점과 박물관, 과학체험관 등이 모여 있는 복합 쇼핑 공간이다. 지하에는 슈퍼마켓인 콜드 스토리지가 있고, 이세탄, 팍슨, 막스&스펜서 등 백화점도 있다. G층의 아케이드에서는 말레이시아의 색이 묻어나는 소품과 기념품을 판매하고 있으니 눈여겨보자. 어린이를 위한 과학체험관 페트로사인스와 유명 작가들의 작품을 전시하고 있는 갤러리도 있어 다양한 목적으로 방문할 수 있다.

Access LRT KLCC역과 연결되어 있다.
Open 10:00~22:00
Address 241, Suria KLCC, Kuala Lumpur City Centre, 50088 Kuala Lumpur
Tel 603-2382-2828
Web www.suriaklcc.com.my

수리아 KLCC 층별 안내

	Ampang Mall	Park Mall	Ramlee Mall
4층	이세탄 백화점 미용실, 식당가	기노쿠니야(서점), 페트로사인스	식당가 (고려원, 마담 콴스)
3층	이세탄 백화점 갤러리 페트로나스 노즈, G2000, Sasa, 할리 데이비슨	TGV 극장 아디다스, 나이키 외 스포츠	스타벅스 Sony 외 전자제품
2층	이세탄 백화점 왓슨, 캘빈 클라인, 프레드 페리 외	시그니처 푸드코트 마시모 듀티, 게스	팍슨 백화점 Bata, 포니 외
1층	이세탄 백화점 몽블랑, DKNY	고디바, Harrods 휴고 보스, 아르마니 외	팍슨 백화점 바나나 리퍼블릭
G층	이세탄 백화점 명품 매장	KLCC 공원 연결, 트윈 타워 연결 구찌, 페라가모 외 명품	팍슨 백화점 루이비통, 샤넬 외 명품
Concourse 층	LRT역 연결 이세탄 백화점 슈에무라 외 뷰티 ZARA Man	파빌리온 방향, 보행자 도로 연결 Cold Storage 환전소 Zara, Topshop, Topman	막스&스펜서, Mango 바비 브라운, 이솝 외 뷰티

Tip 갤러리 페트로나스
Galeri Petronas
피카소, 마네, 앤디 워홀, 보테로 등 유명 작가들의 작품이 전시된 갤러리로 기대 이상의 수준 있는 작품들을 만날 수 있다. 흥미로운 현대 미술 작품들도 전시하고 있다.
Access 3층
Open 화~일 10:00~20:00 (월 휴무)
Cost 무료
Web www.galeripetronas.com.my

Shopping ③

파빌리온 Pavilion

명실상부 쿠알라 룸푸르 최고의 지역 쇼핑몰로, 지하 1층과 지상 7층으로 이루어진 파빌리온은 명품 브랜드부터 중저가 브랜드, 다이닝, 휴식공간까지 원스톱 쇼핑이 가능하다. 상대적으로 낙후 지역이었던 부킷 빈탕을 쿠알라 룸푸르에서 가장 번화하고 현대적인 지역으로 바꾸어 놓은 곳이기도 하다. 그랜드 밀레니엄, JW 메리어트 등 특급 호텔과 스타힐 갤러리 등 쇼핑몰이 모여 있는 파빌리온 앞 분수 광장은 1년 내내 이벤트와 전시가 끊이지 않아 방문객들에게 또 다른 재미를 안겨준다. 하루 종일 둘러봐도 지루하지 않을 만큼 넓고 볼거리와 살 거리가 풍부한 곳이니, 미리 원하는 숍들의 위치를 파악하고 쉬엄쉬엄 천천히 쇼핑을 즐겨보도록 하자. 다양한 혜택이 있는 파빌리온 투어리스트 리워드 카드 Pavilion Tourist Reward Card 는 2층과 3층의 컨시어지 데스크에서 만들 수 있다.

Access	모노레일 부킷 빈탕역에서 도보 3분
Open	10:00~22:00
Address	168, Jalan Bukit Bintang, Bukit Bintang, 55100 Kuala Lumpur
Tel	603-2118-8888
Web	www.pavilion-kl.com

파빌리온 층별 안내

L6	극장, 딘타이펑 외 레스토랑	팍슨 백화점 Time(서점)	도쿄 스트리트
L5	극장, 아디다스, 버켄스톡, 컨버스 외 스포츠 웨어	팍슨 백화점 Bata, 찰스&키스 클락	Harvey Norman
L4	파디니 콘셉트 스토어, Topman, 에스프리, 노즈 외 *보행자 도로 연결	팍슨 백화점 Eclipse, 짐 톰슨, 샘소나이트	포에버 21, 코튼 온 외 빅 사이즈 여성 (Flow, MsRead)
	Fashion Avenue	Centre Court	Couture Pavilion
L3	폴로 랄프로렌 외	로열 셀랑고르 외	
L2	롤렉스, 빅토리아 시크릿 뷰티&액세서리, RIMOWA	ZARA 외 의류	불가리, 에르메스, 구찌 외 명품 TWG
L1	슈퍼마켓 & 환전소 & 식당가 (푸드 리퍼블릭, 마담 콴스, 드래곤 아이, 스시 테이 외)		

Shopping
④
스타힐 갤러리 Starhill Gallery

스타힐 갤러리는 YTL 그룹이 운영하는 명품 쇼핑몰로 전 세계에서 인정받는 명품 브랜드와 디자이너 숍이 모여 있어 인기를 끌고 있는 곳이다. 세포라Sephora의 플래그십 스토어와 루이비통으로 이어지는 건물은 부킷 빈탕에서 가장 상징적인 건축으로 떠오르고 있고, 정원으로 둘러싸인 새하얀 성 같은 내부는 럭셔리의 극치를 보여준다. 갤러리를 표방하는 쇼핑몰은 리츠칼튼과 JW 메리어트가 연결되어 있고, 각 층별로 독특한 이름이 있다. 지하층은 12개의 고급 레스토랑이 있는 식당가로 중앙홀에서는 재즈 공연 등 퍼포먼스가 펼쳐진다. 11월 말에서 12월 초 사이에는 전 세계 럭셔리 시계와 주얼리 브랜드들의 페어가 열린다.

Access	모노레일 부킷 빈탕역에서 도보 3분
Open	10:00~22:00
Address	181, Jalan Bukit Bintang, 55100 Kuala Lumpur
Tel	603-2782-3800
Web	www.starhillgallery.com

Tip 세포라

전 세계 1000개가 넘는 매장이 있는 명품 화장품 편집숍 세포라의 플래그십 스토어가 스타힐 갤러리에 있다. 큐빅을 겹쳐 놓은 듯한 독특한 2층 구조의 스타힐 갤러리 매장에는 명품 화장품 브랜드의 제품뿐 아니라 국내에서 구할 수 없는 뷰티 아이템들이 가득해 마니아들을 열광시킨다.

Shopping
⑤
롯 10 Lot 10

부킷 빈탕 사거리에 당당히 자리 잡은 롯 10은 2012년 9월 쿠알라 룸푸르 최초의 H&M이 문을 열면서 젊고 트렌디한 패스트 패션을 선도해가고 있다. 3개의 층에 걸쳐 자리 잡은 H&M 외에도 대형 자라Zara 매장이 있는데 이 두 브랜드만으로 롯 10의 쇼핑은 충분해 보인다. 일본계 이세탄 백화점과 연결되어 있고, 말레이시아의 전통 있는 유명 맛집을 모아 놓은 먹자골목 '롯 10 후통Lot 10 Hutong'이 지하에 있다. 롯 10 후통은 외부에서 바로 연결되는 엘리베이터가 있다.

Access	모노레일 부킷 빈탕역에 위치
Open	10:00~22:00
Address	50, Jalan Bukit Bintang, Bukit Bintang, 55100 Kuala Lumpur
Tel	603-2141-0500
Web	www.lot10.com.my

Shopping

파렌하이트 88 Fahrenheit 88

유니클로의 플래그십 스토어가 있는 1020 타깃의 젊은 쇼핑몰이다. 주변의 대형 쇼핑몰에 비해 상대적으로 소박해 보이지만 다양한 이벤트와 차별화된 전략으로 인기를 유지해 나가고 있다. 다양한 로컬 패션 브랜드들과 브랜드 아웃렛Brand Outlet, 찰스 앤 키스Charles & Keith, 알도Aldo, 폴리 폴리Foli Foli, 크록스Crocs 등의 매장이 있다. 2층에 타이 오디세이 마사지숍, 4층에는 가라오케도 있다. G층에 있는 컨시어지에서 여행자 우대 카드를 만들 수 있다.

Access	모노레일 부킷 빈탕역, 그랜드 밀레니엄 호텔 건너편에 위치
Open	10:00~22:00
Address	179, Jalan Bukit Bintang, 55100 Kuala Lumpur
Tel	603-2148-5488
Web	www.fahrenheit88.com

Shopping

숭아이 왕 플라자 Sungei Wang Plaza

부킷 빈탕의 현대적인 쇼핑몰과 대비되는 중저가 쇼핑몰로, 현지인뿐 아니라 관광객에게도 인기 있다. 저렴한 로컬 브랜드 위주의 패션과 잡화, 전기제품, 리빙 용품 등 다양한 상품을 취급하고 있다. 관광객은 괜찮은 품질의 저가 브랜드들이 모여 있는 지하층을 둘러보는 게 좋다. 노즈Nose, 빈치Vincci 등의 매장과 자이언트 슈퍼마켓이 지하에 있으며 팍슨 백화점과 연결되어 있다.

Access	모노레일 부킷 빈탕역에 위치
Open	10:00~22:00
Address	9, Jalan Bukit Bintang, Bukit Bintang, 55100 Kuala Lumpur
Tel	603-2144-9988
Web	www.sungeiwang.com

Shopping

버자야 타임스 스퀘어 Berjaya Times Square

호텔, 테마파크, 영화관, 식당가 등이 모두 모여 있는 복합공간으로 쇼핑과 레저, 관광을 한번에 즐길 수 있는 곳이다. 명품 브랜드보다는 중저가 브랜드와 편집숍, 젊은 층을 겨냥한 패스트 패션 브랜드가 주를 이룬다. 임비역과 바로 연결되어 있어 교통이 편리하고 많이 붐비지 않는다. 키첸Kitschen, 니치Nichii 등의 매장이 볼만하다.

Access	모노레일 임비역과 연결
Open	10:00~22:00
Address	1, Jalan Imbi, Bukit Bintang, 55100 Kuala Lumpur
Tel	603-2117-3111
Web	www.berjayatimessquarekl.com

> **Tip** 타임스 스퀘어 테마파크
> **Time Square Theme Park**
>
> 버자야 타임스 스퀘어 5층에 있는 실내 놀이공원. 다양한 놀이기구가 있는데 대부분 단순하고 위험하지 않은 편이라 아이들이 안전하게 즐길 수 있다. 가족 여행객들에게 추천할 만하다.
> **Open** 평일 12:00~22:00, 주말·공휴일 11:00~22:00
> **Cost** 성인 RM51, 어린이(3~12세) RM41

Stay : 5성급

그랜드 하얏트 호텔 Grand Hyatt Hotel

2012년 문을 연 쿠알라 룸푸르 최초의 그랜드 하얏트 호텔이다. 42개의 스위트룸을 포함한 412개의 객실이 있고 기본 객실이 47m²로 여유로운 공간에 모던하고 고급스러운 디자인을 자랑한다. 통유리창으로 되어 있어 시원한 전망을 즐길 수 있기 때문에 가능하면 트윈 타워 전망으로 예약할 것을 추천한다. 편안한 휴식을 보장하는 침구와 넓은 데이베드가 있고, 갈색 톤의 대리석으로 마감한 욕조와 욕실도 인상적이다. 체크인 로비가 가장 높은 층인 38층에 있고 엘리베이터가 메인 로비를 중심으로 이동하여 조금 헷갈리는 구조이기도 하다. 로비에 비즈니스맨을 위한 책상과 컴퓨터 등 편의시설을 갖추고 있고 360도 파노라마 전망이 가능하다. 도심 속 오아시스 같은 수영장에는 어린이를 위한 튜브가 준비되어 있고 피트니스 센터는 24시간 운영한다. 조식은 그랜드 하얏트의 자랑인 '38 레스토랑 라운지&바'에서 먹게 되는데 타의 추종을 불허하는 엄청난 스케일과 미식을 경험하게 된다. 38 레스토랑은 올데이 레스토랑으로 베이커리 코너가 특히 유명해 애프터눈 티도 큰 사랑을 받고 있고, 밤 시간에는 로맨틱한 루프톱 바의 역할을 하기도 한다.

Access LRT KLCC역에서 도보 10분. 임피아나 호텔 건너편에 위치
Cost 그랜드 킹룸 RM900~, 클럽 킹룸(타워 뷰) RM1,200~
Address 12, Jalan Pinang, Kuala Lumpur City Centre, 50450 Kuala Lumpur
Tel 603-2182-1234
Web www.kualalumpur.grand.hyatt.com

Tip 그랜드 하얏트 호텔 특전!
1. 로비에 투숙객을 위한 생수와 과일이 항상 준비되어 있다.
2. 호텔 입구와 수영장에서 트윈 타워를 배경으로 하는 구도가 예술이니 인증 사진을 놓치지 말자.

Stay : 5성급

트레이더스 호텔 Traders Hotel

세계적인 럭셔리 호텔 체인인 샹그릴라 계열의 모던하고 캐주얼한 트레이더스 호텔은 페트로나스 트윈 타워를 정면으로 조망할 수 있는 최고의 뷰를 가지고 있다. 571개의 객실과 스위트룸이 있는데, 일반 객실은 좁은 편이지만 심플한 인테리어에 깔끔하게 관리되고 있고 샹그릴라의 명성대로 세련된 서비스를 제공한다. 33층에 있는 스카이 바$^{Sky Bar}$는 낮에는 호텔의 수영장으로, 밤에는 쿠알라룸푸르 최고의 나이트 스폿으로 전 세계 관광객들이 모여드는 곳이다. 24시간 운영하는 헬스클럽도 트윈 타워 전망이다. 체크인은 5층 리셉션에서 하게 되고 G층 로비에서 수리아 KLCC까지 5분 간격으로 버기가 운행되고 있다.

Access	LRT KLCC역에서 도보 5분
Cost	디럭스룸 RM450~
Address	Kuala Lumpur City Centre, 50088 Kuala Lumpur
Tel	603-2332-9888
Web	www.shangri-la.com/kualalumpur/traders

Stay : 5성급

만다린 오리엔탈 호텔
Mandarin Oriental Hotel

명실공히 쿠알라 룸푸르를 대표하는 최고의 호텔이다. 로비부터 중후하고 클래식한 멋이 가득하고 643개의 객실 역시 화려하고 클래식하게 꾸며져 있다. 객실에서 보는 웅장한 페트로나스 트윈 타워의 모습은 말로 표현할 수 없는 감동을 준다. KLCC 공원이 내려다보이는 작은 규모의 인피니티 풀과 10개의 레스토랑과 바가 있다.

Access	수리아 KLCC 쇼핑몰 옆에 위치
Cost	디럭스룸(파크 뷰/트윈 타워 뷰) RM740~/RM800~
Address	Kuala Lumpur City Centre, 50088 Kuala Lumpur
Tel	603-2380-8888
Web	www.mandarinoriental.com/kualalumpur

Stay : 4성급

임피아나 호텔 Impiana Hotel

KLCC 컨벤션 센터 건너편에 위치한 4성급 호텔로 비즈니스 호텔로 각광받고 있다. 객실은 다소 좁은 편이지만 깔끔하고 실용적이며, 침구에 특별히 신경을 쓰고 있다. 새로 올라온 건물에 가려지긴 했지만 페트로나스 트윈 타워 전망의 야외 수영장이 있고, 각종 어워드 수상경력이 있는 스와사나 스파$^{Swasana Spa}$가 있다.

Access	그랜드 하얏트 건너편에 위치
Cost	수피리어룸 RM380~, 클럽 디럭스룸 RM550~
Address	13, Jalan Pinang, 50450 Kuala Lumpur
Tel	603-2147-1111
Web	www.kualalumpurhotels.impiana.com.my

Stay : 5성급

인터콘티넨탈 InterContinental

고속도로가 가까워 공항 접근성이 좋고, 주요 관광지와도 가까워 비즈니스 여행뿐 아니라 관광 중심의 여행에도 적합한 럭셔리 호텔이다. 이집션 크리스털로 장식한 샹들리에가 돋보이는 웅장하고 압도적인 로비는 도시의 보석을 의미한다고 한다. 대저택의 서재를 연상케 하는 컨시어지 라운지에서는 여행과 호텔 이용의 모든 것을 상담해준다. 473개의 객실 중 대표 객실인 그랜드 프리미어룸은 넓은 실내에 우아하고 럭셔리한 가구를 배치했고 침구에도 특별히 신경 쓰고 있다. 호텔 내의 타오 차이니즈 퀴진Tao Chinese Cuisine과 타츠 재패니즈 퀴진Tatsu Japanese Cuisine은 미식가들에게 사랑받는 맛집이다.

Access	LRT 암팡 파크역에서 도보 5분
Cost	디럭스룸 RM510~, 프리미어 킹룸 RM600~
Address	165, Jalan Ampang, 50450 Kuala Lumpur
Web	www.intercontinental-kl.com.my

Stay : 5성급

더블 트리 바이 힐튼 Double Tree by Hilton

힐튼이라는 브랜드가 주는 신뢰감에 합리적인 가격까지 더해 인기가 높은 호텔로 암팡 파크역에서 가까운 곳에 위치하고 있다. 객실은 베이지 톤의 편안한 분위기로 침대 벽면에 유화 페인팅으로 포인트를 주고 있고 객실마다 에코백이 준비되어 있다. 체크인 시 웰컴 쿠키를 주는 것으로 유명하고 캐주얼한 분위기의 로비에는 음료 코너를 두어 게스트를 배려하고 있다. 키즈 풀을 갖춘 수영장은 해수풀이어서 빌딩 숲 속에서 바다를 경험할 수 있다. 페트로나스 트윈 타워와 파빌리온까지 운행하는 셔틀버스가 있다. 택시를 탈 경우 암팡 파크역에 있는 '더블 트리'라고 정확히 알려주어야 한다.

Access	LRT 암팡 파크역에서 도보 3분
Cost	디럭스룸 RM410~
Address	The Intermark, 348, Jalan Tun Razak, 50400 Kuala Lumpur
Tel	603-2172-7272
Web	www.doubletree3.hilton.com

Stay : 5성급

그랜드 밀레니엄 Grand Millennium

부킷 빈탕의 활기가 그대로 피부에 와 닿는 곳으로, 쿠알라 룸푸르의 쇼핑과 식도락의 중심인 부킷 빈탕에서도 가장 좋은 위치에 있다. 하늘에서 폭포가 떨어지는 듯한 샹들리에와 두리안 모양의 커다란 조명 등이 인상적인 로비는 화려하고 웅장한 모습으로 언제나 게스트들과 비즈니스 방문객들로 넘쳐 난다. 체크인 대기자들은 한 줄 서기로 대기해야 할 경우가 많을 정도로 투숙객이 많은 편이다. 468개의 객실에서는 전면이 시원한 통유리로 된 창을 통해 부킷 빈탕의 모습을 한눈에 내려다볼 수 있는데, 맞은편의 객실까지 훤히 들여다보이는 구조여서 커튼 치는 것을 잊지 말아야 한다. 빌딩 숲 사이에 오아시스처럼 놓여 있는 수영장은 열대우림의 나무들이 잘 조성되어 있다.

Access	파빌리온 앞쪽 대로변에 위치
Cost	디럭스룸 RM470~, 클럽룸 RM620~
Address	160, Jalan Bukit Bintang, Bukit Bintang, 55100 Kuala Lumpur
Tel	603-2117-4888
Web	www.millenniumhotels.com

© Grand Millennium Kuala Lumpur

Stay : 5성급

더 웨스틴 The Westin

게스트를 위해 로비에 얼음물과 물수건을 준비해 두는 등 세심한 서비스가 돋보이는 더 웨스틴은 가족 여행객에게 더욱 만족도가 높은 호텔이다. 객실은 편안하고 쾌적한 휴식 공간으로 꾸며져 있다. 매일 다양한 액티비티 프로그램을 제공하는 키즈 클럽의 시설도 최고 수준이고, 부엌 등을 갖춘 웨스틴 레지던스도 인기 있다.

Access	JW 메리어트 옆에 위치
Cost	디럭스룸 RM550~, 원 베드룸 이그제큐티브 레지던스 RM840~
Address	199, Jalan Bukit Bintang, 55100 Kuala Lumpur
Tel	603-2731-8333
Web	www.starwoodhotels.com

Stay : 5성급

리츠칼튼 The Ritz-Carlton

골든 트라이앵글 지역에서도 가장 고급스러운 호텔인 리츠칼튼은 다른 특급 호텔들을 제치고 수많은 호텔 관련 어워드에서 수상할 정도로 최고의 시설과 서비스를 갖추고 있다. 대리석 등으로 장식된 영국풍의 웅장하고 우아한 디자인에 말레이시아 스타일을 가미한 호텔은 고품격이라는 말이 절로 나온다. 30개의 스위트룸을 포함한 365개의 넓은 객실이 있다.

Access	JW 메리어트 뒤쪽에 위치. 스타힐 갤러리와 연결되어 있다.
Cost	디럭스룸 RM830~, 이그제큐티브 디럭스룸 RM940~
Address	168, Jalan Imbi, 55100 Kuala Lumpur
Tel	603-2142-8000
Web	www.ritzcarlton.com

Malaysia | Kuala Lumpur

Stay : 5성급

JW 메리어트 JW Marriott

월드 와이드 호텔 체인 호텔로 부킷 빈탕을 대표하는 럭셔리 호텔이다. 웅장한 외관과 화려한 로비가 돋보이는 호텔은 명품 쇼핑몰인 스타힐 갤러리와 또 다른 럭셔리 호텔인 리츠칼튼과 유기적으로 연결되어 있다. 화려함보다는 집 같은 편안함을 추구하는 561개의 객실은 디럭스룸부터 투 베드룸 프레지덴셜 스위트룸까지 11개 타입으로 구분된다.

Access	스타힐 갤러리와 연결되어 있다.
Cost	디럭스룸 RM600~
Address	183, Jalan Bukit Bintang, 55100 Kuala Lumpur
Tel	603-2715-9000
Web	www.marriott.com

Stay : 5성급

샹그릴라 호텔 Shangri-La Hotel

도심 속의 휴양지의 면모를 갖춘 샹그릴라 호텔은 명성 그대로 화려하고 완벽한 시설과 최고의 서비스로 샹그릴라 마니아들을 열광시키는 곳이다. 101개의 우아한 스위트룸을 포함한 662개의 객실이 있다. 자쿠지와 키즈 풀이 있는 수영장을 비롯, 부대시설도 훌륭하다. 이용해본 사람이라면 높은 만족감을 느끼는 호라이즌 클럽의 여러 가지 혜택도 체크해보자.

Access	모노레일 부킷 나나스역에서 도보 5분
Cost	디럭스 킹룸 RM530~, 이그제큐티브 킹룸 RM560~
Address	11, Jalan Sultan Ismail, Bukit Bintang, 50250 Kuala Lumpur
Tel	603-2032-2388
Web	www.shangri-la.com

Stay : 5성급

르네상스 호텔 Renaissance Hotel

920여 개가 넘는 객실이 있는 대형 호텔로 많은 이용객들로 언제나 북적이는 호텔이다. 1996년 지어진 이스트 윙(구관)은 유럽 궁전풍의 웅장한 로비와 트윈 타워 전망의 객실로 인기가 있는데, 오래된 곳이라 다소 낡은 감이 있다. 현대적이고 밝은 느낌의 웨스트 윙(신관)의 객실도 만족도가 높다. 두 건물 사이에 있는 열대의 리조트 같은 수영장은 호텔에서 가장 호평을 받는 곳이다.

Access	모노레일 부킷 나나스역 옆에 위치
Cost	수피리어룸 RM550~, 클럽 더블룸 RM940~
Address	Corner of Jalan Sultan Ismail and Jalan Ampang, 50450 Kuala Lumpur
Tel	603-2162-2233
Web	www.klrenaissance.com

Stay : 5성급

호텔 이스타나 Hotel Istana

'왕궁'이라는 뜻의 '이스타나'라는 이름처럼 무굴 양식의 웅장한 외관과 이슬람 양식의 독특한 문양으로 꾸며진 이곳은 가장 말레이적인 호텔 건물 중 하나이다. 505개의 객실과 스위트룸은 다소 낡은 편이다. 파빌리온 쇼핑몰까지 도보로 약 10분 거리고 잘란 알로와 툥캇 툥 신 등이 가까워 나이트 라이프를 즐기기에 좋은 위치다. 조식도 잘 나오고 널찍한 수영장도 관리가 잘 되고 있다.

Access	모노레일 라자 출란역에서 도보 5분
Cost	디럭스룸 RM340~, 클럽룸 RM560~
Address	73, Jalan Raja Chulan, 50200 Kuala Lumpur
Tel	603-2141-9988
Web	www.hotelistana.com.my

Stay : 5성급

더 페이스 스위트 THE FACE Suites

압도적인 시티 뷰의 루프톱 인피니티 수영장으로 인기가 높은 레지던스형 호텔이다. 원 베드룸과 투 베드룸의 풀 옵션 아파트에 어메니티도 잘 갖추고 있으며 모던하고 깔끔한 인테리어가 만족도를 높인다. 수영장(07:00~22:00)은 투숙객만 출입이 가능하며 체크인 시 타월 교환용 쿠폰을 준다. 같은 빌딩 내 개인 소유의 아파트는 에어비앤비 형태로도 예약할 수 있다. 저렴한 가격이지만 서비스 수준에는 차이가 있다.

Access	모노레인 부킷 나나스역에서 도보 3분. 르네상스 호텔 맞은편에 위치
Cost	원 베드룸 RM430~, 투 베드룸 RM640~
Address	1020, Jalan Sultan Ismail, 50250 Kuala Lumpur
Tel	603-2168-1688
Web	www.thefacekl.com

Stay : 5성급

풀만 KL 시티 센터 호텔 앤 레지던스
Pullman KL City Centre Hotel & Residences

445개의 객실과 157개의 아파트형 객실이 있는 5성급 호텔로 좋은 위치와 서비스, 수영장 등 편의시설을 잘 갖추고 있다. 다소 오래된 시설이지만 아파트형 객실은 가족 단위의 여행객과 장기 투숙객이 머물기 좋다. 김치가 있는 조식 뷔페도 알차고 각종 게임이 있는 키즈 클럽도 가족 여행객에게 호응이 높다. 택시 이용 시 방사 지점과 혼동이 없도록 풀만 'KL 시티 센터'라고 말하자.

Access	파빌리온 쇼핑몰 & 레지던스 건너편에 위치
Cost	수피리어룸 RM360~, 원 베드룸 아파트먼트 RM500~
Address	4, Jalan Conlay, 50450 Kuala Lumpur
Tel	603-2170-8888
Web	www.accorhotels.com

Malaysia | Kuala Lumpur

Stay : 4성급

프레이저 플레이스 Fraser Place

객실에 주방 시설을 갖춘 4성급 레지던스 호텔로 가족 여행객들에게 추천하고 싶은 호텔이다. 따뜻한 색감의 패브릭으로 모던하게 꾸며진 316개의 넓은 객실은 스튜디오룸과 원 베드룸부터 포 베드룸까지 있어 용도에 맞게 선택할 수 있다. 옥상에 있는 인피니티 풀은 탁 트인 공간으로 마치 하늘에서 수영을 하는 듯한 기분이 들게 한다.

Access	모노레일 부킷 나나스역에서 도보 7분
Cost	스튜디오 이그제큐티브룸 RM390~
Address	Lot 163, 10, Jalan Perak, 50450 Kuala Lumpur
Tel	603-2118-6288
Web	www.fraserplacekualalumpur.com

© Fraser Place KL

Stay : 5성급

호텔 마야 Hotel Maya

부티크 어반 리조트를 표방하며 2007년 오픈한 이래 각종 건축, 디자인 어워드를 수상해 온 젠 스타일의 부티크 호텔이다. 모든 객실에서 와이파이와 시내 전화가 무료이며, 에스프레소 머신이 기본으로 제공된다. 쿠알라 룸푸르에서도 손꼽히는 서비스의 양군 스파가 호텔 3층에 있다. 모든 투숙객은 밤 9시부터 11시까지 13층 스카이 라운지를 이용하며 디저트를 즐길 수 있다.

Access	모노레일 부킷 나나스역에서 도보 7분
Cost	스튜디오룸 RM330~, 주니어 스위트룸 RM400~
Address	138, Jalan Ampang, 50450 Kuala Lumpur
Tel	603-2711-8866
Web	www.hotelmaya.com.my

Stay : 4성급

코러스 호텔 Chorus Hotel

영국 기반의 코러스 호텔 그룹이 운영하는 호텔로 비즈니스 호텔로 인기가 높은 4성급 호텔이다. 다소 낡은 듯한 객실이지만 깔끔하게 관리되고 있고, 수영장과 바로 연결되는 파라다이스 카바나는 커플들에게 꽤 인기 있는 객실이다. 페낭, 조호 바루, 싱가포르를 운행하는 에어로라인의 출도착 지점으로 버스를 이용할 경우 좋은 선택이 되는 호텔이다.

Access	LRT 암팡 파크역과 KLCC역 중간에 위치, 도보 5분
Cost	디럭스룸 RM 340~
Address	Jalan Ampang, Hampshire Park, 50450 Kuala Lumpur
Tel	603-2161-8888
Web	www.corushotelkl.com

Stay : 3성급

르 애플 부티크 호텔 KLCC
Le Apple Boutique Hotel KLCC

2014년 6월 문을 연 비교적 새 호텔로 222개의 객실이 있는 부티크 호텔이다. 객실은 부티크 호텔이라고 불리기에 부족한 디자인이지만 좋은 위치와 합리적인 가격으로 만족도는 높은 편이다. G층에 일본식당 로꼬ROKKO가 있고 기타 별다른 부대시설은 없다. 부킷 빈탕에도 같은 호텔이 있는데 객실은 많이 좁다.

Access	LRT KLCC역에서 도보 5분, 애비뉴 K 옆에 위치
Cost	수피리어룸 RM230~, 수피리어 트리플룸 RM400~
Address	160, Jalan Ampang, Kampung Baru, 55000 Kuala Lumpur
Tel	603-2179-3777
Web	www.leapple-klcc.com.my

Stay : 3성급

앙군 부티크 호텔 Anggun Boutique Hotel

1920년대 숍하우스 건물을 개조한 부티크 호텔로 규모는 작지만 정감 있는 서비스와 개성으로 좋은 평을 받고 있다. 객실 바닥에는 원목이 깔려 있고, 장인의 손길로 만든 티크 소재의 우아한 침대와 가구들로 채워져 있다. 욕실 상태도 좋고 컴퓨터가 설치되어 있는 것도 큰 장점이다. 수영장이 없는 등 부대시설은 부족한 편이다.

Access	모노레일 부킷 빈탕역에서 도보 10분. 퉁캇 통 신에 위치
Cost	클래식 더블룸 RM310~, 패밀리룸 RM510~
Address	7&9, Tengkat Tong Shin, Bukit Bintang, 50200 Kuala Lumpur
Tel	603-2145-8003 Web www.anggunkl.com

Stay : 2성급

멜란지 부티크 호텔 Melange Boutique Hotel

2015년 말에 문을 연 신생호텔로 41개의 룸이 있는 미니 호텔이다. 객실은 좁은 편이지만 부티크 호텔을 표방하는 만큼 각 층마다 테마가 있는 디자인을 선보이고 있다. 가격도 저렴하고 관리도 잘 되고 있어 젊은 여행자에게 추천할 만하고, 싱글룸이 있어 1인 여행자들에게도 좋은 선택이 된다. 7층에 분위기 좋은 카페가 있다.

Access	잘란 알로와 퉁캇 통 신 사이 잘란 렘비아에 위치
Cost	디럭스룸 RM200~, 디럭스 싱글룸 RM100~
Address	14, Jalan Rembia, Bukit Bintang, 50200 Kuala Lumpur
Tel	603-2141-8828 Web www.melangehotel.com.my

Stay : 2성급

레인포레스트 비앤비 Rainforest B&B

정글로 둘러싸인 오래된 나무 건물이 인상적인 부티크 게스트하우스다. 3인실인 도미토리(RM39/1인)부터 4인 패밀리룸까지 깨끗하고 자연친화적인 객실이 있다. 에어컨이 있고 와이파이가 가능한 객실은 벽면과 천장 등에 거울이 있어 실제보다 커 보이는 효과가 있다. 서양 여행객이 대부분이고 간단한 조식이 제공된다.

Access	모노레일 부킷 빈탕역에서 도보 10분. 파크로열 서비스드 스위트 옆에 위치
Cost	2인실 RM110, 4인 가족실 RM200
Address	27, Jalan Mesui, Off Jalan Nagasari, Bukit Bintang, 50200 Kuala Lumpur
Tel	603-2145-3523
Web	www.rainforestbnbhotel.com

Stay : 1성급

YY88 호텔 YY88 Hotel

컬러풀한 콘셉트의 캐주얼한 숙소로 젊은 실속파 여행자들에게 적합하다. 핑크, 블루, 그린 등 콘셉트 색깔이 있는 심플한 객실이 싱글룸부터 4인실까지 있고, 다락방이 있는 복층 구조의 객실 Lofts은 독특한 디자인 콘셉트로 상상력을 자극한다. 깨끗한 침구와 24시간 시큐리티 서비스, 객실 내 와이파이, 욕실의 높은 수압 등 장점이 많은 숙소로 싱글룸은 RM100 정도로 저렴하다.

Access	모노레일 부킷 빈탕역에서 도보 8분. 퉁캇 통 신에 위치
Cost	스탠다드 싱글룸 RM110~, 디럭스룸 RM120~
Address	38, Tengkat Tong shin, Off Jalan Bukit Bintang, 50200 Kuala Lumpur
Tel	603-2148-8838 Web www.yy38hotel.com.my

• Guide • 03

KL 센트럴 & 차이나타운
(KL Sentral & China Town)

KL 센트럴역은 쿠알라 룸푸르로 들어오는 교통의 중심이 되는 곳으로 도시의 허브 역할을 하고 있어 쿠알라 룸푸르에 들어가는 사람이라면 누구나 한 번쯤 거치게 된다. 주변의 퍼다나 보타니컬 가든은 도시에 산소를 공급하는 중요한 역할을 하고 있으며, 주요 국립 관광지가 몰려 있다. 차이나타운과 리틀 인디아로 들어가는 관문인 LRT 마스짓 자멕역 주변은 말레이시아 독립의 상징인 메르데카 광장을 비롯해 영국 식민지 시대에 지어진 역사적 건물들이 들어서 있는 곳으로 다양한 역사와 문화를 포괄하고 있다.

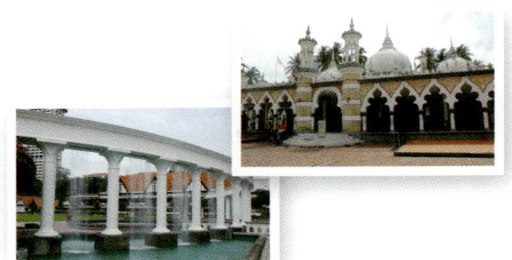

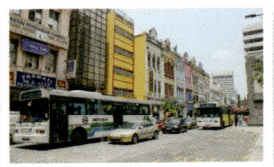

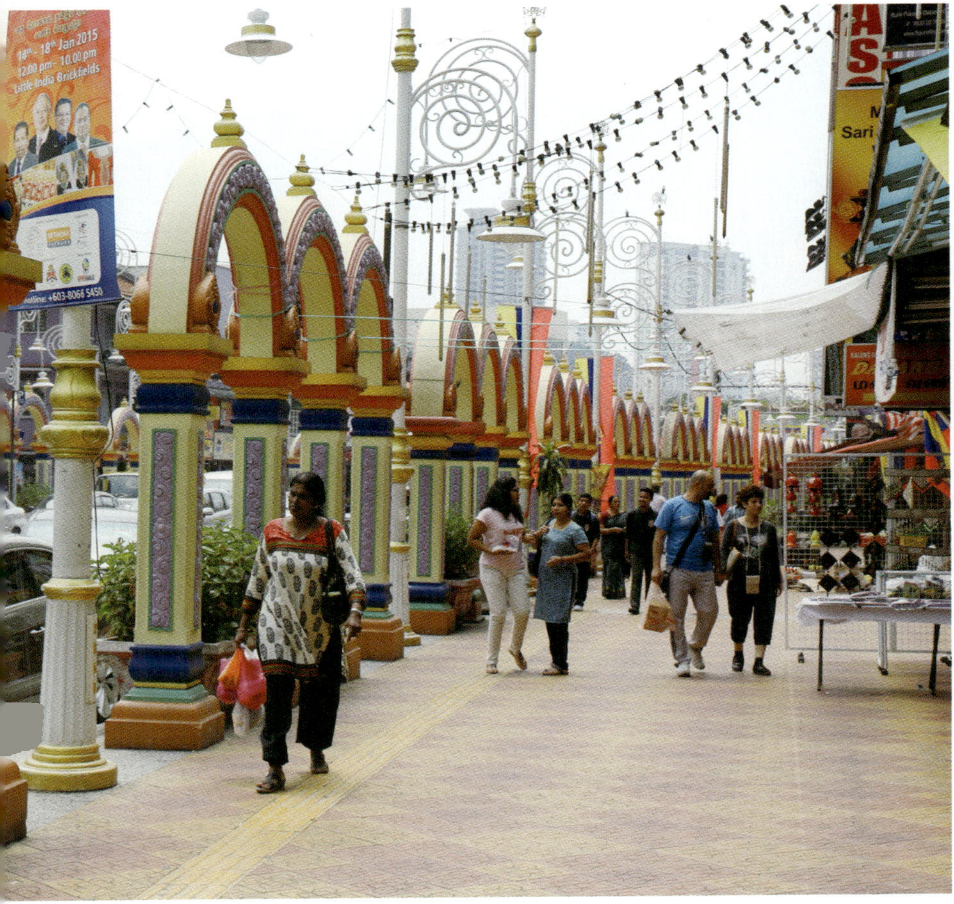
14th - 18th Jan 2015
12.00 pm - 10.00 pm
Little India Brickfields

메르데카 광장 주변
Merdeka Square

역사적인 말레이시아 독립의 상징이 되는 곳이자 영국 식민지 시절 통치의 중심이었던 역사가 고스란히 남아 있는 장소다. 동서양의 건축 양식이 결합된 건축물은 어느 곳을 찍어도 이국적인 풍경을 자아내며 다양한 주제의 박물관은 일반에 무료로 개방되고 있다.

◆ 추천 루트(약 1~2시간 소요)
LRT 마스짓 자멕(Masjid Jamek)역 하차 ➡ 자멕 모스크 ➡ (메르데카 광장 방향 도보 5분) ➡ 세인트 메리 대성당 ➡ 메르데카 광장 ➡ 시티 갤러리 ➡ 음악 박물관 ➡ 섬유 박물관

Sightseeing ★★★
① 메르데카 광장 Merdeka Square

100m 높이의 거대한 말레이시아 국기가 휘날리는 메르데카 광장은 영국으로부터 독립이 선포된 곳이다. 원래 1884년 영국 식민지 시대 고위층의 사교장인 로열 셀랑고르 클럽 Royal Selangor Club의 크리켓 경기장으로 사용되었던 광장은 1957년 8월 31일, 독립이 선포되면서 유니언 잭을 내리고 말레이시아 국기 '잘루르 그밀랑 Jalur Gemilang'을 올리며 감격적인 독립을 맞이했다. 메르데카는 '독립'을 뜻하는 말로 매년 국경일 퍼레이드를 비롯해 많은 국가 행사와 기념 행사가 이곳을 중심으로 열린다. 영국 통치 시절에 형성된 주변 지역으로 역사적 가치가 있는 건물들이 많고 '독립'의 중심지여서 현지인들에게도 굉장한 역사적 의미가 있는 지역이다. 광장 내 주황색 지붕은 로열 셀랑고르 클럽이고 KL 갤러리와 KL 도서관, 술탄 압둘 사마드 빌딩이 주변에 있다.

Access	LRT 마스짓 자멕역에서 도보 5분
Open	24시간
Cost	무료
Address	Dataran Merdeka, Merdeka Square, 57000 Kuala Lumpur

> **Tip 영국 식민지 시대의 건축**
> 메르데카 광장 주변으로 19세기 말부터 20세기 초까지 영국 통치 시대에 지어진 건축물들은 역사적, 문화적 가치가 높다. 대부분이 영국의 건축가 AC 노먼(Arthur Charles Alfred Norman, 1858~1944)의 손을 거친 것으로 술탄 압둘 사마드 빌딩이 그의 대표작이다. 힌두와 이슬람이 결합된 인도 사라센과 무굴 양식과 비잔틴, 로마네스크, 고딕 양식 등 서구의 건축 양식이 혼합된 디자인은 어디에도 없는 이국적인 풍경을 자아내며 그 가치를 더하고 있다.

Sightseeing ★★☆

술탄 압둘 사마드 빌딩 Sultan Abdul Samad Building

메르데카 광장 건너편의 빛나는 건축물로 쿠알라 룸푸르를 대표하는 건물 중 하나다. 영국 건축가 AC 노먼의 대표작으로 영국 통치 시기인 1897년에 지어졌다. 중앙에는 건물의 상징인 인도 사라센 양식의 41m 시계 탑이 있고 그 양쪽으로 계단이 있는 두 개의 타워가 있다. 시계 탑과 타워는 구리로 된 양파 모양의 돔이 씌워져 있다. 식민지 통치를 위한 여러 정부 부처로 사용되었다가 현재는 정보 통신과 문화 관련 정부 부처로 사용되고 일부는 박물관으로 개방되고 있다. 메르데카 광장에서 열리는 주요 국가 행사의 중심이 되는 건물로 야경도 멋지다. 현지인들은 이 건물을 배경으로 기념 사진을 꼭 남긴다.

Access	메르데카 광장 건너편에 위치
Address	Jalan Raja, Kuala Lumpur City Centre, 50050 Kuala Lumpur
Tel	601-300-88-5050
Web	www.selangor.gov.my

Sightseeing ★★★

자멕 모스크 Jamek Mosque(Masjid Jamek)

1909년 건립된 모스크로 국립모스크가 건립되기 전(1965년)까지 쿠알라 룸푸르 최고의 모스크 사원이었다. 이국적인 건축 예술을 접할 수 있는 모스크는 인도 무굴 양식과 이슬람 양식의 영향을 받았고, 아름다운 무굴의 문양과 아치가 인상적이다. 입구에서 방명록에 기록한 후, 가운과 히잡을 두르고 입장하게 된다. 하얀색 대리석 바닥과 기둥이 세워진 넓은 예배당에는 열심히 기도를 올리는 사람들이 있고, 라마단 기간에 이곳은 금식에 지친 사람들의 휴식처가 된다. 입장 시간이 제한되어 있으니 꼭 확인하고 방문하자.

Access	LRT 마스짓 자멕역에 위치
Open	08:30~12:30, 14:30~16:00, 금 15:00~16:00
Cost	무료
Address	Jalan Tun Perak & Jalan Benteng, City Centre, 50050 Kuala Lumpur
Tel	603-9235-4848

Sightseeing ★★☆

KL 시티 갤러리 KL City Gallery

국제도시 쿠알라 룸푸르의 과거와 현재, 미래를 볼 수 있는 역사 박물관으로 도시의 옛 사진과 주요 랜드마크의 정교한 미니어처가 전시되어 있다. 1899년 영국 통치 시대에 지어진 건물을 개조하여 2012년 박물관으로 개관했고, 아시아 최대 건축 모형 제작사인 아치ARCH 그룹에서 운영한다. ARCH 기념품 숍과 카페가 있고 D.I.Y 워크숍도 있으니 관심 있으면 신청해보자. 관광안내소의 역할도 겸하고 있어 쿠알라 룸푸르의 지도와 관광 정보를 얻을 수 있다. 입구에 있는 'I LOVE KL' 구조물은 모두가 좋아하는 포토 포인트다.

Access	메르데카 광장 옆, LRT 마스짓 자멕역과 파사르 스니역에서 도보 5분 거리
Open	09:00~18:30
Cost	무료
Address	27, Jalan Raja, Dataran Merdeka, 50050 Kuala Lumpur
Tel	603-2698-3333
Web	www.klcitygallery.com

◆ 메이드 인 말레이시아 ARCH

'One City, One Heritage'라는 콘셉트로 다양한 컬렉션을 선보이는 아시아 최대의 건축모형 제작사로 'Architecture(건축)'에서 따온 이름이다. 너도밤나무, 체리, 단풍나무, 참나무에서 나온 천연 무늬목의 나뭇결과 색조를 음각기술을 이용해 다른 톤과 질감으로 표현해 제품을 만드는데, 나무가 주는 편안함과 고급스러움이 장점이다. 전통 문양에서 영감을 받은 말레이시아 컬렉션이 눈길을 끈다. 책갈피나 자석, 핸드폰 케이스, 세계 랜드마크의 미니어처 등 흥미로운 컬렉션을 선보이고 있어 기념품 쇼핑으로도 적합하다. 메르데카 광장 옆에 있는 KL 시티 갤러리 내에 가장 큰 숍이 있고 수리아 KLCC와 센트럴 마켓에도 매장이 있다.

Web www.archcollection.com

Sightseeing ★★☆

국립 음악 박물관 National Music Museum

2015년 문을 연 박물관으로 작은 규모지만 다민족 국가인 말레이시아의 전통 악기와 음악사를 흥미롭게 전시하고 있다. 왕실 악단인 노밧Nobat Ensemble과 인도네시아의 가믈란 음악, 사바와 사라왁 원주민의 전통 음악을 엿볼 수 있고 각 음악의 샘플도 들어볼 수 있다. 말레이 음악의 근현대사도 전시하고 있는데 페낭 출신의 유명 작곡가이자 배우 겸 감독이었던 P. 람리P. Ramlee에 관한 전시도 흥미롭다.

Access	메르데카 광장 옆 KL 시티 갤러리 옆에 위치
Open	09:00~17:00
Cost	무료
Address	29, Jalan Raja, City Centre, 50050 Kuala Lumpur
Tel	603-2604-0176
Web	www.jmm.gov.my

Sightseeing ★★☆

국립 섬유 박물관 National Textile Museum

말레이시아가 자랑하는 섬유 산업의 과거와 현재를 볼 수 있는 곳이다. 1905년 완공된 건물은 다양한 정부 부처 등으로 사용되다가 2010년 1월부터 섬유 박물관으로 사용되고 있다. 다민족, 다부족의 문화와 예술을 엿볼 수 있는 섬유와, 패션의 과거와 현재를 두루 살펴볼 수 있는 흥미로운 전시로 가득하다. 전시물도 알차지만 건축물 자체도 아름다워 사진 찍는 재미가 쏠쏠하다.

Access	메르데카 광장 대각선 방향에 위치
Open	09:00~18:00
Cost	무료
Address	26, Jalan Sultan Hishamudin, 50050 Kuala Lumpur
Tel	603-2694-3457
Web	www.jmm.gov.my

Sightseeing ★☆☆

세인트 메리 대성당 St. Mary's Cathedral

1894년에 AC 노먼의 설계로 지어진 영국식 고딕 양식의 성당. 붉은 목조 지붕의 소박한 모습이지만 내부에는 역사적 가치가 있는 영국 국교회의 파이프 오르간이 있다. 원래 작은 건물에 성공회 신도들이 모여 예배를 드리던 것이 그 수가 급격히 늘어나면서 성당이 지어졌다고 한다. 일요일에는 영어 미사 외에 사바, 사라왁 주 등의 이주민들을 위한 미사가 있다.

Access	메르데카 광장 분수길 건너편, KL 홉 온 홉 오프 버스 17번 정류장에 위치
Cost	무료
Address	Jalan Raja, 50050 Kuala Lumpur
Tel	603-2692-8672
Web	www.stmaryscathedral.org.my

Malaysia | Kuala Lumpur

Sightseeing ★★☆

리틀 인디아 Little India

마스짓 자멕역에서 인디아 스트리트 방향으로 형성된 리틀 인디아는 다민족 국가인 말레이시아 문화의 한 부분을 볼 수 있는 곳으로 색다른 여행의 경험을 안겨준다. 쿠알라 룸푸르에서 가장 오래된 지역 중 하나인 잘란 마스짓 인디아Jalan Masjid India 주변은 말레이시아 주석 산업이 호황을 이루던 19세기에 인디언 무슬림들이 이주해 정착한 곳이다. 1863년 세워진 인디아 모스크도 인디언 무슬림을 위해 지어졌다. 100년 이상의 역사를 가진 시장은 차이나타운의 프탈링 거리와 전혀 다른 시장 풍경을 보여준다. 무슬림들이 머리에 쓰는 히잡과 토피 또는 인도 의상인 사리 등을 파는 상점들 사이사이 다양한 먹거리와 향신료, 액세서리와 장식품을 파는 모습은 호기심을 자극하기 충분하다. 물건 구경은 물론이고 스스럼없이 밝게 웃어주는 사람들 구경도 재미있다. 고소하고 달달한 냄새를 풍기는 초콜릿 케이크와 양념을 쳐서 먹는 열대 과일을 사 먹어도 좋겠다. 주변에는 오래된 숍하우스와 영국의 소설가 서머셋 몸이 들러 술을 마셨다는 콜로세움 호텔&카페, 콜로세움 극장이 예전 모습을 유지하고 있다.

Access ① LRT 마스짓 자멕역에서 잘란 믈라유 방향에 위치
② GOKL 레드라인 콜로세움역 하차

1920년 지어진 콜로세움 극장. 바로 옆에 콜로세움 호텔과 카페가 있다

차이나타운
China Town

쿠알라 룸푸르 전체 인구 중 50% 이상을 차지하는 중국계 사람들이 많이 거주하는 지역이다. 프탈링 거리 일대가 차이나타운의 중심이고, 주변에 센트럴 마켓과 역사적 가치가 있는 중국식 건축물 등이 있어 연계해 둘러보기 좋다.

Access	① LRT, MRT 파사르 스니역 ② GOKL 파사르 스니 또는 방콕은행 정류장 하차 ③ KL 홉 온 홉 오프 버스 9번 정류장 하차

◆ 추천 루트(약 1시간 30분 소요)
LRT, MRT 파사르 스니(Pasar Seni)역 하차 ··· (센트럴 마켓 쇼핑) ··· 도보 5분 ··· 프탈링 거리 ··· 스리 마하마리암만 사원 ··· 관디 사원 ··· (올드 차이나 카페 식사) ··· 찬씨 슈엔 ··· 콴인 사원 ··· 모노레일 마하라잘렐라(Maharajalela)역

 Sightseeing ★☆☆

❶ 프탈링 거리 Petaling Street

차이나타운의 대표 거리로 남대문 시장 같은 곳이다. 주로 짝퉁 제품들이 많고 품질이 좀 떨어지기 때문에 관광이나 맛집 방문을 위해 들르는 게 좋다. 물건을 살 경우 30% 정도는 흥정해볼 수 있다. 밤이 되면 차이나타운 특유의 떠들썩한 분위기가 한껏 고조된다. 붐비는 시장통에서는 도난 사고가 자주 일어나니 소지품을 잘 챙기도록 하자. 프탈링 거리와 잘란 툰 H S Lee 사이의 골목에는 다양한 거리 음식을 파는 마드라스 레인 Madras Lane이 있다.

Access	LRT, MRT 파사르 스니역에서 도보 10분
Address	Jalan Petaling, City Centre, 50000 Kuala Lumpur

 Sightseeing ★★☆

❷ 스리 마하마리암만 사원
Sri Mahamariamman Temple

차이나타운에 있는 말레이시아에서 가장 오래된 힌두사원으로 1873년에 지어졌다. 입구에 5층으로 된 고푸람 Gopuram (탑 형태의 사원 지붕)은 남인도 장인이 직접 조각하였고, 228위의 힌두신들이 정교하게 묘사되어 있어 그 예술적 가치가 매우 높다. 메인 성전의 벽과 천장에도 힌두 신화를 묘사한 그림과 조각이 있다. 입장 시 신발은 벗고 들어가야 하며 신발 보관소(RM0.2)가 따로 있다.

Access	LRT, MRT 파사르 스니역에서 도보 10분
Open	06:00~21:00
Cost	무료
Address	163, Jalan Tun H S Lee, City Centre, 50000 Kuala Lumpur
Tel	603-2078-5323

Sightseeing ★☆☆

관디 사원
Guan Di Temple

전쟁의 신인 관디를 모신 사원이다. 중국 삼국시대의 무신인 관디는 우리에게 관우(關羽)로 알려진 중국 역사상 가장 위대한 전사로 후대에 신으로 섬겨지고 있다. 입구에 창을 들고 서 있는 관우의 모습을 볼 수 있다.

Access	LRT, MRT 파사르 스니역에서 도보 10분
Open	07:00~17:00
Cost	무료
Address	Jalan Tun H S Lee, City Centre, 50000 Kuala Lumpur
Tel	603-2072-6669

Sightseeing ★★☆

찬씨 슈옌 Chan See Shue Yuen

중국에서 온 찬씨陳氏(진씨) 가문의 사원으로 선조를 모신 사당이자 불교사원의 역할도 하고 있다. 건물의 벽과 지붕이 녹색 세라믹 타일로 덮여 있어 '녹색사원Green Temple'이라고도 불리며, 지붕과 담장을 따라 화려하게 새겨진 부조도 볼만하다. 주 사당인 덕성당德星堂은 중국 특유의 붉은 색과 금색이 조화된 화려한 사당의 모습을 보여주고, 사자와 용 등 신화 속 동물 조각도 있다. 쿠알라 룸푸르에서 가장 오래된 중국사원 중 하나로 1906년에 세워졌다.

Access	모노레일 마하라잘렐라역, 콴인 사원과 가까운 곳에 위치
Open	08:00~17:00
Cost	무료
Address	172, Jalan Petaling, City Centre, 50000 Kuala Lumpur

Sightseeing ★☆☆

콴인 사원 Kuan Yin Temple

낮은 언덕에 위치한 작은 불교사원으로 자비의 여신 관음보살을 모신다. 1880년 세워진 사원은 중국과 유럽의 바로크 양식이 융합된 독특한 양식이며 밝고 우아한 장식과 벽화가 인상적이다. 사원 내부에는 부처와 해수관음, 천수관음 등의 신이 모셔져 있다.

Access	모노레일 마하라잘렐라역 옆에 위치
Open	09:00~17:00
Cost	무료
Address	Jalan Maharajalela, City Centre, 50480 Kuala Lumpur

퍼다나 보타니컬 가든 & KL 센트럴
Perdana Botanical Gardens & KL Sentral

대도시의 허파 역할을 하며 산소를 공급하는 퍼다나 보타니컬 가든과 쿠알라 룸푸르 모든 교통의 중심인 KL 센트럴 주변을 살펴보자.

◆ **추천 루트(반나절 소요)**
(KTM 쿠알라 룸푸르역) ··· 국립모스크 ··· 이슬람 예술 박물관 ··· (훈빌 레스토랑) ··· 새 공원 ··· 난초 정원 ··· 나비 공원 ··· (국가 기념비) ··· 국립천문관 ··· 국립박물관 ··· KL 센트럴역(브릭필드)

Tip 1 퍼다나 보타니컬 가든 무료 가이드 투어(Guided Walks)
오전 8시부터 2시간 동안 무료 가이드 투어가 있다. 7일 이전에 예약하면 참가할 수 있으니 관심 있는 사람은 신청해보자(jlr@dbkl.gov.my).

Tip 2 퍼다나 보타니컬 가든 내 이동수단
셔틀 트램
Open 09:00~18:00
Cost 성인 RM2, 어린이 RM1
자전거 대여
Cost RM3/30분

Sightseeing ★★☆

퍼다나 보타니컬 가든 Perdana Botanical Gardens

쿠알라 룸푸르 도심 서쪽에 있는 보타니컬 가든은 170ac의 면적으로 인공 호수인 퍼다나 호수를 중심으로 공원 내 다양한 테마 공원이 있다. 숲과 산책로가 잘 가꾸어진 공원은 호수 주변의 아름다운 경치 덕에 **레이크 가든**이라고도 불린다. 말레이시아의 총리였던 툰 압둘 라작의 이름을 딴 툰 압둘 라작 헤리티지 파크 Tun Abdul Razak Heritage Park 내에 자리 잡고 있다. 공원 내에는 새 공원, 나비 공원, 난초 정원 등 다양한 볼거리들이 있으며 국립천문관, 국립박물관, 국립모스크 등이 가까우니 연계해서 스케줄을 짜보자. 공원이 워낙 넓고 더운 날씨 때문에 걸어서만 다니기에는 무리가 있으므로 공원과 주변을 잇는 트램이나 택시, 걷기를 적당히 조절해서 둘러보는 것이 좋다.

Access MRT Muzium Negara역에서 도보 15분. 택시를 이용하는 게 편하다.
Open 07:00~20:00
Address Jalan Kebun Bunga, Tasik Perdana, 55100 Kuala Lumpur
Tel 603-2617-6404
Web www.klbotanicalgarden.gov.my

Sightseeing ★★☆

KL 새 공원 KL Bird Park

약 200여 종, 3,000여 마리가 넘는 새들이 넓은 공원을 터전으로 살고 있다. 공원 내를 활보하는 화려한 공작새와 에뮤, 앵무새, 홍학 등 다양하고 컬러풀한 새들을 관찰할 수 있다. 이곳의 하이라이트는 말레이시아 정글의 상징이자 영혼의 새인 코뿔새(혼빌)로, 까만 몸에 노란색 뿔이 달린 코와 예쁜 눈이 만화에서 막 튀어나온 듯 신기하기만 하다. 앵무새 구역에서는 새 먹이를 사서 직접 먹이를 줄 수도 있고, 포토 존에서 사진도 찍을 수 있다.

Open	09:00~18:00
Cost	성인 RM50, 어린이 RM41
Address	920, Jalan Cenderawasih, Taman Tasik Perdana, 50480 Kuala Lumpur
Tel	603-2272-1010
Web	www.klbirdpark.com

Sightseeing ★☆☆

나비 공원 Butterfly Park

허름한 외관이 별 기대를 하지 않게 하지만 실내 정원은 규모 있게 잘 꾸며져 있고, 5,000종 이상의 나비들이 살고 있어 반전이 있는 공원이다. 나비의 생태에 맞게 습한 열대우림으로 설계된 공원에는 나비를 유혹하는 아름다운 꽃향기가 가득하고, 곳곳에 진귀하고 황홀하게 아름다운 나비들이 숨어 있다. 나비 외에 파충류를 볼 수 있고 나가는 길에 곤충 전시장도 있다.

Open	09:00~18:00
Cost	성인 RM22, 어린이(2~11세) RM11, 비디오 촬영 RM4
Address	Jalan Cenderasari, Taman Tasik Perdana, 50480 Kuala Lumpur
Tel	603-2693-4799
Web	www.klbutterflypark.com

Sightseeing ★☆☆

난초 정원 Orchid Garden

새 공원 앞에 있는 난초 정원은 약 800여 종의 다양한 난초가 자라는 곳이다. 주중은 무료 입장이고 주말에만 RM1의 요금을 받는다. 우아한 아름다움을 자랑하는 난초들이 피어 있는 가운데 조용히 앉아서 휴식을 취하기 좋은 곳이다. 히비스커스 정원과도 연결된다.

Access	레이크 가든의 가장 높은 부분에 위치. 새 공원과 가깝다.
Open	09:00~18:00
Cost	주중 무료, 주말·공휴일 12세 이상 RM1
Address	Jalan Cenderasari, Taman Tasik Perdana, 50480 Kuala Lumpur

Sightseeing ★★★

국립모스크 National Mosque

말레이시아 이슬람을 상징하는 국립모스크로 1965년 문을 열었다. 메카의 그랜드 모스크에서 영감을 받은 모스크는 하늘을 찌를 듯한 73m 높이의 날카로운 미나레트와 16각의 별이 있는 푸른색 지붕이 이슬람 양식을 현대적으로 표현하고 있다. 15,000명을 수용할 수 있는 13ac의 규모다. 기도 시간을 제외하고 일반인들도 입장이 가능한데, 입구에서 신발을 벗고 복장을 갖춘 후 입장할 수 있다. 예배당은 무슬림만 들어갈 수 있고 밖에서 안을 들여다볼 수 있다. 말레이시아 이슬람을 대표하는 곳인 만큼 방문객이 많아 대기 시간이 긴 편이다. 말레이시아 국민들의 영혼의 안식처이므로 방문 시 예의를 다하도록 하자.

Access	① KTM 쿠알라 룸푸르역에서 도보 3분. 퍼다나 보타니컬 가든 남쪽에 위치 ② GOKL 레드라인 국립모스크 정류장 하차
Open	09:00~12:00, 15:00~16:00, 17:40~18:30 금 15:00~16:00, 17:30~18:30
Cost	무료
Address	Jalan Perdana, Tasik Perdana, 50480 Kuala Lumpur
Tel	603-2693-7784
Web	www.masjidnegara.gov.my

Sightseeing ★★☆

이슬람 예술 박물관 Islamic Art Museum

말레이시아 이슬람 예술의 진수를 보여주는 동남아시아 최대 규모의 이슬람 예술 박물관이다. 1998년 문을 연 이곳은 파란색의 아름다운 돔과 타일 조각 등 건물 자체도 매우 아름답다. 이국적이고 역사적, 예술적 가치가 높은 7,000종 이상의 유물과 예술품이 전시되어 있어 시간 여유를 가지고 둘러보는 게 좋다. 1층은 영구 전시공간으로 건축물과 코란에 관한 전시실과 인도 중국 말레이 전시실이 있고, 2층에는 주얼리, 도자기 전시실 외 임시 전시를 위한 전시실이 있다. 세계 유명 모스크의 미니어처와 모스크의 내부가 전시된 1층 건축 전시실은 무슬림뿐 아니라 건축 관계자들에게도 흥미로운 전시다. 영어 오디오 가이드가 가능하고 박물관 내 아랍 레스토랑이 있다.

Access	KTM 쿠알라 룸푸르역에서 도보 5분. 국립모스크 옆에 위치
Open	10:00~18:00 (라마단 기간 10:00~17:00)
Cost	성인 RM14, 학생 RM7(학생증 지참), 6세 이하 무료
Address	Jalan Lembah Perdana, 50480 Kuala Lumpur
Tel	603-2274-2020
Web	www.iamm.org.my

Sightseeing ★★☆

국립박물관 National Museum

1963년 건립된 국립박물관은 말레이시아의 대표 박물관이자 국보로 전통적인 말레이 건축 양식으로 지어졌다. 전통 부족 스타일의 독특한 지붕과 말레이시아인의 삶을 묘사한 이탈리아산 타일 모자이크 벽화도 인상적이다. 박물관은 선사시대와 말레이 왕국시대, 식민지 시대, 현재의 말레이시아 등 4개관으로 구성되어 있고, 전통 악기와 와양 쿨리트(그림자 인형)도 중앙홀에 전시되어 있다. 말레이-이슬람 문명의 황금기였던 말레이 왕국시대의 전시가 특히 볼만하다. 박물관 밖으로 증기기관차와 자동차 등 교통수단을 전시하고 있고, 작은 규모의 오랑 아슬리 공예 갤러리 Orang Asli Crafts Gallery와 말레이 월드 갤러리 Malay World Gallery가 있다.

Access ① MRT Muzium Negara역 하차
② KL 홉 온 홉 오프 버스 12번 정류장 하차
Open 09:00~18:00 (라마단 기간 17:30까지, 하리 라야 첫날 휴일)
Cost 성인 RM5, 어린이(6~12세) RM2
Address Jabatan Muzium Malaysia, Jalan Damansara, 50566 Kuala Lumpur
Tel 603-2267-1000
Web www.muziumnegara.gov.my

Tip 1 무료 가이드 투어
Free Guided Tours
일요일과 공휴일을 제외하고 오전 10시부터 영어 가이드가 있다. 일어(화·목~토), 프랑스어(화, 목)로 진행하는 투어도 있다.

Tip 2 바로 옆 미니 갤러리
오랑 아슬리 공예 갤러리
Orang Asli Craft Gallery
말레이어로 원주민을 뜻하는 오랑 아슬리의 공예품을 전시하고 있다.
Open 09:00~17:30
Cost 무료
Web www.jmm.gov.my/en/orang-asli-crafts-gallery

말레이 월드 갤러리
Malay World Gallery
말레이 민족의 생활상을 보여주며, 주변국으로 전파된 생활문화 관련 전시가 주를 이룬다.
Open 09:00~17:30
Cost 무료
Web www.jmm.gov.my/en/malay-world-gallery

Sightseeing ★☆☆

국립천문관 National Planetarium

전망대가 있는 미나레트와 극장의 스크린으로 사용되는 파란색 돔이 있어 마치 모스크 같은 외관이다. 3개의 갤러리로 나뉘어 항공 우주과학 관련 전시가 되어 있고, 실제 체험도 할 수 있다. 전망대에 오르면 쿠알라 룸푸르 시내 전경을 볼 수 있다. 오전 10시부터 오후 4시까지 매시간 우주 관련 애니메이션쇼가 열리는데, 돔 천장을 스크린으로 올려다보는 영상은 신기한 경험으로 남는다. 꼭대기에 있는 관측소에서는 14인치 망원경으로 천체를 관측할 수 있다. 어린이의 눈높이에 맞춘 곳이어서 어른들은 좀 심심할 수 있다.

Access MRT Muzium Negara역 하차. 국립박물관에서 도보 4분
Open 화~일 09:00~16:30 (매주 금요일은 쇼가 없다. 월 휴무)
Cost 갤러리 입장 무료.
애니메이션 쇼 성인 RM12, 어린이(2~12세) RM8
Address Jalan Perdana, Tasik Perdana, 50480 Kuala Lumpur
Tel 603-2273-4303
Web www.planetariumnegara.gov.my

Sightseeing ★☆☆

KTM 쿠알라 룸푸르역 KTM Kuala Lumpur Station

쿠알라 룸푸르 철도의 역사가 시작된 건물로 영국 식민지 시대인 1910년 지어졌다. 13~14세기의 오스만 제국과 인도 무굴 양식에 고딕 양식까지 다양한 스타일의 건축 양식을 발견할 수 있다. 길 건너편에 철도국 건물KTMB이 있고, 현재는 KTM 쿠알라 룸푸르역으로 사용되고 있다. KL 센트럴에서 출발해 말레이시아 각 도시로 향하는 기차가 이곳을 지나기도 한다. 국립모스크와 연계해서 다녀오거나 바투 동굴에서 돌아오는 길에 잠깐 둘러봐도 좋겠다.

Access	KTM 쿠알라 룸푸르역. 국립모스크와 가까운 곳에 위치
Address	Jalan Sultan Hishamuddin, 50050 Kuala Lumpur

Sightseeing ★★☆

브릭필드 리틀 인디아 지역 BrickFields Little India

모노레일 KL 센트럴역에서 잘란 툰 삼반탄Jalan Tun Sambanthan 방향으로 형성된 브릭필드 지역은 인도계 사람들이 집중 거주하는 리틀 인디아 지역이다. 1881년 홍수와 대형 화재로 목재건물들을 잃은 주민들이 나무 대신 벽돌Brick로 집을 짓기 시작하면서 브릭필드란 이름이 생겼다. 영국 지배 당시에는 말레이시아 철도 건설을 위해 인도와 스리랑카계 노동자들이 이곳으로 대거 이주해 인도색이 짙어지면서 리틀 인디아가 되었다. 화려한 볼거리가 있는 것은 아니지만 거리 양쪽으로 인도풍의 레스토랑과 상점이 있고, 작은 규모의 교회와 불교사원, 힌두사원 등 역사적 유적이 있는 곳이라 둘러볼 만하다.

Access ① KL 센트럴역 모노레일 타는 곳 쪽 출구로 나와 오른쪽으로 나가면 위치
② KL 홉 온 홉 오프 버스 10번 정류장 하차

Tip Little India @ Brickfields Guided Walking Tour

쿠알라 룸푸르 시청에서 운영하는 리틀 인디아 브릭필드 워킹 투어로 매월 첫째, 셋째 주 토요일 오전 9시 30분에 브릭필드에 위치한 YMCA 앞에서 출발한다. 누구나 참여할 수 있는 무료 투어다.

Food
❶

프레셔스 올드 차이나 Precious Old China

차이나타운에서 인기를 끌고 있는 올드 차이나 카페의 오너가 센트럴 마켓에 오픈한 레스토랑이다. 오래된 앤티크 가구들과 도자기로 꾸며진 실내는 고풍스럽고 우아한 멋이 가득하다. 음식도 정말 맛있는 바바노냐 메뉴로 채워져 있다. 바바노냐의 대표 애피타이저인 톱 햇은 모자 모양의 바삭거리는 컵에 달콤새콤한 야채소를 넣어 먹는 별미이고, 허브를 사용해서 푸른색이 도는 밥과 치킨 른당이 같이 나오는 나시 르막도 인기 메뉴다. 센트럴 마켓에 방문한다면 꼭 들러서 바바노냐의 분위기와 맛의 매력에 빠져보도록 하자.

Access	센트럴 마켓 2층 푸드코트 옆에 위치
Open	11:00∼22:00
Cuisine	바바노냐
Cost	프레셔스 나시 르막 RM12.8, 톱 햇 RM9.8 (GST 6% & SC 10%)
Address	Lot 2, Mezzanine Floor, Central Market, Jalan Hang Kasturi, 50050 Kuala Lumpur
Tel	603-2273-7372
Web	www.oldchina.com.my

Food
❷

올드 차이나 카페 Old China Cafe

이름처럼 옛 중국의 향수를 자극하는 인테리어와 음식을 만날 수 있는 곳으로 중국 상인들의 관공서로 사용하던 유서 깊은 건물을 그대로 보존한 레스토랑이다. 영화 세트장 같은 고풍스러운 실내의 벽 양쪽에는 오래된 사진과 붓글씨 액자와 함께 서로 복을 반사하는 의미의 커다란 거울이 걸려 있다. 바바노냐 음식이 주메뉴이고 논할랄 레스토랑이어서 돼지고기 요리가 있다. 탱탱한 새우와 삶은 야채를 새콤매콤한 소스에 묻혀 상추에 싸 먹는 주후차 Ju Hu Char (RM12.8)를 애피타이저로 노냐 락사와 양념이 맛있는 돼지고기 요리를 주문해 푸짐한 바바노냐의 식탁을 즐겨보자. 코코넛 크림과 각종 허브가 들어간 매콤한 른당 요리들은 우리 입맛에도 아주 잘 맞는다.

Access	찬씨 슈엔과 가까운 곳에 위치
Open	11:30∼22:30
Cuisine	바바노냐
Cost	노냐 락사 RM10.9, 허니 폭립 RM16.8 (GST 6% & SC 10%)
Address	11, Jalan Balai Polis, 50000 Kuala Lumpur
Tel	603-2072-5915
Web	www.oldchina.com.my

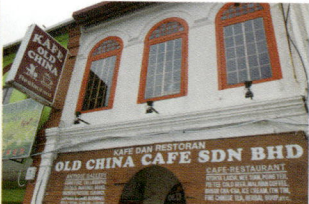

Food

혼빌 레스토랑 & 카페
Hornbill Restaurant & Café

새 공원 옆에 위치한 레스토랑으로 맛있는 음식과 자연과 함께하는 환경으로 오랫동안 큰 사랑을 받고 있다. 다양한 말레이 요리와 스파게티, 버거 등 웨스턴 요리를 맛볼 수 있다. 깜풍 스타일의 나무로 지어진 독채 건물은 자연친화적인 편안한 모습이다. 내부에도 좌석이 있고 외부 테라스 석도 있는데, 새 공원에서 날아오는 새들이 테라스 쪽으로 날아드는 재밌는 상황이 연출되기도 한다.

Access	퍼다나 보타니컬 가든 새 공원에 위치
Open	09:00~20:00 Cuisine 웨스턴&말레이
Cost	나시 르막 RM16.9, 스파게티 RM25.9 (GST 6% & SC 10%)
Address	920, Jalan Cenderawasih, Taman Tasik Perdana, 50480 Kuala Lumpur
Tel	603-2693-8086 Web www.klbirdpark.com

Food

르붕 레스토랑
Restoran Rebung Dato Chef Ismail

말레이시아 최고의 스타 셰프인 이스마일Ismail의 레스토랑으로 방사 지점에 이은 두 번째 식당이다. 말레이 파인 다이닝을 즐길 수 있는 곳으로 뷔페를 이용한다면 애피타이저부터 디저트까지 정통 말레이 퀴진의 진수를 맛볼 수 있다. 다양한 조리법으로 즉석에서 요리해줘서 더 맛있게 즐길 수 있으며 디너 타임에는 전통 연주도 들을 수 있다. 도난 사고의 염려로 뷔페 이용 시 가방을 들고 다닌다.

Access	퍼다나 보타니컬 가든 위쪽에 위치
Open	07:00~22:00 Cuisine 말레이
Cost	런치뷔페 RM40, 디너뷔페 RM50 (GST 6% & SC 10%)
Address	5-2, Jalan Tanglin, Tasik Perdana, 50480 Kuala Lumpur
Tel	603-2276-3535
Web	www.restoranrebungdatochefismail.com

Food

신키 레스토랑 Restoran Sin Kee

점심과 저녁 식사 시간에 짧고 굵게 문을 여는 곳으로 브릭필드의 터줏대감 같은 맛집이다. 덮밥류가 맛있는데 특히 하이난식 치킨 촙과 포크 촙(RM13.5)이 인기가 높다. 식사 시간에만 문을 열어 항상 줄이 긴 편이다.

Access	KL 센트럴역에서 브릭필드 방향 아스코트 센트럴 못 미쳐서 건너편에 위치
Open	화~일 12:00~14:30, 18:00~21:30 (월 휴무)
Cuisine	중국식
Cost	밥류 RM9~, 치킨·돼지고기류 RM18.5~
Address	194, Jalan Tun Sambanthan, Brickfields, 50470 Kuala Lumpur
Tel	603-2274-1842

Food

킴 리안 키 레스토랑 Restoran Kim Lian Kee

1927년에 시장 골목에서 노점으로 시작한 '킴 리안 키 레스토랑'의 본점으로 부킷 빈탕의 롯 10 후통에서도 가장 인기 있는 코너다. 짜장면 같은 비주얼의 쿠알라 룸푸르식 호키엔 미의 최고 맛집이다.

Access	프탈링 거리 중간쯤에 위치
Open	목~화 17:00~05:00 (수 휴무)
Cuisine	중국식
Cost	호키엔 미 RM8~
Address	56, Jalan Petaling, City Centre, 50000 Kuala Lumpur
Tel	603-2032-4984

Food
❼
콜로니얼 카페 The Colonial Cafe

1932년 문을 연 유서 깊은 마제스틱 호텔에서 정통 영국식 애프터눈 티를 즐겨보자. 전형적인 콜로니얼풍의 호텔과 카페는 그 시절의 향수를 달래려는 노년층과 고전적인 분위기에서 애프터눈 티를 즐기려는 젊은 층에게 인기가 높아 미리 예약하는 게 좋다(2인 이상). 샌드위치, 스콘, 케이크가 함께 나오는 3단 트레이는 눈을 뗄 수 없을 정도로 아름답다. 퍼프나 크로켓 등이 추가로 푸짐하게 차려지고 은은한 향의 홍차가 음식의 맛을 배가시킨다. 월요일을 제외한 3시부터 약 40분간 라이브 피아노 연주와 함께하는데, 2015년 6월을 끝으로 77세로 은퇴한 작곡가 겸 피아니스트 Ooi Eow Jin 할아버지의 연주는 더 이상 볼 수 없게 되어 아쉽다. 호텔 내 다른 곳에서도 애프터눈 티를 즐길 수 있는데 티 라운지가 가장 분위기가 좋다.

Access	마제스틱 호텔 내에 위치
Open	애프터눈 티 15:00~18:00
Cuisine	카페&베이커리
Cost	애프터눈 티 RM58 (GST 6% & SC 10%)
Address	The Majestic Hotel, 5, Jalan Sultan Hishamuddin, 50000 Kuala Lumpur
Tel	603-2785-8000
Web	www.majestickl.com

Night Life
❶
제타 바 Zeta Bar

30대 이상의 성인에게 가장 인기 있는 클럽이다. 쿠알라룸푸르의 화이트칼라 등 상류계층과 비즈니스 방문 중인 외국인들이 주 고객이어서 비교적 점잖은 분위기이지만 특별한 날엔 광란의 파티가 열리기도 한다. 라이브 연주가 시작되는 밤 10시 정도면 이미 분위기가 무르익어 충분히 즐길 수 있다. 해피 아워는 따로 없고, 매주 수요일이 레이디스 나이트로 여성들은 혜택이 있다.

Access	힐튼 호텔 5층에 위치
Open	월·화 20:00~02:00, 수~토 20:00~03:00 (일 휴무)
Cost	칵테일 RM40~, 생맥주 RM35~ (GST 6% & SC 10%)
Address	Level 5, 3, Jalan Stesen Sentral 5, Kuala Lumpur Sentral, 50470 Kuala Lumpur
Tel	603-2264-2264
Web	www3.hilton.com

Night Life
❷
레게 바 Reggae Bar

레게 맨션과 레게 게스트하우스에서 운영하는 곳으로 차이나타운 주변 게스트하우스에 묵는 서양 배낭여행객들의 아지트 역할을 한다. 밥 말리의 흔적이 가득한 자유로운 분위기로 수시로 다양한 프로모션이 진행된다. 자메이칸 블루스, 레게스 좀비 같은 재미난 이름의 하우스 칵테일이 있다.

Access	LRT, MRT 파사르 스니역에서 도보 5분
Open	월~토 11:00~03:00, 일 11:00~00:00 (해피 아워 18:00~21:00)
Cost	피자 RM20, 하우스 칵테일 RM17~ (GST 6%)
Address	158, Ground floor, Jalan Tun H S Lee, City Centre, 50000 Kuala Lumpur
Tel	603-2026-7690

Shopping

센트럴 마켓 Central Market

쿠알라 룸푸르에서 가장 큰 전통 시장으로 1888년 개장한 무구한 역사를 지닌 시장이다. 쇼핑뿐 아니라 말레이시아의 문화와 전통을 이해하는 데 도움이 되므로 여행에서 빠뜨리면 서운한 곳이다. 말레이시아 전통 연을 상징으로 하는 센트럴 마켓의 1층은 중앙홀의 노점을 중심으로 말레이 거리, 인디아 거리, 콜로니얼 거리 등의 테마로 나뉘어 있고, 위층에는 의류와 앤티크 제품을 파는 숍들과 레스토랑이 있다. 말레이시아에서 유통되는 거의 모든 종류의 공예품들이 모여 있는 곳으로 저렴한 가격에 기념품과 선물을 고를 수 있고, 말레이시아만이 가지는 독특한 문화와 풍경을 느낄 수 있다. 초상화를 그려주는 화가도 있고, 밤 9시에는 전통 춤 공연이 열리는 등 즐길 거리도 풍성하다. 각종 바틱 제품과 와양 쿨리트(그림자 인형)를 비롯한 전통 인형, 액세서리 등 여행의 기념이 될 만한 물건들이 넘쳐나는 센트럴 마켓에서 구석구석 흥미로운 쇼핑을 즐겨보자.

Access LRT, MRT & GOKL 파사르 스니역에서 도보 5분
Open 10:00~21:30
Address Jalan Hang Kasturi, City Centre, 50050 Kuala Lumpur
Tel 601-300-22-8688
Web www.centralmarket.com.my

카스투리 거리
Kasturi Walk (Jalan Kasturi)
센트럴 마켓 옆길로 말레이 연 모양의 기둥 아래 자리 잡은 벼룩시장이다. 다양한 거리 음식과 열대 과일 코너가 있으며 현지 화가들의 갤러리 겸 상점이 많아 그림 그리는 모습을 볼 수 있고 작품도 구매할 수 있다. 프탈링 거리와 비슷하지만 예술적인 분위기에 깨끗하고 덜 혼잡하다.

Tip 파시미나 숄
섬유계의 다이아몬드라고 불리는 파시미나 숄을 저렴하게 구입해보자. 2층에 전문 매장이 많이 있는데 보존 상태와 혼용률에 따라 가격 차이가 있다. 보통 RM20~30이면 질 좋은 100% 파시미나 제품을 살 수 있고, 여러 개를 사면 더 할인해준다.

카스투리 거리

Shopping

누 센트럴 Nu Sentral

쿠알라 룸푸르 최대의 대중교통 허브인 KL 센트럴역과 연결된 대형 쇼핑몰로 브릭필드 지역의 유일한 현대적 시설의 쇼핑몰이다. 트렌드를 이끌어가는 젊은 층이 열광할 만한 브랜드들이 대거 입점해 있고 다양한 메뉴를 선보이는 식당가도 훌륭하다. 지하에 고급 식료품점 샘스 Sam's Groceria 가 있고, 멀티플렉스 영화관과 서점도 입점해 있다. 알로프트 호텔과는 바로 연결되어 있고 아스코트 센트럴과는 도보 3분 거리에 있다. 힐튼 호텔과 르 메르디앙은 KL 센트럴 역사를 지나면 연결 통로가 나온다. 한국고속철도인 KTX홍보관도 있다.

Access KL 센트럴역과 연결되어 있다.
Open 10:00~22:00
Address 201, Jalan Tun Sambanthan, Brickfields, 50470 Kuala Lumpur
Tel 603-2859-7177
Web www.nusentral.com

누 센트럴 층별 안내

L5	식당가 & 극장
L4	맥도날드, 난도스 외
L3	마사지 스파숍, Harvey Norman, 푸드코트 Quizinn
L2	아디다스, 퓨마, 리복 외 스포츠 팍슨 백화점, 삼성 외 전자 통신, MPH(서점)
L1	H&M 외, 팍슨 백화점, 한국고속철도(KTX)
CC	* KL 센트럴역 연결 통로 H&M, 찰스&키스, 빅토리아 시크릿 외 세포라, 록시땅 외, 고디바, 스시 테이 외 팍슨 백화점
GF	코튼 온, 몽키, 유니클로, 빅토리아 시크릿 외 배스&보디 웍스, 크랩트리&에벌린 외 Bbop(한식당), 버거킹, 스타벅스, 더 로프 외, 팍슨 백화점, 타이포
LG	아웃백 스테이크, 커피빈, 돌리 딤섬 외, Sam's Groceria

Tip 눈에 띄는 브랜드

1. 몽키 Monki
스트리트 패션을 이끄는 젊은 층에 어필하는 브랜드

2. 배스&보디 웍스 Bath & Body Works
향과 발림성이 좋은 고급 보디 제품을 판매한다.

3. 타이포 Typo
문구와 디자인 제품을 파는 곳. 아트박스의 고급버전이라고 보면 된다.

Stay : 5성급

힐튼 호텔 Hilton Hotel

르 메르디앙과 나란히 붙어 있는 힐튼 호텔은 쿠알라 룸푸르의 교통 허브인 KL 센트럴역과 연결되어 있다. 덕분에 비즈니스 호텔로 인기가 있고, 슬라이드가 있는 수영장과 부대시설이 잘 되어 있어 휴양을 위한 여행자에게도 좋은 선택이 된다. 세련되고 모던한 객실은 감각적인 배치와 실용성을 강조하고 있고 레이크 가든 전망의 객실도 있다. 호텔 내에는 무려 10개의 레스토랑과 바가 있는데, 특히 동경 출신의 유명 셰프가 있는 이케테루 레스토랑 Iketeru Restaurant은 수준 높은 일식을 제공한다. 동서양 음식을 골고루 푸짐하게 선보이는 뷔페 조식도 훌륭하다. 투숙객도 많고 레스토랑 등 외부 이용객이 많아 로비는 항상 사람들로 북적이는 편이다.

Access	KL 센트럴역과 연결
Cost	디럭스룸 RM660~, 디럭스 플러스룸 RM730~
Address	3, Jalan Stesen Sentral 5, Kuala Lumpur Sentral, 50470 Kuala Lumpur
Tel	603-2264-2264
Web	www.3.hilton.com

Stay : 5성급

알로프트 Aloft

최신 시설을 갖춘 실용적이고 현대적인 호텔로 SPG 멤버십 혜택이 있다. KL 센트럴역과 누 센트럴 쇼핑몰이 바로 연결되는 편리한 위치에 객실과 부대시설이 훌륭해 인기가 높은 곳이다. 총 482개의 객실이 있고 어반룸 이상의 객실은 미니 바가 무료로 제공된다. 어린이를 동반한 가족 여행객들은 특별 간식과 간단한 놀이 시설이 있는 캠프 알로프트룸도 추천할 만하다. 로비 층의 라운지는 게스트들이 편안하게 즐길 수 있는 다양한 시설을 갖추고 있다. 비즈니스 여행을 위한 배려도 충분하고 IMac이 설치되어 있는 In-touch Terminal에서는 무료로 인터넷을 이용할 수 있다. 도시 전망의 인피니티 풀도 호텔의 자랑이다.

Access	KL 센트럴역과 연결되어 있고 누 센트럴과도 연결 통로가 있다.
Cost	로프트룸 RM460~, 어반룸 RM560~
Address	5, Jalan Stesen Sentral 5, Kuala Lumpur Sentral, 50470 Kuala Lumpur
Tel	603-2723-1188
Web	www.aloftkualalumpursentral.com

Stay : 5성급

르 메르디앙 Le Meridien

지중해풍의 부티크 호텔을 표방하는 특급 호텔인 르 메르디앙은 SPG 계열 호텔로, 바로 옆의 힐튼 호텔과 외관은 비슷하지만 내부 시설과 분위기는 전혀 다르다. 전체적으로 세련되고 우아하며 색감을 강조한다. 힐튼 호텔과 공유하고 있는 수영장은 인공폭포와 연못, 슬라이드가 있어 가족이나 친구들과 즐거운 시간을 보낼 수 있으며 밤 11시까지 이용할 수 있다. 호텔 내 스테이크가 유명한 프라임Prime 레스토랑과 베네치안 스타일의 이탈리안 레스토랑 파볼라Favola가 있다.

Access	KL 센트럴역과 연결되어 있다.
Cost	수피리어룸 RM560~, 클럽룸 RM920~
Address	2, Jalan Stesen Sentral, Kuala Lumpur Sentral, 50470 Kuala Lumpur
Tel	603-2263-7888
Web	www.starwoodhotels.com/lemeridien

Stay : 5성급

마제스틱 호텔 The Majestic Hotel

1932년 영국 식민지 시절 지어진 영국풍 건물로 당시 쿠알라 룸푸르 최고의 호텔로 유명했다. 제2차 세계대전 후 말레이 붐 시절에 주요 정부 행사를 개최하고 국빈들이 묵었던 곳이다. 당시 쓰였던 건물인 마제스틱 윙에는 47개의 스위트룸이 있고 새로 지어진 타워 윙에는 253개의 객실과 스위트룸이 있다. YTL 계열의 고급 호텔로 우아하고 고전적인 분위기다. 국립모스크가 가깝고 부킷 빈탕과 KL 센트럴역까지 셔틀버스를 운행한다.

Access	KTM 쿠알라 룸푸르역 근처에 위치
Cost	디럭스룸 RM500~
Address	5, Jalan Sultan Hishamuddin, 50000 Kuala Lumpur
Tel	603-2785-8000
Web	www.majestickl.com

Stay : 게스트하우스

익스플로러스 게스트하우스 The Explorers Guesthouse

해외 배낭여행자들에게는 이미 유명한 게스트하우스로 차이나타운 중심에 위치해 있다. 4~10인실의 도미토리가 있고 4인, 6인의 여성 전용 도미토리가 따로 있다. 1인실과 2인실도 마련되어 있는데 방은 좁은 편이다. 공동욕실을 쓰고 24시간 리셉션을 운영한다. 서양인의 비중이 높은 편이고 여행자들과의 교류가 자유로워서 사교성이 좋은 사람들은 더 즐겁게 지낼 수 있다. 도미토리는 1박에 1만 원 정도이고 간단한 조식을 제공한다.

© The Explorers Guesthouse

Access	LRT, MRT 파사르 스니역에서 도보 5분
Cost	3인실 도미토리 RM38~, 2인실 RM92~
Address	128 & 130, Jalan Tun H S Lee, 50000 Kuala Lumpur
Tel	603-2022-2928
Web	www.theexplorersguesthouse.com

Stay : 게스트하우스

백 홈 Back Home

숍하우스를 개조해 만든 부티크 게스트하우스로 정원과 나무를 그대로 살린 인테리어로 편안한 분위기다. 2인실, 3인실과 4인실 여성 전용을 포함 4~8인실의 도미토리가 있는데 모든 객실에 세면대가 있어 편리하다. 방문에 게스트의 이름을 새겨주는 것도 재미있다. 공동욕실도 잘 관리되고 있고 부엌에는 티와 커피가 비치되어 있다. 토스트와 과일이 나오는 간단한 조식을 제공하고 자체 투어 프로그램도 운영한다. 백 홈에서 운영하는 카페 LOKL은 맛있는 커피와 음식으로 젊은 층에 인기가 높다.

Access	LRT 마스짓 자멕역에서 도보 3분
Cost	도미토리 4인 RM58,
	6~8인실 RM54,
	2~3인실 RM120~RM180
Address	30, Jalan Tun H S Lee, City Centre, 50100 Kuala Lumpur
Tel	603-2022-0788
Web	www.backhome.com.my

Stay : 게스트하우스

레게 맨션 Reggae Mansion

영국풍의 새하얀 건물과 이국적인 인테리어가 인상적인 게스트하우스로 파티&뮤직 게스트하우스를 표방한다. 객실은 2인실, 3인실과 4~8인실의 도미토리가 있고 여성 전용 16인실도 있다. 개인 공간이 보장되는 넓고 편리한 도미토리는 레게 맨션의 최대 장점이다. 분위기 좋은 루프톱 바에서 거의 매일 밤 파티가 열리므로 조용한 숙소를 기대하기는 어렵다. 다양한 투어 프로그램도 운영하고 좋은 시설을 갖추고 있어 만족도가 높은 편이다. 개별 출입키가 있는 등 안전에도 신경을 쓰고 있다. 50세 이하만 예약이 가능하다.

Access	LRT 마스짓 자멕역에서 도보 3분
Cost	도미토리 RM50~,
	2인실 RM150~
Address	53, Jalan Tun H S Lee, City Centre, 50050 Kuala Lumpur
Tel	603-2072-6878
Web	www.reggaehostelsmalaysia.com

• Special Place • 01
방사(Bangsar)

쿠알라 룸푸르 외곽에 있는 부촌, 방사는 깨끗하고 안전한 주거 환경으로 외국인들이 많이 거주하는 지역이다. 유럽 디자이너 브랜드와 클럽, 레스토랑이 있는 쇼핑몰인 방사 빌리지 주변으로 젊은 층에게 어필하는 힙한 클럽과 맛집으로 알려진 레스토랑이 자리 잡고 있어 주말 밤에는 많은 이들이 모여든다.

Access LRT 방사역에서 택시로 5분

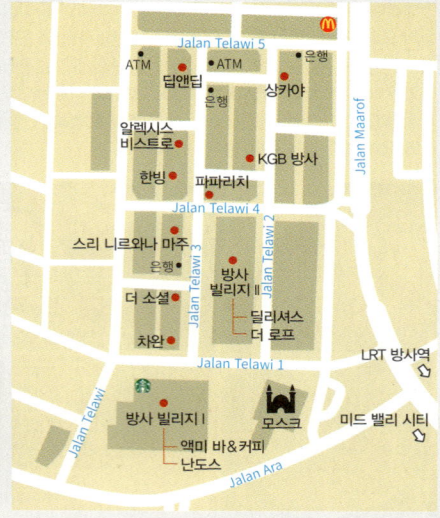

#차완 #Chawan

차를 마시는 작은 찻잔을 뜻하는 차완에서 이름을 따온 말레이 레스토랑으로, 로컬 레스토랑보다는 깨끗하면서도 현대적인 분위기의 저렴한 코피티암이다. 나시 르막, 비프 른당 등 외국인들 입맛에도 잘 맞는 말레이 요리를 선보인다. 커피가 아주 진하게 나온다.

Open	월~목 · 일 08:00~01:00, 금 · 토 08:00~02:00
Cuisine	말레이
Cost	식사 RM11.9~, 테타릭 RM2.5~ (GST 6% & SC 10%)
Address	69, Jalan Telawi 3, Bangsar Baru, 59100 Kuala Lumpur
Tel	603-2287-5507

#스리 니르와나 마주
#Restoran Sri Nirwana Maju

스리랑카 스타일의 인도 음식점으로 주문하자마자 넓은 바나나 잎에 음식을 쫙 깔아주는 서비스가 인상적이다. 기본 베지터블 밀 Vegetable Meal은 밥과 세 가지 야채와 커리, 빠빠담이 제공되고 다른 음식은 추가로 주문하면 된다. 기본도 충분한 양이지만 맛있는 오징어 튀김이나 치킨 요리도 추가 주문해보자.

Open	월~토 10:00~02:00, 일 10:00~00:00
Cuisine	인도
Cost	베지터블 밀 RM8.5, 오징어 튀김 RM10~, 치킨 마살라 RM5
Address	43, Jalan Telawi 3, Bangsar Baru, 59100 Kuala Lumpur
Tel	603-2287-8445

#상카야 #Sangkaya

프리미엄 코코넛 아이스크림 전문점으로 유제품 대신 신선한 코코넛 밀크를 사용해 만드는 아이스크림이어서 채식주의자들도 먹을 수 있다. 원하는 크기에 따라 콘(RM3.1)과 컵(RM7.3), 시그니처 중 선택해 아이스크림 위에 견과류 토핑을 올려 먹으면 된다. 시그니처를 주문하면 코코넛 껍질에 4스쿱이 담겨 나온다. 달지 않은 신선한 맛이다.

Open	월~수 13:00~00:00, 목~일 12:00~00:30
Cuisine	아이스크림
Cost	시그니처 코코넛 아이스크림 RM10.5 (GST 6%)
Address	6B, G Floor, Jalan Telawi 2, Bangsar Baru, 59100 Kuala Lumpur
Tel	603-2201-2509
Web	sangkaya.co

#딥앤딥 #Dip N Dip

최상품의 벨지움 초콜릿을 기본으로 하는 크레페, 와플, 팬케이크 등의 디저트를 만들어준다. 단맛의 끝을 보여주는 메뉴 중 브라우니 위에 3종의 초콜릿이 가득 올려져 나오는 브라우니 크레페Brownies Crepe(RM30)와 크레페와 3종 초콜릿이 덮여 나오는 트리플 초콜릿 크레페가 인기 있다. 현지에서는 딥딥이라고 부른다.

Open	토~목 11:00~01:00, 금 14:30~01:00
Cuisine	디저트
Cost	크레페 RM21~ (GST 6% & SC 10%)
Address	5, Jalan Telawi 3, Bangsar Baru, 59100 Kuala Lumpur
Tel	603-2201-5052
Web	www.dipndip.com

#알렉시스 비스트로 #Alexis Bistro

모던하고 세련된 바 겸 레스토랑이다. 피자와 파스타가 유명하고 이에 걸맞은 와인 리스트를 제공하고 있다. 오너가 사라왁 출신이어서 사라왁 락사 등 아시안 요리도 메뉴에 있다. 맛있는 케이크가 유명해서 식사 시간 외에 들렀다면 케이크와 차 한 잔을 함께 해도 좋을 듯하다. 한 달에 한 번 2층 무대에서 재즈 라이브 공연이 펼쳐진다.

Open	월~토 11:00~01:00, 일 11:00~00:00
Cuisine	이탈리안&아시안
Cost	파스타 RM40~, 케이크 RM17~ (GST 6% & SC 10%)
Address	29, Jalan Telawi 3, Bangsar Baru, 59100 Kuala Lumpur
Tel	603-2284-2880
Web	www.alexis.com.my

#방사 빌리지 I & II #Bangsar Village I & II

부티크 쇼핑센터로 다리로 이어진 두 개의 건물로 나뉘어 방사 빌리지 I과 II로 불린다. 유럽, 특히 영국 출신의 디자이너 브랜드가 대거 입점해 있다. 듀드&더치스Dude&The Duchess와 벤 셔먼Ben Sherman은 주목할 만한 디자이너 부티크다. 액미 바&커피, 딜리셔스, 더 로프 등 젊고 세련된 다이닝 공간도 있다.

Access	LRT 방사역에서 차로 5분 소요 (택시 RM5~)
Open	10:00~22:00
Address	1&2, Jalan Telawi Satu, Bangsar Baru, 59100 Kuala Lumpur
Tel	603-2282-1808, 603-2288-1200
Web	www.bangsarvillage.com

• Special Place • 02

미드 밸리 시티(Mid Valley City)

쇼핑 천국 쿠알라 룸푸르에서 작정하고 쇼핑 중심 지역으로 개발한 곳이 미드 밸리 시티다. 쿠알라 룸푸르에서 남서쪽에 위치한 미드 밸리 시티에는 대형 쇼핑몰인 가든스 몰과 미드 밸리 메가몰이 있고, 호텔과 각종 엔터테인먼트 시설이 있다. 쇼핑을 목적으로 쿠알라 룸푸르에 오는 사람이라면 주변의 호텔에 묵으면서 명품부터 서민 브랜드까지 온종일 쇼핑에 몰두해도 좋은 조건이다. 다양한 혜택이 있는 여행자 우대 카드 Tourist Privilege Card도 만들어 보자.

Access ① KTM 미드 밸리역이 미드 밸리 메가몰과 연결되어 있다.
② **무료 셔틀버스** KL 센트럴의 힐튼 호텔, 르 메르디앙과 가든스 몰을 연결하는 셔틀버스가 있다.
호텔 출발은 3회(09:25, 11:15, 15:55), 가든스 몰 출발은 2회(11:00, 15:40) 운행한다.

#미드 밸리 메가몰 #Mid Valley Megamall

쇼핑과 레저, 엔터테인먼트 등 모든 면을 만족시키는 원스톱 쇼핑 공간으로 하루 종일 쇼핑을 해도 질리지 않을 정도로 큰 규모의 쇼핑몰이다. 중저가 브랜드부터 고급 브랜드까지 다양한 제품군이 있고, 지하층에 대형 슈퍼마켓과 메트로자야, 이세탄, 이온 등 백화점 내 백화점이 들어가 있다. 아웃렛 매장인 F.O.S도 이곳의 제품이 가장 알차다고 한다. 럭셔리 부티크인 브리티시 인디아 British India, 망고에서 만드는 빅 사이즈 컬렉션인 비올레타 바이 망고 Violeta by Mango는 눈여겨볼 만한 브랜드다. 2층과 3층에는 각각 오아시스 푸드코트와 푸드 정션이 있고 불고기 브라더스도 입점해 있다. 이 외에도 다양한 레스토랑과 카페가 식사와 휴식을 원하는 사람들로 북적인다.

Open 10:00~22:00
Address 75, Lingkaran Syed Putra, Mid Valley City, 58000 Kuala Lumpur
Tel 603-2938-3333　Web www.midvalley.com.my

#가든스 몰 #Gardens Mall

미드 밸리 메가몰의 명품관 버전으로 200개 이상의 고급 브랜드가 입점한 프리미엄 쇼핑몰이다. 루이비통, 프라다, 페라가모, 버버리 등 명품 브랜드와 카렌 밀렌, 다이안 본 등 디자이너 브랜드를 만나볼 수 있고, 브리티시 인디아의 서브 브랜드 저스트비 Just B, 그리고 라이프스타일숍인 아이워너고홈 Iwannagohome도 눈여겨볼 만하다. 싱가포르의 로빈슨 백화점과 일본의 이세탄 백화점이 입점해 있고 가든스 호텔과 연결되어 있다.

Open 10:00~22:00
Address Lingkaran Syed Putra, Mid Valley City, 59200 Kuala Lumpur
Tel 603-2297-0288
Web www.thegardensmall.com.my

• Special Place • 03

원 우타마 & 더 커브 & 이케아

가히 쇼핑천국으로 불리는 쿠알라 룸푸르에서 빼놓을 수 없는 쇼핑몰을 추가로 소개한다. 도시 중심에서 조금 벗어난 곳이지만 초대형 복합 쇼핑몰로 쇼핑 마니아라면 관심 가질 만하다.

#원 우타마 #1 Utama

세계에서 네 번째로 큰 대형 쇼핑몰로 쿠알라 룸푸르 남쪽에 위치하고 있다. 하루에 다 못 볼 정도로 엄청난 규모의 쇼핑몰은 없는 브랜드가 없을 정도다. 멀티플렉스 영화관과 실내 암벽등반 시설, 볼링장, 레스토랑 등 쇼핑 외의 즐길 거리도 풍성하다. KLIA를 비롯 싱가포르, 페낭까지 운행하는 에어로라인 버스터미널(www.aeroline.com.my)도 이곳에 있다.

Access   MRT Bandar Utama역에서 무료 셔틀버스 운행(10:40~23:00)
Open   10:00~22:00
Address 1, Lebuh Bandar Utama, Bandar Utama City Centre, Bandar Utama, 47800 Petaling Jaya
Tel   603-7710-8118
Web   www.1utama.com.my

#더 커브 #The Curve

넓은 쇼핑몰에는 아이들의 손을 잡고 쇼핑을 즐기는 가족들이 많이 눈에 띄는데, 가족 단위의 쇼핑객들이 가장 선호하는 쇼핑몰이 바로 더 커브다. 때문에 의류와 잡화는 물론 어린이 관련 상품과 생활용품 관련 브랜드들이 많이 있다. 말레이시아 최초의 어린이 직업 체험 놀이터인 키자니아Kidzania도 있다.

Access   LRT 클라나 자야역에서 IPC몰까지 무료 셔틀버스가 있다. 택시로 10분
Open   10:00~22:00
Address 6, Jalan PJU 7/3, Mutiara Damansara, 47800 Petaling Jaya
Tel   603-7710-6868
Web   www.thecurve.com.my

#이케아 #Ikea

심플하고 실용적이면서도 개성 있는 디자인에 눈에 쏙 들어오는 색감과 저렴한 가격으로 전 세계적으로 큰 사랑을 받고 있는 이케아의 쿠알라 룸푸르 지점 두 곳 중 한 곳이다. 모델하우스처럼 깔끔하게 꾸며진 매장은 한 번 들어가면 출구를 찾을 수 없어 끝까지 구경해야 하는 단점이 있지만 우리나라에서 볼 수 없는 제품들도 많이 구경하는 재미가 있다.

Access   더 커브 맞은편에 위치
Open   월~목 09:30~23:00
Address 2, Jalan PJU 7/2, Mutiara Damansara, 47820 Petaling Jaya
Tel   603-7952-7575
Web   www.ikea.com

• Special Day Tour • 01

반딧불이 투어(Firefly Tour)

반딧불이 투어는 국제도시 쿠알라 룸푸르에서 즐길 수 있는 이색 투어로 여러 한인업체에서 쿠알라 룸푸르 시내와 시외의 주요 관광지를 포함한 시티 투어와 엮은 프로그램을 운영하고 있다. 오후에 출발해 밤늦게 숙소에 도착하는 알찬 투어 일정과 맛있는 식사, 합리적인 가격으로 쿠알라 룸푸르 필수 투어로 꼽히고 있다. 리조트 월드 겐팅과 반딧불이 공원을 다녀오는 겐팅 반딧불이 투어도 있다.

★
예약하기
【투어 말레이시아 포유】
카카오톡 아이디 twinhouseinkl
Cost 성인 RM200,
어린이(7세 이하) RM170
Web www.tourmy.co.kr

#반딧불이 공원 #Firefly Park

슬랑고르 지역의 깜풍 쿠안탄 Kampung Kuantan 또는 슬랑고르 강 Selangor River에 있는 반딧불이 공원에서 동화에서나 볼 법한 반딧불이를 만날 수 있다. 완전히 어둠이 내린 깜깜한 강을 따라 보트를 타고 이동하며 수천 개의 반딧불이를 만나게 된다. 마치 크리스마스 트리처럼 나무 속에서 반짝거리는 반딧불이를 보고 있으면 판타지 영화 속에 들어간 듯 신비롭고 황홀한 기분이 된다. 강가이기 때문에 모기 퇴치에 신경을 써야 하는데 그렇다고 퇴치제를 너무 많이 뿌리면 반딧불이가 가까이 날아오지 않으니 주의하자.

✓ 반딧불이 투어 일정

14:00
숙소 픽업
수리아 KLCC 앞에서도 픽업!

15:00
주석 공장
주석 잔과 인증 사진은 필수!

16:00
바투 동굴
힌두교의 성지. 원숭이 조심!

16:45
간식 타임
그때그때 달라지는 맛있는 간식!

17:40
할인마트 쇼핑
시내 슈퍼보다 저렴해요

18:20
몽키 힐
멋쟁이 원숭이와 친구되기!

19:00
저녁 식사
푸짐하고 맛있게!

19:50
반딧불이 투어
환상의 나라로 GO~GO~

20:20
스리 샥티 사원
아름다운 힌두사원 구경

21:30
왕궁
내부 관람은 불가해요!

22:00
메르데카 광장
밤에도 멋진 쿠알라 룸푸르

22:30
트윈 타워
백만 불짜리 야경이에요!

#로열 셀랑고르 주석 공장
#Royal Selangor Visitor Centre Kuala Lumpur

주석 공장이자 박물관이 있는 로열 셀랑고르의 본사다. 로열 셀랑고르는 1885년 용군 Yong Koon 이라는 중국의 주석세공업자가 주석광산이 호황이던 말레이시아로 건너와 사업을 시작하면서 일군 회사로 오늘날 세계 최고의 주석제품을 만드는 말레이시아 대표 브랜드가 되었다. 관람객들은 로열 셀랑고르의 역사와 성장기를 살펴본 후 주석 생산 과정을 직접 보고 체험하게 된다. 로열 셀랑고르 숍에서는 말레이시아 국빈에게 선물한다는 최고급 주석 제품과 럭셔리 주얼리 등 다양한 제품을 만나볼 수 있다.

Open	09:00~17:00
Cost	무료
Address	4, Jalan Usahawan 6, Setapak Jaya, 53300 Kuala Lumpur
Tel	603-4145-6000
Web	intl.royalselangor.com

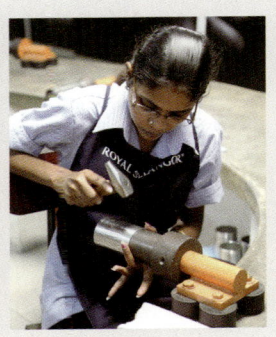

#몽키 힐 #Monkey Hill

현지어로 부킷 믈라와티 Bukit Melawati 로 불리는 몽키 힐은 18세기 외세 침략을 방어하는 요새로 지어진 역사적인 장소다. 이곳이 유명해진 건 긴꼬리원숭이과의 은색잎원숭이 Silver Leaf Monkey 때문이다. 흔히 볼 수 있는 거칠고 공격적인 원숭이와 달리 온순하고 사람을 두려워해 먹이를 주면 얌전히 와서 받아먹는다. 가족 단위로 무리를 지어 다니는데 아기를 매달고 다니는 엄마 원숭이는 예민한 편이다. 검은색과 회색을 띤 성인 원숭이와 달리 아기 원숭이는 금색을 띠고 있다. 원숭이 먹이용 땅콩을 팔기도 한다(RM1).

Cost	무료
Address	45000 Kuala Selangor

#스리 샥티 사원 #Sri Shakti Temple

2013년 4월에 문을 연 힌두사원으로 위대하고 신성한 어머니이자 시바 신의 첫 아내인 여신 샥티를 주로 모신다. 별다른 색을 쓰지 않고 호강암으로 이루어진 사원은 힌두교의 신들과 보편적 원리를 정교하고 섬세하게 묘사한 조각들로 가득하다. 사원 입장 시 신발과 양말은 벗어야 하고 사롱을 두르고 다녀야 한다.

Cost	무료
Address	Jalan Kuala Selangor, Bukit Rotan, 45000 Bukit Rotan, Selangor
Web	www.projectshakti.org

Malaysia | Kuala Lumpur

• Special Day Tour • 02

바투 동굴(Batu Caves)

거대한 황금빛 무루간Murugan상이 압도하는 바투 동굴은 힌두교 최대 성지로, 매년 1월 말이나 2월 초에 열리는 타이푸삼Thaipusam 축제에는 전국에서 백만 명의 순례자들이 모여들어 장관을 이룬다. 평소에도 수많은 신도와 관광객들이 찾아오는 곳으로 종교적인 의미뿐 아니라 경이로운 자연을 경험할 수 있는 곳이니 꼭 방문해보자.

바투 동굴은 1878년 미국의 박물학자가 발견한 이후, 힌두교 신자가 이곳에 절을 세우면서 힌두교 최대의 성지가 되었다. 2006년 1월, 인도의 장인들이 3년간 제작한 42.7m 높이의 무루간상이 완성되면서 전 세계적인 관광지로 거듭나고 있다. 무루간상 옆으로 바투 동굴 사원까지는 272개의 계단을 올라야 하는데, 272는 인간이 태어나 저지를 수 있는 죄의 수라고 한다. 계단은 3개로 나누어지는데 **좌측은 과거의 죄, 중앙은 현재의 죄, 우측은 미래의 죄**로 계단을 오르내리며 과거, 현재의 죄는 물론 미래의 죄까지 미리 **참회한다는 의미**가 있다.

계단을 올라 동굴에 들어서면 탄성이 절로 나오는 아름답고 신비한 천연 석회종유 동굴이 나온다. 동굴 안으로 비둘기가 날아다니고, 동굴 곳곳에 배치된 힌두의 신과 작은 사원 그리고 원숭이와 닭이 신비하면서도 이색적인 조화를 이룬다. 동굴 사원에서는 기도 행렬이 이어지고, 관광객들에게는 이마에 신두르Sindoor(액운을 몰아내고 복을 가져다주는 붉은 점)를 찍어 주기도 한다. 바투 동굴 주변으로도 여러 힌두사원이 있는데, KTM 바투 동굴역 옆에는 15m 높이의 거대한 녹색 하누만Hanuman상이 있는 하누만 사원이 있다.

Access	① KTM 바투 동굴역, KL 센트럴역에서 30분 소요 ② 차이나타운 방콕은행 정류장에서 11번 버스
Open	07:00~21:00
Cost	무료
Address	Batu Caves, Sri Subramaniam Temple, Kuala Lumpur

★
타이푸삼(Thaipusam)
힌두교 최대 명절로 매년 1월 말이나 2월 초에 대대적인 행사가 열린다. 다양한 종교 의식과 행렬이 이어지는데, 차이나타운의 스리 마하마리암만 사원(Sri Mahamariamman Temple)에서 출발한 무루간 신의 은빛마차가 동굴까지 퍼레이드를 펼친다고 한다.

★
다크 케이브(Dark Cave)
204번째 계단 옆에 있는 동굴로 45분짜리 가이드 투어에 참가하면 약 2km에 달하는 통로를 따라 7개의 방을 돌아볼 수 있다. 아무런 빛이 없고 오로지 손전등만 들고 간다. 좀 더 도전적인 2~3시간짜리 투어도 있다.
Open 화~금 10:00~17:00, 주말 10:30~17:30 (월 휴무)
Cost 성인 RM35, 어린이 RM25
Web www.darkcavemalaysia.com

★
원숭이 조심!
동굴로 오르는 길에는 수많은 원숭이들이 진을 치고 있는데, 먹이를 향해 저돌적으로 움직이기 때문에 귀엽다고 다가가는 일은 삼가야 하고 사진 찍을 때도 조심해야 한다. 음료수나 비닐, 꽃 등 먹이로 의심될 만한 것들은 숨기도록 하자.

거대한 황금 무루간상

하누만상

• Special Day Tour • 03

리조트 월드 겐팅(Resort World Genting)

쿠알라 룸푸르 북동쪽 해발 2000m 고원지대에 위치한 겐팅 하일랜드에 자리 잡은 리조트 월드 겐팅은 현지인의 피서지로 인기가 많은 곳이다. 말레이시아에서 유일하게 공인 카지노가 있는 곳으로 '구름 위의 라스베가스'라고 불리기도 하며, 동남아에서 가장 긴 케이블카를 타고 오르게 된다. 호텔도 저렴하고 다양한 레스토랑이 있으며 매일 밤 볼만한 공연이 펼쳐지고 있어 1박 이상의 일정을 잡아도 괜찮다. 20세기 폭스 월드의 테마파크인 20세기 폭스 월드 Twentieth Century Fox World Malaysia가 2018년 말 개장을 목표로 공사 중이다(www.rwgenting.com).

#고속버스

KL 센트럴에서 수시로 출발하는 버스가 있다. 평일은 좌석이 여유가 있지만 이용객이 많은 주말에는 미리 예매하는 게 좋다. 버스와 스카이웨이를 함께 패키지로 구매하면 편리하다. 원 우타마, KLIA에도 버스가 있다.

Open	08:00~19:00 (매시간)
Cost	버스&스카이웨이 성인 RM10.7, 어린이 RM9.6
Tel	603-2279-8989, 603-2279-8990
Web	www.gogenting.com.my

#리무진

24시간 Door-to-door 서비스로 싱가포르를 포함한 말레이시아 전역에서 신청할 수 있다. 최신 설비를 갖춘 최고급 벤츠를 타고 가게 된다.

Cost	쿠알라 룸푸르 출발 RM350~
Tel	603-6251-8398

★
아와나 스카이웨이 (Awana SkyWay)

아와나 스테이션(해발 1,105m)을 출발해 친 쉬 동굴 사원을 거쳐 스카이애비뉴(Skyavenue, 해발 1,725m)역까지 2.8km를 운행하는 케이블카로 편도 약 10분 소요된다. 겐팅 하일랜드의 열대우림과 주요 시설 등 아름다운 경관을 내려다볼 수 있고, 공사 중인 '20세기 폭스 월드'의 모습도 볼 수 있다. 친 쉬 동굴 사원역에서 내렸다 탈 수 있다.

Open	07:00~늦은 밤
Cost	편도 RM8, 키 90cm 이하 어린이는 무료

© Resort World Genting

#친 쉬 동굴 사원 #Chin Swee Caves Temple

겐팅 하일랜드로 올라가는 길목에 자리한 거대한 규모의 불교사원으로 안개에 둘러싸인 도교탑과 거대한 돌부처상이 신비감을 더한다. 비를 부르고 악령을 내쫓는다는 푸젠Fujian성의 신 친 쉬Chin Swee를 모신 사원으로 유명하다. 우리나라 절과 달리 여러 신을 모시고 있는 큰 규모의 사원으로 아름다운 자연 경관을 함께할 수 있다.

Access	겐팅 하일랜드 오르는 중간에 위치. 리조트 월드 겐팅. 퍼스트 월드 호텔에서 셔틀버스 운행
Open	09:00~20:30 Cost 무료
Address	Chin Swee Caves Temple, 69000 Genting Highlands, Pahang
Tel	6013-333-2348 Web www.csc.org.my

#카지노 #Casino

'겐팅' 하면 카지노를 떠올릴 정도로 겐팅의 상징이며 말레이시아 유일의 카지노다. 리조트 월드 겐팅의 호텔들과 지하로 연결되어 있는 카지노는 세계 최대 규모를 자랑한다. 관광객들이 가볍게 즐길 수 있는 입문용 카지노와 실버와 골드등급만 입장 가능한 멤버십 카지노가 따로 있다. 사생활 보호 차원에서 사진과 비디오 촬영은 절대 금지이며, 21세 이상 성인만 입장할 수 있다.

#퍼스트 월드 호텔 #First World Hotel

2015년 세계 최대의 호텔로 이름을 올린 퍼스트 월드 호텔은 무려 6,083개의 객실을 갖추고 있다. 체크인 부스만 64개로 대기 번호표를 받아 순서를 기다리는 진풍경을 연출한다. 아름다운 전망을 가진 객실은 시설 면에서 관리가 필요해 보이지만, 가격이 저렴하고 실내 테마파크, 쇼핑몰, 레스토랑이 연결되어 있어 여러 모로 편리하다.

Cost	수피리어 디럭스룸 RM300~
Address	First World Hotel, 69000 Genting Highlands
Tel	603-2718-1118 Web www.rwgenting.com

#아와나 겐팅 하일랜드 리조트 #Awana Genting Highlands Resort

객실 등 전체적인 시설은 낡은 편이지만 호텔 내 아름다운 정원과 산책로가 있으며, 고원의 독특한 지형에 자리 잡은 18홀의 골프 코스가 있어 만족도가 높은 편이다. 리조트 월드 겐팅의 퍼스트 월드 호텔까지 셔틀버스를 운행하고 있다.

Access	리조트 월드 겐팅의 퍼스트 월드 호텔 간 셔틀버스 운행
Cost	수피리어 디럭스룸 RM165~
Address	KM13, 69000 Genting Highlands
Tel	603-6101-3015

• Special Day Tour • 04

선웨이 라군(Sunway Lagoon)

매년 국내외 테마파크 부분 상을 수상할 정도로 명실공히 아시아 최고의 테마파크로 인정받고 있다. 워터파크를 중심으로 놀이공원, 동물원 등이 결합된 형태로 이국적이고 색다른 재미를 가져다준다. 대형 쇼핑몰인 선웨이 피라미드와 선웨이 호텔이 같이 있어 레저와 휴식, 쇼핑, 식도락 모두를 만족시킨다. 선웨이 라군의 메인인 워터파크 Water Park 에는 거대한 파도풀과 스릴 넘치는 슬라이드, 서핑을 경험할 수 있는 플로 라이더 Flow Rider 등이 있다. 아시아 최초의 니켈로디언 테마랜드 Nickelodeon Theme Land 와 세계에서 가장 긴 캐노피 다리인 428m의 서스펜션 브리지가 있는 어뮤즈먼트 파크 Amusement Park 도 흥미진진하다. 150여 종의 동물이 있는 동물원인 와일드 파크 Wild Park 와 번지점프가 가능한 익스트림 파크 Extreme Park, 유령의 집이 있는 스크림 파크 Scream Park 도 즐길 수 있다.

Access	① 지하철 KTM 수방 자야(Subang Jaya)역 또는 LRT 클라나 자야(Kelana Jaya)역에서 피더 버스를 타고 선웨이 피라미드 하차 ② 버스 KL 센트럴역이나 차이나타운 파사르 스니역에서 U770, U771를 타고 선웨이 피라미드 앞 하차. 약 30분 소요
Open	10:00~18:00
Cost	성인 RM180, 어린이(11세 이하)&60세 이상 RM150
Address	3, Jalan PJS 11/11, Bandar Sunway, 47500 Petaling Jaya
Tel	603-5639-0000
Web	www.sunwaylagoon.com

• Special Tour in Johor Bahru •

레고랜드(Lego Land Malaysia)

2012년 9월 조호 바루에 문을 연 말레이시아 최초의 국제 테마파크이자 아시아 최고의 레고랜드 테마파크다. 테마파크와 워터파크로 나뉘어 있고 동남아시아 최초의 레고랜드 호텔도 있다. 어린이를 동반한 가족 여행자의 방문이 많고, 말레이시아뿐 아니라 다양한 국적의 사람을 만날 수 있다.

Open	10:00~18:00
Address	7, Jalan Legoland, Medini, 79250 Nusajaya, Johor
Tel	607-597-8888
Web	www.legoland.com.my

1. 들어가기 & 나오기

비행기
쿠알라 룸푸르를 경유해 조호 바루까지 가는 게 일반적이고, 진에어에서 매주 2회(인천 출발 화, 금/조호 바루 출발 수, 토) 운행하는 직항 노선을 이용할 수도 있다. 에어아시아로 KLIA2에서 조호 바루 세나이 국제공항 Senai Airport(www.senaiairport.com)까지 약 55분 소요되며 매일 6회 운행한다. 세나이 공항에서 레고랜드까지 차로 약 25분 소요되며, 싱가포르 창이 국제공항에서는 차로 약 50분 소요된다. 한국에서 쿠알라 룸푸르를 경유해 조호 바루까지 바로 갈 경우, 목적지까지 한꺼번에 체크인해야 경유지에서 수속이 짧아진다.

★
세나이 국제공항~레고랜드 택시 이동
공항 정액제 쿠폰 택시
4인 가족 기준 RM68(톨비 포함)
우버나 그랩 택시 RM48 내외

버스
코즈웨이 링크 Causeway Link에서 쿠알라 룸푸르 부킷 빈탕의 스위스 가든 호텔 Swiss Garden Hotel & Resident과 레고랜드(메디니몰 Mall of Medini) 간 직항 버스를 운행한다. 리무진 버스로 약 4시간 30분이 소요되며 출발 시간 30분 전에 도착해야 한다. 실내가 추우니 긴팔 옷을 준비하자. 싱가포르와 조호 바루 센트럴 등을 연결하는 노선도 있다.

Time	스위스 가든 호텔 출발 07:00, 레고랜드(메디니몰) 출발 18:30
Cost	RM57
Tel	607-360-2244
Web	www.legoland.com.my 또는 www.busonlineticket.com

2. 레고랜드 티켓

홈페이지를 통해 7일 전에 예약하면 20% 할인이 적용된다. 테마파크와 워터파크를 모두 이용할 수 있는 콤보티켓이 있고, 레고랜드 호텔 투숙객은 예약 시 2일 콤보티켓을 1일 가격에 구매할 수 있다.

레고랜드 티켓		1일			2일 콤보티켓
		테마파크	워터파크	콤보티켓	
정상가	성인	RM199	RM129	RM249	RM249
	어린이(3~11세), 60세 이상	RM159	RM109	RM199	RM199
7일 전 예약	성인	RM160	RM104	RM200	
	어린이(3~11세), 60세 이상	RM128	RM88	RM160	

#테마파크 #Theme Park

드라이빙 스쿨, 테크닉, 킹덤, 닌자고 월드 등 다양한 주제로 꾸며진 테마파크다. 여러 가지 놀이와 체험 기구, 롤러코스터, VR 코스터 등 스릴 넘치는 장치들이 가득하며 닌자고 라이브쇼 등을 관람할 수 있다. 전망 타워와 쿠알라 룸푸르와 주변국의 명소를 레고로 실감 나게 만들어 놓은 미니랜드도 흥미롭다. 곳곳에 레고숍과 레스토랑이 있어 잠시 더위를 식힐 수 있다. 레고랜드 내 레고숍의 레고는 국내보다 다소 높은 가격이니 참고하자.

#워터파크 #Water Park

우리나라의 워터파크에 비하면 작은 규모지만 더위를 피해 하루 종일 놀아도 즐겁다. 다양한 연령의 눈높이에 맞춰 물놀이를 할 수 있어 어린이들이 안전하게 놀 수 있고, 성인을 위한 스릴 넘치는 슬라이드도 있다. 가족이 함께 탈 수 있는 튜브 슬라이드와 튜브를 타고 레고 블록놀이를 할 수 있는 유수풀도 인기다. 입구에 탈의실과 로커(유료)가 있으며, 여러 명이 사용 가능한 보디 드라이어(유료)도 흥미롭다.

#레고랜드 호텔 #LEGOLAND Hotel

호텔 전체가 레고 테마로 꾸며져 상상력과 호기심을 자극하는 레고랜드 호텔은 어린이를 동반한 가족 여행자들에게 최고의 호텔이다. 킹덤, 해적선, 어드벤처, 닌자고를 주제로 한 객실은 5인까지 묵을 수 있고 8인 가족을 위한 스위트룸도 있다. 로비부터 레고 블록이 쌓여 있으며 매일 로비에서 이벤트와 액티비티가 열린다. 수영장과 레스토랑 등 부대시설도 만족스럽고 조식 역시 포함된다.

Cost 스탠더드룸 RM720~ (성수기와 비수기, 평일과 주말 요금이 다르니 홈페이지 확인)

말라카 Malacca

• Intro •

유서 깊은 박물관 도시, 말라카

2008년 페낭의 조지타운과 함께 유네스코 세계문화유산으로 지정되면서 도시의 역사적, 문화적 가치를 인정받은 말라카는 말라카 해협을 기점으로 15~16세기 해상 실크로드의 거점이었고, 19세기에는 서구 열강의 전쟁으로 치열했던 곳이다. 순수 말레이 토착 문화와 중국계와의 결합이 낳은 프라나칸(바바노냐) 문화, 포르투갈, 네덜란드, 영국의 지배하에 영향을 받은 유럽의 문화가 혼재되며 다양하고 독특한 문화적 특성을 보여준다. 최근 몇 년 사이 인기 있는 관광지로 떠오르며 변화한 말라카의 모습에 기대와 우려의 시선이 교차하고 있다.

#말라카의 역사 #History of Malacca

전설에 의하면 수마트라의 왕자 파라메스와라 Parameswara가 사냥을 나갔다가 강가의 나무에서 쉬던 중 사냥개에게 몰리던 사슴이 사력을 다해 개를 물리치는 것을 보고, 그 용기에 감동해 그곳에 나라를 세우기로 결심했다. 이것이 그가 쉬어간 나무 이름을 딴 '믈라카 Melaka' 왕국의 시작이고 시기는 1400년경으로 추측된다.

전략적 요충지로의 가치를 간파한 왕은 항구를 세우고 무역시설을 구축해 인도네시아, 인도, 아랍, 중국 등 아시아 상인들을 끌어들여 무역의 중심으로 번성해 갔다. 15세기 중반 중국의 무슬림 제독 쳉호 Cheng Ho의 방문으로 중국과의 교류가 활발해졌다. 16세기 대제국 건설에 열을 올리던 유럽 국가들이 아시아로 눈을 돌리면서 1511년 4월 포르투갈이 말라카를 점령했다. 그들은 무슬림을 학살하고 원주민을 동원해 요새와 왕궁 등을 지었으며, 말라카를 차지하기 위한 해협 전쟁도 잦았다. 아시아에 그리스도교를 전파한 선교사 프란시스 자비에르 Francis Xavier는 16세기 중반에 말라카를 방문해 포교를 시작했다. 17세기 초부터 네덜란드는 수차례 공격 끝에 말라카를 지배하기 시작했고 스타다이스를 비롯한 네덜란드 광장 주변의 붉은 건물들이 이때 지어졌다. 1824년 말라카는 영국으로 양도되어 1826년부터 1946년까지 지배를 받았고, 제2차 세계대전 중인 1942년부터는 일본의 지배를 받다가 1945년 종전으로 식민지를 벗어나 1948년 말레이 연방의 일부가 되었다. 말레이시아는 1989년 4월 15일 말라카를 역사도시로 선언했고, 2008년 7월 7일 유네스코 세계문화유산에 선정되었다.

★
도시 개요
【도시명】
말라카 Malacca
【위치】
말레이반도 남서부 말라카 해협
【인구】
약 931,210명 (2016년)
【키워드】
유네스코 세계문화유산, 박물관, 말라카 강, 존커 스트리트, 바바노냐

★
지명 표기
말라카(Malacca)는 영어 표기이고 말레이어로는 믈라카(Melaka)로 표기하고 발음한다.

★
관광안내소
Information Center
【Access】
네덜란드 광장에서 남쪽에 있는 강변 길 건너에 위치
※ 말라카 센트럴에도 관광안내소가 있다.
【Open】
09:00~16:30
【Address】
Jalan Kota, Bandar Hilir, 75200 Melaka
【Tel】
606-281-4803

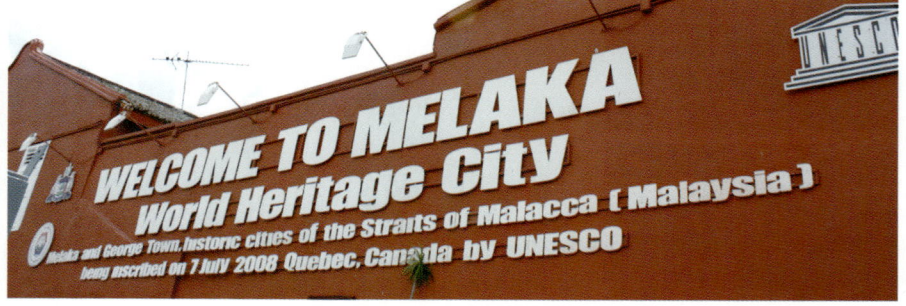

• Information • 01
말라카 들어가기 & 나오기

1. 고속버스

공항과 말레이시아 각 도시(쿠알라 룸푸르, 페낭 등)를 비롯, 싱가포르와도 연결되는 버스가 있다. 운행 회사에 따라 요금과 버스의 상태가 차이가 있으나 대체로 양호한 편이다(예약 www.easybook.com).

#From 쿠알라 룸푸르 TBS
반다르 타식 슬라탄Bandar Tasik Selatan역과 연결되어 있는 TBSTerminal Bersepadu Selatan 버스터미널에서 말라카 센트럴행 버스를 타면 된다. 매일 수시로 운행하며 운행 회사마다 요금이 조금씩 다르다. 출발 시간이 있기는 하나 일정 인원이 채워져야 출발하는 경우가 많다. 약 2시간 30분 소요.
Open 07:00~23:30
Cost RM10~25

#From KLIA/KLIA2
말라카 센트럴과 쿠알라 룸푸르 공항까지 연결되는 노선이 있다. 한 시간에 한 편 정도 운행되며, 주말에는 빨리 매진되므로 미리 예약해두는 것이 좋다. 약 3시간 소요.
Open 07:30~21:00
Cost RM24.1

#From 싱가포르
싱가포르의 Golden Mile Tower와 말라카 센트럴 간을 운행하는 버스가 매일 수시로 있다. 약 3~4시간 소요.
Open 07:15~20:00
Cost RM18~25

• Information • 02
말라카 센트럴에서 시내 이동

1. 버스 (Panorama Melaka & No 17 Bus)

17번 버스나 빨간색 파노라마 말라카Panorama Melaka가 말라카 센트럴에서 네덜란드 광장을 연결한다. 30분 간격으로 운행하고 네덜란드 광장까지 약 20~30분 소요된다. 마코타 퍼레이드Mahkota Parade에도 정류장이 있고, 존커 스트리트 주변에 숙소를 잡은 경우 네덜란드 광장에서 내리면 된다.
Open 말라카 센트럴 출발 07:30~20:30
Cost RM1.5
Web www.panoramamelaka.com.my

2. 택시

정액제 쿠폰 택시는 존커 스트리트까지 RM20, 우버나 그랩 택시로는 RM6 내외의 요금이다.

#말라카 센트럴 #Melaka Sentral
말레이시아 각 지역과 KLIA, 싱가포르와 연계된 고속버스 노선이 있는 터미널이다. 관광안내소와 레스토랑, 상점들이 있고 큰 규모다.

#트라이쇼 #Trishaw
말라카를 즐기는 색다른 방법. 네덜란드 광장이나 관광지 주변으로 화려한 꽃 장식과 캐릭터 장식을 한 트라이쇼가 신나는 음악을 틀어 놓고 시선을 끌고 있다. 말라카의 유서 깊은 골목골목을 트라이쇼를 타고 누비는 특별한 경험을 해보자. 시간당 RM40의 가격이고 잘만 하면 약간의 흥정도 가능하다. 단거리 이동은 RM15.

★
날치기 조심!
유네스코 세계문화유산으로 지정된 이후 관광객이 늘어나면서 안전하기만 했던 말라카의 치안에 문제가 생기기 시작했다. 주로 저녁 시간에 오토바이를 이용한 날치기 강도 사건이 종종 발생하기 때문에 주 표적이 되는 가방과 카메라 관리에 각별히 유의해야 한다.

트라이쇼
17번 버스

네덜란드 광장
Dutch Square

말라카 관광의 시작점으로 17세기 네덜란드 식민지 시절에 지어진 붉은 건물들이 모여 있는 광장이다. 시청으로 사용되었던 스타더이스와 가장 눈에 띄는 크라이스트 처치가 대표 건축물로 당시 네덜란드 건축 양식을 고스란히 반영하고 있다. 가운데 있는 시계 탑과 빅토리아 분수는 영국 통치 시절에 지어진 것으로 현지인들의 만남의 장소가 되는 곳이다. 네덜란드 광장 주변은 손님을 기다리는 화려한 트라이쇼로 언제나 활기가 넘친다.

Access 말라카 강 동쪽, 존커 스트리트 건너편으로 붉은 건축물이 모여 있는 광장

Sightseeing ★★★

크라이스트 처치 Christ Church

네덜란드 식민 시절에 지어진 영국 성공회 소속의 교회로 말라카의 상징과 같은 곳이다. 1741년부터 12년에 걸쳐 건축되어 1753년 완공되었다. 네덜란드에서 공수한 벽돌로 이음새 없이 지어진 교회는 당시 네덜란드의 높은 건축 수준을 보여준다. 건물 정면에는 흰색 십자가가 있고 그 아래로 'Christ Church Melaka'라고 쓰여 있는데, 네덜란드 통치 이후 영국이 지배하는 시기에 영어로 새겨진 것이라고 한다. 내부의 수공예 의자들은 200년 전에 만들어진 것이고, 최후의 만찬이 모자이크로 그려져 있다.

Access 네덜란드 광장에 위치
Open 09:00~17:00 **Cost** 무료
Address Jalan Gereja, 75000 Melaka **Tel** 606-284-8804

Sightseeing ★★☆

스타더이스 The Stadthuys

동양에서 가장 오래된 네덜란드 양식의 건물로 알려진 스타더이스는 네덜란드 통치 시절인 1650년경에 총독의 공관으로 지어져 약 300년이 넘게 행정부 건물로 사용되었다. 1982년부터는 말라카 왕국 시절부터 식민지 기간의 자료를 전시한 역사＆민족학 박물관 History & Ethnography Museum으로 사용되고 있다.

Access 네덜란드 광장 동쪽의 계단을 오르면 나온다.
Open 09:00~17:00
Cost 성인 RM10, 어린이 RM4
Address Jalan Gereja, 75000 Melaka
Tel 606-284-1934

Sightseeing ★★☆

세인트 프란시스 자비에르 교회 St. Francis Xavier's Church

중국과 인도, 일본 등에 가톨릭을 전파한 성 프란시스 자비에르를 기리기 위해 세운 교회로 1849년 세워졌다. 네오고딕 양식의 쌍둥이 탑 교회로 네덜란드 광장의 붉은 건물들과 대비되는 아이보리색 건물이다. 교회의 양쪽 탑은 높이가 약간 다른데 이는 각각 지반이 다르기 때문이라고 한다. 세인트 프란시스 자비에르 교회는 중국과 마카오에도 있다. 교회 정원에는 자비에르와 일본인 선교사의 동상이 있다.

Access	네덜란드 광장에서 북쪽 방향에 위치
Open	월~토 09:00~17:00
Cost	무료
Address	12, Jalan Banda Kaba, 75000 Melaka
Tel	606-282-4770

자비에르와 일본인 선교사의 동상

Sightseeing ★★★

세인트 폴 교회 St. Paul's Church

말라카 시내가 내려다보이는 언덕에 자리한 세인트 폴 교회는 1521년 포르투갈 식민지 시기에 지어졌고, 영국과 네덜란드의 공격으로 거의 파괴되어 지금은 교회의 벽만 남아 있다. 교회 앞에는 성 프란시스 자비에르의 동상이 있다. 네덜란드의 지배 기간에는 세인트 폴 언덕 일대가 당시 귀족들의 무덤으로 사용되었고, 한때 프란시스 자비에르의 유해가 안치되기도 했다. 전쟁의 상흔이 그대로 남아 있는 교회의 언덕에서 내려다보이는 말라카의 전경은 한없이 평화롭기만 하다.

Access	스타더이스 뒤쪽 세인트 폴 언덕에 위치
Open	09:00~17:00
Cost	무료
Address	Jalan Kota, 75000 Melaka

Sightseeing ★★★

산티아고 요새 Porta de Santiago

에이 파모사 A'Famosa라고도 불리는 산티아고 요새는 1511년 당시 포르투갈이 말라카를 점령하면서 원주민들을 동원해 지은 요새다. 성문 위에 새겨진 'VOC' 문양은 네덜란드의 통치 시기에 새긴 것으로 네덜란드 동인도 회사 Vereinigde Oostindische Compagnie의 로고다. 영국의 통치 시기로 넘어오면서 거의 파괴된 것을 1670년 복원한 것으로 현재는 성문과 대포만 남아 있다.

Access	세인트 폴 언덕 아래에 위치
Cost	무료
Address	Jalan Parameswara, 78000 Alor Gajah, Melaka
Tel	606-552-0888

Sightseeing ★★☆

말라카 술탄 왕궁 박물관 Melaka Sultanate Palace Museum

식민지 시대 이전, 해상무역의 전성기를 이끈 술탄 만수르 샤Sultan Mansur Shah(1456~1477)의 궁전을 그대로 재현한 건물로 말라카 왕국의 황금기였던 15세기 역사와 술탄의 생활을 전시하고 있다. 말라카에서는 이순신 장군급의 영웅인 항 투아의 무용담에 관한 전시도 흥미롭다.

Access	세인트 폴 언덕 아래, 산티아고 요새 옆 골목으로 들어가면 위치
Open	화~일 09:00~17:00 (월 휴무)
Address	Jalan Kota, 75000 Melaka
Cost	성인 RM5, 어린이(12세 이하) RM2
Tel	606-282-7464

♦ Story. 항 투아와 항 즈밧

항 투아(Hang Tuah)와 항 즈밧 Hang Jebat)은 15세기 말라카에 살았던 전설적인 무사로 말레이 역사와 문학에 가장 많이 등장하는 인물이다. 전설적인 영웅 항 투아는 간신들의 모함으로 술탄으로부터 사형을 선고받았지만 그를 아끼던 장관이 왕에게는 그가 죽었다고 거짓 보고를 하고 항 투아를 숨겼다. 항 투아와 죽마고우였던 항 즈밧은 친구의 억울한 죽음에 분노해 반역을 일으켰고, 수세에 몰린 술탄은 뒤늦게 항 투아가 살아 있다는 소식을 듣고, 그를 사면해 반역자 항 즈밧을 죽이라는 명을 내렸다. 술탄을 반역할 수 없었던 항 투아는 제 손으로 절친한 친구를 죽이게 되었다는 비극적 스토리. 이후 말라카는 황금시기를 맞았고 항 투아는 1475년 말라카에서 사망했다. Hang은 '한(漢)의 후예'라는 뜻이다.

Sightseeing ★☆☆

독립 선언 기념관
Proclamation of Independence Memorial

1912년 영국인들의 사교클럽으로 지어져 독립 후 38년이 지난 1985년 8월 31일, 툰쿠 압둘 라만이 독립 선언 기념관으로 문을 열었다. 말레이 술탄 초기와 독립 이후 말레이시아 근현대사의 기록을 전시하고 있다.

Access	산티아고 요새 건너편에 위치
Open	화~일 09:00~18:00 (월 휴무)
Address	Jalan Parameswara, Bandar Hilir, 75000 Melaka
Tel	606-284-1231

Sightseeing ★★☆

말라카 술탄 물레방아
The Melaka Sultanate Watermill

말라카 강변에서 가장 눈에 띄는 13m 높이의 물레방아로 2008년 3월에 완공된 말라카의 새로운 랜드마크다. 말레이시아에서 가장 큰 물레방아로 시리아와 중국에서 발견된 이슬람 기술을 바탕으로 만들어졌다고 한다.

Access	네델란드 광장 남쪽 강변, 카사 델 리오 건너편에 위치
Open	24시간
Address	Jalan Quayside, 75000 Melaka

Sightseeing ★☆☆

말라카 이슬람 박물관
Muzium Islam Melaka

말라카 이슬람의 기원을 연구하고 관련 자료를 수집, 전시하는 박물관으로 원래는 말라카 이슬람 위원회 건물이었다. 붉은색의 외관으로 말라카 이슬람의 과거와 현재를 살펴볼 수 있다.

Access	세인트 폴 언덕 아래 위치
Open	화~일 09:00~17:00 (월 휴관)
Cost	성인 RM3, 어린이 RM1
Address	Jalan Kota, 75000 Melaka
Tel	606-282-1303

Sightseeing ★★☆

⑩ 타밍 사리 타워 Menara Taming Sari

지상 80m 높이에서 말라카 시내와 해협을 한눈에 볼 수 있는 전망대다. 360도 회전하는 타워에서 약 7분간 관람하고 내려온다. 밤늦게까지 운행하지만 대도시처럼 화려한 야경이 아니어서 아기자기한 시내의 모습과 바다를 볼 수 있는 낮 시간이나 해 질 녘이 더 볼만하다. 천천히 움직이기 때문에 고소공포증을 걱정할 필요는 없어 보인다.

Access	네덜란드 광장 남쪽, 다타란 팔라완 메가몰 옆에 위치
Open	10:00~22:00
Cost	성인 RM23, 어린이(12세 이하) RM15
Address	Jalan Merdeka, Banda Hilir, 75000 Melaka
Tel	606-288-1100
Web	www.menarataming sari.com

Sightseeing ★★☆

⑪ 말라카 덕 투어 Melaka Duck Tours

오리 모양의 수륙 양용 버스 겸 보트로 타밍 사리 타워를 출발해 시내를 달리다가 말라카 해협에 다다르면 보트로 변신해 바다를 달리게 된다. 약 45분이 소요되며 주요 관광지를 돌아보는 것은 아니지만 역사적으로 의미가 있는 말라카 해협을 둘러볼 수 있다.

Access	전망대에 투어 출발점이 있다.
Open	월·수~일 09:00~18:30 (화 휴무)
Cost	성인 RM48, 어린이(12세 이하) RM30
Address	Jalan Merdeka, Banda Hilir, 75000 Melaka
Tel	606-292-2595 Web www.melakaducktours.com.my

Sightseeing ★★☆

⑫ 해양 박물관 Maritime Museum

말라카 왕국에서 약탈한 보물을 싣고 침몰한 포르투갈 범선 플로라 데 라 마르 Flor de la Mar를 그대로 복원해 만든 박물관은 선박과 보물의 모형, 약탈하는 모습 등을 재현해 놓았고, 당시 말레이시아의 풍속도 엿볼 수 있다. 내부가 쾌적하고 시원해서 쉬어 가기에도 좋다.

Access	네덜란드 광장에서 남쪽 방향, 강변을 따라가면 보인다.
Open	월~목 09:00~17:00, 금 09:00~18:30, 주말 09:00~19:00
Cost	성인 RM10, 어린이(7~12세) RM6, 6세 이하 무료
Address	Jalan Merdeka, Banda Hilir, 75000 Melaka
Tel	606-282-6526

Sightseeing ★★☆

⑬ 말라카 해상 모스크 Masjid Selat Melaka

말라카 해협에 맞닿아 있는 모스크로 조수가 높을 때는 물에 떠 있는 것처럼 보인다. 중동 건축 양식에 말레이시아 장식 요소를 더한 모스크는 2006년 11월 문을 열었고 30m의 미나레트는 바다의 등대 역할도 하고 있다. 기도실 외에도 다목적홀, 도서관, 학습센터 등을 갖추고 있다. 방문객은 입구에서 의복을 갖춰야 한다.

Access	말라카 해협에 위치		
Open	10:00~22:00	Cost	무료
Address	Masjid Selat, 75000 Melaka	Tel	606-281-4803

말라카 강
Melaka River

말라카 타운을 가로질러 말라카 해협으로 이어지는 말라카 강은 15세기 찬란했던 무역산업 번성의 역사가 깃든 곳으로, 16세기 후반 이곳에 온 유럽인은 '동양의 베니스'라 부르기도 했다. 강변을 따라 식민지 시대에 지어진 건물과 현지인의 주택이 자리 잡고 있고, 말라카 강을 이어주는 다리들도 각각 독특한 디자인과 의미를 가지고 있다. 맹그로브 나무 사이로 지어진 강가의 집도 독특한 풍경이고 다소 어설픈 벽화들도 구경하는 재미가 있다. 말라카 리버 크루즈로 한 바퀴 둘러보거나 동쪽 강변을 따라 난 산책로를 걸어보는 것도 말라카 강을 즐기는 방법이다. 강변의 카페에서 여유로운 시간을 보내도 좋다.

Sightseeing ★★★

말라카 리버 크루즈 Melaka River Cruise

아름다운 말라카 강변을 따라 약 45분 동안 진행되는 리버 크루즈는 말라카 관광에서 놓치지 말아야 할 것 중 하나다. 시원한 강바람을 맞으며 강변에 늘어선 역사적인 건물과 풍경을 관람할 수 있고, 지나는 사람들과도 반갑게 손인사를 나누는 즐거운 분위기다. 20~40인승의 보트는 출발 시간이 따로 있지 않고 10명 정도 인원이 채워지면 출발하는데, 워낙 인기 있는 크루즈라 오래 기다리지는 않는다. 한낮에는 많이 덥고 해 질 녘의 분위기가 제일 좋다. 늦은 시간에는 긴 옷과 모기약은 필수다.

Access	네덜란드 광장 남쪽의 강변을 따라가면 입구가 나온다.
Open	10:00~23:00 (시즌별로 변경)
Cost	성인 월~목 RM18, 금~일·공휴일 RM23, 어린이 RM10
Address	Jaan Laksamana, 75000 Melaka
Tel	606-281-4322
Web	www.melakarivercruise.com

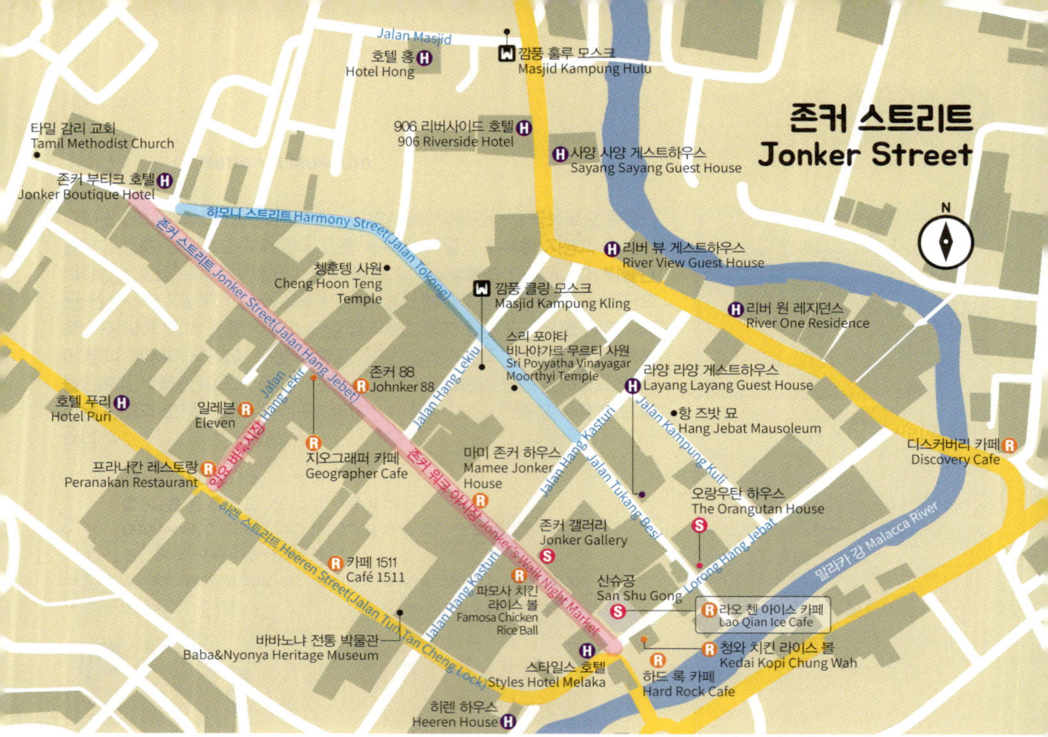

존커 스트리트
Jonker Street

말라카에서 가장 유명한 거리이자 여행자의 천국인 존커 스트리트는 말라카의 차이나타운으로 알려져 있고, 이 일대는 프라나칸 문화가 집중되어 있는 곳이다. 유명 맛집과 게스트하우스가 몰려 있으며 주말 야시장이 열리는 곳이라 말라카에서 가장 붐비는 거리이기도 하다. 말레이어 정식 명칭은 역사 속 인물인 항 즈밧의 이름을 딴 '항 즈밧 거리(Jalan Hang Jebet)'다.

히렌 스트리트
Heeren Street

강변의 히렌 하우스(Heeren House)를 시작으로 오랜 역사를 가진 건물들이 있는 골목으로 대대로 부유층들이 모여 살았다. 네덜란드 식민지 시절부터 히렌 스트리트로 불렸고, 중국인들은 오늘날까지 홀란드 거리라고 부르고 있다. 중국, 네덜란드, 영국의 건축 양식이 혼재되어 있고 중국의 백만장자들도 이곳에 저택을 짓고 살아서 '백만장자의 골목'이라는 별칭도 있다. 현재는 많은 건물들이 호텔이나 박물관으로 개조되어 사용된다. 독립 후에 현재의 명칭인 '툰 탄 쳉록 거리(Jalan Tun Tan Cheng Lock)'가 되었다.

OCBC 초대 회장이 지은 대저택 '치 맨션(Chee Mansion)'

Sightseeing ★★☆

바바노냐 전통 박물관 Baba & Nyonya Heritage Museum

19세기 중후반 말라카의 대부호로 유명했던 프라나칸 찬 쳉슈(Chan Cheng Siew)의 가족이 살던 저택을 일반에게 공개하고 있는 박물관이다. 가구나 미술품도 약 100년 전의 중국과 유럽에서 들여온 것으로 전통적인 바바노냐 문화와 그 화려했던 일상생활을 엿보게 한다. 박물관은 여전히 찬씨 가문에서 관리하고 1985년 박물관으로 개방하기 전까지 4대가 살았다고 한다. 입장료에 가이드 투어가 포함되어 있으며 내부 사진 촬영은 금지다.

Access	히렌 스트리트에 위치
Open	월~목 10:00~13:00, 14:00~17:00, 금~일 10:00~13:00, 14:00~18:00
Cost	성인 RM16, 어린이(5~12세) RM11
Address	48&50 Jalan Tun Tan Cheng Lock, 75200 Melaka
Tel	606-283-1273	Web www.babanyonyamuseum.com

♦
바바 & 노냐
Baba & Nyonya

15세기 말라카가 아시아 무역의 중심지가 되면서 중국(명나라)에서 온 상인과 주석 광산 노동자들이 말라카에 정착하기 시작했다. 대부분 남자였던 이들은 말레이 여성과 결혼해 가족을 이루면서 중국과 말레이의 문화와 생활양식이 결합된 새로운 문화를 만들었다. 이들을 말레이어로 남자라는 뜻의 '바바(Baba)'와 말레이 여성을 가리키는 '노냐(Nyonya)'를 합친 '바바노냐' 혹은 '프르나칸(Peranakan)'으로 부른다. 말라카와 페낭 그리고 싱가포르에 많이 거주하고 있다.

하모니 스트리트
Harmony Street

중국사원과 이슬람의 모스크, 힌두사원이 짧은 거리를 따라 나란히 자리 잡고 있는 하모니 스트리트는 각기 다른 종교가 조화를 이루며 평화롭게 모여 있어서 붙여진 이름이다. 말레이어로는 '토콩 거리(Jalan Tokong)'라고 부른다.

Sightseeing ★★★

쳉훈텡 사원 Cheng Hoon Teng Temple

말레이시아에서 가장 오래된 중국식 사원으로 말라카의 중국 커뮤니티에서도 정신적 중심이 되는 사원이다. 초기 중국 양식의 그림과 조각을 볼 수 있는 화려한 지붕과 기둥이 인상적으로, 풍수의 원리에 따라 지어졌다. 말레이시아에서도 가장 훌륭한 중국사원으로 꼽히는데, 뛰어난 건축 복구를 유네스코에서도 인정받았다. 15세기 초반에 말라카에 정박한 명나라 쳉화鄭和, Cheng Hwa 장군을 기리기 위해 세웠고 관음보살을 모시는 곳으로도 알려져 있다.

Access	하모니 스트리트에 위치
Open	09:00~19:00
Cost	무료
Address	25, Jalan Tokong, 75200 Melaka
Tel	606-282-9343
Web	www.chenghoonteng.org.my

Sightseeing ★☆☆

스리 포야타 비나야가르 무르티 사원
Sri Poyyatha Vinayagar Moorthyi Temple

1781년 완공되었고 말레이시아에서 가장 오래된 힌두사원이다. 알록달록 색감이 예쁜 이곳은 코끼리 신인 가네샤Ganesha로 불리는 비나야가르Vinayagar를 모신 곳이다. 코끼리의 얼굴과 4개의 팔을 가진 비나야가르 신은 힌두교에서 행운의 신으로 알려져 있어 중요한 일을 앞두고 행운을 기원하는 신이다. 입구와 벽, 기둥, 천장 타일 등은 네덜란드 건축의 영향을 받은 면이 있다.

Access	깜풍 클링 모스크 옆, 쳉훈텡 사원과 가까운 곳에 위치
Open	09:00~18:00
Cost	무료
Address	25, Jalan Tokong 5, 75200 Melaka
Tel	6016-559-0703
Web	www.perzim.gov.my

Sightseeing ★★☆

깜풍 클링 모스크 Masjid Kampung Kling

1748년 인도계 무슬림 상인에 의해 지어진 이슬람 사원으로 원래는 목조 건물이던 것이 1872년 벽돌로 재건되었다. 수마트라 양식의 기도홀에는 코린트식 아치형 기둥과 영국식 샹들리에가 있고, 중국과 힌두의 조각이 새겨진 교단이 있다. 작은 규모의 모스크이며 미나레트가 탑 모양을 하고 있는 것이 독특하다.

Access	스리 포야타 비나야가르 무르티 사원 옆, 쳉훈텡 사원과 가까운 곳에 위치
Open	09:00~18:00	Cost 무료
Address	Jalan Tokong, 75200 Melaka	Tel 606-282-6526

Sightseeing ★★☆

깜풍 훌루 모스크 Masjid Kampung Hulu

1728년 완공된 깜풍 훌루 모스크는 말라카에서 가장 오래된 모스크다. 수마트라 양식에 중국, 힌두, 말라카 스타일이 조금씩 가미된 건축물로 소박한 외관이다. 깜풍 클링 모스크와 비슷하게 생겼으나 붉은 벽돌 지붕으로 입구 안쪽에 대포가 놓여 있다.

Access	하모니 스트리트 북쪽, 강변 쪽에 위치
Open	08:00~18:00	Cost 무료
Address	Jalan Kampung Hulu, 75200 Melaka
Tel	606-285-9700

Food
①
존커 88 Johnker 88

말라카 최고의 맛집으로 꼽히는 바바노냐 카페 겸 박물관이다. 사람 많은 존커 스트리트에서도 항상 줄이 서 있는 곳이라 금방 눈에 띈다. 존커 88 최고의 메뉴는 입구에서 요리를 하시는 할머님의 포스가 그대로 느껴지는 바바 락사Baba Laksa로 진하고 얼큰한 국물에 속이 다 후련해진다. 실내 벽면으로 여러 나라의 화폐가 전시되어 있는데, 특히 북한 중앙은행에서 발행한 지폐가 있어 눈길을 끈다. 다른 메뉴들도 더 없이 맛있고 저렴하니 다양한 바바노냐 음식에 도전해보자. 마무리로 쉴 새 없이 얼음을 갈아야 할 정도로 인기 있는 바바 첸돌Baba Chendol도 꼭 먹어보자.

Access	존커 스트리트에 위치
Open	월~목 10:00~17:30, 금·토 10:00~20:00, 일 10:00~18:00
Cuisine	바바노냐
Cost	락사 RM7~, 바바 첸돌 RM4~ (GST 6% & SC 10%)
Address	88, Jalan Hang Jebat, 75200 Melaka
Tel	6012-666-6565

Food
②
청와 치킨 라이스 볼 Kedai Kopi Chung Wah

존커 스트리트 초입에 길게 늘어선 줄을 보고 사진부터 찍게 되는 이곳은 말라카에서 제일 유명한 '하이난식 치킨 라이스 볼' 식당이다. 마늘 맛이 강한 치킨은 닭 비린내가 전혀 없고 가슴살마저도 부드럽게 넘어간다. 닭 육수로 지은 밥을 탁구공만 하게 빚은 라이스 볼은 치킨과 찰떡궁합이다. 메뉴가 하나뿐이어서 들어갈 때 인원을 말하면 알아서 주문이 들어가니 음료만 따로 주문하면 된다. 주말에는 30분 이상 대기가 기본이다.

Access	네덜란드 광장 강 건너 존커 스트리트 초입에 위치
Open	08:30~15:00경 (재료가 떨어지면 문을 닫는다)
Cuisine	하이난 치킨 라이스
Cost	하이난 치킨 반 마리 RM22.3, 한 마리 RM44.6, 라이스 볼 5알 RM2, 라임 주스 RM2
Address	18, Jalan Hang Jebat, 75200 Melaka

Food
③
마미 존커 하우스 Mamee Jonker House

말레이시아의 대표 식료품 브랜드로 라면이 대표 상품이다. 마미 존커 하우스는 마미 제품을 이용해 말레이 요리를 해주는 캐주얼 레스토랑이다. 마미 캐릭터가 가득한 유쾌한 분위기로 가격도 저렴하며 치킨 사테가 같이 나오는 미고랭과 하이난식 치킨 라이스 볼 등 대부분 무난하게 먹을 수 있는 메뉴와 맛이다. 입구에 포토존과 기념품숍이 있고, 라면 만드는 과정을 미니어처로 귀엽게 만들어 놓았다.

Access	존커 스트리트에 위치
Open	월, 수·목 10:00~17:00, 금~일 10:00~19:00 (화 휴무)
Cuisine	마미 제품을 이용한 말레이
Cost	미 고랭 RM8.8, 치킨 라이스 볼 RM10.8 (GST 6% & SC 10%)
Address	46&48, Jalan Hang Jebat, 75200 Melaka
Tel	606-286-7666
Web	www.mameejonkerhouse.com

Food
④ 라오 첸 아이스 카페 Lao Qian Ice Cafe

말라카의 전통 과자와 케이크 등을 판매하는 대형 식품숍 상슈공 三叔公, San Shu Gong 안에 있는 카페로 두리안 첸돌로 유명한 곳이다. 판단과 굴라 말라카로 만든 젤리가 들어간 두리안 첸돌은 이곳 최고의 히트 상품으로 독특하고 재미있는 종이 포장으로 나온다. 보기만 해도 시원한 아이스 화이트 커피도 추천 메뉴.

Access	존커 스트리트 초입 분수 앞 붉은 건물
Open	월~목 09:00~18:00, 금~일 09:00~10:00
Cuisine	음료
Cost	두리안 첸돌 RM5.8, 아이스 화이트 커피 RM5.8
Address	33, Lorong Hang Jabat, 75200 Melaka
Tel	606-286-8262

Food
⑤ 일레븐 Eleven

세련되고 고급스러운 레스토랑으로 말레이식이 가미된 포르투갈 요리를 선보인다. 훈남 직원들의 친절하고 빠른 서비스가 돋보이는 곳으로 야외 테이블이 더 인기가 있다. 추천 메뉴는 매운 삼발 소스가 들어간 포르투갈식의 삼발 크랩으로 소스가 예술이어서 공깃밥을 추가해 싹싹 비벼 먹어도 맛있다. 밤 11시경이면 분위기가 달아오르는 일레븐 바는 말라카의 유일한 게이바로 알려져 있다.

Access	존커 스트리트에서 지오그래퍼 카페 방향 골목에 위치
Open	레스토랑 11:00~23:45, 바 11:00~02:00
Cuisine	말레이&포르투갈
Cost	포르투갈식 삼발 크랩 RM40~, 그린 커리 치킨 RM15~ (GST 6% & SC 10%)
Address	11, Jalan Hang Lekir, 75200 Melaka
Tel	606-282-0011	Web www.elevenbistro.com.my

Food
⑥ 지오그래퍼 카페 Geographer Cafe

북적이는 존커 스트리트 야시장에서 금발의 손님이 가장 많은 곳으로, 유럽 펍 분위기를 내는 반전 있는 카페다. 캐주얼한 분위기로 현지 음식부터 웨스턴 요리까지 서비스하고 있는데, 맥주 한 잔으로도 분위기에 흠뻑 빠질 수 있다. 2층의 창에서는 존커 스트리트가 한눈에 들어온다.

Access	존커 스트리트에 위치
Open	월~토 10:00~01:00, 일 08:00~01:00
Cuisine	말레이&웨스턴
Cost	메인 요리 RM11.8~ (GST 6% & SC 10%)
Address	83, Jalan Hang Jebat, 75200 Melaka
Tel	606-281-6813
Web	www.geographer.com.my

Food
⑦ 카페 1511 Café 1511

바바뇨냐 전통 박물관 옆에 있는 게스트하우스에 자리한 카페로 박물관을 방문하고 들르기에 좋다. 바바뇨냐의 대표적 음식인 뇨냐 락사도 이곳의 레시피로 만날 수 있고, 뇨냐 포피아, 오탁 오탁, 바삭하고 달달한 타르트 등 다양한 뇨냐 음식이 있다. 피자와 스파게티 등 웨스턴 음식도 판다.

Access	히렌 스트리트 바바뇨냐 전통 박물관 옆에 위치
Open	10:00~18:00 Cuisine 바바뇨냐&웨스턴
Cost	뇨냐 락사 RM6, 피자 RM7.9~
Address	52, Jalan Tun Tan Cheng Lock
Tel	606-286-0150

Food ⑧
더 리버 그릴 The River Grill

말라카 강변을 따라 지중해의 정취를 뽐내는 이곳은 밤이면 더욱 로맨틱한 공간이 된다. 개별 메뉴도 있지만 디너 뷔페와 세트 디너를 추천하고 싶다. 6종의 음식이 제공되는 세트 디너는 "제발 그만"을 외칠 때까지 리필해준다. 일요일에만 제공되는 선데이 재즈 하이 티는 재즈 라이브와 마술쇼 등의 이벤트까지 있어 가족들에게 인기가 많다.

Access	카사 델 리오에 위치
Open	조식&런치 06:30~15:00, 디너 18:00~23:00
Cuisine	지중해식
Cost	디너 뷔페 성인 RM84, 어린이 RM42 (GST 6% & SC 10%)
Address	88, Jalan Kota Laksamana, 75200 Melaka
Tel	606-289-6888 Web www.casadelrio-melaka.com

Food ⑩
파모사 치킨 라이스 볼
Famosa Chichen Rice Ball

청와 치킨 라이스 볼의 줄이 너무 길다면 차선으로 선택해 볼 수 있는 치킨 라이스 식당이다. 넓고 깨끗한 매장에 치킨 라이스 볼 외에도 다양한 메뉴가 있다. 닭은 1/4마리부터 주문할 수 있고 라이스 볼은 따로 주문해야 한다. 라마다 플라자 말라카 호텔 근처에도 지점이 있다.

Access	존커 스트리트에 위치
Open	월~목 09:00~21:00, 금~일 09:00~22:00
Cuisine	노냐 요리
Cost	치킨 1/4마리 RM13~, 1/2마리 RM25~, 라이스 볼 RM0.3(1개)
Address	21, Jalan Hang Kasturi, 75200 Melaka
Tel	606-286-0121
Web	www.melaka.net/famosa

Food ⑨
쉬린 대만 스낵
Shihlin Taiwan Street Snack

대만에서 온 분식점으로 주문하자마자 튀김옷을 입혀 바짝 튀긴 치킨 튀김으로 명성을 날리고 있다. 닭 가슴살을 얇게 저며 돈가스처럼 나오는 XXL 크리스피 치킨XXL Crispy Chicken은 이름에서도 알 수 있듯 빅 사이즈의 치킨 튀김으로 육즙이 풍부한 부드러운 맛이 일품이다. 뜨거울 때 먹으면 더 맛있다.

Access	다타란 팔라완 메가몰에 위치
Open	10:00~22:00
Cuisine	대만
Cost	XXL 크리스피 치킨 RM7.5, 홈메이드 굴탕면 RM7
Address	Lot BE005, Dataran Pahlawan Melaka Megamall, Jalan Merdeka, Bandar Hilir, 75000 Melaka
Web	www.shihlinsnacks.com.tw

Night Life ❶
하드 록 카페 Hard Rock Cafe

2013년 1월에 문을 연 하드 록 카페의 말라카 지점이다. 강변에 있는 2층 건물로 지점마다 록 스타의 소장품이 있는 것으로 유명한데 이곳에는 프린스의 하얀색 디너 재킷과 브루스 스프링스틴의 사인이 있는 기타를 전시해 놓았다. 레전더리 버거는 빠지지 않는 추천 메뉴이고, 라이브 밴드의 공연은 밤 10시부터 시작된다.

Access	네덜란드 광장에서 다리를 건너면 바로 위치
Open	일~목 11:30~01:00, 금·토·공휴일 11:30~02:00
Cuisine	아메리칸 캐주얼
Cost	버거 RM35~60, 칵테일 RM47~ (GST 6% & SC 10%)
Address	28, Lorong Hang Jebat, 75200 Melaka
Web	www.hardrock.com/cafes/melaka

Shopping

존커 워크 야시장 Jonker's Walk Night Market

매주 금요일과 토요일 밤, 존커 스트리트 일대는 매우 흥미로운 시장판이 벌어진다. 말라카에 있는 사람들이 모두 쏟아져 나온 듯한 거리는 볼거리, 먹거리, 살 거리가 풍성하고 활기가 넘친다. 유네스코 세계문화유산 지정 이후 관광객이 급격히 늘어나면서 시장의 규모도 커지고 상업적으로 변질된 면이 있긴 하지만 여전히 사람 냄새나고 매력 있는 야시장의 모습을 보여준다. 거리의 노점에서는 포피아, 오탁 오탁, 에그 타르트, 즉석 딤섬 등 전통적인 바바노냐 음식과 식민지 시대의 음식을 즉석에서 만들어 주고, 바바노냐풍의 수공예품이 수북이 쌓여 주인을 기다리고 있다. 팔찌나 목걸이 등 액세서리도 놀라울 정도로 저렴한 가격이고, 적당한 선에서 흥정하는 재미도 느낄 수 있다. 흥겨운 시장판은 시장의 끝자락까지 이어져 대형 무대에서는 동네 어르신들의 노래자랑이 구경꾼들을 모은다.

카페 2층에서 내려다보이는 야시장의 풍경도 흥미로운 볼거리 중 하나고, 노천의 식당에서는 모르는 이들과도 테이블을 나눠 쓰며 이야기꽃을 피운다. 말레이시아 어느 지역보다 뜨거운 불금, 불토의 밤이 지나고 일요일이 되면 대부분의 상점이 문을 닫아 고요해지니, 존커 스트리트를 즐기고 싶다면 되도록 일요일은 피해서 방문하도록 하자.

Access 존커 스트리트에 위치
Open 금·토 18:00~23:00

Shopping
❷
일요 벼룩시장
Sunday Morning Flea Market

일요일 오전에만 열리는 진짜 벼룩시장이다. 지난밤의 떠들썩했던 존커 워크 야시장과는 달리 고요한 아침부터 장이 열려 색다른 매력을 느낄 수 있다. 벼룩시장에서는 각종 골동품들을 볼 수 있는데 특히 프라나칸 제품들이 눈길을 끈다. 가격도 저렴한 편이고 잘만 고르면 의외의 득템을 할 수 있다.

Access	존커 스트리트 지오그래퍼 카페 옆 골목에 위치
Open	06:00~12:00

Shopping
❸
오랑우탄 하우스 The Orangutan House

커다란 오랑우탄이 그려진 벽화가 단번에 눈에 띄는 오랑우탄 하우스는 말라카 출신의 예술가 찰스 참Charles Cham의 작품을 전시하는 갤러리이자 작품을 새긴 티셔츠를 판매하는 곳이다. 자연과 환경 등 다양한 주제의 페인팅이 벽에 걸려 있고, 그중 하나를 고르면 티셔츠로 간들어준다.

Access	청와 치킨 라이스 볼에서 오른쪽 골목에 위치
Open	10:00~18:00
Cost	티셔츠 성인 RM39, 어린이 RM20
Address	59, Lorong Hang Jebat, 75200 Melaka
Tel	606-282-6872
Web	www.facebook.com/theorangutanhouse

Shopping
❹
다타란 팔라완 메가몰
Dataran Pahlawan Megamall

현대적 시설과 다양한 브랜드가 있는 말라카 최대의 쇼핑몰로 쿠알라 룸푸르의 대형 쇼핑몰 부럽지 않은 규모와 시설이다. 유명 브랜드와 대형마트가 입점해 있고, 멀티플렉스 영화관도 있다. 유적지에서 가까운 거리로 더위를 식히기에도 좋고 식사와 쇼핑을 위해 들러도 만족스럽다.

Access	호텔 에쿼토리얼, 산티아고 요새 건너편에 위치
Open	10:00~22:00
Address	F3-96, Hatten Square, Jalan Merdeka, Bandar Hilir, 75000 Melaka
Tel	606-283-2828
Web	www.dataranpahlawan.com

Shopping
❺
마코타 퍼레이드 Mahkota Parade

다타란 팔라완 메가몰에 비하면 상대적으로 소박하지만 저렴하고 실용적인 물건을 구입하기에 괜찮은 곳이다. 팍슨 백화점과 자이언트 슈퍼마켓이 입점해 있다. 관광객보다 현지인들이 많이 찾는 곳이고 17번 버스가 쇼핑몰 앞에 정차한다.

Access	다타란 팔라완 메가몰 남쪽 건너편에 위치
Open	10:00~22:00
Address	G8, Jalan Merdeka, 75000 Melaka
Tel	6018-239-7600
Web	www.mahkotaparade.com.my

Stay : 5성급

카사 델 리오 Casa Del Rio

2010년 문을 연 카사 델 리오는 지중해풍의 디자인으로 말라카 강변에서 가장 아름다운 야경을 만들고 있다. 스페인어로 '강변의 집'이란 뜻으로, 마치 집에 온 듯 편안한 휴식을 위해 최선의 서비스와 배려를 아끼지 않는다. 체크인 시에는 더위를 싹 가시게 하는 시원한 웰컴 샤베트를 먹을 수 있다. 66개의 부티크 객실은 리버 뷰이거나 호텔 중앙에 있는 라르고Largo라는 연못이 보이는 전망으로 모든 객실에 발코니가 있다. 호텔 3층에 있는 인피니티 풀은 말라카 강변과 말라카 해협까지 보이는 오픈된 공간으로 주말에는 풀 파티가 열리기도 한다. 강 건너에 말라카 리버 크루즈 선착장이 있는데, 리셉션에 신청하면 카사 델 리오 선착장까지 와준다.

Access	존커 스트리트 초입에 위치. 네덜란드 광장과는 도보 3분 거리
Cost	디럭스룸 RM610~, 리버 스위트룸 RM1,900~
Address	88, Jalan Kota Laksamana, 75200 Melaka
Tel	606-289-6888
Web	www.casadelrio-melaka.com

Stay : 5성급

마제스틱 말라카 Majestic Malacca

말라카에서 가장 귀족적인 호텔로, 콜로니얼풍의 호텔과 객실은 말라카의 과거와 현재, 미래가 공존하는 독특한 분위기다. 100여 년 전 건물을 보수해 만든 로비와 레스토랑은 1920년대 대저택의 모습을 재현해 놓았고, 뒤쪽의 현대적 건물에는 54개의 객실과 스파 등 부대시설이 있다. 들어서자마자 탄성이 나오는 우아하고 클래식한 객실은 앤티크 가구와 소품으로 꾸며졌고, 오픈 콘셉트의 욕실의 고양이 발이 달린 새하얀 욕조는 객실의 하이라이트다. 로비의 안쪽으로 포르투갈 예술품이 전시된 도서관이 있고, 이곳에서 우아한 애프터눈 티를 즐길 수 있다. 호텔 내에 있는 스파 빌리지Spa Village에서는 프라나칸 문화의 영향을 받은 럭셔리한 스파를 즐길 수 있다.

Access	말라카 강변 북쪽에 위치. 네덜란드 광장에서 택시로 약 7분
Cost	디럭스룸 RM600~, 마제스틱 스위트룸 RM2,200~
Address	188, Jalan Bunga Raya, 75100 Melaka
Tel	606-289-8000
Web	www.majesticmalacca.com

Stay : 2성급

호텔 푸리 Hotel Puri

말레이어로 '순수Pure'라는 뜻의 푸리를 이름으로 하는 호텔 푸리는 100년이 넘는 프라나칸 맨션을 개조한 중급호텔로 합리적인 가격으로 인기가 높은 곳이다. 프라나칸 가구와 골동품이 전시된 로비와 안뜰에 꾸며진 정원이 이곳의 모습을 잘 보여준다. 객실은 심플하고 4인 가족을 위한 패밀리룸도 있다.

Access	히렌 스트리트 바바노냐 전통 박물관 지나서 오른쪽에 위치
Cost	스탠더드 트윈룸 RM160~, 주니어 스위트룸 RM360~
Address	118, Jalan Tun Tan Cheng Lock, 75200 Melaka
Tel	606-282-5588
Web	www.hotelpuri.com

Stay : 2성급

히렌 하우스 Heeren House

히렌 스트리트 초입에 있는 히렌 하우스는 아름다운 강변이 보이는 6개의 객실을 갖춘 게스트하우스로 카페와 기념품숍을 겸하고 있다. 오랜 역사의 건물은 낡은 편이지만 깨끗하고 클래식한 멋이 가득하다. 로비에 있는 카페에서 아침 식사를 하게 된다. 객실 수는 적지만 인기가 있는 곳이라 빨리 매진되는 편이다.

Access	존커 스트리트에서 강변 쪽으로 카사 델 리오 방향에 위치
Cost	더블룸 RM159, 패밀리룸 RM269
Address	1, Jalan Tun Tan Cheng Lock, 75200 Melaka
Tel	606-281-4341
Web	www.heerenhouse.com

Stay : 4성급

호텔 에쿼토리얼 Hotel Equatorial

다타란 팔라완 메가몰과 레스토랑이 모여 있는 좋은 위치에 있는 호텔이다. 말라카 해협이 보이는 바다 전망의 객실을 포함 496개의 객실이 있고 부대시설도 잘 갖추고 있다. 전체적으로 서비스도 좋고 깔끔해서 만족도가 높다. 산티아고 요새까지는 도보 5분 정도 소요된다.

Access	산티아고 요새에서 다타란 팔라완 메가몰 방향 끝에 위치
Cost	디럭스룸 RM300~, 스위트룸 RM700~
Address	Bandar Hilir, 75000 Melaka
Tel	606-282-8333
Web	www.equatorial.com/mel

Stay : 4성급

라마다 플라자 말라카 Ramada Plaza Melaka

전통적인 럭셔리 호텔인 르네상스 호텔에서 이름이 바뀐 호텔로 이곳의 수영장은 말라카에서 가장 아름다운 선셋을 감상할 수 있는 곳으로 소문나 있다. 주요 관광지와 도보 10분 정도의 거리에 있고, 전체적으로는 낡은 편이지만 조식당을 비롯한 부대시설이 괜찮다는 평이다.

Access	네덜란드 광장 북쪽에 위치
Cost	이그제큐티브 디럭스룸 RM310~, 클럽룸 RM400~
Address	Jalan Bendahara, 75100 Melaka
Tel	606-284-8888
Web	www.ramadaplazamelaka.com

Stay : 3성급

존커 부티크 호텔 Jonker Boutique Hotel

아르데코 외관과 기둥을 보존한 고전적인 외관과 대조되는 모던하고 정갈한 실내 디자인이 부티크 호텔의 면모를 보여주는 미니 호텔이다. 3층 구조의 숍하우스 건물에 16개 객실이 있고, 첸돌이 맛있는 존커 카페 Jonker Café가 G층에 있다. 모든 객실에 욕조가 있고 5인까지 묵을 수 있는 패밀리룸도 있다. 주변에 관광지와 맛집이 밀집한 좋은 위치와 합리적인 가격으로 인기가 높다.

Access	존커 스트리트 북쪽에 위치
Cost	수피리어룸 RM200~
Address	84, Jalan Tokong, Kampung Tiga, 75200 Melaka
Tel	606-282-5151
Web	www.jonkerboutiquehotel.com

Stay : 3성급

906 리버사이드 호텔 906 Riverside Hotel

말라카 강과 가까운 곳에 있는 호텔로 외관에 빨간색으로 906이라고 크게 쓰여 있다. 넓은 객실은 깨끗하고 기본 어메니티가 갖춰져 있다. 로비에는 프라나칸 가구들이 전시되어 있다. 존커 스트리트와 가깝고 저렴해 만족도가 높은 편이고 직원들도 친절하다.

Access	존커 스트리트 북쪽에 위치. 강변과 가깝다.
Cost	디럭스룸 RM100~
Address	52, Jalan Kampung Hulu, 75200 Melaka
Tel	606-282-8906

Stay : 1성급

호텔 홍 Hotel Hong

강변과 가깝고 존커 스트리트와도 도보 5분 거리에 있는 게스트하우스로 깨끗하고 안전한 숙소를 찾는 배낭여행객에게 적합하다. 욕실이 딸린 방은 좁지만 깨끗하고 창으로 보이는 풍경도 근사하다. 아침 식사는 포함되지 않지만, 24시간 커피와 티가 제공되고 수시로 간식거리를 나눠주기도 한다. 직원들은 매우 친절하며 인터넷과 프린터 이용이 가능하다.

Access	깜풍 훌루 모스크 근처에 위치
Cost	트윈룸 RM80~, 트리플룸 RM110~
Address	7-B, Jalan Masjid, Kampung Dua, 75300 Melaka
Tel	606-286-3322

Stay ⑩
게스트하우스 Guest House

존커 스트리트 주변과 말라카 강변을 따라 많은 게스트하우스와 호스텔이 있다. 대부분 공동욕실을 쓰고 시설은 다소 낡은 편이지만 저렴하고 편안한 분위기여서 만족도는 높은 편이다. 간단한 조식을 포함하는 곳도 있다.

↳ 리버 뷰 게스트하우스
River View Guest House

Access	말라카 강변
Cost	2인실 16,000원~
Address	Lorong Hang Jebat, 75200 Melaka
Tel	606-281-3523

↳ 라양 라양 게스트하우스
Layang Layang Guest House

Access	존커 스트리트
Cost	2인실 25,000원~
Address	26, Jalan Tukang Besi, 75200 Melaka
Tel	606-292-2722
Web	www.layanglayang melaka.com

↳ 리버 원 레지던스
River One Residence

Access	말라카 강변
Cost	2인실 20,000원~
Address	62, Jalan Kampung Pantai, 75200 Melaka
Tel	606-281-0370

↳ NOMAPS Flashpacker Hostel

Access	히렌 하우스 옆 카사 델 리오 방향
Cost	도미토리 RM70~
Address	11, Jalan Tun Tan Cheng Lock, 75200 Melaka
Tel	606-283-8311
Web	www.thenomaps.com

푸트라자야 Putrajaya

• Intro •

말레이시아 행정수도, 푸트라자야

쿠알라 룸푸르에서 남쪽으로 약 25km 정도 떨어진 곳에 위치한 말레이시아의 행정수도로 도시 전체가 철저한 계획하에 세워졌다. 교통 체증, 공해, 스트레스 등이 없는 쾌적한 환경으로 현대적 시설의 최첨단 건축, 말레이시아의 미래를 상징하는 다리, 녹음이 짙은 조경시설 등이 아름답게 설계되었다. 거대한 인공호수는 물론 국교인 이슬람교가 잘 드러나는 화려한 건물 디자인에 도시 전체가 먼지 하나 없이 깨끗해서 비현실적으로 느껴질 정도다. 푸트라자야의 왼쪽으로 말레이시아 IT 산업의 중심인 사이버자야Cyberjaya라는 신도시가 있다.

원래 푸트라Putra는 왕자Prince, 자야Jaya는 성공Success이라는 뜻이나, 공식적으로는 말레이시아 초대 총리인 '툰쿠 압둘 라만 푸트라Tunku Abdul Rahman Putra'의 푸트라를 쓴 것이라고 한다.

★
도시 개요
【도시명】
푸트라자야 Putrajaya
【위치】
쿠알라 룸푸르 남쪽으로 약 25km
【인구】
약 88,300명 (2015년)
【키워드】
행정수도, 기획도시, 푸트라 모스크

푸트라 모스크와 총리 공관

호수에서 바라본 강철 모스크

• Information • 01
푸트라자야 들어가기 & 나오기

1. 공항철도 KLIA 트랜짓(KLIA Transit)
※ KLIA에서 쿠알라 룸푸르까지 직행으로 가는 KLIA Exspres와 혼동하지 말 것

#From 쿠알라 룸푸르
Access KL 센트럴역에서 KLIA 트랜짓으로 두 정거장
Cost   편도 성인 RM14, 어린이(2~12세) RM6.3

#From KLIA/KLIA2
Access KLIA에서 두 정거장, KLIA2에서 세 정거장. 20분 소요
Cost   편도 성인 RM9.4, 어린이(2~12세) RM4.2

2. 택시
KLIA, KLIA2에서 택시로 약 30분 소요. 요금 RM64.2

★
푸트라자야 관광하기
푸트라자야 내 대중교통의 경우 택시를 제외하고는 관광객이 이용하기에 불편함이 있다. 푸트라자야 센트럴(기차역)과 중심지를 연결하는 버스가 있기는 하지만 방향과 시간이 일정하지 않다.
푸트라자야를 관광하기 가장 좋은 방법은 푸트라자야 센트럴에서 출발하는 버스 투어를 이용하는 것이다. 택시 투어의 경우 역에서 쿠폰택시를 이용하면 RM10 내외로 목적지에 갈 수 있고, 시간당 RM40 정도로 이용할 수 있다.

• Information • 02
푸트라자야 투어(Putrajaya Tour)

투어버스를 타고 3시간가량 시내를 둘러보는 투어로 푸트라자야 센트럴에서 출발한다. 영어 가이드를 들으며 주요 관광지를 둘러보고 총리 공관과 푸트라 모스크가 있는 푸트라 광장, 주요 관공서가 있는 푸트라자야 대로, 컨벤션 센터 등 몇몇 포인트에서 사진 촬영과 관광을 위해 내렸다 타게 된다. 매일 오전, 오후 2회(금요일은 1회) 진행하며, 티켓은 관광안내소 부스나 버스 기사에게 직접 살 수 있다.

Access 푸트라자야 센트럴에서 출발
Open   매일 2회 11:00, 15:00 (금요일은 1회 15:00)
Cost   성인 RM50, 어린이 RM25

푸트라자야 코퍼레이션의 본부

시민들의 휴식공간인 푸트라 광장

#푸트라자야 대표 관광명소

① 푸트라 모스크 Masjid Putra
푸트라자야 하면 가장 먼저 떠오르는 핑크색 모스크로 1999년 완공됐다. 1만 5천 명의 신도를 수용할 수 있고, 하얀 문양이 새겨진 핑크 돔과 동남아시아에서 가장 높은 116m의 미나레트가 있다.
Access   푸트라 광장에 위치
Open   토~목 09:00~12:30, 14:00~16:00, 17:30~18:00 금 15:00~16:00, 17:30~18:00

② 총리 공관 Perdana Putra
이슬람 양식의 푸른색 돔이 멀리서도 눈에 띈다. 중앙의 돔은 크다Kedah 주의 알로 스타르Alor Setar에 있는 자히르 모스크Zahir Mosque 돔에서 영향을 받았다. 정해진 시간에 입장 가능하고 여권이 있어야 한다.
Access   푸트라 광장 옆에 위치   Open   평일 08:00~12:30, 14:00~16:00

③ 다룰 에산 궁 Istana Darul Ehsan
슬랑고르의 술탄, Sharafuddin Idris Shah가 살고 있는 왕궁.

④ 푸트라자야 대로 Persiaran Perdana
푸트라자야의 중심도로로 100m 넓이와 4km 길이로 쭉 뻗어 있다. 도로 양쪽으로 정부기관이 들어서 있고 국가 기념일에는 퍼레이드가 펼쳐진다.

⑤ 강철 모스크 Iron Mosque
원래 투안쿠 미잔 자이날 아비딘 모스크Tuanku Mizan Zainal Abidin Mosque라는 긴 이름의 모스크로 강철로 만들어져 강철 모스크라고 불린다. 푸트라 모스크의 두 배 규모에 현대적인 디자인이 특징이다.

⑥ 밀레니엄 기념비 Monumen Alaf Baru
68m의 기념비로 말레이시아의 국화인 히비스커스 꽃 모양이다. 주변 산책로를 따라 말레이시아의 역사가 적혀 있다.

⑦ 연방 사법부 Istana Kehakiman
말레이시아 연방 사법부로 인도 무굴 양식과 이슬람 양식이 결합된 건축물이다.

⑧ 푸트라자야 코퍼레이션 Perbadanan Putrajaya
푸트라자야 코퍼레이션의 본부로 공중 보건, 도시계획 등 일반적인 유지 보수와 개발을 책임지는 관공서다.

⑨ 푸트라자야 컨벤션 센터 PICC(Putrajaya International Convention Centre)
5구역 언덕에 자리 잡은 푸트라자야 컨벤션 센터는 2006년에 완공되었고, 독특한 디자인은 '픈딩 프락Pending Perak(말레이 왕족의 은벨트 버클)'의 눈의 현상을 하고 있다.

⑩ 스리 와와산 다리 Seri Wawasan Bridge

⑪ 스리 사우자나 다리 Seri Saujana Bridge

⑫ 스리 그밀랑 다리 Seri Gemilang Bridge

카메론 하일랜드
Cameron Highlands

• Intro •

신비한 정글을 품은 고원, 카메론 하일랜드

쿠알라 룸푸르에서 북쪽, 이포Ipoh 방향으로 145km 떨어진 곳에 위치한 카메론 하일랜드는 해발 1,400m 되는 고원지대에 있다. 1885년 윌리엄 카메론 William Cameron에 의해 발견되어 카메론 하일랜드라 이름 지어졌다. 연평균 20도 안팎의 서늘한 기후 조건이어서 평지에서는 재배하기 힘든 작물을 많이 재배한다. 특히 딸기와 녹차 재배로 유명하다. 밀림으로 들어가는 길은 굽이굽이 급커브가 많은 지형이라 멀미가 날 수도 있다. 관광객이 늘어남에 따라 개발이 활발히 이뤄지고 있다.

★
도시 개요
【도시명】
카메론 하일랜드
Cameron Highlands
【위치】
쿠알라 룸푸르 북쪽 파항 주
【인구】
약 43,000명 (2016년)
【홈페이지】
www.cameronhighlands.com
【키워드】
고원지대, 정글, 티 농장, 딸기, 서늘한 날씨

• Information •
카메론 하일랜드 들어가기 & 나오기

1. 고속버스

산악지대에 위치해 있어 차편으로 들어갈 수 있다. 카메론 하일랜드 타나 라타 버스터미널 Tanah Rata Bus Terminal과 말레이시아의 각 도시 및 싱가포르를 연결하는 버스가 있다.
Web   www.cameronhighlands.com
       예약 www.easybook.com

★
오랑 아슬리
Orang Asli
카메론 하일랜드 지방의 원주민으로 원래는 정글의 롱하우스에서 생활했다. 현재는 정부에서 지원해주는 주택에서 현대식으로 생활한다. 들어가는 도롯가에서는 정글에서 얻은 꿀이나, 두리안, 나무로 만든 공예품 등을 판매하는 오랑 아슬리를 만날 수 있다.

#From 쿠알라 룸푸르
쿠알라 룸푸르 TBS 버스터미널과 KL 센트럴 버스터미널에서 카메론 하일랜드 타나 라타까지 연결하는 버스가 있다. 약 4시간 소요.
Open 08:00~17:30
Cost   편도 RM35~

오랑 아슬리와 두리안

#From KLIA/KLIA2
카메론 하일랜드를 출발해서 쿠알라 룸푸르 국제공항까지 하루 1회 운행한다. 운행 편수가 많지 않으니 미리 확인하고 예약해야 한다. 공항에서 가는 편은 없다.
Open 17:30
Cost   편도 RM100~

#From 페낭
페낭의 숭아이 니봉이나 버터워스 버스터미널 간을 운행하는 버스가 있으며 콤타에서 출발하는 버스도 있다.
Open 08:00~16:00
Cost   편도 RM32~

타나 라타 버스터미널

#From 싱가포르
싱가포르 골든 마일 타워와 카메론 하일랜드의 몇 지점에 정차하는 버스가 하루 1회 운행한다. 싱가포르 출발은 밤 10시 반에 출발하는 야간버스이고 약 10시간 소요된다.
Open 카메론 하일랜드 출발 10:00, 싱가포르 출발 22:30
Cost $44~

시원한 물줄기를 쏟아내는 이스칸다르 폭포, 카메론 하일랜드 초입에 있다

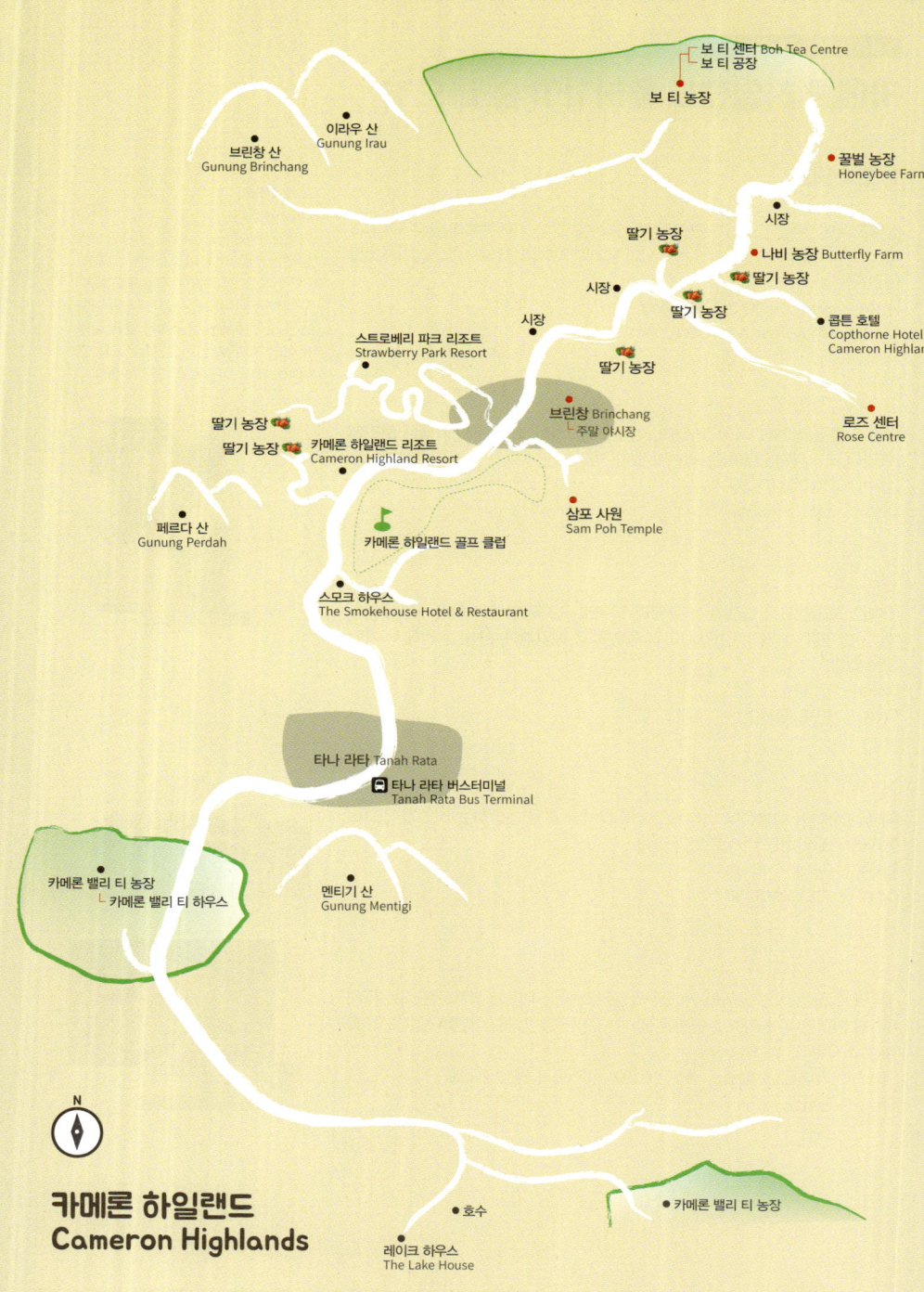

Sightseeing ★★☆

브린창 Brinchang

타나 라타 북쪽에 있는 마을로 카메론 하일랜드에서 상업 활동이 가장 활발한 곳이다. 때문에 농장 등 상업에 종사하는 중국계 사람들이 많은 지역이기도 하다. **매주 금, 토요일 밤에 열리는 야시장**Pasar Malam이 유명하다.

Sightseeing ★★☆

타나 라타 Tanah Rata

카메론 하일랜드에서 가장 큰 마을로 시외버스 정류장이 있어 많은 관광객들이 머무는 곳이다. 저렴한 게스트하우스와 로컬 식당이 몰려 있고, 카메론 하일랜드에서 유일하게 스타벅스가 있다. 브린창으로 이동하려면 택시를 이용해야 한다

Sightseeing ★★★

보 티 농장 Boh Tea Plantation

카메론 하일랜드에 가면 꼭 방문해야 할 곳으로 말레이시아 최고의 녹차 농장이다. 능선 가득 거대한 녹색의 향연은 눈과 마음을 정화시키기에 충분하고 깨끗하고 신선한 공기에 머리까지 맑아진다. 미네랄이 풍부한 토양과 높은 강우량, 카메론 하일랜드의 선선한 기후에서 차 재배의 가능성을 본 영국의 J.A. 러셀이 처음 차 재배를 시작했다고 한다. 초기 녹차를 가공했던 기계가 그대로 있는 공장에서 녹차 가공 과정을 지켜볼 수 있는 것도 흥미롭고 모든 종류의 보 티Boh Tea를 구매할 수 있는 상점도 있다. 녹차 밭이 내려다보이는 언덕에 경치 좋은 카페도 있다. 타나 라타 남쪽으로 카메론 밸리 티 농장Cameron Valley Tea Plantation도 있다.

Access 브린창 북쪽 숭아이 팰리스에 위치
Open 화~일 09:00~16:30 (월 휴무)
Cost 무료
Address 39100 Brinchang
Web www.boh.com.my

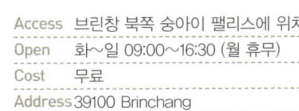

Sightseeing ★★★

정글 트레킹 Jungle Trekking

카메론 하일랜드에서 빼놓을 수 없는 것이 정글 트레킹이다. 열대의 밀림을 온몸으로 경험할 수 있는 정글 트레킹 코스 중 가장 인기 있는 코스는 브린창 산의 이끼 숲인 **모시 포레스트**Mossy Forest다. 안개 가득 습한 밀림 속의 이끼 숲은 신비로운 기운이 넘치고 그 끝은 카메론 하일랜드에서 가장 높은 산인 이라우 산Gunung Irau을 향해 있다.

♦
Story. 짐 톰슨 실종 미스터리
짐 톰슨(1906.03.21~?)은 타이실크를 전 세계에 알린 기업인으로 현재까지 그의 이름을 딴 대표적인 실크 브랜드 '짐 톰슨(Jim Thompson)'이 널리 사랑받고 있다. 1960년대 중반 타이실크 산업이 급성장하면서 짐 톰슨의 사업도 번창일로였으나, 과로와 병을 얻어 그의 절친과 함께 카메론 하일랜드의 별장(현재 짐 톰슨 코티지, Jim Thompson Cottage)으로 휴가를 떠났다. 그리고 1967년 3월 26일, 그는 정글에서 흔적도 없이 사라져버렸다. 당시 베트남 전쟁이 격화되면서 활발해진 미국의 동남아 첩보 활동에 연계되었다는 설과 쿠데타 등으로 불안해진 태국 정계와의 불화설, 단순 조난설 등 여러 실종의 이유가 거론되었지만 어떤 단서도 못 찾고 오늘날까지 그의 행방과 생사는 미스터리로 남아 있다. 그가 실종된 지 7개월 만에 누나인 캐서린(당시 74세)이 자택에서 살해된 채 발견되었는데, 이 또한 미제 사건으로 남았고 그의 실종과의 관련 여부도 불분명하다.

Sightseeing ★★☆

딸기 농장 Strawberry Farm

카메론 하일랜드는 말레이시아에서 딸기를 재배할 수 있는 기후 조건을 갖춘 몇 안 되는 지역이다. 때문에 딸기는 이 지역의 중요한 경제 자원이자 관광 자원이다. 브린창과 타나 라타 주변에 크고 작은 딸기 농장이 있는데, 딸기를 직접 재배하는 체험은 물론 갓 따온 딸기를 맛볼 수 있다. 당도가 다소 떨어지는 탓에 생크림이나 초콜릿을 곁들여 먹는다. 가장 좋은 딸기가 나오는 시기는 4월에서 6월이다.

Access 브린창과 타나 라타 주변
여러 곳에 위치

Sightseeing ★★☆

나비 농장 Butterfly Farm

해발 1,500m에 있는 나비 농장에는 저지대에서는 찾을 수 없는 희귀 나비가 있다. 규모가 크지는 않지만 딱정벌레, 전갈, 독거미 등 곤충과 도마뱀, 뱀 등의 파충류까지 볼 수 있어 동물에 관심이 많은 사람은 둘러볼 만하다. 브린창 지역에 몇 개의 나비 농장이 더 있다.

Access	브린창 북쪽에 위치
Open	평일 09:00~18:00, 주말 08:00~19:00
Cost	성인 RM7, 어린이 RM4
Address	43rd Miles, Kea Farm, 39100 Brinchang

Sightseeing ★☆☆

꿀벌 농장 Ee Feng Gu Bee Farm

어린이들이 좋아할 만한 거대한 꿀벌 캐릭터가 곳곳에 있는 꿀벌 농장은 식물이 가득한 정원 안에 양봉 상자가 놓여 있다. 작은 박물관과 카페, 미로가 있는 꽤 큰 규모이고, 이곳에서 채취한 꿀과 관련된 제품을 판매하는 상점이 있다.

Access	브린창 북쪽에 위치		
Open	08:00~19:00	Cost	무료
Address	Brinchang, 39000 Brinchang		
Web	www.eefenggu.com		

Sightseeing ★★☆

로즈 센터 Rose Centre

장미를 비롯한 각종 식물이 층층이 자리 잡고 있는 식물원으로 언덕을 따라 아기자기하게 꾸며져 있어 지루하지 않게 정상에 오를 수 있다. 정상 테라스의 전망으로도 유명하다.

Access	브린창 키팜 마켓의 언덕에 위치
Open	08:00~18:00
Cost	성인 RM5, 어린이 RM2
Address	Brinchang, 39000 Brinchang

Sightseeing ★★☆

삼포 사원 Sam Poh Temple

1972년 지어진 불교사원으로 브린창이 내려다보이는 언덕에 있다. 카메론 하일랜드에서 가장 규모가 큰 사원으로 브린창 지역에 많이 거주하는 중국인들이 다닌다. 커다란 부처상이 있고 중국의 무신이었던 쳉호Cheng Ho 장군을 모시는 곳이기도 하다. 법당에 오르려면 신을 벗어야 한다.

Access	브린창 남쪽에 위치		
Open	07:00~19:00	Cost	무료
Address	Brinchang, 39000 Brinchang		

페낭 Penang

• Intro •
동양의 진주, 페낭

다양한 문화와 종교가 서로 조화를 이루는 페낭은 골목골목 시간이 멈춘 듯한 예스러움이 가득하고 이국적인 매력이 넘쳐 여전히 관광객을 끌어당기고 있다. 1826년 말라카와 싱가포르가 합병되어 해협식민지가 되면서 유럽의 문화와 건축 양식이 유입되었다. 인구의 대부분인 중국계는 본토인과 가족을 이루면서 프라나칸이라는 독특한 문화 형태를 만들었다. 그 영향을 고스란히 물려받은 조지타운은 그 역사적, 문화적 가치를 인정받아 2008년 유네스코 세계문화유산으로 선정되었다. 말레이시아가 자랑하는 음식 중 하나인 페낭 락사의 본고장으로 식도락 여행으로도 손색이 없고, 북부의 조용한 해안가에는 휴양을 즐길 수 있는 리조트가 모여 있다. 문화와 역사를 주제로 식도락과 휴양을 적절히 조정해 페낭의 매력을 제대로 느껴보자.

#페낭의 역사 #History of Penang

영국의 프란시스 라이트 선장 Captain Francis Light이 섬에 착륙하면서 영국령이 되기 전까지 페낭 섬은 말라야 연방의 일부였다. 말라카 해협의 관문인 덕에 일찍이 중국, 인도, 아랍의 배들이 들어오면서 아시아 무역의 중심 역할을 했고 16세기 이후 상업의 발달과 함께 해적이 출몰하는 지역이 되었다. 1786년 말레이 술탄이 영국의 동인도 회사에 섬을 양도하고 프란시스 라이트 선장이 섬에 들어와 '웨일스의 왕자 Prince of Wales Island'라고 명명해 1867년까지 쓰였다. 그는 가장 먼저 콘월리스 요새를 지었고, 현재 조지타운의 주요 거리를 만들었다. 또한 네덜란드와의 무역을 위해 항구를 무료로 개방하면서 여러 나라의 상인이 이민을 와 정착했다.

1794년 프란시스 라이트 선장이 말라리아로 사망하고 1800년 웰링턴 공작이 통치하기 시작한 19세기 초 페낭은 아편 무역을 준비하는 전초 기지였고, 동인도 회사는 도박장, 매춘, 아편 무역으로 막대한 수입을 올렸다. 제1차 세계대전 당시 독일 함대가 페낭의 항구를 공격해 군함이 침몰하는 사건이 발생했으며, 현재 에스플러네이드에는 이때 희생당한 전사자들을 추모하는 전쟁 기념비가 있다.

제2차 세계대전으로 페낭도 격변의 시기를 겪는다. 1941년 일본에 무력으로 점령당해 폭정이 이어지면서 많은 유럽인들이 이를 피해 고국으로 돌아갔고 영국도 무방비로 섬을 떠났다. 전쟁이 끝나고 영국에 반환된 페낭은 다시 1946년 말레이 연합의 일부로 편입되었고 1963년에 말레이시아의 13번째 주가 되었다. 1957년 엘리자베스 여왕 2세가 조지타운에 도시 지위를 부여했다.

★
도시 개요
【도시명】
페낭 Penang
【위치】
말레이반도 북서쪽 해안의 섬
【인구】
약 1,890,000명 (2016년)
【홈페이지】
www.tourismpenang.net.my
【키워드】
조지타운, 거리 예술, 락사, 프라나칸, 주석, 유네스코, 휴양

★
지명 표기
페낭(Penang)은 영어 표기이고, 말레이로는 피낭(Pinang) 또는 피낭 섬(Pulau Pinang)이라고 부른다.

★
관광안내소
Information Center
【Access】
르부 판타이(비치 스트리트)에 위치
【Open】
평일 09:00~17:00,
토 09:00~15:00,
일 · 공휴일 09:00~13:00
【Address】
10, Lebuh Pantai, George Town, 10300 Pulau Pinang
【Tel】
604-263-1166
【Web】
www.mypenang.gov.my
www.tourismpenang.net.my

• Must Try •
페낭 Best 3

#Sightseeing 1 (조지타운)
유네스코 세계문화유산에 빛나는 조지타운의 구석구석을 둘러보자!

쿠 콩시 (p.216)

거리 예술 (p.212)

페낭 주립 박물관 & 아트 갤러리 (p.220)

#Sightseeing 2
페낭의 자랑, 페낭 힐과 켁록시 사원을 한번에 둘러보고 바다에서 휴식을 취하자!

페낭 힐 (p.225)

켁록시 사원 (p.224)

바투 페링기 (p.241)

#Food & Relax
길거리 미슐랭이 있다면 세계 최고의 맛은 단연 페낭이다.

페낭 락사 & 첸돌 (p.230)

차이나 하우스 (p.226)

거니 드라이브 (p.238)

#Stay
이국적인 프라나칸 맨션부터 배낭여행자의 골목 러브 레인까지 다양한 숙소가 있다.

Luxury Boutique 청팟제 맨션 (p.219)

Luxury Resort 샹그릴라 라사 사양 리조트&스파 (p.246)

Backpacker 러브 레인 골목 (p.236)

• Information • 01
페낭 들어가기 & 나오기

1. 비행기

우리나라에서 출발하는 직항 노선은 없고, 쿠알라 룸푸르나 다른 도시를 경유해야 한다. 말레이시아항공이나 에어아시아를 통해 한국 출발, 쿠알라 룸푸르 경유 항공편을 예약할 수 있다. 쿠알라 룸푸르에서 약 1시간이 소요된다. 이 외에 에어아시아를 통해 랑카위, 쿠칭, 코타 키나발루, 조호 바루, 싱가포르, 방콕 등과 연결되는 항공편을 이용할 수 있다.

#페낭 국제공항 #Penang International Airport(PEN)

페낭 국제공항(www.penangairport.com)은 페낭 섬 남서쪽, 조지타운에서 남쪽으로 약 14km 떨어진 곳에 있다. 말레이시아항공, 에어아시아, 파이어플라이 등 국적 항공기와 타이항공, 드래곤에어, 실크에어 등이 운항한다.

2. 고속버스

쿠알라 룸푸르에서 최소 5시간을 달리면 페낭에 도착할 수 있다. TBS 버스터미널이나 에어로라인을 이용하면 되는데, 버스 회사별로 경유지와 도착지가 달라 소요시간이 다르다. 버스를 이용할 경우 페낭의 숭아이 니봉 버스터미널  Sungai Nibong Bus Terminal 또는 콤타 버스터미널에서 내리거나, 페낭 섬과 가까운 내륙의 버터워스 버스터미널에서 내려 페리를 타고 조지타운의 웰드 키까지 오는 방법도 있다. 페낭 출발은 콤타 주변의 여행사에서 쿠알라 룸푸르, 카메론 하일랜드, 싱가포르 등으로 이동하는 버스를 예약해 이용할 수 있다.

★
숭아이 니봉 버스터미널
페낭 섬 남동쪽에 있는 장거리 버스터미널로 공항과도 가까운 위치에 있다. 조지타운이나 웰드 키까지는 페낭 시내버스 401E, 301번, 바투 페링기는 102번을 타고 이동하면 된다.

★
페낭대교
Penang Bridge
말레이반도와 페낭 섬을 잇는 두 개의 다리로 말레이시아의 명소로 꼽힌다. 첫 번째 페낭대교는 13.5km의 길이로 현대건설에서 시공을 맡아 1985년에 완공했다. 2014년 2월 개통한 제2페낭대교는 중국 회사가 건설했으며, 길이가 무려 24km로 동남아시아에서 가장 긴 교량이다.

#에어로라인 #Aeroline

쿠알라 룸푸르에서 페낭까지 가장 빠르고 편하게 이동할 수 있는 고급 고속버스다. 화장실이 있는 2층 버스로, 크루가 동승해 비행기급 서비스를 제공하며 좌석에 개인 모니터가 있다. 온라인 구매와 코러스 호텔 로비의 부스에서 현장 구매가 가능한데, 매진 가능성이 있으니 미리 구입하는 게 좋다.

출발지	도착지	출발 시간
쿠알라 룸푸르 (코러스 호텔)	페낭(숭아이 니봉 버스터미널 또는 퀸즈베이 몰)	09:30, 16:00 (약 5시간 소요)
페낭	쿠알라 룸푸르	08:30, 16:00
요금	성인 RM60, 어린이 RM30	
Web(예약)	www.aeroline.com.my	

√ 페낭 출도착지는 시즌별로 숭아이 니봉 버스터미널 또는 퀸즈베이 몰이 된다.
√ 쿠알라 룸푸르 선웨이 라군과 원 우타마 쇼핑몰에도 출도착편이 있다.

#쿠알라 룸푸르 TBS 버스터미널
쿠알라 룸푸르 TBS 버스터미널에서 페낭까지 수시로 버스가 있다. 운행 회사에 따라 경유지와 도착지가 달라지고 이에 따라 소요시간과 요금도 달라진다. 일반적으로 'TBS 버스터미널-이포-버터워스 버스터미널-페낭 숭아이 니봉 버스터미널-페낭 콤타 버스터미널'의 노선이다. 직행도 있으니 경유지와 목적지를 꼭 확인하고 이용해야 한다. 버터워스 버스터미널에서 내릴 경우 페리를 타고 조지타운 웰드 키까지 이동해야 한다.
Cost   RM38.5~

★ 예약
이지북닷컴(www.easybook.com)을 통해 버스, 기차, 페리 등을 예약할 수 있다.

3. 기차 + 페리

KL 센트럴역에서 기차로 버터워스역까지 이동해 버터워스 페리터미널에서 페리를 타고 조지타운으로 넘어가는 코스다. 약 6시간이 소요되고 야간기차는 7시간이 넘게 걸린다. 좌석 조건에 따라 요금이 달라진다.

#버터워스 #Butterworth
페낭 섬과 본토의 버터워스 간을 운항하는 페낭 페리는 말레이시아에서 가장 오래된 페리 서비스다. 1920년 운행을 시작한 이래 페낭대교가 놓인 후에도 여전히 사랑받는 교통수단이다. 버터워스 페리터미널 옆에 KL 센트럴과 태국의 방콕과 연결되는 기차역이 있고, 말레이시아 각 지역과 싱가포르 등을 연결하는 버스터미널이 있어 페낭으로 가는 기착지 역할을 하고 있다. 버터워스에서 조지타운의 웰드 키까지 약 20분이 소요되며 요금은 RM1.2인데, 조지타운에서 버터워스로 가는 페리는 무료다.

4. 페리

페낭과 랑카위 간을 운항하는 페리가 있다.

출발지	운행시간	소요시간	요금
페낭 웰드 키	08:15(파야 섬 경유), 08:30, 14:00	약 2시간 45분	성인 RM70 어린이(3~11세) RM51.3
랑카위 쿠아 제티	10:30, 14:30(파야 섬 경유), 15:00		
예약	www.langkawi-ferry.com, www.superfastferry.com.my		

✓ 시즌별로 운행시간과 편수가 조정되니 미리 확인해야 한다.
✓ 화물처리비(성인 RM10, 어린이(11세 이하) RM6.3)가 포함된 요금이다.

• Information • 02

공항에서 시내 이동

1. 택시

공항 택시 카운터에서 목적지까지 정액제 쿠폰 택시나 우버 또는 그랩 택시를 이용하면 된다. 페낭 국제공항 도착층 중앙 로비 내부와 외부의 택시 카운터에서 목적지를 말한 후 쿠폰을 구입해 택시를 타면 되고, 우버나 그랩 택시는 앱을 이용해 예약(p.33 참고)할 수 있다.

	4인승 기준	우버/그랩 택시	소요시간
조지타운	RM44.7	RM15~20	약 20분
바투 페링기	RM74	RM29~40	약 45분

* 쿠폰 택시는 자정부터 오전 6시까지 50% 할증 요금이 붙는다.

페낭공항 택시 카운터

페낭공항 화이트 택시

2. 버스

페낭 시내버스 라피드 페낭 Rapid Penang을 타고 페낭 전역으로 이동할 수 있다. 도착층 바깥으로 나오면 길 건너편에 버스정류장이 보인다. 거리에 따라 요금이 달라지며, 티켓은 버스 기사에게 구입하면 된다. 거스름돈이 없는 경우가 대부분이니 참고하자.

번호	루트 & 요금	운행시간
102	공항(PEN) ⋯ 숭아이 니봉 버스터미널 ⋯ 콤타 버스터미널(RM2.7) ⋯ 바투 페링기(RM4)	06:00~23:00, 60~80분 간격
401 401E AT	공항(PEN) ⋯ 숭아이 니봉 버스터미널 ⋯ 콤타 버스터미널(RM2.7) ⋯ 웰드 키 버스터미널(페리 선착장)	05:30~23:00, 25~35분 간격

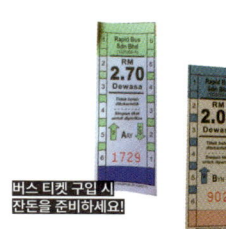

버스 티켓 구입 시 잔돈을 준비하세요!

공항과 조지타운을 오가는 401E 버스

• Information • 03
시내 교통

1. 라피드 페낭

노선이 단순하고 에어컨이 있는 깨끗한 페낭 시내버스로, 여행자에게도 유용한 교통수단이다. 요금은 거리에 따라 달라지는데, 버스 기사에게 목적지를 말하고 해당 요금에 따라 바로 티켓을 구매하면 된다. 거스름돈이 없는 경우가 대부분이기 때문에 잔돈을 준비해야 한다.

Open   05:30~11:30(노선에 따라 다름)
Cost   기본 RM1.4, 7.1~14km RM2, 14.01~21km RM2.7, 21.01~28km RM3.4, 28.01km~ RM4
Web   www.rapidpg.com.my

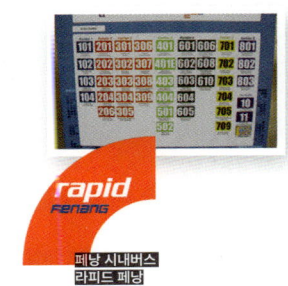
페낭 시내버스 라피드 페낭

번호	주요 노선	운행간격
101	웰드 키 … 콤타 … 거니 드라이브 … 바투 페링기	10~20분
102	공항 … 콤타 … 스트레이트 키 … 바투 페링기	60~80분
103, 104	웰드 키 … 콤타 … 거니 드라이브	30~40분
201, 203	웰드 키 … 콤타 … 켁록시 사원	15~30분
204	웰드 키 … 콤타 … 켁록시 사원 … 페낭 힐	25~40분
10	웰드 키 … 콤타 … 거니 드라이브 … 보타니컬 가든	45~60분

#웰드 키 버스터미널 #Weld Quay Bus Terminal
조지타운 페리터미널과 가까운 곳에 있는 버스터미널로 페낭에서 가장 큰 규모를 자랑하며, 페낭 섬을 운행하는 모든 버스가 이곳에서 출발한다. 터미널 A와 B로 나뉘어 있고 무료 버스인 CAT 버스 1번 정류장이다.

#콤타 버스터미널 #Komtar Bus Terminal
조지타운의 랜드마크인 콤타 빌딩에 있는 버스터미널로, 페낭 각지로 연결하는 허브 역할을 한다. 웰드 키를 출발한 버스가 이곳을 경유해 운행한다.

#출리아 스트리트 버스정류장
여행자들의 거리로 통하는 러브 레인 Love Lane과 출리아 스트리트 Lebuh Chulia 근처에 묵을 경우 출리아 스트리트 버스정류장을 이용하면 된다. 러브 레인 끝에 있는 세븐일레븐 건너편에 정류장이 있는데, 별다른 표지는 없지만 버스를 기다리는 여행자들이 모여 있다.

2. 택시

페낭의 주요 관광지에서 택시를 쉽게 잡을 수 있다. 미터기가 있기는 하지만 구간별로 합의된 요금을 부른다. 우버나 그랩 택시를 이용하면 정상 택시 요금보다 50% 이상 저렴하므로 상황에 따라 이용하자.
Cost   일반 택시 요금

택시 승차장

3. 페낭 홉 온 홉 오프 버스

유효기간 내 자유롭게 타고 내릴 수 있는 2층 투어 버스로 페낭 섬 내의 주요 관광지를 운행한다. 조지타운과 페낭 힐을 도는 시티 루트 City Route 와 북쪽의 해안가를 따라 운행하는 비치 루트 Beach Route 로 나뉘며, 티켓 하나로 모든 루트를 이용할 수 있다. 티켓은 온라인이나 주요 대리점에서 구입하거나 버스 기사에게 바로 구입할 수도 있다. 24시간권과 48시간권이 있다.
Open   09:00~20:00, 20~30분 간격 운행
Cost   **24시간** 성인 RM45, 어린이 RM24
       48시간 성인 RM79, 어린이 RM43
Web   www.myhoponhopoff.com/pg/

홉 온 홉 오프 버스

4. 무료 버스 CAT

조지타운 주요 관광지를 순환하는 무료 버스 CAT Central Area Transit 은 현지인뿐 아니라 여행자들에게도 훌륭한 교통수단으로 이용객이 많은 편이다. 별도의 CAT 정류장이 있고 일방 루트로 다니니 옆의 지도를 확인하고 이용하도록 하자.
Open   06:00~00:00
Cost   무료

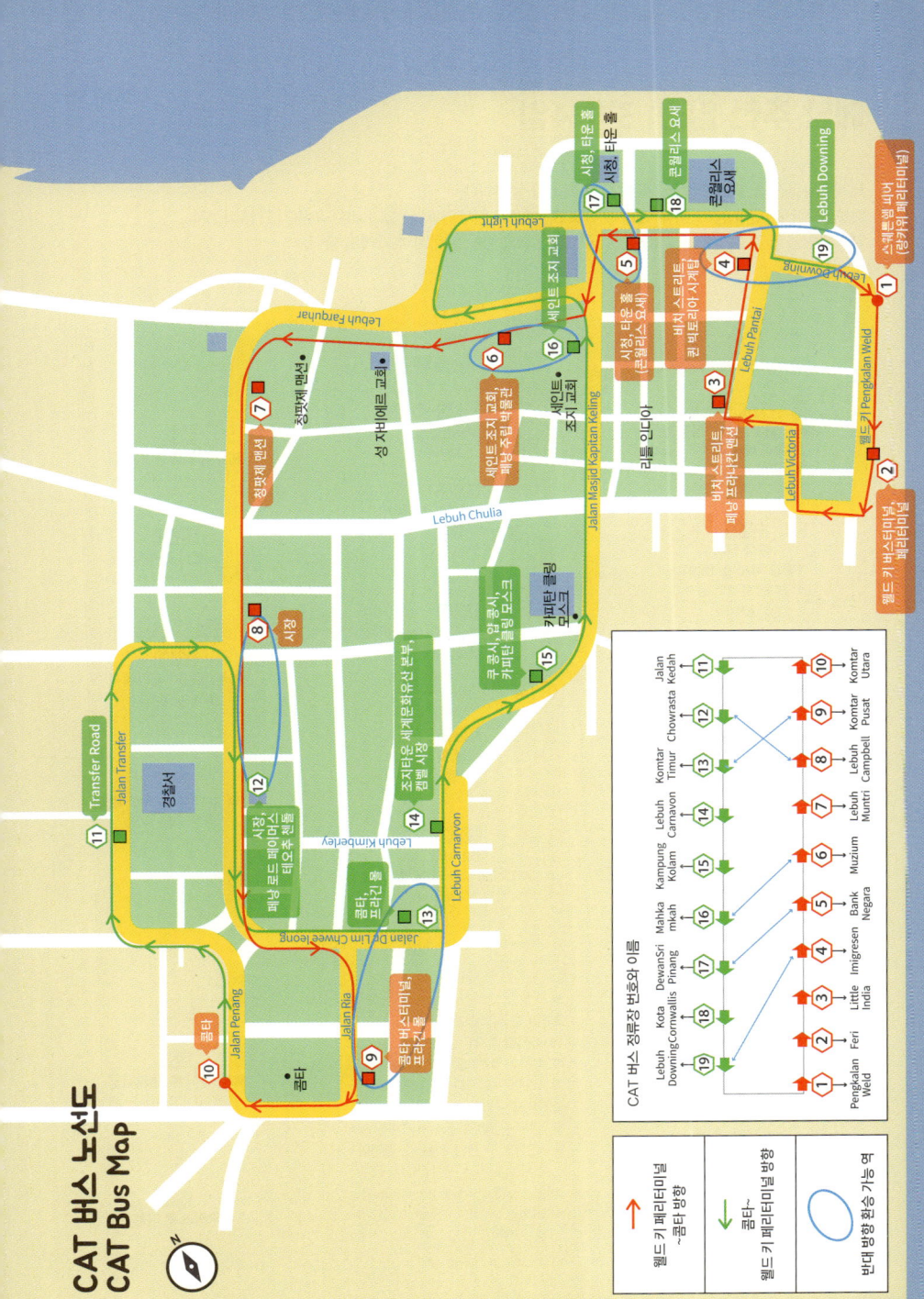

• Itinerary •

페낭 추천 일정: 3박 4일

세계문화유산의 도시답게 조지타운은 볼거리가 풍성하다.
도보나 자전거를 이용해 여유 있게 돌아보고, 시간이 된다면 페낭 힐과 바투 페링기도 둘러보자.
열대우림을 즐기고 싶은 사람은 페낭 국립공원 트레킹을 일정에 추가해도 좋다.

#1일
조지타운

10:00
세계문화유산 조지타운과
거리 예술 투어
쿠 콩시~아르메니안 스트리트
↓
12:00
점심 식사
(페낭 락사 & 첸돌)
【추천】주 후이 카페
(p.230)
↓
13:00
세계문화유산 조지타운과
거리 예술 투어
출리아 스트리트~페낭 주립 박물관
~콘월리스 요새
↓
16:00
클랜 제티
(p.222)
↓
17:00
거니 플라자
(p.240)
↓
18:00
거니 드라이브 야시장
(p.238)
↓
20:00
숙소 도착, 휴식

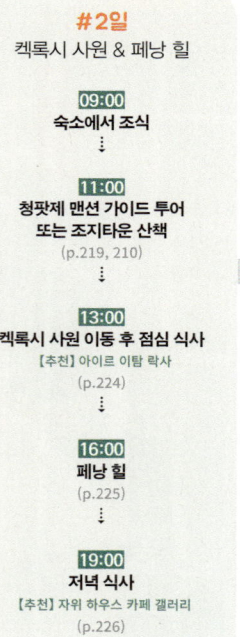

#2일
켁록시 사원 & 페낭 힐

09:00
숙소에서 조식
↓
11:00
청팟제 맨션 가이드 투어
또는 조지타운 산책
(p.219, 210)
↓
13:00
켁록시 사원 이동 후 점심 식사
【추천】아이르 이탐 락사
(p.224)
↓
16:00
페낭 힐
(p.225)
↓
19:00
저녁 식사
【추천】자위 하우스 카페 갤러리
(p.226)

★
조지타운 도보관광 코스
(4~5시간 소요)
쿠 콩시 → 아친 모스크 (벽화: 의자 위 소년) → 얍 콩시 → 아르메니안 스트리트 (벽화: 자전거를 탄 아이들, 낡은 오토바이 등) → 카피탄 클링 모스크 → 콴임 사원 → 출리아 스트리트 & 러브 레인 (벽화: 쿵푸 소녀) → 페낭 박물관 → 세인트 조지 교회 → 시청 → 콘월리스 요새 → 클랜 제티

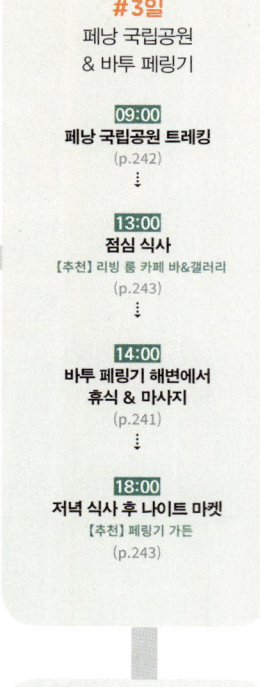

#3일
페낭 국립공원 & 바투 페링기

09:00
페낭 국립공원 트레킹
(p.242)
↓
13:00
점심 식사
【추천】리빙 룸 카페 바&갤러리
(p.243)
↓
14:00
바투 페링기 해변에서
휴식 & 마사지
(p.241)
↓
18:00
저녁 식사 후 나이트 마켓
【추천】페링기 가든
(p.243)

#4일
릴랙스

오전
호텔 휴식 후 체크아웃
【추천】샹그릴라 라사 사양
리조트&스파
(p.246)
↓
오후
공항으로 이동

• Guide • 01

역사와 문화가 살아 숨 쉬는 세계문화유산, 조지타운(George Town World Heritage Site)

인류 보편적 가치를 지닌 자연유산 및 문화유산을 발굴해 보호 및 보존하자는 취지로 유네스코는 1972년 '세계문화 및 자연유산 보호 협약'을 채택했다. 이에 따라 지정된 유산은 문화유산과 자연유산, 둘의 성격이 혼합된 복합유산의 세 가지로 분류된다. 이 가운데 문화유산은 역사, 예술, 학문적으로 그 가치가 독보적인 건축물, 예술품, 유물, 유적지 등을 포함한다.

15세기부터 동서양을 잇는 해상무역항이었던 페낭은 1876년 영국 식민지 시대가 시작되면서 조지타운이 형성됐다. 여러 인종이 정착하면서 동서양의 문화와 건축이 공존하는 올드타운으로 그 가치를 높게 평가받은 페낭의 조지타운은 말라카와 더불어 2008년 7월 세계문화유산으로 지정됐다. 이를 기념하기 위해 매년 7월 말부터 한 달간 조지타운 페스티벌(George Town Festival)이 열린다.

★
조지타운 세계문화유산 본부
【Access】
아르메니안 스트리트에 위치
【Open】
09:00~17:00
【Address】
116&118, Lebuh Acheh, 10200 George Town, Pulau Pinang
【Tel】
604-261-6606
【Web】
www.gtwhi.com.my

조지타운 세계문화유산 본부

1. 다민족 & 다문화가 어우러진 조지타운

#차이나타운
페낭에서 가장 오래된 이 지역은 좁은 골목골목 들어선 낡은 숍하우스에서 여전히 옛날 방식으로 장사를 하는 상점들을 볼 수 있다. 중국사원, 인도사원, 이슬람사원이 모여 있어 풍부한 문화적 볼거리가 있고, 트라이쇼를 타고 관광을 즐기는 모습은 마치 영화 세트장 같기도 하다. 출리아 스트리트를 중심으로 하며 리틀 인디아도 이곳 내에 있다.

#리틀 인디아
인도 전통 의상인 사리를 두른 여인들의 모습에서 눈을 뗄 수 없는 골목이다. 의상부터 음식까지 모두 인도 스타일이며 신나는 인도 음악으로 거리가 들썩인다. 콴인텡 사원 건너편 골목이 중심으로, 밤이 되면 음악과 조명으로 더욱 화려한 모습을 연출한다.

#콜로니얼 지구
식민지 시대 건축물이 집중된 곳으로 북동쪽 해변의 콜로니얼 지구는 유럽의 도시와는 다른 독특한 매력이 있다. 네오 클래식 빅토리안 양식 등 유럽식 건물이 있고 새하얀 영국식 교회와 학교가 모여 있다.

#아르메니안 지구
인도계 무슬림들이 이주해 정착한 지구로 아친 스트리트 모스크를 중심으로 형성돼 있다. 아르메니안 공원에서는 벼룩시장도 열린다.

★
조지타운 페스티벌
George Town Festival(GTF)
2008년 7월 유네스코 세계문화유산으로 지정된 것을 기념하기 위해 매년 7월 말부터 한 달간 열리는 축제. 세계적 수준의 공연과 전시, 설치 예술 등 100개가 넘는 퍼포먼스가 열리고 지역 예술가와의 협업도 다양하게 선보인다(www.georgetownfestival.com).

2. 조지타운의 거리 이름

원래 조지타운의 거리는 영국 식민지 시대에 지어진 영어식 이름이었으나, 독립 이후 1967년 모국어법이 통과되면서 정부는 공식적으로 말레이어를 쓰게 했다. 그 영향으로 현재는 말레이어와 영어식 이름이 혼용돼서 쓰이고, 필요에 따라 표지판에 영어, 중국어, 타밀어, 아랍어 등을 추가하기도 한다. 전혀 다른 번역으로 여행자에게 혼동을 주는 거리명은 따로 기억해두도록 하자.

★
거리 이름 표기
일반적으로 말레이어 'Jalan'은 Road 또는 Street로, Lebuh는 Street로, Lorong은 Lane으로 바꿔 쓴다. 르부 킴벌리(Lebuh Kimberley)는 영어로 킴벌리 스트리트(Kimberley Street)가 되는 식이다.

#대표 거리

✓ **Jalan Masjid Kapitan Keling – Pitt Street**
아르메니안 지구, 차이나타운, 리틀 인디아, 콜로니얼 지구 등을 나누는 경계가 되는 중심도로로, 카피탄 클링 모스크가 있다.

✓ **Lebuh Pantai – Beach Street**
은행과 금융회사들이 모여 있는 은행가다.

✓ **Lorong Cinta – Love Lane**
주로 '러브 레인'이라 불리며 출리아 스트리트와 연결된 배낭여행자를 위한 거리다.

3. 조지타운 돌아보기

조지타운의 주요 관광지는 도보로 이동해도 무난한 거리에 모여 있지만 뜨거운 태양과 더위로 금방 지치기 십상이다. 따라서 도보와 CAT 버스를 적절히 이용하거나 자전거를 대여해 골목골목 구경해보자.

★
차 없는 거리
매주 일요일 오전 8시에서 오후 1시까지 비치 스트리트 주변은 차 없는 거리다. 자전거와 트라이쇼 등이 안전하게 다닐 수 있고 여러 이벤트가 열린다.

#자전거 투어 #Bicycle Tour

조지타운에 벽화가 그려진 후 골목 구석구석에 숨은 벽화를 보려는 여행자들이 선호하는 교통수단이다. 거리에서 자전거 대여점을 쉽게 찾을 수 있고, 일부 숙소에서는 대여도 가능하다. 단, 도로에 차가 많고 주말에는 혼잡하기 때문에 안전사고의 위험이 있어 어느 정도 자전거에 익숙한 사람에게 추천한다. 대여 시 신분증이 필요하고 대여비는 업체마다 조금씩 다르다. 기본 RM10 정도이고 1일 대여비는 RM15 내외다. 2인용 자전거와 4인용 자전거도 있다.

#트라이쇼 #Trishaw

소박하게 꾸며진 3륜 인력거다. 그늘 아래에서 천천히 유람하듯 조지타운을 둘러볼 수 있다. 주중과 주말 요금에 차이가 있는데 시간당 RM20~30 내외다. 두 시간이면 RM40 내외로 흥정이 가능하다. 성인 두 명이 탈 수 있다.

• Guide • 02

조지타운 스트리트 아트
(George Town Street Art)

2008년 조지타운이 세계문화유산으로 지정된 이후 조지타운의 역사를 쉽게 이미지화하려는 작업을 진행해 왔다. 첫 번째 시도는 'Marking George Town'으로 2010년 조지타운 골목 곳곳에 골목의 유래와 전통을 만화 이미지로 만든 금속 조각이 세워졌다. 2012년에는 조지타운 페스티벌의 일환으로 젊은 화가 어니스트 자카르빅(Ernest Zacharevic)과 협업하여 공공 벽화를 완성했다. 페낭 사람들의 생활상을 오토바이, 자전거 등 실제 물건들과 결합해 표현한 벽화 프로젝트 'Street Art'는 대성공을 거뒀고, 그의 작품을 보기 위해 많은 관광객들이 모여들고 있다. 한편으로는 조지타운의 역사적, 문화적 유적지가 스트리트 아트의 그늘에 가려진 듯해 씁쓸하기도 하다. 거리 예술의 특성상 많은 이들에게 노출될 뿐만 아니라 자연현상 등으로 작품이 조금씩 훼손되고 있어 그 수명이 얼마 남지 않아 보인다. 이에 조지타운 본부는 거리 예술을 보존하고 발전시키려는 시도를 이어가고 있다.

★
어니스트 자카르빅
리투아니아 출신의 젊은 예술가로 그라피티로 명성을 얻어 '아시아의 뱅크시'라고도 불린다. 페낭에 잠시 거주하면서 받은 영감을 바탕으로 조지타운의 대표 벽화들을 완성시켰다. 그의 작품은 고스란히 조지타운을 대표하는 이미지로 상품화되어 큰 인기를 끌고 있다.

★ 기타 지역 Street Art
풍선 든 소녀 Straits Quay

★ 유난히 조지타운에 고양이 그림이 많은 이유는 뭘까?
1. 그만큼 고양이를 사랑한다.
2. 영악한 제리가 너무 많다.

#스트리트 아트 #Street Art

인력거 맨
Trishaw Man

쿵푸 소녀
Kungfu Girl

인디언 보트맨
The Indian Boatman

의자 위 소년
Boy on Chair

사자 춤
Lion Dance

문화 소녀들
Cultural Girls

자전거를 탄 아이들
Kids on Bicycle

스키피
Skippy

행운의 고양이만큼 사랑해주세요
Love Me Like Your Fortune Cat

창문 너머 아이들
Children behind Window Bar

이소룡
Bruce Lee

낡은 오토바이
Old Motorcycle

농구하는 아이들
Children Playing Basketball

그네 타는 남매
Brother and Sister on a Swing

거북이를 탄 소녀
The Turtle Rider

#마킹 조지타운 #Marking George Town

지미 추
Jimmy Choo
Leith Street & Muntri Street
페낭 출신 세계적인 구두 디자이너 지미 추가 처음 견습생으로 일을 시작한 곳이다.

윈윈하는 상황
Win Win Situation
Muntri Street
19세기 주석 광산 개발에 공이 있는 말레이 귀족의 이름에서 유래한 문트리 스트리트

스파이
Spy
Cintra Street
20세기 초 일본 카메라 숍을 중심으로 은밀한 스파이 행각을 한 걸로 의심된다.

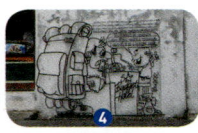

버짓 호텔
Budget Hotels
Chulia Street
19세기 숍하우스가 저가 호텔로 변신하여 전 세계 배낭여행자들이 모여들고 있다.

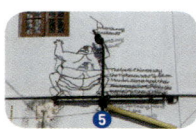

바람 피는 남편
Cheating Husband Lane
Love Lane
중국인들은 바람난 남편의 정부가 사는 문트리 스트리트를 '사랑의 골목'이라고 불렀다.

가장 좁은 5피트 길
Narrowest Five Foot Way
Stewart Lane
완하이 호텔은 5피트도 안 되는 가장 좁은 길로 알려져 있다. 5개의 조각상이 있다.

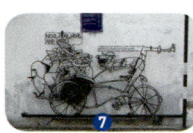

베카
Beca
Chulia Lane
'베카'로 불리는 인력거꾼은 투어 가이드 역할도 했다.

마작
Mahjong
Stewart Lane
마작(참새의 게임)은 노인들이 좋아하는 취미다.

템플 데이
Temple Day
Lorong Muda
음력 1일과 15일 동안 관음사는 신성한 인도를 구하는 신자들로 가득하다.

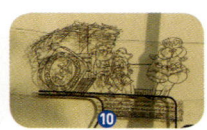

달구지
Bullock Cart Wheel
Pitt Street
황소 두 마리가 끌던 달구지의 주차장이었다. 'Straits Settlement'가 적힌 동전이 바퀴에 그려져 있다.

톡톡면
Tok Tok Mee
Pitt Street & China Street
노점상이 왔다고 알리는 '톡톡' 소리 때문에 호키엔 완탕면은 톡톡면으로도 불린다.

중심가
Main Street
Chulia Street
프란시스 라이트 선장이 만든 출리아 스트리트는 오늘날 배낭여행자들의 중심가다.

칸다르
Kandar
Pitt Lane
칸다르(장대) 양쪽에 타밀 무슬림의 식사인 나시 칸다르를 힘겹게 들고 이동하는 모습을 묘사했다.

아퀴?
Ah Quee?
Ah Quee Street
차량의 접근이 가능하도록 집을 기부한 중국계 수장 '청 퀴'의 이름을 딴 거리.

너무 좁은 골목
Too Narrow
Soo Hong Lane
초기 페낭에서 인력거는 가장 인기 있던 교통수단이었다. 수홍골목은 조지타운에서 가장 좁은 골목이다.

행렬
Procession
Armenian Street
호랑이 해에 열리는 투아 펙콩의 행렬은 불운을 씻어주고 부와 건강을 가져다준다.

과거와 현재
Then & Now
Armenian Street
놋쇠와 구리 제품을 만드는 대장간 거리로 호키엔은 'Coopersmith's Street'라고 부른다.

대포구멍
Cannon Hole
Cannon Street
1867년 페낭 폭동으로 커다란 구멍이 생겼다고 해서 붙여진 이름이다.

1인 2역
Double Role
Chulia Street Ghaut
1909년까지 경찰은 소방관 역할까지 맡았다.

재산
Property
Victoria Street
1800년대 상점과 창고가 빅토리아 거리의 해안가에 지어졌다.

#힌 버스 데폿 아트 센터 #Hin Bus Depot Art Center

페낭의 젊은 예술혼이 폭발하는 듯한 힌 버스 데폿 아트 센터는 크고 작은 실내 갤러리와 벽화가 그려진 야외 정원인 뮤럴 가든, 무대, 스타일리시한 카페와 레스토랑 등이 모여 있는 종합예술공간이다. 초기에 어니스트 자카르빅의 작품으로 채워졌던 뮤럴 가든은 정기적으로 다국적 작가들의 그림으로 교체되고 있다. 아트 센터 내에 있는 브릭클린 카페 바 Bricklin Cafe Bar와 타번 인 더 파크 Tavern in the Park도 감각적인 디자인과 음식으로 인기가 많다. 일요일에는 현지 예술가들의 작품 위주로 선데이 팝업 마켓 Sunday Pop-up Market이 열리니 이 시간에 맞춰 방문해도 좋겠다.

★
힌 버스 데폿 아트 센터 정보
【Access】
콤타에서 도보 5분 이내, 구드와라 스트리트 방향에 위치
【Open】
평일 12:00~20:00, 주말 11:00~21:00
(선데이 팝업 마켓 11:00~17:00)
【Address】
31, Jalan Gurdwara, George Town, 10300 George Town, Pulau Pinang
【Tel】
604-226-5691
【Web】
www.hinbusdepot.com

Sightseeing ★★★

쿠 콩시 Khoo Kongsi

페낭에서 가장 성공한 남중국 출신의 쿠씨 문중이 건립한 쿠 콩시는 용산당龍山堂(롱산통)으로도 알려져 있다. 페낭에서 가장 화려하고 정교하며 웅장한 콩시다. 사원 겸 갤러리인 쿠 콩시는 1894년 기존의 가옥 대신 새로운 건물로 지어진 것으로 1901년 화재로 소실된 것을 재건하여 1906년 완성한 것이다. 특히 지붕과 기둥, 벽면에 가득한 정교하고 아름다운 조각은 쉴 새 없이 감탄하게 한다. 사당 입구 오른쪽에는 선조들의 위패가 진열되어 있고, 갤러리에는 쿠씨 가문의 역사적 자료와 중국 골동품이 전시되어 있다. 입장료가 전혀 아깝지 않은 곳이니 꼭 들러보도록 하자.

Access	벽화가 많은 아르메니안 지구 캐논 스트리트에 위치
Open	09:00~17:00
Cost	성인 RM10, 어린이(5~12세) RM1
Address	18, Cannon Square, George Town, 10450 George Town, Pulau Pinang
Tel	604-261-4609
Web	www.khookongsi.com.my

Tip 콩시(Kongsi)란?
해외에 사는 중국인들의 씨족 공동체로 같은 성씨 즉 혈연관계로 맺어진 사람들이 모여 사는 곳이다. 콩시는 씨족 경제활동의 근원지이자 사원의 역할을 겸하고 있다.

Sightseeing ★★☆

얍 콩시 Yap Kongsi

남중국에서 온 얍씨葉氏의 사원으로 추치콩慈濟宮, Choo Chay Keong 사원과 나란히 자리 잡고 있다. 1924년 사원이 완성되면서 페낭으로 온 두 얍씨 가문이 합병하게 되었고, 자신들의 절을 추치콩 사원에 기증하였다. 1992년 현재의 모습으로 복원되었다.

Access	아르메니안 스트리트에 위치, 쿠 콩시와도 가깝다.
Open	09:00~17:00
Cost	무료
Address	Lebuh Armenian, 10450 George Town, Pulau Pinang

Sightseeing ★★☆

체 콩시 Cheah Kongsi

중국 호키엔 출신의 체씨謝氏 가문의 사원이다. 중국의 저택 같은 모습을 한 이곳은 사원뿐 아니라 중국인들의 생활도 엿볼 수 있는 곳이다. 사당 입구에는 좀 생뚱맞은 사자상이 있는데, 식민지 시절 영국에 충성을 맹세하는 의미로 영국 사자상을 놓았다고 한다.

Access	아르메니안 스트리트 에델바이스 카페 옆에 위치
Open	평일 09:00~17:00, 토 09:00~13:00 (일·공휴일 휴무)
Cost	성인 RM10, 어린이(3~12세) RM5
Address	8, Lebuh Armenian, 10200 George Town, Pulau Pinang
Tel	604-261-3837
Web	www.cheahkongsi.com

Sightseeing ★★★

카피탄 클링 모스크 Kapitan Keling Mosque(Masjid Kapitan Keling)

페낭에서 규모가 가장 크고 유명한 인도 무굴 양식의 모스크다. 조지타운 중심부에서 단연 돋보이는 아름다운 미나레트^{Minaret}(모스크에 세워진 높은 탑)와 돔 지붕이 인상적이다. 1801년 동인도 회사에 의해 세워진 후 수차례 증축과 보수를 거치기도 한 카피탄 클링 모스크는 영국이 임명한 남인도 무슬림의 수장인 캡틴 클링^{Kaptain Keling}에서 이름이 유래되었다고 한다. 무슬림이 아닌 사람들은 복장을 갖추어야 하고, 예배당 안은 들어갈 수 없다. 여자 신도들은 뒤쪽에 칸막이를 두고 기도를 올린다.

Access	조지타운의 중심을 가로지르는 카피탄 클링 모스크 스트리트에 위치
Open	월~목 · 주말 11:30~13:00, 14:00~18:00, 금 14:30~18:00
Cost	무료
Address	14, Jalan Buckingham, George Town, 10200 George Town, Pulau Pinang
Tel	6014-812-1752

Sightseeing ★☆☆

아친 스트리트 모스크
Acheen Street Mosque

아체 출신의 부호 후세인^{Tunku Syed Hussain Al-Aidid}이 기증한 땅에 지어진 모스크로, 주변은 19세기 아랍의 무슬림이 정착하고 페낭 이슬람의 중심이 된 지역이다. 1808년 완공됐으며 아랍 양식으로 지어진 모스크는 인도 무굴 양식의 카피탄 클링 모스크와 건축 양식에서도 차이가 있다. 말레이식 거리 이름 그대로 '르부 아체 모스크^{Lebuh Acheh Mosque}'라고도 부른다.

Access	아르메니안 스트리트 압 콩시 옆 골목 끝에 위치
Open	09:00~18:00 Cost 무료
Address	Jalan Lebuh Acheh, Pulau Pinang, 11200 George Town
Tel	604-432-5231

Sightseeing ★★★

쑨얏센 박물관 Sun Yat Sen Museum

1911년 중국 혁명을 이끈 쑨얏센^{孫中山} 박사가 1909년부터 1911년까지 본부로 이용했던 곳이다. 우리에게는 쑨원으로 알려진 인물로 청 왕조를 무너뜨리고 아시아 최초로 공화국을 세웠다. 그의 혁명 초기의 물품을 전시하고, 그 시기의 역사를 여러 언어로 안내하고 있다. 작은 규모의 박물관으로 역사에 관심이 있다면 천천히 둘러볼 만하다.

Access	아르메니안 스트리트, 스트레이트 컬렉션 건너편에 위치
Open	09:30~17:30
Cost	성인 RM5, 학생 RM3(학생증 지참)
Address	Lebuh Armenian, George Town, 10300 George Town, Pulau Pinang
Tel	604-262-0123
Web	www.sunyatsenpenang.com

Sightseeing ★★★

세인트 조지 교회 St George's Church

나무가 울창한 널찍한 정원에 있는 새하얀 교회로 한눈에 영국 교회임을 알 수 있는 세인트 조지 교회는 동남아시아에서 가장 오래된 성공회 교회다. 1819년 영국의 동인도 회사가 지은 교회는 제2차 세계대전 당시 일본군의 폭탄으로 파괴되어 일본 점령 당시 폐허로 남아 있다가, 전후 복구 작업을 통해 1948년 현재의 모습으로 다시 문을 열었다. 정원 한가운데 프란시스 라이트 선장 Captain Francis Light을 기리는 원형 기념물이 있다. 매주 일요일 오전 8시 30분, 10시 30분에 두 차례 예배가 있다. 2019년에 200주년을 맞이한다.

Access	카피탄 클링 모스크에서 북쪽 끝 왼쪽에 위치
Open	월~목 10:00~16:00, 일(예배) 08:30, 10:30, 금·토 비공개
Cost	무료
Address	1, Lebuh Farquhar, 10200 George Town, Pulau Pinang
Tel	604-261-2739
Web	www.stgeorgeschurchpenang.com

Sightseeing ★★★

콴인텡 사원 Kuan Yin Teng Temple

조지타운에서 가장 오래된 불교사원으로 자비, 행운, 평화, 다산의 여신인 관음보살을 모신 사원이다. 19세기 초 페낭에 정착한 호키엔인과 광둥인들이 세웠다. 관음보살 탄신일인 음력 2월 19일과 득도일인 6월 19일, 출가일인 9월 19일에는 인형극과 중국 경극이 공연된다.

Access	카피탄 클링 모스크에서 북쪽 방향에 위치
Open	07:00~20:00 Cost 무료
Address	Jalan Masjid Kapitan Keling, George Town, 10200 George Town, Pulau Pinang
Tel	604-261-6663

Sightseeing ★★☆

스리 마하마리암만 사원
Sri Mahamariamman Temple

인도인들이 '작은 인도'라고 부르는 이곳은 페낭의 힌두사원 중 가장 오래된 사원으로 1833년 완공되었다. 힌두교의 가장 큰 축제인 타이푸삼 Thaipusam의 행렬이 시작되는 곳이고, 10월 비자야다사미 Vijayadashami 축제 때는 나무로 만든 마차가 사원의 신을 모시고 동네 한 바퀴를 돈다. 성전 안에 들어가려면 신발을 벗어야 한다.

Access	콴인텡 사원 건너편 리틀 인디아에 위치
Open	06:00~21:00 Cost 무료
Address	Lebuh Queen, 10200 George Town, Pulau Pinang
Tel	604-264-3494

Sightseeing ★★★

청팟제 맨션 Cheong Fatt Tze's Mansion

19세기 중국을 대표하는 거상으로 '동방의 록펠러'라고 불렸던 청팟제張弼士가 지은 저택이자 8명의 부인 중 가장 총애하던 일곱 번째 부인이 살던 곳이다. 중국과 유럽의 여러 건축 양식을 적용해 지어진 저택은 건물 자체가 푸른색으로 칠해져 블루 맨션Blue Mansion이라고도 불린다. 내부는 **하루 3회 영어 가이드 투어**로만 공개되며 사진 촬영은 금하고 있다. 저택 안 방의 일부를 개조해 부티크 호텔로도 운영하고 있으니 화려한 프라나칸 문화를 경험하고 싶다면 숙박을 청해도 좋겠다.

Access	문트리 스트리트와 리스 스트리트 코너와 가까운 지점에 위치
Open	투어 11:00, 14:00, 15:30 (45분 소요)
Cost	성인 RM17, 어린이(12세 이하) RM8.5
Address	14, Leith Street, 10200 George Town, Pulau Pinang
Tel	604-262-0006
Web	www.cheongfatttzemansion.com

◆ 프라나칸 문화
Peranakan Culture

오래전부터 동양과 서양을 이어주는 구역의 중심이자 아랍, 유럽, 인도, 중국 등 여러 나라 사람들과 왕래가 있었던 페낭. 특히 해상 무역로를 따라 대거 이주한 중국인들이 현지 말레이인과 결혼해 정착을 하면서 그들만의 고유 문화인 바바노냐 문화를 만들었다. 이들 혼혈 중 남자를 바바(Baba), 여자를 노냐(Nonya)라고 부른다. 프라나칸은 바바노냐와 같은 의미이며, 대부분 상업에 대성공을 거둔 거부였다고 한다. 페낭 프라나칸 맨션, 블루 맨션에서 그들의 생활을 엿볼 수 있다

매일 3번 열리는 영어 가이드 투어도 흥미롭다

Sightseeing ★★★

페낭 주립 박물관 & 아트 갤러리 Penang State Museum & Art Gallery

페낭의 역사와 문화 자료들이 있는 주립 박물관 겸 아트 갤러리다. 1817년 동인도 회사의 기부금으로 학교로 지어져 운영되던 것을 말레이시아 초대 총리였던 툰쿠 압둘 라만Tunku Abdul Rahman이 보수해 1965년에 박물관으로 일반에 공개했다. 내부는 페낭의 역사와 문화의 모든 것을 쉽게 이해할 수 있도록 전시되어 있고, 페낭과 관련된 시대별 작가의 작품을 관람할 수 있다. 저렴한 입장료에 볼거리가 풍성하니 시간적 여유를 가지고 둘러보도록 하자.

Access	세인트 조지 교회에서 러브 레인 방향에 위치. 버스 103, 104, 204번을 타고 Lebuh Light에서 하차
Open	월~목·주말 09:00~17:00 (금·공휴일 휴무)
Cost	성인 RM1
Address	Lebuh Farquhar, 10200 George Town, Pulau Pinang
Tel	604-226-1462
Web	www.penangmuseum.gov.my

Tip 관람 예정이라면 임시 박물관으로
2018년 2월 현재 보수 공사 중으로 57, Macalister Road에 임시 박물관이 있다.

Sightseeing ★★☆

페낭 프라나칸 맨션
Pinang Peranakan Mansion

콜로니얼 지역인 처치 스트리트에서도 눈에 띄는 녹색 건물로 100여 년 전의 프라나칸 부호의 저택을 보존해 박물관으로 만든 것이다. 그들의 생활과 전통을 재현하고 있고, 1,000여 점이 넘는 골동품과 수집품이 전시되어 있어 어느 박물관보다도 흥미를 자아낸다. 내부는 사진 촬영을 금한다.

Access	처치 스트리트에 위치
Open	09:30~17:00
Cost	성인 RM20, 6세 이하 무료
Address	29, Church Street, 10200 George Town, Pulau Pinang
Tel	604-264-2929
Web	www.pinangperanakanmansion.com.my

Sightseeing ★☆☆

성모 승천 교회 Church of the Assumption

프란시스 라이트 선장이 페낭에 온 1786년 세워져 말레이시아에서 세 번째로 오래된 성당이다. 1955년에 쿠알라 룸푸르 교구와 함께 페낭 교구가 설립됐고, 시대의 풍파를 견디며 천주교 전파에 노력했다. 2016년 시작된 대대적인 보수 공사를 마치고 2018년 1월 재개방했다.

Access	페낭 주립 박물관 옆에 위치
Address	Jalan Love Lane, 10200 George Town, Pulau Pinang
Tel	604-261-0088
Web	www.assumptionchurchpenang.org

Sightseeing ★★☆

페낭 시청 & 타운 홀 Penang City Hall & The Town Hall

빅토리아 양식의 새하얀 외관의 페낭 시청은 영국 식민지 시대에 지어진 건물 중 최고라는 평을 받고 있다. 1903년 지어져 1982년 국가 기념물로 지정됐고, 2004년 원래의 형태를 그대로 유지하면서 보수공사를 마쳤다. 나란히 자리 잡은 타운 홀은 페낭에서 가장 오래된 관공서 건물로 고전적인 유럽풍 건축 양식이다. 1880년대에는 페낭 엘리트들의 사교의 장 역할을 했다. 현재는 각종 전시와 이벤트가 열리며 이에 따라 개방 시간이 달라진다. 건너편 광장에는 제1차 세계대전 피해자들을 기리는 기념비가 있다.

Access	조지타운 북쪽 해안 방향, 콘월리스 요새 건너편에 위치
Open	평일 08:00~16:15, 토 08:00~12:45
Cost	무료
Address	Jalan Padang Kota Lama, 10200 George Town, Pulau Pinang
Tel	604-262-0202

> **Tip 에스플러네이드 공원**
> **Esplanade Park**
>
> 페낭 시청과 콘월리스 요새 사이에 있는 에스플러네이드 공원은 여러 편의시설과 바다가 보이는 야외 푸드 코트가 있어 현지인들에게 사랑받는 휴식 공간이다. 해 질 녘에 가면 아름다운 석양과 함께 여유로운 한때를 보낼 수 있다. 해안선을 따라 산책로가 있다.

Sightseeing ★★☆

콘월리스 요새 Fort Cornwallis

페낭의 북동쪽 해안가 언덕에 있는 별 모양의 요새로 페낭에서 가장 유명한 유적지이자 랜드마크다. 1786년 프란시스 라이트 선장이 페낭에 처음 상륙한 지점에 세워졌고, 처음엔 목재로 지어졌으나 1804년 석조 건물로 개축되었다. 북쪽 성벽에는 네덜란드로부터 선물로 받은 대포가 있는데, 여성이 총구 쪽에 꽃을 올리고 기도하면 아기를 점지 받는다는 이야기가 전해져 내려온다. 성벽을 따라 대포와 등대, 감옥, 유물이 있는 작은 박물관 등이 있어 둘러볼 만하며 들어서자마자 프란시스 라이트 선장의 동상이 있다.

Access	조지타운 북동쪽 해안가, 퀸 빅토리아 시계탑 옆에 위치
Open	09:00~22:00
Cost	성인 RM20, 어린이 RM10
Address	Jalan Tun Syed Sheh Barakbah, 10200 George Town, Pulau Pinang
Tel	604-263-9855

Sightseeing ★☆☆

퀸 빅토리아 시계탑
Queen Victoria Memorial Clock Tower

페낭에 있는 것 중 가장 유명하고 상징적인 시계탑이다. 영국 빅토리아 여왕의 통치 60주년을 기념하기 위해 페낭의 중국계 백만장자가 건립했다. 1897년 완공된 시계탑은 당시 여왕이 방문할 예정이었으나 불발되었다고 한다. 60ft 높이의 타워는 제2차 세계대전 당시 근처 정부 청사를 파괴하려던 폭탄으로 인해 옆으로 기울어져 있다.

Access	비치 스트리트와 라이트 스트리트의 교차로 지점에 위치
Address	Lebuh Light, 10450 George Town, Pulau Pinang

Sightseeing ★★☆

클랜 제티 Clan Jetty

클랜 제티는 웰드 키 해안가를 따라 자리 잡은 수상가옥 형태의 집성촌으로, 원래 있던 7개 중 한 곳이 화재로 소실되고 현재 6개만 남아 있다. 1882년 부두가 건설된 후 가난한 중국계 이민자들이 작은 배로 물품을 실어 나르는 일을 하면서 주변 갯벌 위에 집을 짓고 같은 성씨끼리 정착하기 시작했다. 1900년대 초까지 고무와 주석 산업 붐을 타고 클랜 제티도 활기를 띠었지만, 불법 건축과 체류 등의 이유로 수도와 전기 등 기본 시설을 갖추지 못한 열악한 환경이었으며 성씨 간의 라이벌 관계로 분쟁도 발생했다. 이후 1957년 페낭 지방 선거 후부터 현대적인 시설을 갖추기 시작했다. 젊은이들이 도시로 떠나는 등 여러 이유로 존폐 위기에 있던 클랜 제티는 2008년 조지타운이 세계문화유산으로 선정되면서 중요한 문화유산으로 다시 활기를 찾았다. 재미있는 사실은, 이곳 주민들은 땅에 살지 않는다는 이유로 세금을 내지 않는다.

여러 클랜 제티 중 '추 제티 Chew Jetty'가 가장 크고 상업적인 분위기로 관광객에게 어필한다. 다른 제티들은 상대적으로 조용하고 평화로운 분위기로, 바다 위에 다리처럼 길게 난 골목을 따라 수상가옥이 있고 제티 끝에는 페낭대교가 보이는 아름다운 바다가 나온다. 일몰 시간에는 환상적인 풍경을 감상할 수 있다. 관광지이지만 사람이 거주하는 지역이므로 사생활 보호 등의 매너를 지키도록 하자.

Access 웰드 키 페리터미널 남쪽으로 길게 자리 잡고 있다.
Open 추 제티 09:00~21:00
Cost 무료
Address Pengkalan Weld, George Town, 10300 George Town, Pulau Pinang

◆ **추 제티의 벽화**
페낭에 대대적인 뮤럴 아트 작업이 시작되면서 추 제티의 한 게스트하우스 벽면에도 클렌 제티를 대표하는 그림이 그려졌다. 하지만 해풍과 부식 등 자연적 여건으로 인해 지금은 그 흔적만 남아 있어 아쉽기만 하다.

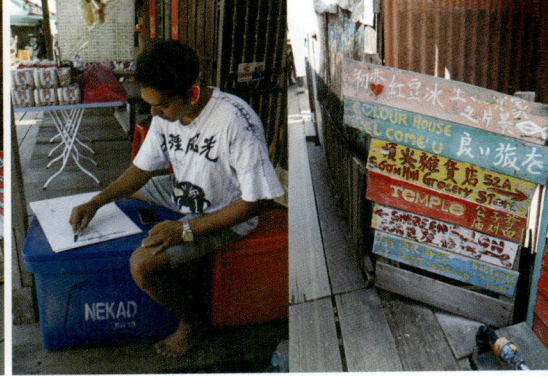

• Special Sightseeing •

페낭 힐(Penang Hill)

페낭에서 가장 시원한 기후와 탁 트인 전망을 자랑하는 페낭 힐은 시민들이 가장 사랑하는 휴식처이자 자랑이다. 대중교통도 편리하고 오랜 역사를 지닌 산악열차 푸니쿨라로 산에 오를 수 있어 관광객들도 쉽게 다녀올 수 있다. 가까이 있는 켁록시 사원과 엮어 반나절이나 하루 일정으로 다녀오면 좋은데, 먼저 켁록시 사원을 둘러보고 오후에 페낭 힐을 관광한 후 일몰까지 감상하고 내려오는 일정을 추천한다.

#켁록시 사원 #Kek Lok Si Temple

페낭 힐의 남쪽에 위치한 동남아에서 가장 큰 불교사원으로, 자비의 여신인 관음을 기리기 위해 1891년부터 20년에 걸쳐 지어진 사원이다. 입구에 들어서면 거북이 연못이 있고, 화려한 색감의 탑과 전각이 언덕 곳곳에 있다. 사원의 오른쪽 언덕에 있는 7층 석탑은 중국, 태국, 미얀마 건축 양식을 조합해 만든 것으로, 내부 벽면에는 1만 개의 각기 다른 색 불상이 새겨져 있다. 왼쪽 언덕으로 승강기를 타고 올라가면 30.2m의 관음보살이 있는 사당이 나오는데 그 규모와 아름다움에 입이 쩍 벌어진다. 이곳에서 보는 전경도 아름다우며 규모도 크고 볼거리도 많은 사원이다. 오르막길과 계단을 올라야 하니 시간과 체력의 여유를 갖고 둘러보자.

Access	조지타운(웰드 키 혹은 콤타 버스터미널)에서 201, 203, 204번 버스로 약 40분. 페낭 힐에서는 204번 버스로 내려오거나 택시로 이동
Open	08:30~17:30
Cost	입장 무료 **관음상 승강기 왕복** 성인 RM6, 어린이(7~12세) RM3
Address	Kek Lok Si Temple, 11500 Ayer Itam, Pulau Pinang
Tel	604-828-3317
Web	www.kekloksitemple.com

관음상

#아이르 이탐 락사 #Ayer Itam Laksa

베스트 페낭 락사 리스트에서 빠지지 않는 락사 맛집이다. 2대째 운영 중인 이곳은 60년이 넘는 기간 동안 꾸준히 사랑받고 있다. 할아버지가 열심히 토렴해 푸짐하게 담아주시는 락사는 매콤새콤한 진한 국물에 풍성히 들어간 채소의 씹는 맛이 일품이다. 직접 짜주는 사탕수수 주스나 페낭 특산물로 몸에 좋은 넛맥Nutmeg 주스도 마셔보자. 켁록시 사원에 간다면 꼭 들러보길 추천한다.

Access	켁록시 사원 버스정류장 근처 시장에 위치. 201, 203, 204번 버스 이용
Open	10:30~19:00
Cuisine	페낭 아삼 락사
Cost	락사 RM5, 음료 RM2
Address	1, Jalan Pasar, 11500 Ayer Itam, Pulau Pinang
Tel	6012-500-7063
Web	www.penanglaksa.com

#페낭 힐 #Penang Hill

1923년 해발 823m의 산 정상까지 운행하는 기찻길이 열리면서 오늘날까지 최고의 관광명소로 꼽히는 곳이 바로 페낭 힐이다. 입구에서 푸니쿨라를 타고 정상까지 5분여를 달리는데, 생각보다 가파른 경사로 스릴이 넘친다. 정상은 평균 기온 20~27도로 시내보다 선선해 산책하기 좋다. 처음 마주하는 것이 페낭대교가 보이는 탁 트인 페낭 전경인데, 바람을 맞으며 바라보는 전망이 시원시원하다. 전망대 위쪽 광장에 부엉이 박물관과 카페, 기념품 숍 등 편의시설이 있고, 산책로를 따라 조금 더 올라가면 모스크와 힌두사원이 있는 공원이 나온다. 여러 갈래의 트레킹 코스도 있어 삼림욕하듯 천천히 숲 속을 둘러봐도 좋겠다. 성수기와 주말은 사람이 많아 푸니쿨라를 타는 대기시간이 길기 때문에 바로 탈 수 있는 패스트 레인 티켓 구매를 고려해봐도 좋겠다.

Access	조지타운(웰드 키 혹은 콤타 버스터미널)에서 204번 버스, 종점에서 하차 (RM2,8), 40~50분 소요
Open	06:30~23:00 (마지막 열차 22:00)
Cost	푸니쿨라 왕복 성인 RM30, 어린이(4~12세) RM15 패스트 레인 성인 RM80, 어린이(4~12세) RM40
Address	Jalan Stesen Bukit Bendera, 11500 Ayer Itam, Pulau Pinang
Tel	604-828-8880
Web	www.penanghill.gov.my

✓ 해비타트 페낭 힐 The Habitat Penang Hill

진짜 페낭의 정글에서 야생 동식물을 만날 수 있는 해비타트는 남녀노소 누구나 트레킹이 가능하도록 설계됐다. 약 230m 길이의 콘크리트 캐노피 워크와 고원에 지어진 360도 공중 전망대 '트리 톱 워크 Tree Top Walk'가 이곳의 자랑으로, 전망대에서는 200년이 넘은 정부 고관의 관저인 벨 레티로 Bel Retiro도 볼 수 있다.

Open	09:00~19:00 (30분마다 영어 가이드 투어)
Cost	성인 RM50, 어린이(4~13세), 60세 이상 RM30, 장애인 무료, 가족 패키지(부모+어린이2명) RM130
Web	www.thehabitat.my

✓ 푸니쿨라 Funicular Train

일종의 산악열차로 케이블의 힘으로 경사면을 이동하는 트램 같은 이동 수단이다. 페낭 힐의 푸니쿨라는 영국 식민지 시대인 1823년 스위스 산악열차를 모델로 처음 만들어졌으며 여러 차례 보수를 마쳐 현재 4세대 모델로 운행 중이다.

Food
1

차이나 하우스 China House

3개의 전통 숍하우스 건물을 연결하여 레스토랑, 카페, 갤러리, 바, 소공연장 등 멀티 공간으로 재탄생시켰다. 말레이시아에서 20년 이상 거주한 호주 출신의 오너가 운영하는 이곳은 예술적 감각이 넘치는 분위기로 페낭에 거주하는 외국인과 트렌디한 젊은이들에게 사랑받고 있다. 독일인 셰프가 만드는 수준 있는 요리와 유럽식 베이커리류도 인기 요인 중 하나다. 레스토랑과 카페는 아침부터 저녁 시간까지, 바 공간은 오후 늦게부터 밤늦게까지 문을 여는 등 공간별로 운영시간이 달라진다. 안쪽으로 길게 뻗은 공간으로 작은 도서관과 중국풍의 연못이 있고 2층에는 갤러리도 있으니 식사를 마치고 꼭 둘러보도록 하자.

Access	비치 스트리트 체 콩시 건너편에 위치. 근처에 자전거를 탄 아이들 벽화가 있다.
Open	09:00~00:00
Cuisine	웨스턴, 베이커리
Cost	샐러드 RM28~, 메인요리 RM22~, 커피 RM7~ (Tax & SC 16%)
Address	153, Lebuh Pantai, George Town, 10300 George Town, Pulau Pinang
Tel	604-263-7299
Web	www.chinahouse.com.my

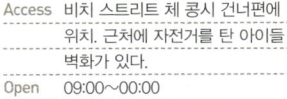

Food
2

자위 하우스 카페 갤러리 Jawi House Cafe Gallery

유력한 자위 프라나칸 집안의 6대손이자 여러 수상 경력으로 유명한 스타 셰프 누릴Nuril이 퓨전 자위 프라나칸 요리를 선보이는 레스토랑이다. 아랍과 인도 쪽의 레시피와 결합한 독특한 요리로 다른 프라나칸 요리와는 다른 개성이 있다. 모든 요리가 정갈하고 고급스럽게 나오며, 향이 강하지 않아 우리 입맛에도 잘 맞는다. 추천 메뉴판에 있는 모든 요리가 맛있는데, 특히 르무니를 첨가한 밥에 치킨 커리나 소고기 른당을 추가해 먹는 허벌 르무니 라이스Herbal Lemuni Rice가 가장 인기 있다. 자위 프라나칸의 문화를 엿볼 수 있는 고풍스러운 인테리어에 작은 갤러리도 있다.

Access	압 콩시 근처에 위치
Open	11:00~22:00 (화 휴무)
Cuisine	퓨전 자위 프라나칸 요리
Cost	자위 락사 르막 RM18~ (GST 6% & SC 10%)
Address	85, Lebuh Armenian, 10200 George Town, Pulau Pinang
Tel	604-261-3680
Web	www.jawihouse.com

> **Tip 자위 프라나칸**
> **Jawi Peranakan**
>
> 19세기 초 말라카 해협의 관문인 페낭에 정착한 아랍계와 말레이인이 결혼해 생긴 자손들을 부르는 말이다. 'Jawi'는 아랍어로 '동남아'라는 뜻이다. 주로 말레이시아 페낭과 싱가포르에 거주한다. 남인도 무슬림과 파키스탄인과의 결혼으로 생긴 자손도 자위 프라나칸으로 불린다.

Food ③

에델바이스 카페 Edelweiss Cafe

스위스 출신 남편과 인도계 말레이 부인이 운영하는 레스토랑으로 현지인보다는 여행자들에게 인기 있는 곳이다. 스위스인 시아버지의 레시피로 만든 스위스 커리 라이스는 짭조름하면서도 담백한 맛으로 인기가 많으며, 파스타와 독일식 소시지 요리도 맛있다. 치즈 퐁듀도 판매한다.

Access	아르메니안 스트리트에 위치
Open	화~금 12:00~15:00, 18:30~22:00, 토 12:00~22:00, 일 11:00~18:00 (월 휴무)
Cuisine	스위스, 말레이 퓨전
Cost	식사류 RM27~ (GST 6%)
Address	38, Lebuh Armenian, 10200 George Town, Pulau Pinang
Tel	604-261-8935
Web	www.edelweisscafe.com

Food ④

텍센 레스토랑 Tek Sen Restaurant

긴 대기줄로 검증되는 맛집이다. 1965년 문을 연 정통 광둥 요리 전문점으로 대대로 내려오는 가족 레시피로 만든다. 가장 인기 메뉴는 매콤한 돼지볶음 요리 Home Recipe Double Roasted Pork with Chili Padi. 탕수육과 두부 요리, 오징어 요리도 맛있다. 여럿이 간다면 하트 표시된 메뉴를 다양하게 주문해보자.

Access	출리아 스트리트 버스정류장에서 도보 1분. Lebuh Carnarvon에 위치
Open	런치 12:00~15:00 디너 18:00~21:00 (화 휴무)
Cuisine	광둥, 프라나칸 요리
Cost	채소류 RM12~, 메인요리 RM14~ (GST 6%)
Address	18, Lebuh Carnarvon, 10100 George Town, Pulau Pinang
Tel	6012-981-5117

Food ⑤

우드랜드 베지테리언 레스토랑
Woodlands Vegetarian Restaurant

북인도&남인도 요리를 하는 베지테리언 레스토랑으로 인도 음식만의 독특한 향이 가득하지만 맛은 자극적이지 않아 우리의 입맛에도 잘 맞는다. 주 고객은 인도계 현지인과 채식주의자로 동양인은 거의 없다. 바깥에는 인도식 디저트 할와 Halwa가 먹음직스럽게 진열되어 있으며, 이곳에서 파는 라씨는 페낭에서 가장 진하다고 한다.

Access	리틀 인디아 페낭 스트리트에 위치
Open	08:30~22:00	Cuisine	인도 채식 요리
Cost	런치 RM8~, 브리야니 세트 RM12
Address	60, Lebuh Penang, George Town, 10200 George Town, Pulau Pinang
Tel	604-263-9764

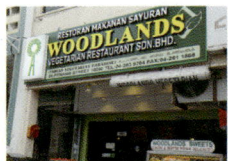

Food ⑥

레스토랑 카피탄 Restoran Kapitan

리틀 인디아 한복판에 위치해 있으며 큼직한 빨간 간판이 눈에 잘 띄어 찾기 쉽다. 탄두리 치킨이 맛있기로 소문난 곳으로 화덕에 구운 난을 곁들인 세트 메뉴가 있다. 푸짐하게 나오는 브리야니와 뷔페식으로 골라 먹을 수 있는 나시 칸다르 코너도 있다. 음식은 좀 늦게 나오는 편. 2층에 에어컨이 있는 실내가 있다.

Access	리틀 인디아에 위치
Open	24시간	Cuisine	인도식
Cost	탄두리 세트 RM9.5~
Address	93, Lebuh Chulia, George Town, 10200 George Town, Pulau Pinang
Tel	604-264-1191

Food

구당 카페 Gudang Café

오래된 창고 건물을 개조한 스타일 넘치는 카페 겸 레스토랑이다. 구당은 말레이어로 창고라는 뜻. 100년이 넘은 나무로 만들어진 약 14m의 테이블은 구당 카페의 상징이다. 커피와 케이크도 맛있고 김치볶음밥과 스파게티를 포함한 식사류도 좋은 평을 받고 있다.

Access	아르메니안 스트리트와 추 제티 사이에 위치
Open	11:00~00:00 (금·토 ~01:00), 식사류 12:00~21:00 (화 휴무)
Cuisine	카페, 아시아식
Cost	커피 RM7~, 런치 세트 RM17.8~
Address	5, Lebuh Armenian, 10300 George Town, Pulau Pinang
Tel	604-251-9634
Web	www.facebook.com/gudangcafe

Food

머그샷 카페 Mugshot Cafe

출리아 거리에서 가장 핫한 카페로 언제나 여행자들로 북적인다. 맛있는 커피는 물론 건강한 요거트와 과일 스무디도 인기 있다. 바로 옆에 레인포레스트 베이커리와 연결되어 있어 신선한 유럽식 빵을 따로 주문해 먹을 수 있다.

Access	출리아 스트리트에 위치, 버스정류장과 가깝다.
Open	08:00~00:00
Cuisine	카페, 베이커리
Cost	커피 RM8~, 요거트 RM13
Address	302, Lebuh Chulia, 10200 George Town, Pulau Pinang
Tel	6012-405-6276
Web	www.facebook.com/themugshotcafepenang

Food

휠러스 커피 Wheeler's Coffee

입구에서부터 멋스러운 자전거 장식이 눈길을 끄는 감각적인 카페로 카페 전체에 자전거 관련 장식과 그림이 있다. 직원들은 유쾌하고 친절하며 전체적으로 편안한 분위기다. 푸짐하게 나오는 올데이 브런치도 추천할 만하다.

Access	러브 레인에서 출리아 스트리트 방향에 위치
Open	09:00~00:00
Cuisine	카페, 브런치
Cost	커피 RM6.9~, 브런치 RM10~
Address	67, Love Lane, 10200 George Town, Pulau Pinang
Tel	604-261-3570
Web	www.facebook.com/wheelers67

Food

비하인드 50 Behind 50

여행자 거리 러브 레인에 있는 사랑스러운 레스토랑으로 저녁 시간에만 운영한다. 50이라고 적혀 나오는 버섯 수프 Mushroom Soup가 가장 인기가 많고, 파스타 등 웨스턴 메뉴들도 인기 있다. 저녁 6시부터 9시까지는 RM9을 추가하면 수프와 음료, 아이스크림을 포함한 디너 세트 주문이 가능하다. 식사가 아니더라도 맥주 한잔하기 좋은 분위기다.

Access	러브 레인과 문트리 스트리트가 만나는 지점에 위치
Open	월~수·금~일 18:00~00:00 (목 휴무)
Cuisine	아시아 퓨전
Cost	파스타 RM12.9~
Address	Lebuh Muntri, 10200 George Town, Pulau Pinang
Tel	6012-493-9230
Web	www.facebook.com/Behind50LoveLane

Food

에스플러네이드 공원 푸드코트 Esplanade Park Food Court

아름다운 바다 풍경을 바라보며 식사를 할 수 있는 푸드코트로, 무슬림을 위한 할랄푸드 구역과 중국식 돼지고기 요리가 있는 논할랄푸드 두 구역으로 나뉜다. 음식도 저렴하고 주변에 공원과 바다가 있어 가족 단위의 손님과 연인들이 많이 찾는다. 맥주는 논할랄푸드 구역에서만 판매한다.

Access	페낭 시청과 콘월리스 요새 가운데 있는 에스플러네이드 공원에 위치
Open	월~토 11:30~20:00 (일 휴무)
Cuisine	푸드코트
Cost	식사 메뉴 RM5~
Address	Jalan Padang Kota Lama, 10200 George Town, Pulau Pinang

Food

출리아 스트리트 야시장 Chulia Street Night Hawker Stalls

즉석에서 만들어주는 다양한 거리 음식을 즐길 수 있는 곳이다. 가장 인기 노점은 완탕면 노점으로 주인장의 솜씨와 맛에 연달아 반하게 된다. 커리미와 피시볼 꼬치를 맛볼 수 있는 록록도 인기 노점이다. 원하는 노점 주변 테이블에 자리를 잡고 주문을 하면 되며 음료도 별도 주문이다.

Access	출리아 스트리트 버스정류장 주변
Open	18:00~00:00
Cuisine	거리 노점
Cost	완탕면 RM4~, 커리미 RM4.5~
Address	Lebuh Chulia, 10450 George Town, Pulau Pinang

Food

레드 가든 푸드 파라다이스 Red Garden Food Paradise

관광객에게 가장 인기 있는 푸드코트로 저녁 시간에만 운영한다. 댄서와 가수들의 공연이 펼쳐지는 가운데 테이블마다 맥주 팩을 올려놓고 흥겹게 식사와 음주를 즐기는 모습이 다른 푸드코트와는 달리 다분히 성인 취향의 분위기다. 말레이 음식뿐 아니라 태국, 필리핀, 홍콩, 웨스턴 요리 등 세계요리를 만날 수 있고 라면이 있는 한국식 노점도 있다. 다른 곳보다 음식 값은 다소 비싼 편이다. 나이트 클럽 거리와도 가까워 페낭 나이트 라이프의 한 축을 이루고 있다.

Access	문트리 스트리트에서 청팟제 맨션 방향에 위치
Open	17:30~01:00
Cuisine	푸드코트
Cost	사테 RM10~, 해산물 튀김 RM15~25, 병맥주 RM10~
Address	20, Lebuh Leith, George Town, 10000 George Town, Pulau Pinang
Tel	6012-421-6767
Web	www.redgarden-food.com

• Special Food •
페낭의 거리 음식(Street Food)

다양한 문화유산만큼이나 식도락이 발달한 페낭에서는 1일 1락사는 기본이고, 페낭에서만 맛볼 수 있는 음식을 찾아다니는 재미가 쏠쏠하다. 대부분의 맛집이 거창한 레스토랑이 아니라 거리의 노점인 관계로 거리 이름과 음식 이름으로 명명되어진 것도 흥미롭다. 미슐랭 랭킹이 부럽지 않은 페낭의 거리 음식을 만나보자.

✓ 페낭 아삼 락사 Penang Asam Laksa

말레이시아에서 가장 사랑받는 면 요리답게 지역별로 특색 있는 락사가 있는데, 그중 가장 유명한 것이 바로 페낭 아삼 락사다. 고등어 등 생선을 푹 고아낸 육수에 타마린드 등으로 신맛과 각종 향신료를 첨가한 국물은 시큼하고 매콤한 맛이 특징이다. 수차례 토렴한 통통 탱탱한 쌀국수에 오이, 양파, 파인애플, 민트 등이 올려져 나오는 아삼 락사 한 그릇은 세상 어디에도 없는 독특한 맛으로 미식가들을 사로잡고 있다. 시원한 국물뿐 아니라 면과 함께 씹히는 생선 살의 식감도 일품이다. 호불호가 갈릴 수도 있는 맛이지만, 먹을수록 중독성이 있는 것만은 분명하다. 'Asam'은 말레이어로 신맛을 뜻한다.

주 후이 카페 # Joo Hooi Cafe

조지타운에서 가장 맛있는 페낭 아삼 락사와 차퀘티아우, 첸돌을 한번에 맛볼 수 있는 곳으로 작은 푸드코트 같은 카페다. 각각 페낭 로드의 유명한 락사, 차퀘티아우, 첸돌이라는 이름으로 자리 잡고 있고 주문도 따로 해야 한다. 해장으로도 좋을 듯한 진한 국물의 락사는 작은 사이즈와 큰 사이즈가 있고, 중국식 볶음면인 차퀘티아우는 달걀을 넣으면 RM6이다. 이 외에도 로작, 해산물 포피아(RM2.5) 등 다양한 말레이시아 간식을 맛볼 수 있다. 첸돌은 외부에서 따로 주문해야 한다. 항상 사람들로 붐비는 곳이어서 합석도 자연스럽고 음식도 빨리 나온다.

Access	콤타에서 도보 5분. 페낭 스트리트에 위치
Open	09:30~17:30
Cuisine	페낭 음식
Cost	락사(S) RM5, 차퀘티아우 RM5.5~, 첸돌 RM2.9, 취청펀 RM2.8, 컵 첸돌 RM3.5, 달걀 RM6, 덕에그 RM6.5
Address	475, Jalan Penang, George Town, 10450 George Town, Pulau Pinang

페낭 로드 페이머스 테오추 첸돌 # Penang Road Famous Teochew Cendul

페낭에서 제일 유명한 첸돌로 항상 긴 대기줄이 있어서 찾기 쉽다. 첸돌은 말레이식 빙수로 얼음을 갈아 코코넛 밀크와 설탕 시럽, 판단 젤리를 넣고 섞어 먹는 달달하고 소박한 디저트다. 빨리 녹는 편이어서 받자마자 길가에 서서 후루룩 마시는 사람들의 모습도 진풍경이다. 파란색 볼에 나오는 첸돌이 오리지널이고, 주 후이 카페에서 먹는 경우는 RM0.4이 추가된다. 콤타 주변과 프라긴 몰에도 지점이 있지만 이곳만큼 붐비지는 않는다.

Access	주 후이 카페 밖에 노점이 있다.
Open	평일 10:30~19:00, 주말 10:00~19:30
Cuisine	첸돌
Cost	첸돌 RM2.5, 테이크아웃 RM2.9
Address	475, Jalan Penang, George Town, 10450 George Town, Pulau Pinang
Web	www.chendul.my

#시암 로드 차퀘티아우 노점
#Siam Road Char Koay Teow

조지타운 중심에서 약간 떨어진 시암 로드에 있는 노점으로, 강력한 숯불 위 커다란 웍을 다스리며 면을 볶아내는 할아버지의 차퀘티아우로 유명하다. 이곳의 차퀘티아우는 탱탱한 새우와 면이 어우러진 식감과 매콤한 소스에 불 맛이 더해져 페낭에서 제일 맛있기로 유명하다. 음식은 바로 옆의 Hock Ban Hin Cafe에서 먹을 수 있는데, 할아버지의 노점 덕을 톡톡히 보고 있다고 한다.

Access 시암 로드 Hock Ban Hin Cafe 앞에 노점이 있다.
Open 화~일 오전~15:00 (재료 소진 시까지)
Cuisine 차퀘티아우
Cost 차퀘티아우 RM5.5(대), RM4.5(중), RM4(소)
Address Jalan Siam, 10400 George Town, Pulau Pinang

#특별히 유명한 로티 차나이
#Special Famous Roti Canai

트랜스퍼 스트리트의 아침을 여는 로티 차나이 맛집으로 페낭에서 제일 인기 있는 아침 식사이다. 로티 차나이는 찰진 밀가루 반죽을 얇게 펴서 구워낸 빵으로, 같이 나오는 달Dhal 소스에 찍어 먹으면 된다. 기본 로티 차나이는 RM1.5이고, 달걀을 넣은 로티 텔루르Roti Telur는 RM2이다. 치킨 커리나 염소고기 커리 등을 추가해 곁들여도 맛있다.

Access 트랜스퍼 스트리트에서 우회전하면 위치
Open 06:00~19:00   Cuisine 인도식
Cost 로티 차나이 RM1.5~, 무르타박 RM3
Address 56, Jalan Transfer, George Town, 10050 George Town, Pulau Pinang

#퀘 테우 씽 #Koay Teow Th'ng

맑은 닭고기 육수에 쌀국수를 넣고 오리, 돼지, 닭고기와 피시볼 등을 얹어내는 중국식 요리로, 여러 곳에서 판매하지만 이곳이 가장 유명하다. 국물 없이 소스에 비벼 먹는 비빔국수도 있다.

Access 출리아 스트리트에서 아가일 스트리트 방향으로 직진하면 왼쪽 골목에 위치
Open 월·수~일 07:00~14:00 (화 휴무)
Cuisine 퀘 테우 씽   Cost 퀘 테우 씽 RM4~7
Address Lebuh Clarke, George Town, 10050 George Town, Pulau Pinang

#알리 나시 르막 #Ali Nasi Lemak

은행가로 유명한 비치 스트리트의 푸드코트 입구에 있는 나시 르막 전문 노점이다. 말레이식 아침 식사인 나시 르막을 바나나 잎으로 포장해 삼각김밥처럼 판매한다. 밥과 삼발 소스가 기본으로 들어가 있고 닭, 새우, 생선 등 선택해서 구입할 수 있다.

Access 판타이 스트리트 스리 웰드 푸드코트 앞에 위치
Open 월~토 08:00~16:00 (일 휴무)
Cuisine 나시 르막   Cost 나시 르막 RM1.7
Address Sri Weld Food Court, Beach Street, George Town, 10200 George Town, Pulau Pinang

Shopping

콤타 & 퍼스트 애비뉴
Komtar & 1st Avenue

조지타운의 대표 랜드마크 콤타는 쇼핑몰, 사무실, 버스터미널 등이 있는 복합건물이다. 대형 슈퍼마켓인 테스코 Tesco가 있으며 프라긴 몰 Pragin Mall, 퍼스트 애비뉴 등 주변 쇼핑몰과 2층 다리로 연결돼 있다. 이 중 2010년 문을 연 퍼스트 애비뉴는 가장 현대적인 쇼핑몰로, 의류와 화장품 등 다양한 브랜드가 입점해 있어 추천할 만하다.

Access	조지타운 남서쪽 콤타 버스터미널 건물에 위치
Open	10:00~22:00
Address	Komtar, Jalan Penang, 10300 George Town, Pulau Pinang
Tel	콤타 604-264-2270, 퍼스트 애비뉴 604-261-1121

Shopping

퀸즈베이 몰 Queensbay Mall

페낭 섬에서 가장 큰 규모의 쇼핑몰로, 페낭 섬 남동쪽 해안가에 있고 공항과도 가까워 내륙에서 페낭 섬으로 들어오는 고속버스의 중간 기착지 역할을 하기도 한다. 일본계 이온 AEON 슈퍼마켓과 다이소가 있고 갭, 톱숍, 포에버21 등 유명 브랜드와 다양한 로컬 브랜드가 입점해 있다. 여행객보다는 현지인들이 많이 이용하는 쇼핑몰이다.

Access	조지타운에서 라피드 페낭(304, 307, 401E 외)을 타면 된다.
Open	10:30~22:30
Address	100, Persiaran Bayan Indah, 11900 Bayan Lepas, Pulau Pinang
Tel	604-619-8999
Web	www.queensbaymallmalaysia.com

Shopping

14 리빙 스토리 14 Living Story

입구에 알록달록한 패치 커튼이 걸려 있고 손글씨로 된 관광지 표지판이 있어 눈에 쏙 들어오는 빈티지 기념품숍이다. 상하이 등 아시아 지역에서 온 독특한 소품들을 판매한다. 핸드메이드 액세서리는 물론 현지 아티스트의 그림 등 작품도 판매하는데 특히 중국 미인도가 흥미롭다. 러브 레인 41번지에도 지점이 있다.

Access	아르메니안 스트리트 체 콩시 옆에 위치
Open	11:00~19:00
Address	14, Lebuh Armenian, 10200 George Town, Pulau Pinang
Tel	604-261-0352

Shopping

티무라 Timura

신비한 분위기의 상점 겸 카페로 조지타운 출신 디자이너들의 생활소품을 판매한다. 특히 조지타운을 주제로 한 오토케다이 Ottokedai의 티셔츠와 에코백이 눈길을 끈다. 커피와 티도 즐길 수 있는데 전통 방식으로 로스팅한 원두로 내린 콜드브루(RM9.8)가 일품이다.

Access	빅토리아 스트리트에 위치
Open	월~목 10:00~19:00, 금~일 10:00~22:00
Address	174, Lebuh Victoria, George Town, 10300 George Town, Pulau Pinang
Tel	6012-470-3815
Web	www.timura.co

Stay : 5성급

호텔 젠 Hotel Jen

샹그릴라 계열 트레이더스 호텔이 2014년 6월에 호텔 젠으로 바뀌었다. 콤타 바로 옆의 좋은 위치로 비즈니스 호텔로 적합하다. 각 층마다 스크린 터치의 자판기가 있어 비어 있는 미니 바를 채우기 쉽고, 욕실용품은 가져가기 쉽도록 파우치에 담겨 있는 등 게스트를 배려한 재미난 서비스를 제공한다. 바투 페링기의 골든 샌즈 리조트까지 셔틀버스를 운행하며 그곳의 부대시설을 이용할 수 있다.

Access	조지타운 콤타 버스터미널 바로 옆에 위치
Cost	디럭스룸 RM320~, 클럽룸 RM410~
Address	Jalan Magazine, 10300 George Town, Pulau Pinang
Tel	604-262-2622
Web	www.hoteljen.com

Stay : 5성급

E&O 호텔 Eastern & Oriental Hotel

1885년에 지어진 헤리티지 건물로 콜로니얼 양식의 호텔이다. 식민지 시대 상류층의 화려한 생활을 엿볼 수 있는 호텔의 객실은 고전적 스타일의 침대와 가구들로 꾸며져 있다. 아름다운 영국풍의 정원과 수영장은 바다를 바라보고 있는데, 이곳 정원에는 페낭에서 가장 오래된 자바 나무 Java Tree가 있다. 호텔에 묵지 않더라도 호텔이 지어진 연도와 같은 이름인 '1885' 레스토랑에서 정통 영국식 애프터눈 티를 즐겨보는 것도 기억에 남을 듯하다.

Access	페낭 스트리트 끝 해변가에 위치
Cost	스튜디오 스위트룸 RM700~
Address	Lebuh Farquhar, 10200 George Town, Pulau Pinang
Tel	604-222-2000
Web	www.eohotels.com

Stay : 4성급

문트리 뮤즈 Muntri Mews

배낭여행자들의 숙소가 모여 있는 문트리 스트리트에 위치한 럭셔리 부티크 호텔이다. '뮤즈Mews'는 말레이어로 마구간이라는 뜻으로 원래는 마구간이었던 곳을 개조해 9개의 룸과 4개의 패밀리 스위트룸으로 만들었다. 로비와 객실에 놓여 있는 골동품이 마치 과거로 시간 여행을 온 듯하고, 아름다운 색감의 침구와 앤티크한 인테리어 소품은 로맨틱하고 우아한 분위기를 자아낸다. 호텔 내 레스토랑도 좋은 평을 받고 있다.

Access	러브 레인과 가까운 문트리 스트리트에 위치
Cost	뮤즈 스탠더드룸 RM500~, 이그제큐티브 패밀리룸 RM890~
Address	64, Jalan Muntri, George Town, 10200 George Town, Pulau Pinang
Tel	604-263-5125
Web	www.georgetownheritage.com

Stay : 5성급

세인트 자일스 웸블리 호텔
St. Giles Wembley Hotel

콤타 건너편 우뚝 선 건물에 있는 5성급 호텔로 415개의 객실과 수영장 등 부대시설을 갖췄다. 호텔 곳곳에 바틱 스타일의 디자인 포인트가 인상적이고, 일부 객실은 멀리 페낭대교까지 보이는 시원한 전망을 가지고 있다. 11층에는 작은 규모의 인피니티 해수풀이 있다.

Access	콤타 건너편에 위치
Cost	수피리어룸 RM310~, 이그제큐티브룸 RM490~
Address	183, Jalan Magazine, George Town, 10300 George Town, Pulau Pinang
Tel	604-259-8000
Web	www.stgiles.com/hotels/malaysia/penang/stgiles-wembley

Stay : 4성급

베이뷰 호텔 Bayview Hotel

조지타운의 좋은 위치에 있는 4성급 호텔로 심플한 333개의 객실이 있다. 객실은 아쉬움이 남지만 수영장과 레스토랑 등 부대시설은 꽤 만족스러운 편이다. 호텔 맨 위층에는 페낭에서 가장 분위기 있는 루프톱 바인 스리 식스티 Three Sixty 리볼빙 레스토랑 & 스카이 바가 있다.

Access	청팟제 맨션 북쪽 방향 길 건너편에 위치
Cost	스탠더드룸 RM210~, 그랜드 디럭스룸 RM340~
Address	25-A, Lebuh Farquhar, 10200 George Town, Pulau Pinang
Tel	604-263-3161
Web	www.bayviewhotels.com/georgetown

Stay : 3성급

아르메니안 스트리트 헤리티지 호텔
Armenian Street Heritage Hotel

조지타운 월드 헤리티지 건물과 마주한 하얀색 건물로 92개의 넓고 깨끗한 객실이 있는 호텔이다. 객실마다 조지타운의 과거 사진을 침대 위에 걸어 놓았다. 직원들의 친절한 응대와 합리적인 가격으로 인기가 많다.

Access	얍 콩시에서 도보 3분 거리, 카나번 스트리트에 위치
Cost	더블룸 RM190~, 패밀리룸 RM260~
Address	139, Lebuh Carnarvon, George Town, 10100 George Town, Pulau Pinang
Tel	604-262-3888
Web	www.armeniansheritagehotel.com

Stay : 4성급

커피 아틀리에 Coffee Atelier

1927년 지어진 숍하우스 건물을 리노베이션하여 2011년 11월에 부티크 호텔 겸 레스토랑으로 문을 열었다. 20세기 숍하우스와 레지던스를 재현해 놓은 곳으로, 시공간을 초월한 듯한 4개의 넓은 객실은 저마다 강한 개성의 인테리어와 독특한 구조를 하고 있다. 포토그래퍼를 겸하는 스위스 출신의 오너가 운영하는 곳으로 직접 찍은 사진을 곳곳에서 감상할 수 있다. G층에는 페낭에서 가장 맛있는 커피로 소문난 '55 카페&레스토랑'이 있다.

Access	조지타운 콴인텡 사원 옆 골목에 위치
Cost	스위트룸 RM390~
Address	47-55, Lorong Stewart, George Town, 10300 George Town, Pulau Pinang
Tel	604-261-2261
Web	www.coffeeatelier.com

Stay : 4성급

세븐 테라스 Seven Terraces

19세기 앵글로 차이니즈 테라스 하우스를 개조한 럭셔리 부티크 호텔이다. 정원을 사이에 두고 18개의 스위트룸이 2층 구조의 건물에 자리 잡고 있는데, 고급스러운 프라나칸 스타일의 인테리어와 영국풍의 문화를 경험할 수 있다. 객실은 복층 구조의 Terraced Duplex Suites와 4인이 묵을 수 있는 아파트먼트로 나뉜다. 작은 수영장도 있다.

Access	조지타운 콴인텡 사원 옆 골목 로롱 스튜어트 방향 20m 지점에 위치
Cost	복층 스위트룸 RM830~, 스튜어트 아파트먼트 RM1,300~
Address	14A, Lorong Stewart, 10200 George Town, Pulau Pinang
Tel	604-264-2333
Web	www.georgetownheritage.com

Stay : 4성급

시티텔 Cititel

합리적인 가격과 시설의 시티텔 페낭 지점으로 일본인 취향의 객실과 부대시설들을 갖추고 있다. 객실은 다소 낡고 좁은 편이나 위치와 가격 조건이 좋고, 시설이나 서비스 면에서도 무난하며 실내 수영장이 있다. 콤타 바로 옆에 새로 생긴 '시티텔 익스프레스 페낭 호텔'도 있으니 두 호텔을 혼동하지 않도록 하자.

Access	페리터미널에서 5분 소요
Cost	스탠더드룸 RM210~
Address	66, Jalan Penang, 10000 George Town, Pulau Pinang
Tel	604-291-1188
Web	www.cititelpenang.com

Stay : 3성급

출리아 맨션 호텔 Chulia Mansion Hotel

거북이를 탄 소녀 벽화가 그려진 미니 호텔로 깨끗한 객실과 투숙객을 배려한 서비스로 인기가 높다. 5층 건물에 53개의 객실이 있고, 옥상에 루프톱 바와 자쿠지가 있다. 루프톱 바에서는 매일 아이스크림(14:00~)과 와인(17:30~19:30)을 포함한 음료를 즐길 수 있다. 객실 요금에 푸짐한 조식이 포함된다.

Access	출리아 스트리트에 위치
Cost	스탠더드룸 RM160
Address	413, Lebuh Chulia, 10200 George Town, Pulau Pinang
Tel	604-261-8788
Web	www.chuliamansion.com

Stay : 2성급

튠 호텔 Tune Hotel

에어아시아에서 운영하는 저가 호텔 튠 호텔의 페낭 지점이다. 다른 튠 호텔에 비하면 여유로운 크기의 객실이지만 룸에 따라 창문이 없는 곳이 있으니 체크인 시에 확인하도록 하자. 조식 불포함 가격이고 에어컨, 드라이기 등은 옵션이다. 건물 그라운드층에 편의점이 있고 1층에 괜찮은 마사지숍이 있다.

Access	뉴월드 파크 근처에 위치		
Cost	더블룸 RM140~		
Address	100, Jalan Burmah, 10050 George Town, Pulau Pinang		
Tel	604-227-5805	Web	www.tunehotels.com/my

• Special Stay

조지타운의 게스트하우스(George Town Guest House)

세계문화유산 조지타운의 여러 매력 중 배낭여행자를 끌어들이는 요인 중 하나가 오래된 숍하우스를 개조한 독특하고 매력적인 게스트하우스가 많다는 점이다. 특히 여행자 거리인 러브 레인과 문트리 스트리트 주변의 숙소는 대개 G층은 상점이나 카페로 운영하고 일부 룸을 객실로 활용하고 있다. 이 외에도 재미난 구조의 도미토리가 있는 호텔도 있어 여행자들에게 선택의 고민을 안겨주곤 한다.

#레드 인 코트
#Red Inn Court

에코 하우스를 표방하는 부티크 호스텔로 배낭여행자에게 인기가 많은 숙소다. 조지타운의 관광지와 가깝고 뒤쪽은 리틀 인디아 거리다. 깨끗하고 편안한 분위기의 4인실, 6인실 도미토리가 있고 1인실과 2인실도 있다. 도미토리는 여성룸과 믹스룸이 있으니 체크인 시 확인해보자. 토스트와 누들, 과일 등 간단한 조식을 제공하고 자전거도 대여해준다.

Access 콴인텡 사원 건너편에 위치
Cost 스탠다드 RM80~,
      도미토리 RM30~
Address 35B & 35C, Jalan Masjid Kapitan Keling, 10200 George Town, Pulau Pinang
Tel 604-2611-144
Web www.redinncourt.com

#문 트리 47
#Moon Tree 47

파란 옷의 쿵푸 소녀 벽화가 있는 숍하우스에 자리한 게스트하우스로 알록달록한 색감의 객실과 빈티지한 장식의 센스가 넘치는 곳이다. 싱글룸부터 패밀리룸(4인)까지 있고 욕실이 딸린 객실도 있다. 공동 욕실은 다소 열악한 환경이다. G층은 기념품숍과 카페이고 조식은 포함되지 않는다. 자전거와 현지에서 비상 연락이 가능한 핸드폰을 무료로 대여해준다.

Access 문트리 스트리트에 위치
Cost 싱글룸 RM130~,
     패밀리룸 RM220~
Address 47, Jalan Muntri, George Town, 10200 George Town, Pulau Pinang
Tel 604-264-4021
Web www.moontree47.com

#료칸 문트리 부티크 호스텔
#Ryokan Muntri Boutique Hostel

좋은 위치와 깔끔하고 체계적인 관리로 인기가 높은 곳이다. 여성 전용을 포함한 4인, 6인실 도미토리와 TV와 전용 욕실을 갖춘 2인실이 있다. 바 카운터에 무료 쿠키가 준비되어 있고, 정수기의 생수도 제공하는 등 투숙객을 위한 다양한 서비스가 있다. 입구 옆 통로에 영국 아티스트 가브리엘 피처 Gabriel Pitcher 가 그린 벽화가 있다.

Access 문트리 스트리트에 위치
Cost 도미토리 RM38~,
     스탠다드 RM150~
Address 62, Muntri Street, 10200 George Town, Pulau Pinang
Tel 604-250-0287
Web www.ryokanmuntri.com

#컨테이너 호텔 #Container Hotel

부둣가 옆에 선박 컨테이너 디자인으로 여행자들의 눈길을 사로잡는 호텔이다. 화이트 중심의 깔끔한 색감에 효율적인 공간 활용이 돋보이는 콤팩트한 객실이 인상적이다. 디럭스룸과 스위트룸 외에도 여성 전용 도미토리와 믹스 도미토리가 있어 배낭여행자에게도 인기가 있다.

Access	월드 키 림 제티 건너편에 위치
Cost	도미토리 RM38~, 퀸룸 RM150~
Address	4, Gat Lebuh Chulia, George Town, 10300 George Town, Pulau Pinang
Tel	604-251-9515
Web	www.containerhotel.my/penang

#타임캡슐 호텔 #Time Capsule Hotel

타임캡슐 형태의 개인 침대가 있는 도미토리로 안전하고 쾌적한 환경의 호스텔이다. 미래지향적인 디자인에 출입도 엄격하게 통제되고 있다. 캡슐 내에 작은 개인 사물함과 TV 모니터까지 갖추고 있어 안에서 문을 잠그면 마치 우주선에 탑승한 기분이 든다. G층은 로비와 라운지고, 1층(한국의 2층에 해당)은 여성 전용으로 공동욕실을 사용한다.

Access	카피탄 클링 모스크에서 도보 5분, 츌리아 스트리트에 위치
Cost	도미토리 내 캡슐 RM65~
Address	418 & 420, Lebuh Chulia, George Town, 10200 George Town, Pulau Pinang
Tel	604-263-0888
Web	www.timecapsule.my

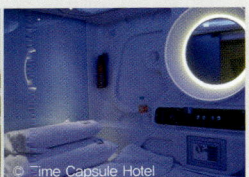

#아르메니안 하우스 #Armenian House

아르메니안 스트리트에 있는 카페 겸 게스트하우스로, 프라나칸 3대의 대가족이 경영하는 포근한 분위기의 숙소다. 주말이면 관광객들이 붐비는 아르메니안 스트리트 중심에 있어 주변 관광지와 레스토랑, 상점들이 가까워 편리하다. 도미토리는 없고 객실과 공동욕실도 깨끗하게 관리되는 편이다.

Access	아르메니안 스트리트 중심에 위치
Cost	스탠더드(공동욕실) RM180~, 스탠더드(전용욕실) RM280~
Address	35, Lebuh Armenian, George Town, 10200 George Town, Pulau Pinang
Tel	604-262-8309
Web	www.facebook.com/Armenian-House-189795117846366/

#80 게스트하우스 #The 80's Guesthouse

100년 역사의 숍하우스를 현대적으로 개조했다. 4인(여성전용 포함), 6인의 도미토리와 2인실이 있다.

Access	러브 레인에 위치
Cost	도미토리 RM40~, 스탠더드 RM105~
Address	46, Love Lane, George Town, 10200 George Town, Pulau Pinang
Tel	604-263 8806
Web	www.the80sguesthouse.com

#올드 페낭 게스트하우스 #Old Penang Guesthouse

오래된 숍하우스가 즐비한 러브 레인에 다른 호스텔과 나란히 자리 잡고 있다. 12인실 도미토리와 여성전용 4인 도미토리가 있고, 욕실이 딸린 더블룸과 공동 욕실을 쓰는 싱글룸, 트리플룸이 있다.

Access	러브 레인에 위치
Cost	도미토리 RM33~, 트리플룸 RM130~
Address	53, Lorong Love, 10200 George Town, Pulau Pinang
Tel	604-263-8805
Web	www.oldpenang.com

• Special Place • 01

거니 드라이브(Gurney Drive)

조지타운에서 바투 페링기로 향하는 방향에 위치한 거니 드라이브는 해안을 따라 모던하고 고급스러운 호텔과 쇼핑몰, 레스토랑 등 편의시설이 줄지어 있고 고급 아파트촌이 형성되어 있는 곳이다. 특히 페낭의 대표 호커 센터인 '거니 드라이브'는 꼭 들러봐야 할 곳으로 꼽힌다.

#거니 드라이브 #Gurney Drive
#관광객들에게 최고 인기!

페낭 최대의 호커 센터인 거니 드라이브는 매일 밤 맛있는 식사와 아름다운 해안의 밤 정취를 즐기려는 사람들로 북적인다. 양쪽으로 끝도 없이 늘어선 노점들을 보고 어떤 음식을 먹어야 할지 고민에 빠지겠지만, 해결책은 의외로 간단하다. 북적이는 와중에도 길게 줄이 늘어선 곳이 이곳 최고의 맛집이기 때문이다. 71번 차퀘티아우 Char Koay Teow, 85번 완탕면 Wan Than Mee, 11번 아삼 락사 Asam Laksa가 그 대표적인 곳. 이 외에도 각종 과일을 소스에 묻혀 땅콩 가루와 버무려 먹는 페낭 로작 Rojak과 해산물 꼬치를 끓는 물에 데쳐주는 록록 Lok Lok(한 꼬치에 RM1~), 첸돌, 사테 등 페낭에서 맛볼 수 있는 거의 모든 음식들을 만날 수 있다. 사탕수수를 즉석에서 짜서 만들어주는 사탕수수 주스도 이곳에서 맛볼 수 있는 독특한 음료고, 푸짐한 한 상에 맥주 한 잔을 곁들이면 완벽한 세팅이 완성된다. 음식뿐 아니라 페낭 현지인들과 여행객들에게 두루두루 사랑받는 곳이라 음식 구경, 사람 구경에 시간 가는 줄 모른다. 워낙 저렴하고 맛있는 음식의 천국이기 때문에 위장만 허락한다면 허리띠를 풀어 놓고 만찬을 즐겨보도록 하자.

Access	조지타운에서 101, 102, 103, 104번 버스로 약 30분 소요
Open	18:00~00:00 (주말은 더 늦게까지 열린다)
Cuisine	호커 센터
Cost	차퀘티아우 RM6~, 완탕면 RM5~, 아삼 락사 RM4~
Address	Gurney Drive Hawker Center, Persiaran Gurney, 10250 Pulau Pinang

#태국 불교사원
#Wat Chayamangkalaram Thai Buddhist Temple

1845년 빅토리아 여왕이 하사한 땅에 지어진 태국 불교사원으로 태국 불교 건축 양식을 엿볼 수 있다. 54m에 달하는 세계에서 가장 긴 와불이 있어 일명 슬리핑 부다 템플Sleeping Buda Temple이라고도 부른다. 와불 앞에는 태국에서 건너와 이 사원을 지은 승려의 실제 등신불이 있다.

Access	조지타운에서 103번 버스를 타고 방콕 스트리트에서 하차. 거니 드라이브와 가까운 곳에 위치
Open	08:00~17:00
Cost	무료
Address	17, Lorong Burma, Pulau Tikus, 10250 George Town, Pulau Pinang
Tel	6016-410-5115

#버마 불교사원
#The Dhammikarama Burmese Buddhist Temple

1803년 8월 1일 설립된 말레이시아 유일의 미얀마식 불교사원으로 'Nandy Moloh Burmese Temple'로 알려져 있다. 규모가 큰 편으로 미얀마 불교사원의 특징을 갖고 있어 불교신자나 종교 건축과 예술에 관심 있는 사람이라면 둘러볼 만하다. 석사의 일대기를 그림으로 전시해 놓고 있다.

Access	조지타운에서 103번 버스를 타고 방콕 스트리트에서 하차. 거니 드라이브와 가까운 곳에 위치
Open	06:00~18:00
Cost	무료
Address	24, Jalan Burma, Pulau Tikus, 10250 George Town, Pulau Pinang
Tel	604-226-9575

#보타니컬 가든 #Botanical Gardens

1884년 영국식 보타니컬 가든으로 조성되어 개장한 페낭 보타니컬 가든은 다양한 식물군이 무성한 열대우림과 깊은 계곡을 포함하고 있어 페낭에 산소를 제공하는 허파 역할을 하고 있다. 넓은 공원에 휴식을 위한 편의시설과 정글 트레킹 코스가 있어 페낭 시민들이 가장 좋아하는 소풍 장소 중 하나다.

Access	콤타 버스터미널에서 10번 버스(RM2)로 약 45분 소요
Open	05:00~20:00
Cost	무료
Address	10470, Pulau Tikus, George Town, Pulau Pinang
Tel	604-227-0428
Web	botanicalgardens.penang.gov.my

#열대 과일 농장 #Tropical Fruit Farm

해발 244m의 언덕에 위치한 과일 농장으로, 다양한 열대 과일 나무가 있는 농장을 견학하고 과일을 맛볼 수 있다. 30분이 소요되는 가이드 투어 후 과일이나 생과일 주스를 맛보는 코스가 일반적이고, BBQ 런치나 디너가 포함된 패키지도 있다. 입구에 있는 과일숍만 들렀다 와도 괜찮다. 시즌별로 과일 양과 종류의 차이가 있다.

Access	바투 페링기와 농장 간 셔틀버스가 매시간 있다. 조지타운에서는 택시 이동이 가장 편하다.
Open	09:00~17:00
Cost	가이드 팜 투어 성인 RM40, 어린이(5~12세) RM30
Address	Jalan Teluk Bahang, 11000 Pulau Pinang
Tel	604-866-5168
Web	www.tropicalfruitfarm.com.my

#거니 플라자 & 거니 파라곤
#Gurney Plaza & Gurney Paragon

거니 드라이브에 있는 대형 쇼핑몰 거니 플라자는 다양한 브랜드숍과 레스토랑, 영화관 등이 있는 복합문화공간이다. 고층에 럭셔리 레지던스가 있는 주상복합단지에 자리한 거니 플라자에는 명품 브랜드와 고급 레스토랑이 모여 있다. 특히 유럽 스타일의 광장은 주민들의 쉼터이자 연인들의 데이트 코스로 각광받고 있다. 페낭에서 쇼핑하기 가장 좋은 조건을 갖춘 곳으로 이곳에서 쇼핑을 하고 거니 드라이브에서 저녁을 먹는 코스를 계획해보자.

Access	조지타운에서 차로 15분 정도 소요. 라피드 페낭 102, 103, 304번 이용
Open	10:00~22:00
Address	170, Persiaran Gurney, Pulau Tikus, 10250 George Town, Pulau Pinang
Tel	거니 플라자 604-222-8111 거니 파라곤 604-222-8266
Web	www.gurneyplaza.com www.gurneyparagon.com

#스트레이트 키 마리나 몰 #Straits Quay Marina Mall

거니 드라이브에서 서북쪽 해안에 위치한 항구에 조성된 복합문화공간으로 럭셔리 브랜드숍과 세련된 레스토랑, 갤러리 등이 있다. 쇼핑보다는 부두의 풍경을 감상하거나 레스토랑 방문 목적이 적합해 보인다. 유명한 벽화 중 하나인 '풍선 든 소녀Balloon Girl'도 이곳에 있다. E&O 호텔에서 운영하며, 선셋 크루즈 등 아름다운 항구에서 출발하는 크루즈 투어 프로그램도 있다. 조지타운(콴인텡 사원, E&O 호텔)과 바투 페링기의 리조트 간을 운행하는 셔틀버스가 하루 3~4회 있다.

Access	라피드 페낭 101, 102, 103번 이나 셔틀버스 이용
Open	월~토 09:00~01:00, 일 09:00~00:00
Address	Jalan Seri Tanjung Pinang, 10470 Tanjong Tokong, Pulau Pinang
Tel	604-891-8000
Web	www.straitsquay.com

#G 호텔 #G Hotel

모던 아트를 표방하는 현대식 시설의 럭셔리하고 세련된 5성급 호텔이다. 아름다운 조형미를 자랑하는 탁 트인 로비 공간에서 체크인을 하면 웰컴 드링크 대신 웰컴 아이스크림을 맛볼 수 있다. 311개의 스타일리시한 넓은 객실이 있고 특히 바다가 보이는 테라스에 자쿠지가 있는 허니문 스위트룸은 커플들에게 최고의 장소이다. 모든 객실에서 와이파이 사용이 가능하며 미니 바도 무료다. 주변 빌딩 숲 사이에 있는 수영장은 꽤 넓고 깨끗하게 관리되고 있으며, 호텔 내 레스토랑도 좋은 평을 받고 있다.

Access	거니 드라이브에 위치. 조지타운에서 차로 15분 정도 소요
Cost	디럭스룸 RM480~, 원 베드룸 스위트 RM680~
Address	168A, Persiaran Gurney, Pulau Tikus, 10250 George Town, Pulau Pinang
Tel	604-238-0000
Web	www.ghotel.com.my

• Special Place • 02

바투 페링기(Batu Ferringhi)

부드러운 백사장과 안다만 해가 보이는 바투 페링기는 오래전부터 휴양지로 개발돼 핵심 해안가를 따라 유명 리조트들이 들어서 있다. 흔히 상상하는 에메랄드빛 바다를 상상하고 온 사람들은 다소 실망할 수도 있지만, 휴식을 취하기에는 부족함이 없고 해양 액티비티를 즐기기에도 적합하다. 대형 리조트들은 비치의 단점을 만회하기 위해 정원과 수영장에 더 힘을 주고 있다. 아름다운 선셋도 바투 페링기에서 누릴 수 있는 행운이다. 중심 거리에는 레스토랑과 저렴한 마사지숍이 있고 매일 저녁 나이트 마켓이 열린다.

Access 조지타운에서 101번 버스로 30~40분 소요

Malaysia | Penang

#페낭 국립공원 #Penang National Park

페낭 섬 북서쪽 끝 텔룩 바항Teluk Bahang에 있는 2,300ha의 페낭 국립공원은 말레이시아에서 가장 작은 국립공원이다. 열대우림과 해변에서 여러 동식물을 관찰할 수 있는데, 두 갈래의 정글 트레킹 코스가 있고 각 해변에서 보트를 타고 돌아오는 코스가 일반적이다. 해안선을 따라 세 곳의 포인트가 있는 몽키 비치 코스는 수영과 해안 전망을 즐길 수 있다. 몽키 비치까지는 약 1시간 15분, 코스의 끝인 등대까지는 1시간 45분이 소요된다. 정글을 따라 난 터틀 비치 코스는 약 1시간 20분이 소요되며 해변에서 녹색 거북이의 서식지를 관찰할 수 있다. 두 코스를 잇는 캐노피 다리는 기후에 따라 개방되며, 입구에서 이용권(성인 RM5)을 구입해야 한다. 몽키 비치와 입구 제티 간 보트는 편도 RM40~50, 터틀 비치는 RM90 정도다.

Access	콤타 버스터미널에서 101번 버스를 타고 텔룩 바항 종점에서 하차
Open	08:00~17:00
Cost	무료

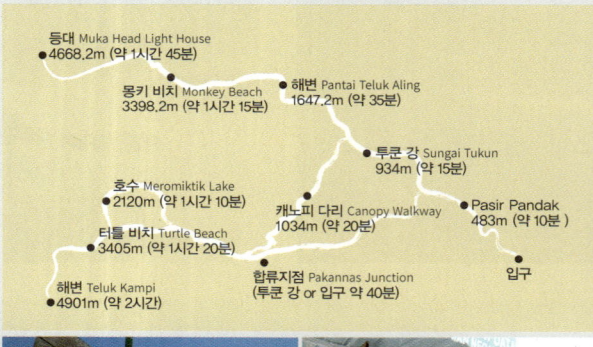

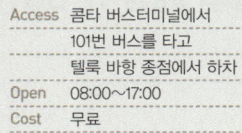

#나이트 마켓 #Night Market

매일 저녁 6시경부터 바투 페링기 거리는 분주해진다. 파크로열 리조트부터 론 파인 호텔 앞까지 거리 양쪽 인도를 따라 노점상들이 판을 깔기 시작하고, 소문 듣고 구경 온 관광객들이 하나둘씩 모여들기 때문이다. 각종 의류부터 짝퉁 가방 등 잡화, 기념품 등 없는 게 없는 나이트 마켓은 흡사 동대문의 야시장을 연상케 한다. 품질이 좋은 제품들은 아니지만 볼거리가 많고 각국의 인사말로 호객하는 상인들의 모습도 재미있다. 관광객을 상대로 하는 시장이어서 저렴한 가격은 아니기 때문에 물건을 사려면 흥정의 기술이 필요하다.

Access	파크로열 리조트부터 론 파인 호텔까지의 인도
Open	약 18:00~00:00

#페링기 가든 #Ferringhi Garden

원래 작은 건물 하나로 시작한 것이 점점 확장되어 지금의 규모로 발전했다. 전체가 정원으로 꾸며져 있고, 전용 목수가 건물은 물론 가구도 제작했다. 공간마다 조금씩 다른 주제를 가지고 있으니 식사 후 레스토랑을 둘러봐도 좋겠다. 일식과 중식의 영향을 받은 말레이시아 셰프가 퓨전 웨스턴 요리를 선보이는데, 타이거 프론 요리와 알리오 올리오가 인기 메뉴다. 특별히 공들이는 디저트도 놓치지 말자. 주정부에서 선정하는 청결 등급에서 수년간 A등급을 받을 정도로 청결에 신경 쓰고 있는 곳이다.

Access	파크로열 리조트에서 하드 록 호텔 방향에 위치
Open	16:00~00:00
Cuisine	퓨전 웨스턴
Cost	알리오 올리오 RM22.8, 타이거 프론 RM66.8, 스테이크 RM69.8~ (Tax & SC 16%)
Address	34, Jalan Batu Ferringhi, 11050 Batu Ferringhi, Pulau Pinang
Tel	604-881-1193

#리빙 룸 카페 바 & 갤러리 #Living Room Cafe Bar & Gallery

말레이, 태국, 중국, 인도 등 아시아 전역의 음식을 메뉴로 하는 곳이다. 저렴한 가격에 분위기도 좋고 무엇보다 맛이 좋아서 어떤 메뉴를 선택해도 후회가 없다. 버거류에는 감자칩이, 다른 요리에는 밥이 같이 나온다. 입구부터 자연스럽게 놓여 있는 화분, 오래된 나무 탁자와 의자가 잘 어우러지는 편안한 분위기이고 서양 관광객이 주 고객이다. 음악을 즐기는 주인의 취향에 따라 악기들이 준비되어 있어 누구나 즉흥 연주를 할 수 있다.

Access	페링기 가든 옆에 위치
Open	런치 10:00~15:00, 디너 16:00~22:00 (수 휴무)
Cuisine	웨스턴 & 아시안
Cost	버거 RM24~, 타이스타일 치킨 RM24, 나시 고랭 RM6~9
Address	43-C, Batu Ferringhi, 11100 Penang, 11050 Batu Ferringhi, Pulau Pinang
Tel	6017-477-2148
Web	www.facebook.com/livingroom11100

#골든 타이 시푸드 빌리지
#Golden Thai Seafood Village
거니 드라이브의 발리하이 시푸드 레스토랑과 자매 레스토랑으로 매일 신선한 해산물을 공수해 요리한다. 태국과 중국식의 퓨전 요리로 돼지고기는 없는 할랄 레스토랑이다. 입구 쪽에 길게 늘어선 수조에서 해산물을 고르고 요리를 주문하면 된다. 가격은 다소 비싼 편이다. 저녁 시간에는 전통공연이 열린다.

Access	홀리데이 인 리조트 근처, 더 십 옆에 위치
Open	11:00~00:00
Cuisine	해산물
Cost	새우요리 RM38~, 가재, 게, 생선은 시가
Address	69A, Jalan Batu Ferringhi, Pulau Pinang
Tel	604-881-1362, 6016-336-0777
Web	www.goldenthai.com.my

#더 십 #The Ship
커다란 범선을 그대로 옮겨 놓아 바투 페링기에서도 한눈에 띄는 스테이크 전문 레스토랑이다. 선원 복장을 한 직원들이 서빙을 하고, 저렴한 가격에 푸짐하고 맛있는 요리를 선보이고 있어 현지 이색 맛집으로 유명하다. 프로모션 메뉴를 이용하면 더욱 푸짐하고 알찬 식사를 할 수 있다. 쿠알라 룸푸르에도 몇 개의 지점이 있다.

Access	홀리데이 인 리조트 근처 골든 타이 시푸드 빌리지 옆에 있는 큰 범선이다.
Open	12:00~01:00
Cost	스테이크 RM50.9~, 치킨 요리 RM22.9~ (GST 6% & SC 10%)
Address	69-B, Jalan Batu Ferringhi, 11100 Batu Ferringhi, Pulau Pinang
Tel	604-881-2142
Web	www.theship.com.my

#하드 록 카페 #Hard Rock Cafe
오픈하자마자 페낭 최고의 나이트 라이프로 자리 잡은 하드 록 카페. 밤 10시 30분경부터 필리핀 등 동남아 출신의 수준급 밴드가 라이브 연주를 시작한다. 익숙한 팝&록 넘버들을 연주하기 때문에 누구나 흥겹게 즐길 수 있다. 입구에서는 출입을 통제하는데 특별히 물 관리를 한다기보다는 외국인과 호텔 게스트를 우선 입장시킨다. 레전더리 10oz 버거나 바비큐 콤보 등 음식도 푸짐하고 맛있어서 어린이를 동반해 점심 식사를 즐기는 가족 단위의 손님도 많다. 오후 6시 반부터 밤 11시까지 30분 간격으로 나이트 마켓까지 셔틀버스를 운행한다. 정류장은 따로 없고 손을 흔들면 태워준다.

Access	바투 페링기 하드 록 호텔에 위치
Open	11:30~02:00
Cost	칼스버그 RM17/29/60, 칵테일 RM100~, 레전더리 10oz 버거 RM42 (Tax & SC 16%)
Address	Batu Ferringhi Beach, 11100 Batu Ferringhi, Pulau Pinang
Tel	604-881-1711
Web	www.penang.hardrockhotels.net

#하드 록 호텔 #Hard Rock Hotel

바투 페링기에서 하드 록 호텔만큼 활기찬 곳이 있을까? 록 마니아들이라면 누구나 한 번쯤 묵고 싶은 이 호텔은 매일 밤 흥겨운 라이브 음악이 연주되고, 실제 록 스타들의 소장품들이 가득하다. 특히 하드 록 호텔 페낭은 비틀즈의 흔적이 많은 곳으로 객실마다 비틀즈의 사진이 있고, 곳곳에서 그들의 캐릭터를 만날 수 있다. 로비 입구 천장에 있는 해파리 같은 로고 조명은 밤이 되면 색이 변하면서 환상적인 분위기를 연출해 기념 사진을 찍으려는 사람들로 북적인다. 기본 객실도 훌륭하고 성인 2명과 어린이 2명이 묵을 수 있는 '리틀 록 키즈 스위트'라는 이름의 패밀리룸은 플레이 스테이션과 기타 히어로가 설치되어 있어 가족 여행객들에게는 최적의 선택이 된다. 수영장은 이곳에서도 가장 활기가 넘치는 곳으로 페낭에서 제일 놀기 좋은 수영장으로 꼽힌다. 세 개의 슬라이드가 있는 키즈 풀이 있으며, 음악 호텔답게 물속에서 음악을 들을 수 있는 구간이 따로 있으니 놓치지 말고 경험해보자. 튜브나 카바나는 이용료를 따로 지불해야 한다. 캐주얼한 복장의 직원들이 항상 유쾌하게 인사를 건네며, 모던하고 록 스피릿이 넘치는 젊은 감각의 호텔이지만 어르신들도 같이 즐길 수 있는 분위기다. 매일 밤 8시 30분부터 로비 라운지에서 펼쳐지는 라이브 무대도 놓치지 말자.

Access	바투 페링기 메인 로드 끝에 위치
Cost	디럭스 힐뷰 RM500~, 디럭스 시뷰 RM610~, 록 시티 키즈 스위트 RM740~
Address	Batu Ferringhi Beach, 11100 Batu Ferringhi, Pulau Pinang
Tel	604-8811-711
Web	penang.hardrockhotels.net

◆ 록 숍
Rock Shop
하드 록 호텔과 카페의 캐릭터 상품을 파는 상점으로 의류부터 액세서리뿐 아니라 드럼 스틱이나 기타 피크 등 악기 연주를 위한 액세서리도 판다. 가격은 높은 편이지만 하드 록 카페 마니아라면 그냥 지나치기 어렵다.

#샹그릴라 라사 사양 리조트 & 스파
#Shangri-La's Rasa Sayang Resort & Spa

럭셔리 호텔 체인인 샹그릴라의 리조트로 객실과 부대시설, 서비스 모두 샹그릴라의 명성 그대로 훌륭하다. 304개의 객실과 스위트룸은 가족 여행객에게 적합한 가든 윙과 커플이나 허니문에 적합한 라사 윙으로 나뉜다. 라사 윙에는 16세 이상만 이용 가능한 성인 풀이 있고, 라사 윙 투숙객은 오후 3시 애프터눈 티와 저녁 6시 이브닝 칵테일을 무료로 즐길 수 있다. 오랜 수령의 레인트리Rain Tree로 유명한 정원은 평화롭고 아름다우며, 샹그릴라 고유의 스파 브랜드인 치 스파에서 최고급 스파를 즐길 수 있다. 바로 옆에 있는 골든 샌즈 리조트의 수영장과 부대시설을 이용할 수 있고, 무난한 코스의 파3 9홀의 골프장도 있다.

Access	바투 페링기 골든 샌즈 리조트와 나란히 위치
Cost	디럭스룸 가든뷰 RM760~
Address	Batu Ferringhi Beach, 11100 Batu Ferringhi, Pulau Pinang
Tel	604-888-8888
Web	www.shangri-la.com/penang/rasasayangresort

#골든 샌즈 리조트 #Golden Sands Resort

샹그릴라 계열의 4성급 리조트로 가족 여행객들에게 인기가 많다. 바투 페링기에서 오션뷰가 가장 좋은 것으로 유명한 객실은 넓은 편이다. 또한 엑스트라 베드를 따로 설치할 필요가 없이 가구화되어 있으며 패밀리룸은 5명까지 투숙 가능하다. 최고급 설비를 갖춘 유료 키즈 클럽인 어드벤처존Adventure Zone(1일 RM60)이 따로 있고, 조지타운의 호텔 젠Hotel Jen 간에 무료 셔틀버스가 운행된다.

Access	바투 페링기 샹그릴라 라사 사양 리조트&스파 옆에 위치
Cost	수피리어룸 RM450~, 이그제큐티브룸 RM580~
Address	Jalan Batu Ferringhi, 11100 Batu Ferringhi, Pulau Pinang
Tel	604-886-1911
Web	www.shangri-la.com/penang/goldensandsresort

#파크로얄 리조트
#PARKROYAL Resort

아름다운 해변과 잘 어우러진 정원, 유선형의 수영장으로 사랑받는 곳이다. 모든 객실에 발코니가 있고 시뷰 객실에서 보는 바다 전망이 시원시원하다. 야자수가 시원하게 뻗은 정원과 객실 사이에는 두 개의 수영장이 있는데, 키즈 풀도 상당히 넓고 70ft 길이의 긴 슬라이드가 있다. 이 수영장은 밤 11시까지 이용할 수 있다. 호텔 바로 앞에서 나이트 마켓이 열린다.

Access 바투 페링기 홀리데이 인 리조트 옆에 위치
Cost 스탠더드룸 RM380~, 패밀리룸 RM1,000~
Address Jalan Batu Ferringhi, 11100 Batu Ferringhi, Pulau Pinang
Tel 604-881-1133
Web www.parkroyalhotels.com

#론 파인 호텔 #Lone Pine Hotel

콜로니얼과 모던 스타일이 혼합된 부티크 호텔로 1948년 지어진 건물을 호텔로 리노베이션 하여 2010년 재오픈했다. 세련되고 모던한 객실과 커다란 캐슈어리나 나무가 있는 정원의 수영장은 우아하고 고급스러운 분위기로 웨딩 사진 촬영 장소로도 인기가 높다. 바투 페링기의 다른 가족형 리조트들과는 달리 조용한 편이어서 가족보다는 커플들에게 어울리는 숙소다. 조지타운의 E&O호텔과 같은 계열로 셔틀버스를 운영한다.

Access 바투 페링기 골든 샌즈 리조트 옆에 위치
Cost 디럭스룸 RM410~, 프리미어 트윈룸 RM510~
Address 97, Batu Ferringhi 11100, Pulau Pinang
Tel 604 886 8686
Web www.lonepinehotel.com

#홀리데이 인 리조트
#Holiday Inn Resort

화려하진 않지만 실용적인 호텔로 비치 윙과 페링기 타워가 바투 페링기 거리를 사이에 두고 마주한다. 2010년 리노베이션을 마친 객실은 심플한 디자인이다. 작은 규모의 야외 수영장이 있고 해변에서 휴식을 취할 수도 있다. 실속형 가족 여행객들이 많이 찾는 호텔로 바로 앞에 나이트 마켓이 열린다.

Access 바투 페링기 파크로열 리조트 옆에 위치
Cost 킹 타워 힐뷰 RM 230~, 페링기 타워 시부 RM280~
Address 72, Jalan Batu Ferringhi, 11100 Pulau Pinang
Tel 604-886-6666
Web www.ichotelsgroup.com/holidayinnresorts

#베이뷰 비치 리조트
#Bayview Beach Resort

페낭 북서쪽으로 바투 페링기 해변의 끝에 있는 4성급 호텔이다. 객실은 낡은 편이지만 공간이 넓고, 4인이 묵을 수 있는 패밀리룸은 바다와 언덕을 전망으로 한 발코니가 있다. 아름다운 정원과 수영장도 잘 갖춰져 있고 자체 해변도 있다. 가족 단위의 투숙객이 많은 편이고 단체 관광객들도 많이 이용하는 리조트다.

Access 바투 페링기 끝 쪽, 하드 록 호텔 옆에 위치
Cost 스탠더드룸 RM250~, 패밀리룸 RM400~
Address Jalan Batu Ferringhi, Batu Ferringhi, 11100 Batu Ferringhi, Pulau Pinang
Tel 604-886-1111
Web www.bayviewhotels.com/beach

랑카위 Langkawi

• Intro •

104개의 매력, 랑카위

말레이반도 북서부, 인도양와 말라카 해협이 만나는 지점에 있고 태국과는 국경을 접하고 있다. 크고 작은 99개의 섬으로 이루어진 군도이고, 해수면이 낮아지면 5개의 섬이 추가로 모습을 드러내 104개의 섬이 된다고 한다. 발길 닿는 곳마다 천혜의 자연이고 저마다 전설이 있는 흥미로운 곳이기도 하다. 관광지로 개발되면서 급속히 변해가고 있지만, 여전히 자연의 아름다움과 신비함을 간직한 랑카위는 충분히 매력적인 관광지다.

#신비한 전설의 섬 랑카위 #Legends of Langkawi

랑카위는 섬의 수만큼이나 많은 전설을 가지고 있다. 오랫동안 구전된 전설은 다양한 설로 퍼져 있는데, 믿거나 말거나 한 이야기지만 전설을 알고 바라보는 랑카위는 좀 더 특별해진다. 책 곳곳에 숨겨진 재미있는 전설을 꼭 챙겨보자. 가장 유명한 전설은 랑카위 최고의 미녀 마수리의 이야기로 다음과 같다.

✓ 마수리 전설 The Legend of Mahsuri

19세기 푸껫 출신의 부모를 따라 랑카위로 온 마수리는 섬에서 가장 아름다운 여인이었다. 뭇 남성들의 구애를 뿌리치고 전사 완 다루스Wan Darus와 결혼했으나 전쟁이 일어나자 남편은 전쟁터로 떠났다. 그즈음 마수리는 데라만Deraman이라는 젊은이와 친해졌는데, 그녀의 미모를 시기한 여자들은 이를 수상히 여겼다. 특히 마수리를 질투했던 족장의 부인이자 시누이 완 마호라Wan Mahora는 마수리가 그와 불륜을 저질렀다는 소문을 냈다. 삽시간에 퍼진 소문은 사실로 여겨지고 결백을 주장하는 마수리를 아무도 믿어주지 않았다. 결국 부족은 사형을 결정하고 그녀를 묶고 칼로 찔렀으나 칼이 말을 듣지 않았고, 오직 가족의 칼만이 자신을 죽일 수 있다는 마수리의 말에 가족의 칼로 그녀를 찔렀다. 이윽고 그녀의 몸에서 결백을 주장하는 하얀 피가 흘렀다. 사람들은 충격을 받고 후회했으나 이미 늦었다. 그녀는 죽어가며 7대에 걸쳐 마을에 저주가 내릴 것이라고 말했다. 전쟁에서 돌아온 남편은 그녀의 죽음에 충격을 받아 아들과 처가 식구들을 데리고 섬을 떠났다. 랑카위 사람들은 이 전설을 사실로 믿고 있는데, 실제로 그녀의 죽음 이후 수십 년간 흉년과 여러 전쟁이 있었다. 시암의 침략으로 논이 불타고 이때 탄 쌀이 지금도 보존돼 있다. 7대가 지난 20세기에 들어와서야 랑카위의 번영이 시작됐고 유명한 관광지가 됐다. 마수리의 전설은 여러 버전이 있고 그녀가 공주였다는 설도 있다.

★
도시 개요
【도시명】
랑카위 Langkawi
【위치】
말레이반도 북서쪽 크다 주
【인구】
약 94,777명 (2016년)
【홈페이지】
www.tourismmalaysia.gov.my
【키워드】
휴양, 리조트, 스노클링, 독수리, 전설

쿠아 관광안내소

★
쿠아 관광안내소
【Access】
쿠아 제티 포인트에서 타운 방향, 랑카위 페어 건너편 쪽에 위치
【Open】
09:00~17:00
【Address】
Persiaran Putra, Kuah, 07000 Langkawi
【Tel】
604-966-0494
【Web】
www.tourismmalaysia.gov.my

★
공항 관광안내소
【Access】
랑카위 국제공항 도착층에 위치
【Open】
09:00~17:00
【Address】
Langkawi International Airport, 07100 Langkawi
【Tel】
604-955-7155

• Must Try •
랑카위 Best 3

#Sightseeing
랑카위가 자랑하는 환상적인 바다와 스릴 넘치는 랑카위 케이블카를 놓치지 말자!

코랄 투어 (p.262)

랑카위 케이블카 (p.265)

맹그로브 투어 (p.266)

#Beach
개성이 뚜렷한 랑카위의 아름다운 해변을 즐겨보자.

판타이 체낭 (p.272)

탄중 루 비치 (p.300)

텔라가 하버 파크 (p.289)

#Food & Relax
건강하고 맛있는 랑카위 레스토랑 & 카페 Best 3

오키드 리아 (p.274)

레드 토마토 (p.274)

옐로 카페 (p.278)

#Stay
여행의 목적에 적합한 리조트 Best 3

Family 메리터스 펠랑기 리조트 (p.282)

Honeymoon 포 시즌스 리조트 (p.300)

Economy 아세아니아 리조트 (p.284)

• Information • 01

랑카위 들어가기 & 나오기

랑카위로 들어가는 방법은 비행기와 페리 두 가지다. 한국에서 가는 가장 빠른 방법은 비행기로 쿠알라 룸푸르를 경유해 들어가는 방법이고, 페낭에서 페리로 들어가거나 타 지역에서 버스+페리를 통해서도 들어갈 수 있다.

1. 비행기

쿠알라 룸푸르에서 약 1시간이 소요되며 거의 1시간 간격으로 비행편이 있다. 에어아시아(KLIA2 출발), 말레이시아항공, 파이어플라이 등 국내선을 이용하면 되고, 저가항공의 경우 $20 이하의 요금도 있다. 항공사별로 KLIA 출발 터미널을 꼭 확인하고 이용하자. 에어아시아는 페낭(35분 소요)과 싱가포르(1시간 25분 소요)의 비행편도 하루 1~2회 운행한다.

★
웹사이트
랑카위 국제공항
www.langkawiairport.com
에어아시아
www.airasia.com
말레이시아항공
www.malaysiaairlines.com
파이어플라이
www.fireflyz.com.my

* 랑카위 국제공항은 2017년 9월부터 시작된 확장 공사로 다소 혼잡하다. 공사는 2018년 8월 말 완료될 예정이다.

랑카위 국제공항

에어아시아

• Information • 02

공항에서 시내 이동

1. 택시

공항 내의 택시 카운터에서 정액제 쿠폰 택시 티켓을 구입하거나, 앱을 이용해 우버나 그랩 택시를 이용하면 된다.

Cost (2인, 수하물 2개 기준)	정액제 쿠폰 택시	우버/그랩 택시	소요시간
공항~판타이 체낭	RM18~	RM8~12	약 12분
공항~판타이 텡아	RM20~	RM11~16	약 18분
공항~쿠아 타운	RM24~	RM20~28	약 30분

2. 페리(랑카위-페낭)

하루 2회 랑카위(쿠아 제티 포인트)와 페낭 간을 운행하는 페리가 있다. 약 2시간 45분 소요되며 페리의 상태는 양호한 편이다. 주말이나 공휴일에는 티켓이 매진될 수도 있기 때문에 미리 예매하는 게 좋다. 페리 스케줄은 시즌별로 변동될 수도 있으니 미리 확인하자.

랑카위-페낭행 페리

Open   **페낭 출발** 08:15(파야 섬 경유), 08:30, 14:00
            랑카위 출발 14:00(파야 섬 경유), 14:30(파야 섬 경유), 15:00
Cost   **편도** 성인 RM70, 어린이(3~11세) RM51.3
            (화물 처리비가 포함된 요금이다. 성인 RM10, 어린이(11세 이하) RM6.3)
Web   www.langkawi-ferry.com, www.superfastferry.com.my

3. 버스 + 페리

쿠아 제티 포인트에서 가장 가까운 말레이시아 내륙 지역인 쿠알라 펄리스^{Kuala Perlis}로 가면 말레이시아 각 지역과 연결되는 시외버스를 탈 수 있는 쿠알라 펄리스 버스터미널^{Kuala Perlis Bus Terminal}이 있다. 쿠알라 룸푸르, 말라카, 겐팅, 이포, 싱가포르, 조호 바루 등 말레이시아 각지와 연결편이 있는데, 쿠알라 룸푸르의 경우 약 8시간 30분이 소요되고 야간버스도 운행한다(RM45 내외). 제티와 버스터미널은 걸어서 5분 거리다.

★
랑카위-쿠알라 펄리스 간 페리
Open
07:00~19:00, 1시간 30분 간격
(약 1시간 15분 소요)
Cost
성인 RM18, 어린이(3~11세) RM13

• Information • 03
쿠아 제티에서 시내 들어가기

정액제 쿠폰 택시나, 우버나 그랩 택시를 이용해 이동할 수 있다. 2인 기준 정액제 쿠폰 택시의 경우 쿠아 타운 내 이동은 RM10 내외고, 판타이 체낭과 공항은 RM24 정도의 요금이며, 우버나 그랩 택시는 조금 더 저렴하다.

#랑카위에서 태국 가기
태국 국경과 접하고 있는 랑카위의 제티 포인트에서 페리를 타면 푸껫, 크라비, 뜨랑과 연결되는 사툰^{Satun}까지 갈 수 있다. 특히 겨울에만 개방되는 태국의 코 리페^{Koh Lipeh}(편도 RM118)로 가는 노선은 인기가 높다.

• Information • 04

시내 교통

1. 택시

유일한 대중교통 수단인 택시를 이용하는 게 여행객에게는 가장 편리하다. 비싼 편이긴 하지만 거리별로 요금이 정해져 있어 흥정할 필요가 없고, 바가지를 씌우는 일도 거의 없다. 판타이 체낭이나 대형 면세 상점 주변에 대기 중인 택시가 많다.

Cost   판타이 체낭 … 쿠아 타운, 오리엔탈 빌리지 RM30
        판타이 체낭 … 판타이 텡아 RM10

2. 렌터카

택시 외의 대중교통이 전무한 랑카위는 도로 사정이 좋고 렌트와 주유비가 저렴해서 차를 렌트할 만하다. 단순한 도로와 편한 주차 등 장점이 많지만 우리나라와 운전 방향이 반대고 거리에 수시로 동물이 다니므로 조심해야 한다. 렌트 시 보험 여부와 차량 상태 등을 확인해야 하며, 혹시 모를 사고에 대비해 정식 허가 업체를 이용하는 것이 좋다(공항과 제티 포인트의 업체 추천). 렌트비는 보험 포함 1일 RM50~150까지 차종에 따라 달라지고 성수기에는 더 올라간다. 주유비는 리터당 RM2 정도이고, 경차의 경우 RM30이면 3일은 충분히 다닐 수 있다. 랑카위의 모든 주유소는 셀프주유소라는 사실도 알아두자.

렌터카 체크리스트
준비물 - 여권, 국제운전면허증
보험 가입 여부와 보장 내용, 차량 상태 확인(사진을 찍어두고 의심되는 부분은 계약서에 적어두자), 남은 기름양 체크, 반납 장소와 시간

셀프 주유하기
빈 주유기에 차를 세우고 창구에 가서 주유기 번호를 말하고 결제한 후 주유구에 주유기를 꽂으면 자동으로 주유된다.

3. 스쿠터

저렴한 가격에 이동이 간편한 장점이 있어 스쿠터 운전 고수라면 도전해볼 만하나, 사고가 나면 수습이 어렵고 실제로 사고도 잦은 편인 점을 염두에 두어야 한다. 근거리 이동용으로는 유용한 교통수단이다. 렌트비는 보험 포함 1일 RM40 내외고 국제운전면허증이 있어야 한다.

★
랑카위 투어 예약
랑카위 섬에서만 경험할 수 있는 다양한 투어에 참여해보자. 코랄 투어를 제외하면 10명 내외의 인원이 함께하게 되는데, 전 세계에서 온 여행자들과 친구가 될 수 있는 소중한 시간이다. 한국인이 운영하는 여행사와 현지 여행사를 통해 예약 가능하다.

【랑카위 매니아】
cafe.naver.com/langkawimania
오랫동안 랑카위와 함께한 신뢰도 높은 한인 여행사다. 네이버 카페 회원이 되면 호텔과 각종 투어에 대한 정보와 리뷰를 볼 수 있고, 예약 시 유용한 할인쿠폰도 제공한다. 호텔 패키지의 경우 일반 호텔 예약 사이트보다 좋은 조건이 많다. 랑카위에 갈 예정이라면 랑카위 로빈을 찾아보자(6012-428-1004, 카카오톡 langkawirobin).

【현지 여행사 예약】
판타이 체낭 거리에서 현지 여행사를 쉽게 찾을 수 있다. 투어별로 포함 내용에 따라 가격이 달라지니 확인하고 예약하자. 쿠아 제티 포인트에도 많은 여행사가 있고, 보통 투어 하루 전까지 예약 가능하다.

★
랑카위 숙소 관광 세금
2017년부터 말레이시아 숙소 숙박 시 1방/1박당 RM10의 관광 세금을 내야 하고, 랑카위에서는 RM5이 추가된다. 체크인 혹은 체크아웃 시 지불하게 된다.

현지 여행사

• Itinerary •

랑카위 추천 일정: 3박 4일

랑카위 바다를 온전히 만끽하고 싶다면 해안가의 숙소를 선택해 여유 시간엔 무조건 해변에서 망중한을 즐겨보자. 관광과 휴식을 고루 만족시킬 수 있는 여행을 위해 3박 4일 이상의 일정을 추천한다.

#1일
첫날은 로맨틱하게

12:00 랑카위 도착, 숙소 체크인

13:00 점심 식사 후 해변 휴식
【추천】토마토 나시 칸다르
(p.275)

16:00 선셋 크루즈
(p.266)

#2일
일일 투어

08:00 코랄 투어
(p.262)

18:00 저녁 식사
【추천】오키드 리아 or 레드 토마토
(p.274)

20:00 발마사지 후 휴식

#4일
릴랙스 & 쇼핑

09:00 숙소 또는 해변에서 휴식 후 체크아웃

12:00 점심 식사
【추천】원더랜드 or 완 타이 레스토랑
(p.294, 295)

13:00 면세 쇼핑 & 쿠아 타운 관광
(p.292)

17:00 공항으로 이동

#3일
반일 투어 & 시내 투어

09:00 맹그로브 투어 또는 호핑 투어
(p.263, 266)

14:00 택시 섬 투어 ★
오리엔탈 빌리지, 독수리 광장 등
(p.264, 267)

18:00 저녁 식사
【추천】야시장 탐방
(p.260)

20:00 마사지 후 휴식

★ **택시 섬 투어**
택시를 대절해 랑카위 주요 관광지를 둘러볼 수 있다. 기본 4시간, 4인 기준으로 RM 120이고 시간당 RM30이 추가된다. 구눙 라야와 다타이 베이 지역을 제외한 모든 지역이 가능하다.

【추천 코스 1】
판타이 체낭 ⋯ 텔라가 하버 파크 ⋯ 오리엔탈 빌리지(세븐 웰스 폭포) ⋯ 마수리 쿠덤 ⋯ 탄중 루 비치 ⋯ 아이르 항갓 빌리지 ⋯ 갤러리아 퍼다나 ⋯ 독수리 광장 ⋯ 타만 라젠다 ⋯ 쿠아 타운 면세숍

【추천 코스 2】
텔라가 하버 파크 ⋯ 오리엔탈 빌리지(세븐 웰스 폭포) ⋯ 크래프트 콤플렉스 ⋯ 탄중 루 비치 ⋯ 독수리 광장 ⋯ 야시장

★ **마지막 날 팁**
마지막 날 체크아웃 후 섬 투어를 즐기고 공항으로 바로 이동할 수도 있다.

• Langkawi Fun • 01
휴양만이 다가 아니다! 랑카위의 숨은 매력

대부분의 사람들이 섬 휴양을 목적으로 랑카위를 방문하기 때문에 바다와 해변에 집중하고 있지만, 랑카위는 자세히 볼수록 그 진가를 느낄 수 있는 곳이다. 자칫 놓치기 쉬운 랑카위의 숨은 매력을 챙겨보자.

#논 풍경 #Rice Field

랑카위를 움직이는 주산업이 관광업, 어업, 농업이다. 때문에 랑카위 내륙에서 아름다운 논 풍경을 흔하게 만날 수 있다. 초록의 논 풍경은 바다의 풍경과는 또 다른 매력으로 힐링을 안겨준다. 공항에서 판타이 체낭으로 들어가는 동안에도 해변 반대편 쪽으로 논이 펼쳐져 있는데, 우리나라와는 다른 생김새의 소가 풀 뜯어 먹는 풍경을 흔히 볼 수 있다. 허수아비를 세워 놓은 논과 논 위를 날아다니는 하얀 백로의 모습도 재미있다. 가끔 차가 다니는 도로까지 소가 진입하는 경우가 있으니 렌트하는 경우는 특별히 주의할 필요가 있다. 판타이 체낭의 쌀 박물관 '라만 파디'에서도 평화로운 논 풍경을 즐길 수 있다.

흔하게 볼 수 있는 소

#폭포 #Waterfall

열대우림 숲 속의 시원하게 쏟아지는 폭포 아래에서의 휴식은 랑카위의 또 다른 재미다. 랑카위에는 섬 북부 맛 친창 산 주변에 두 곳, 내륙에 한 곳, 이렇게 세 곳의 놀 만한 폭포가 있는데 가장 유명한 곳은 책에도 소개한 세븐 웰스 폭포다(p.268). 바위를 타고 올라가 적극적으로 폭포수를 맞는 사람들의 모습이 아찔하면서도 재미있고 수심이 얕은 곳에서는 수영도 즐길 수 있다. 이 외에도 가장 높은 곳에서 떨어지는 테머룬 폭포Temurun Waterfall와 작은 규모의 두리안 폭포Durian Waterfall가 있다. 건기에는 수량이 줄어 폭포를 즐기기 어려우니 6~10월 우기 기간에 방문하는 것이 좋다.

#검은잎원숭이 #Dusky Leaf Monkey

동남아 몇 지역에만 서식하는 온순한 원숭이로 검은 몸에 눈 주위가 하얀 것이 귀엽다. 랑카위의 숲이나 리조트에서 발견할 수 있는데, 주로 오후 시간에 먹이를 찾아 가족 단위로 리조트 주변에 나타나고 오리엔탈 빌리지에도 살고 있다. 이 외에도 랑카위에는 다양한 종의 원숭이가 있는데, 맹그로브 투어에서는 맹그로브 숲에 사는 야생 원숭이를 볼 수 있다. 가장 흔하게 볼 수 있는 원숭이는 성질이 고약하고 물건들을 채가는 습성이 있으므로 접근하지 않는 게 좋다.

검은잎원숭이

Langkawi Fun • 02
실속 있는 쇼핑, 면세 천국 랑카위

이슬람 문화의 영향으로 가격이 비싼 주류와 담배를 저렴하게 즐길 수 있는 랑카위는 섬 전체가 면세 지역이다. 주요 관광지마다 'Duty Free'라고 쓰여 있는 대형 쇼핑몰을 볼 수 있고, 일반 마트도 면세 가격이다. 마하티르 전 수상이 자신의 고향인 랑카위가 관광지로 발돋음할 수 있도록 섬 전체를 면세 지역으로 지정했고 그 효과를 톡톡히 보고 있다. 주류와 담배뿐 아니라 화장품, 의류 등 다양한 물건들도 역시 면세 가격인데, 주류와 담배는 랑카위에서 48시간 이상 머물렀을 경우 주류 1L 이하, 담배 한 보루까지만 섬 밖으로 가지고 나갈 수 있다. 실제로 술값이 저렴하기 때문에 흥청망청 노는 유흥의 섬이라고 생각할지 모르지만, 밤거리에서도 술 취해 비틀거리는 사람들을 거의 볼 수 없을 정도로 조용하고 안전한 곳이다. 가장 인기 있는 품목은 초콜릿으로 약 40% 정도 할인된 금액이고, 주류와 담배, 안경류도 인기 있다. 여행용 캐리어도 매우 저렴한데, 품질의 차이가 있는 편이다. 대표적인 면세 쇼핑몰로 코코밸리(Coco Valley)와 존 듀티 프리(The Zon Duty Free)가 있으며, 쿠아 타운과 판타이 체낭 지점이 물건이 많고 가격이 좋은 편이다.

#판타이 체낭
판타이 체낭 언더워터 월드 수족관 옆에 대형 면세숍이 있다. 코코밸리 체낭 지점은 초콜릿 종류가 많기로 유명하다.

#쿠아 타운
랑카위 상업의 중심지답게 쿠아 타운에는 가장 많은 면세숍이 있다. 제티 포인트 쇼핑몰에서도 면세 쇼핑이 가능하고, 제티에서 멀지 않은 쿠아 타운 중심부에는 코코밸리를 비롯한 대형 면세숍이 모여 있는 면세 타운이 있다. 규모가 큰 만큼 물건도 다양하고 대부분 상점이 밤 10시까지 운영하므로 쇼핑에 집중하고 싶은 사람들은 이곳에 가는 게 좋다.

✓ 쿠반 애티튜드 Cuban Attitude
고급 담배 전문숍으로 일반 담배부터 잎담배 시가Cigar와 물담배 시샤Shisha, 담배 파이프 등을 판매한다.
Open   09:30~22:00
Tel   604-969-8282

★
판타이 체낭 면세숍
【코코밸리(Coco Valley)】
Open 10:00~18:30,
공휴일 09:30~21:00
Tel   604-955-6100

【존 듀티 프리(The Zon Duty Free)】
Open 10:30~19:00
Tel   604-955-5300

* 2017년부터 랑카위에서 주류나 담배 구매 시 신분증이나 여권을 꼭 지참해야 한다.

• Langkawi Fun • 03
로컬 음식의 향연, 랑카위 야시장

랑카위에서는 매일 각 동네를 돌며 야시장이 열린다. 오후 5시경부터 즉석에서 만들어주는 로컬 음식 노점을 중심으로 의류, 잡화, 생필품을 취급하는 좌판이 깔리고, 음식 냄새와 연기가 나기 시작하면 시간에 맞춰 사람들이 몰려들기 시작한다.

왁자지껄한 시장에 들어서면 행렬을 따라 시장을 한 번 둘러보자. 시각, 청각, 후각을 마비시키는 먹거리의 향연도 잠시, 음식 선택의 고민에 빠지게 될 것이다. 양은 많지 않지만 워낙 저렴하니 골고루 선택해 맛보도록 하자. 코스별로 갖춰 먹어도 RM10이면 충분하다. 현지인들은 대부분 집에서 차려 먹기 때문에 먹을 수 있는 테이블은 거의 없거나 부족한 편이니 참고할 것. 청결에 대한 지적도 있지만 아직까지 먹고 탈이 난 사람은 본 적이 없다. 판타이 체낭은 목요일, 쿠아 타운은 수요일과 토요일에 야시장이 열린다. 차를 렌트했다면 가까운 야시장을 찾아가도 좋겠다.

★
야시장 피크 타임
오후 6시부터 7시경이 야시장의 피크 타임으로, 바로 조리된 음식을 먹을 수 있다. 8시만 돼도 먹거리 좌판은 파장 분위기가 된다.

1. Best 인기 먹거리

나시 아얌
Nasi Ayam
RM4.5~
가장 흔한 즉석요리.
볶음밥에 닭고기가
올려진다.

어묵꼬치
RM1~2
어묵꼬치 하나
입에 물고 야시장
구경에 나서자.

볶음면
RM4~
다양한 면 종류에
재료도 다양한
볶음면!

대나무 케이크
Putu Buluh
RM1(2개)
쌀가루와 흑설탕을
대나무에 넣고 찐
전통 케이크.
달고 고소하다.

코코넛 주스
RM1.5
시원한 코코넛 주스를
원없이 마셔보자.
사탕수수 주스도 추천!

2. 야시장 List

#판타이 체낭 목요 야시장
#Thursday Night Market (인기★★★)
Access 메리터스 펠랑기 리조트 북쪽 방향에서 Jalan Bohor Tempoyak으로 우회전해 들어가면 시장이 보인다. 그말라이 빌리지 옆에 위치
Open 목 17:00~22:00
Address Kampung Lubok Buaya, 07000 Langkawi

#월요 야시장 #Monday Night Market
Access 랑카위 중부 내륙
Open 월 17:00~22:00
Address Jalan Ulu Melaka, 07000 Langkawi

#화요 야시장 #Tuesday Night Market
Access 판타이 체낭에서 공항 방향 116번 도로
Open 화 17:00~22:00
Address Kampung Chenek Kura, 07000 Langkawi

#쿠아 타운 야시장
#Kuah Night Market (인기★★★)
Access 쿠아 타운 랑카위 바론 호텔 앞 광장. 면세 타운에서 다리 건너면 위치
Open 수, 토 17:00~22:00
Address Lencongan Putra 3, Kuah, 07000 Langkawi

#아이르 항갓 금요 야시장
#Air Hangat Night Market
Access 탄중 루 비치 방향 112번과 113번 도로가 만나는 지점
Open 금 17:00~22:00
Address Jalan Padang Gaong, 07000 Langkawi

#일요 야시장 #Sunday Night Market
Access 공항 북쪽 114번 도로변에서 열린다. 공항과 가깝다.
Open 일 17:00~22:00
Address Kampung Padang Mat Sirat, 07000 Langkawi

Activity ★★★

코랄 투어 Coral Tour

그야말로 물 반 고기 반에 아름다운 산호초가 있는 파야 섬Pulau Payar 해상공원에 다녀오는 투어로 투어 프로그램 중 가장 인기가 많다. 원래 명칭은 파야 섬 해상공원 투어Pulau Payar Marine Park Tour이고, 산호가 맑은 지역이어서 코랄 투어라고도 부른다. 말레이시아 제일의 해상 국립공원으로, 오염되지 않은 맑고 깨끗한 바다 환경을 경험할 수 있는 파야 섬에 다이빙을 위한 바지선을 띄워 놓아 초보자도 쉽고 안전하게 스노클링을 즐길 수 있다. 바닷속에 들어가면 열대어뿐 아니라 검은 지느러미 상어와도 같이 헤엄을 치게 되는데, 공격성이 없다고는 하지만 긴장하지 않을 수 없다. 바지선 아래층은 바닥이 유리로 되어 있어 바다를 감상할 수 있고, 보트를 타고 해변으로 이동해 휴식을 취하거나 다시 스노클링을 즐길 수 있다. 점심 식사 후에는 아름다운 파야 섬의 해안가도 산책해보자.

국립공원으로 지정되어 보호를 받는 곳이어서 하루 입장 인원이 한정돼 있다. 페리 출발 시간이 같아 대규모로 움직이게 되는데, 중국 단체 관광이 항상 있기 때문에 이동 시 정신없는 상황이 연출되기도 한다.

Bring 수영복, 여벌 옷, 타월, 선크림, 간식, 멀미약
Cost 성인 RM300, 어린이 RM215

> **Tip 1 파야 섬 투어**
> 스노클링을 위한 편의시설을 갖춘 바지선을 이용하지 않고 파야 섬에만 다녀오는 저렴한 투어도 있다. 주로 해안 가까이에서 스노클링을 즐기고 휴식을 취할 경우 추천할 만하다.

> **Tip 2 스케줄**
> 08:00 호텔 픽업
> 09:40 제티 포인트 페리 출발
> 10:40 파야 섬 도착, 스노클링
> 12:30 점심 식사 & 자유시간
> 15:00 파야 섬 출발
> 15:30 제티 포인트 도착
> 16:30 숙소 도착

Activity ★★☆

호핑 투어 Hopping Tour

바다 낚시와 스노클링, 가벼운 등산을 모두 즐길 수 있는 종합선물세트 같은 투어다. 초보자도 99% 고기를 낚을 수 있는 손낚시는 가이드가 미끼를 채워 건넨 낚싯줄을 바다에 넣고 기다리기만 하면 고기가 잡힌다. 잡은 물고기는 점심 식사 때 바비큐나 회로 먹을 수도 있으니 한인 여행사(랑카위 매니아)에서 예약할 경우 초고추장을 준비해 가자. 이동 중에 랑카위의 상징인 독수리에게 먹이를 주는 체험도 할 수 있다. 투어 중 두 곳의 섬을 들르는데, 첫 번째는 임산부의 섬 Pulau Dayang Bunting이다. 선착장 부근에 출몰하는 야생 원숭이들은 성질이 고약하니 주의해야 한다. 호수의 풍경도 아름답고 수영할 수 있도록 공간을 분리해뒀다. 또 다른 섬은 스노클링과 바비큐 점심을 즐길 수 있는 브라스 바사 섬 Pulau Beras Basah으로, 음료와 맥주가 무제한인 푸짐한 점심 식사 후 느긋하게 휴식을 취할 수 있다. 현지 여행사에서 줄낚시와 식사를 제외한 4시간짜리 반일 투어(RM40~)를 진행하고 있으니 가볍게 호핑 투어를 즐기고 싶다면 현지 여행사를 이용해도 좋다. 일행과 여유로운 일정으로 푸짐한 식사를 포함해 즐기고 싶다면 한인 여행사의 투어를 예약하자.

Bring 선크림, 모기 퇴치제, 타월, 여벌 옷(수영할 경우)
Cost RM220~ (인원이 많을수록 가격이 낮아진다)

◆
Story. 다양 분팅 전설
Legend of Pregnant Maiden Lake
맛 테자(Mat Teja)라는 청년이 한 호수에서 여자 요정을 만나 첫눈에 반해, 인어의 눈물 한 방울을 얼굴에 바르고 그녀의 마음을 얻었다. 여인은 임신을 했고, 호수에서 아이를 낳았지만 불행히도 7일 만에 죽고 말았다. 이에 호수에 아이를 묻었고, 이후 이 호수는 '임신한 처녀 호수(Tɛsik Dayang Bunting)'라고 불렀다.
이 호수가 있는 다양 분팅 섬은 랑카위에서 두 번째로 큰 섬으로, 임신한 여성이 누워 있는 모양을 하고 있다. 이곳에서 수영을 하거나 호수의 물을 먹으면 임신할 수 있다는 전설이 있다.

Tip 스케줄
(한인 여행사 투어 기준)
10:00 호텔 픽업 후 보트 탑승 (유동적)
10:30 출발 후 줄낚시, 임산부의 섬 투어, 독수리 먹이 주기
12:30 브라스 바사 섬에서 BBQ 런치 후 휴식
15:00 호텔 도착 (유동적)

Malaysia | Langkawi

Activity ★★★

오리엔탈 빌리지 Oriental Village

랑카위 최고의 관광지 오리엔탈 빌리지는 맛 친창 산을 따라 올라가는 케이블카로 유명하다. 별도의 입장료는 없고 케이블카를 비롯한 각 테마파크마다 요금이 있다. 중앙의 커다란 연못을 중심으로 유럽과 말레이 양식의 건물이 들어서 아기자기한 마을 풍경을 연출한다. 기념품숍과 면세숍, 레스토랑이 곳곳에 자리 잡고 있다. 케이블카에 가려진 존재감을 높이기 위해 오리엔탈 빌리지에서는 다양한 투어 프로그램을 선보이고 있으며 어트랙션과 박물관을 추가하고 있다. 말레이시아 스타일의 코끼리 타기 Langkawi Elephant Adventures와 ATV를 타고 맛 친창 산의 정글을 달리는 랑카위 쿼드 어드벤처 Langkawi Quad Adventures 등 듣기만 해도 흥미로운 투어 프로그램이 있다. 이 외에도 다양한 3D 가상 체험관인 SkyDome, SkyRex, 6D Cinemotion, 3D Art Museum이 새로 지어져 인기를 끌고 있다. 중앙 연못 뒤쪽으로 한류 드라마 <겨울연가>를 주제로 한 '나미나라 정원'도 작게 조성돼 있다. 오리엔탈 빌리지를 다양하게 경험하고 싶다면 케이블카 티켓과 다른 어트랙션을 엮은 콤보 티켓을 효과적으로 이용해보자.

Access 판타이 콕 북쪽 맛 친창 산기슭에 위치
Open 09:30~19:00
Cost 입장료 무료
Address Burau Bay Padang Matsirat, 07000 Pantai Kok
Tel 604-959-3099
Web www.orientalvillage.my

랑카위 케이블카 Langkawi Cable Car

랑카위 최고의 어트랙션으로 오리엔탈 빌리지에서 맛 친창 산을 따라 해발 709m까지 올라간다. 6명까지 탈 수 있고 652.5m 지점에 승강장이 한 곳 더 있어 내렸다가 다시 탈 수 있다. 정상까지는 28분 소요되며 몇몇 구간은 약 42도의 가파른 경사여서 아찔한 순간을 맞이하기 때문에 고소공포증을 유발하기도 한다. 정상의 전망대에서는 랑카위 섬 전체와 멀리 태국의 섬까지도 관찰할 수 있다. 정상에는 랑카위에서 두 번째로 높은 맛 친창 산의 봉우리를 잇는 스카이 브리지가 있는데, 정상까지 올라갔다면 큰 용기를 내어 세계에서 가장 아찔한 다리 Top 10에 뽑힌 스카이 브리지를 건너보자. 연중 점검 기간에는 케이블카와 스카이 브리지를 운행하지 않으니 미리 확인해보고 방문해야 한다. 스카이 브리지까지 스카이 글라이드라는 승강기를 운행한다. 대기 없이 탈 수 있는 익스프레스 레인 티켓(RM50 추가)도 있다.

Cost	
케이블카(스카이 돔+스카이 렉스+3D 아트 박물관)	성인 RM55, 어린이(2~12세) RM40
스카이 브리지	성인 RM5, 어린이 RM3
스카이 글라이드	성인 RM15, 어린이 RM10

스카이 브리지

Tip 어트랙션
케이블카 기본 티켓에는 다음 세 가지 어트랙션이 포함된다.

스카이 돔 SkyDome
돔 천장에 펼쳐지는 360도 스크린을 배경으로 롤러코스터를 탄 3D 영상을 관람한다. 약 10분간 상영된다.

스카이 렉스 SkyRex
흔들리는 오픈형 트램을 타고 공룡 세계를 통과하는 어트랙션. 3D 영상과 4D 효과로 어린이들은 흥미를 가질 만하다. 약 5분간 진행된다.

3D 아트 박물관 3D Art Langkawi
말레이시아에서 가장 큰 규모의 트릭 아트 박물관으로 9개의 테마존별로 다양한 착시 그림이 설치돼 있다. 맨발로 입장하게 되며, 시간적 여유를 가지고 방문하는 게 좋다.
Cost 성인 RM38, 어린이 RM28

Activity ★★★

맹그로브 투어 Mangrove Tour

풍부한 생태계 환경을 간직하고 있어 2006년 유네스코 세계지질공원으로 지정된 킬림 생태공원을 둘러보는 투어로, 주변에 맹그로브 나무가 많아 맹그로브 투어라고 불린다. 맹그로브 나무 정글에 서식하는 총천연색의 게와 원숭이들을 눈앞에서 관찰할 수 있고, 수중 어장 Fish Farm에서는 물총고기 Archer Fish, 가오리 먹이주기 등을 체험할 수 있다. 악어동굴, 박쥐동굴도 흥미로운 볼거리이고, 랑카위의 상징인 독수리 서식지도 둘러볼 수 있다. 마지막으로 탄중 루 비치에서 잠시 휴식을 취하고 숙소로 돌아간다.

Bring	선크림, 모기 퇴치제, 선글라스 또는 모자
Cost	**조인투어** 성인 RM110, 어린이 RM90 **단독투어** 성인 RM200~, 어린이 RM120

Tip 스케줄
- 09:00 숙소 픽업
- 10:00 보트 탑승, 투어 시작
- 12:30 탄중 루 비치에서 점심 식사
- 13:00 숙소 도착

Activity ★★☆

선셋 크루즈 Sunset Cruise

요트를 타고 랑카위의 섬들을 돌며 아름다운 석양을 감상하는 선셋 크루즈는 랑카위가 선사하는 특별한 선물이다. 환상적인 자연 풍광 속에서 자연스럽게 낯선 동행자들과도 친구가 될 수 있다. 운이 좋으면 날치 Flying Fish나 돌고래도 만날 수 있다. 바다 한가운데에 그물을 내려 만들어진 시 자쿠지 Sea Jacuzzi에서 즐기는 맥주의 맛은 감동적이기까지 하다. 배에서 직접 구워주는 BBQ 디너 뷔페는 투어의 하이라이트로, 맥주와 칵테일도 무제한이다. 저녁 7시경부터 해가 지기 시작해 7시 반경에 가장 아름다운 석양을 즐길 수 있다. 커플은 물론 남녀노소 모두가 즐길 수 있는 투어다.

Bring	선크림, 여벌 옷(시 자쿠지 이용 시)
Cost	성인 RM250, 어린이 RM150

Tip 스케줄
- 16:00 숙소 픽업
- 16:30 아와나 제티에서 선셋 크루즈 출발
- 19:30 아와나 제티 도착, 숙소 출발

Sightseeing ★★★

독수리 광장 Eagle Square

랑카위의 상징인 거대한 갈색 독수리상이 있는 광장으로 랑카위라는 지명의 유래를 그대로 담고 있는 랜드마크다. 커다란 별 형상의 플랫폼에서 막 비상하려는 12m 크기의 독수리는 마치 살아 있는 듯 생동감이 넘친다. 독수리상을 배경으로 한 인증 사진은 필수! 주변은 분수와 연못, 기념품숍 등이 있는 공원으로 조성돼 있다. 제티 포인트에서 바로 보이고 페리를 타고 랑카위에 들어가면 가장 먼저 맞이해주는 조형물이다. 바다와 독수리를 배경으로 한 선셋도 아름다워 오후 7시경에 맞춰 둘러보는 것도 좋다.

> **Tip** '랑카위'의 어원
> 독수리를 뜻하는 헬랑의 '랑(Lang)'과 갈색을 뜻하는 '카위(Kawi)'가 합쳐진 말로, 원래는 '헬랑카위(Helangkawi)'였던 것이 오늘날 '랑카위(Langkawi)'가 되었다.

Sightseeing ★☆☆

타만 라젠다 Taman Lagenda(Legend Park)

'전설의 공원'이라는 이름처럼 섬의 전설과 신화를 테마로 17개의 조형물이 전시되어 있다. 처음 보는 열대 식물들이 아름답게 조경되어 있는 공원은 연못과 가로수길이 그림처럼 펼쳐져 있어 탄성을 자아낸다. 시간을 가지고 여유롭게 산책하는 기분으로 돌아보기 좋다.

Access 쿠아 제티 포인트 옆에 위치
Open 09:00~19:00　**Cost** 무료
Address Taman Lagenda, Persiaran Putera, Kuah, 07000 Langkawi

Sightseeing ★☆☆

알하나 모스크 Al-Hana Mosque

랑카위에서 규모가 가장 큰 모스크로 '쿠아 모스크'라고도 불린다. 금빛 돔 지붕을 중심으로 작은 핑크빛 돔이 둘러싼 모양이 인상적인 무어 양식의 건축물이다. 모스크 주변으로 유치원과 놀이터가 있어서 히잡을 쓴 귀엽고 천진한 아이들도 만날 수 있다. 1959년 완공되었고 1993년에 리모델링하여 확장한 모스크다.

Access 쿠아 제티 포인트에서 타운 방향, 관광안내소 옆에 위치
Open 24시간　**Cost** 무료
Address Kuah, 07000 Langkawi

Sightseeing ★★☆

언더워터 월드 Underwater World

어린이를 동반한 가족 여행객이라면 흥미로울 만한 수족관으로, 4000여 종이 넘는 해양 생물을 관찰할 수 있다. 15m 길이의 터널 수조를 따라 머리 위를 유영하는 상어와 대형 가오리, 고래 등을 볼 수 있고, 피딩 타임에 맞춰 방문하면 펭귄과 물개의 먹방도 구경할 수 있다. 특히 노란 눈썹이 만화 캐릭터 같은 바위뛰기 펭귄 Rockhopper Penguin의 귀여운 모습에 절로 웃음이 나온다. 1995년 8월에 개관한 수족관은 최신 시설은 아니지만 관리가 잘 되고 있어 둘러볼 만하다.

Access	판타이 체낭 체낭 몰 건너편에 위치
Open	10:00~18:00, 공휴일 09:30~18:30
Cost	성인 RM46, 어린이(3~12세) RM36
Address	Zon Pantai Cenang, Mukim Kedawang, 07000 Langkawi
Tel	604-955-6100
Web	www.underwaterworldlangkawi.com.my

Sightseeing ★☆☆

라만 파디(쌀 박물관) Laman Padi

랑카위 농업의 역사와 현재를 볼 수 있는 곳으로 넓은 부지의 논에 쌀 박물관과 아트 갤러리, 허브 농장 등이 있다. 수확 방법이나 허수아비의 모습까지 우리의 농사 방법과 닮아 있어, 어린이를 동반한 여행객의 경우 가이드와 함께 하는 체험 프로그램에 참가하면 좋은 경험이 될 것이다.

Access	판타이 체낭 초입, 메리터스 펠랑기 리조트&스파 건너편에 위치
Open	10:00~22:00
Cost	입장 무료, 박물관 등 체험은 별도
Address	Jalan Pantai Cenang, Pantai Cenang, 07000 Langkawi
Tel	604-955-3225

> **Tip 라만 파디 알아두기**
> **1. 라만 파디의 뜻**
> 'Laman'은 벌판, 'Padi'는 쌀이라는 뜻으로, 라만 파디는 '논'을 뜻한다.
> **2. 체험 프로그램**
> **My Sawah** 성인 RM10, 어린이 RM5 (박물관, 아트 갤러리, 허브 농장, 허벌 드링크)
> **Sawah Trail** 성인 RM25, 어린이 RM10 (가이드 투어 45분, My Sawah 포함, 09:00~18:30)

Sightseeing ★★☆

세븐 웰스 폭포 Seven Wells Waterfall

시원하게 떨어지는 7줄기의 폭포가 장관을 이루는 곳으로 지질학적으로도 가치가 매우 높다. 텔라가 투주 Telaga Tujuh라고 불리며 옛날 옛적에 선녀들이 내려와 목욕을 했다는 전설이 전해져 내려온다. 입구에서부터 잘 닦여진 산길을 따라 10여 분을 올라가면 하늘에서 물이 떨어지는 듯한 수려한 모습을 만날 수 있는데, 낮은 폭포 줄기를 타고 바위를 슬라이드 삼아 수영을 즐기는 관광객들의 모습이 재미있다.

Access	오리엔탈 빌리지 북쪽 맛 친창 산에 위치
Cost	무료
Address	Mukim Padang Matsirat, Jalan Telaga Tujuh, 07000 Langkawi

Sightseeing ★☆☆

악어 농장 Crocodile Farm

현지 명칭은 타만 부아야 랑카위Taman Buaya Langkawi로, 1000여 마리의 악어가 다양한 볼거리를 제공한다. 나이별, 종류별로 구분된 악어 우리가 있고, 서식지를 재현해 놓은 연못에 악어 떼가 있다. 하루 두 번, 스릴 넘치는 악어쇼 시간에 맞춰 방문해보자. 피딩 타임은 수시로 있다. 악어가죽 제품을 판매하는 숍도 있다.

Access	쿠아 타운에서 북쪽으로 32km 지점, 161번 도로 Jalan Datai에 위치
Open	09:00~18:00 (악어쇼 11:15, 14:45)
Cost	성인 RM25, 어린이(12세 이하) RM18, 60세 이상 RM12 (사진 촬영 RM1, 비디오 촬영 RM1 추가)
Address	Taman Buaya Langkawi, Mukim Air Hangat, Jalan Datai, 07000 Langkawi
Tel	604-959-2559

Sightseeing ★★☆

아이르 항갓 빌리지 Air Hangat Village

전 세계에서 3개국에만 존재한다는 희귀한 천연 소금온천이다. 랑카위 유일의 온천으로 '물'이라는 뜻의 아이르Air와 '뜨겁다'는 뜻의 항갓Hangat이 합쳐져 '뜨거운 물의 마을'이라는 의미를 갖고 있다. 원래는 계란을 삶을 수 있을 정도의 뜨거운 온천물이었는데, 광범위한 개발로 온도가 낮아져 현재는 38도 정도를 유지하고 있다. 3년간의 대대적인 보수공사를 마치고 족욕장과 자쿠지, 갤러리 등을 갖춘 관광지로 탈바꿈했다.

Access	랑카위 동북쪽 112번 도로 Jalan Hangat에 위치
Open	09:00~19:00
Cost	성인 RM5, 어린이 RM2
Address	PO Box 56, Km 16, Jalan Air Hangat, 07000 Langkawi
Tel	604-959-1357
Web	ladaeco.my

Sightseeing ★☆☆

과일 농장 Fruit Farm

열대 과일 농장을 둘러보고 과일 뷔페를 즐길 수 있는 곳으로 정식 이름은 마르디 아그로 테크놀로지 파크Mardi Agro Technology Park다. 흥 많은 가이드의 안내에 따라 버기를 타고 농장을 둘러보는데 가이드가 재미난 사진을 연출해 찍어준다. 과일이 무제한으로 제공되는 과일 뷔페는 6~7월이 아니면 과일의 종류가 한정되기 때문에 만족도의 차이가 있다.

Access	쿠아 타운 북쪽으로 15번 도로 Jalan Padang Gaong에 위치. 10~15분 소요
Open	08:30~17:00 (금 휴무)
Cost	성인 RM30, 어린이 RM15
Address	1, Jalan Padang Gaong, Lubuk Semilang, Ulu Melaka Kuah, 07000 Langkawi
Tel	604-953-2550
Web	tatml.mardi.gov.my

Sightseeing ★☆☆

갤러리아 퍼다나 Galleria Perdana

마하티르 전 말레이시아 수상과 그의 부인이 재직 시절 받은 2,500여 점의 선물과 개인 소장품을 전시하고 있는 박물관이다. 국가 원수 간 오간 선물이어서 각국의 보물급에 준하는 전시품은 예술적, 역사적 가치가 높다. 세 개의 블록으로 나뉘어 주제별로 전시되어 있고, 갤러리 천장의 화려하고 정교한 장식도 또 하나의 볼거리다.

Access	쿠아 타운 북쪽 11km 거리. 112번 도로. 랑카위 야생 동물원과 가깝다.
Open	평일 08:30~17:30, 공휴일 08:30~18:00 (하리 라야 첫날 휴무)
Cost	성인 RM10, 어린이(6~12세) RM4, 사진 촬영 RM2, 비디오 촬영 RM5
Address	Kampung Kilim, Langkawi, 07000 Langkawi
Tel	604-959-1498 Web www.jmm.gov.my

Sightseeing ★☆☆

랑카위 야생 동물원 Langkawi Wildlife Park

다양한 야생동물과 아름다운 열대 정원이 있는 동물원으로 원래 새 공원이었던 곳인 만큼 새의 종류가 많은 편이다. 동물들에게 자유롭게 먹이를 주며 친해질 수 있다는 점이 이곳의 큰 장점이다. 오전부터 오후까지 동물별 피딩 타임이 있으니 입구에서 확인하고 들어가자.

Access	쿠아 타운에서 탄중 루로 연결되는 112번 도로, Jalan Ayer Hangat에 위치
Open	08:30~19:00 (마지막 입장 18:00)
Cost	성인 RM39, 어린이(3~12세) RM22, 60세 이상 RM22
Address	Lot 1485, Jalan Ayer Hangat, Kampung Belanga Pecah, 07000 Langkawi
Tel	604-966-5855
Web	www.langkawiwildlifepark.com

Sightseeing ★☆☆

두리안 폭포 Durian Waterfalls

세븐 웰스 폭포에 비하면 소박한 규모의 폭포이지만, 열대우림을 즐기면서 가벼운 산행을 즐기기에 알맞다. 폭포까지는 여유 있게 걸어도 20분 정도 소요된다. 14층의 바위를 타고 시원하게 내려오는 물줄기를 보면 랑카위의 더위쯤은 금세 잊게 된다. 수량이 많은 우기의 모습이 더 아름답다.

Access	쿠아 타운에서 아이르 항갓 빌리지 방면 112번 도로에서 왼쪽 162번 도로 방향에 위치
Cost	무료

Sightseeing ★☆☆

크래프트 콤플렉스 Craft Complex

랑카위에서 살 수 있는 모든 기념품과 공예품이 있는 대규모 쇼핑몰로 관광객을 위한 시설이다. 다른 곳에 비해 가격이 좀 높기는 하지만, 정부에서 관리하는 곳으로 품질도 괜찮고 한곳에서 모든 쇼핑이 가능하다는 장점이 있다. 가까운 곳에 있는 크리스털 공장에서 유리 공예를 체험할 수도 있는데, 정해진 시간에만 가능하니 원하는 사람은 미리 시간을 체크해보자.

Access	랑카위 북쪽 113번 도로, Jalan Teluk Yu에 위치. 블랙 샌드 비치, 탄중 루 비치와 가깝다.
Open	10:00~18:00 Cost 무료
Address	Teluk Yu, Mukim Bohor, Kedah, 07000 Langkawi
Tel	604-959-1913
Web	www.kraftangan.gov.my

Sightseeing ★☆☆

구능 라야 전망대 Gunung Raya Viewing Tower

랑카위에서 가장 높은 산 구능 라야는 해발 881m의 정상까지 차를 타고 굽이굽이 오를 수 있다. 정상에 있는 8층 높이의 전망대는 해발 900m로 랑카위에서 가장 높으며, 아름답고 평화로운 랑카위의 360도 전망을 감상할 수 있다. 카페 형식의 전망대에는 따뜻한 허브티가 준비돼 있다. 디 코코넛 힐 리조트 D'Coconut Hill Resort가 이곳에 있고 택시로 가면 추가 요금이 든다.

Access	쿠아 타운에서 약 45분, 랑카우 국제공항에서 약 35분 소요
Open	08:00~20:00
Cost	RM10
Address	Jalan Gunung Raya, Kuah, 07000 Langkawi
Web	www.gunungraya.com.my

Sightseeing ★☆☆

마수리의 무덤 Mahsuri's Tomb

랑카위 전설 중 '마수리 전설(p.250)'의 주인공인 마수리의 무덤이 있는 곳으로, 여기저기 흩어져 있던 시신을 수습해 만든 무덤이라고 한다. 입구로 들어가면 과거 사용했던 농기구와 무기 등이 전시된 박물관이 있고, 마수리의 무덤 뒤쪽으로 마수리의 생가가 있는 전통마을이 있다. 큰 볼거리를 기대하고 가면 실망할 수도 있다.

Access	공항에서 약 20분 소요. 차를 렌트할 경우 표지판을 잘 보고 진입해야 한다.
Open	08:00~18:00
Cost	성인 RM15, 어린이(3~12세) RM5
Address	Jalan Makam Mahsuri, 07000 Langkawi
Tel	604-955-6055

♦

Story. 랑카위 산에 얽힌 전설

랑카위에는 두 개의 중심이 되는 산이 있다. 그중 하나는 케이블카로 유명한 맛 친창 산(Gunung Mat Cincang)이고, 다른 하나는 랑카위 최고 높이의 전망대가 있는 구능 라야(Gunung Raya)다. 그리고 이 둘 사이에 있는 부킷 사와(Bukit Sawar)에 얽힌 전설이 있으니 이야기는 이렇다.

옛날 옛적 랑카위에는 제일의 거인 맛 라야와 또 다른 거인 맛 친창이 살았다. 평소 행실이 안 좋다고 소문난 맛 라야의 아들이 맛 친창의 딸과 결혼을 원했고 갓 친창의 반대에도 결혼식을 올리게 됐는데, 이 결혼식이 폭력 싸움으로 번져버렸다. 온갖 냄비와 팬이 던져졌고 이때 뜯어지고 흐른 냄비와 국물이 랑카위 각 지역을 만들었다. 지금의 쿠아와 아이르 항갓 온천 등이 그것이다. 이윽고 이웃의 거인 맛 사와가 중재에 나섰고, 결국 이 셋은 산으로 굳어져 오늘날에 이르렀다.

• Guide • 01

판타이 체낭 & 판타이 텡아
(Pantai Cenang & Pantai Tengah)

판타이 체낭은 느릿느릿한 여행자들의 천국이다. 화려한 휴양지의 모습을 기대했다면 실망할 수도 있지만, 판타이 체낭의 순수하고 평화로운 매력은 오래오래 따뜻한 기억으로 남을 것이다.

※현지 발음은 판타이 츠낭, 판타이 틍아에 가깝다.

★
판타이의 뜻
판타이(Pantai)는 영어로 해변(Beach)이라는 뜻으로 체낭 비치, 텡아 비치라고도 부른다.

#판타이 체낭 #Pantai Cenang
랑카위를 대표하는 해변이자 관광객들이 가장 사랑하는 곳으로, 판타이 체낭 거리는 랑카위에서 가장 활기찬 거리다. 랑카위 국제공항에서 차를 타고 남쪽으로 10분이면 해변에 닿을 수 있고, 판타이 체낭에 이어 남쪽으로 판타이 텡아로 이어진다. 여행자의 거리답게 고급 리조트와 저가 숙소, 레스토랑, 쇼핑몰이 거리를 따라 자리 잡고 있다. 익히 알고 있는 다른 유명 해변과 비교하면 훨씬 조용하고 평화로운 분위기로, 많은 관광객들이 모이는 곳이지만 여전히 순수한 시골의 모습이다. 부드러운 모래와 잔잔한 파도의 해변에서 저녁마다 맞이하는 황금빛 석양은 랑카위가 주는 축복이자 선물이다.

#판타이 텡아 #Pantai Tengah
판타이 체낭에서 남쪽으로 이어지는 해변으로, 해안 끝에는 각종 투어 보트가 출발하고 아시아를 순회하는 스타 크루즈가 정박하는 아와나 제티와 하버가 있다. 1km가 채 안 되는 해변을 따라 프란지파니 리조트&스파, 홀리데이 빌라 비치, 라나이 비치 리조트 등이 있다. 레스토랑이나 기타 편의시설이 크게 발달한 편이 아니어서 판타이 체낭보다 더 조용한 분위기다.

Food ①

레드 토마토 Red Tomato

도로변에 핑크색 비틀이 세워져 있고 유난히 나무가 우거져 있어 판타이 체낭에서도 가장 눈에 띄는 레스토랑이다. 랑카위에서 10년 이상 사랑받아 온 레스토랑으로 이름처럼 거의 모든 음식에 토마토가 들어가는 건강식으로 유명하다. 동서양을 아우르는 이국적이면서 예술적인 인테리어는 영감을 주기 충분하고, 독일 출신 여주인장의 특별한 레시피로 나오는 음식도 흥미롭다. 원하는 토핑을 추가해 먹을 수 있는 화덕피자는 레드 토마토의 최고 인기 메뉴이고, 직접 구운 빵이 곁들여져 나오는 새콤한 토마토 수프도 별미다. 비정기적으로 라이브 공연도 열린다.

Access	판타이 체낭 거리 언더워터 월드 건너편 쪽에 위치
Open	09:00~22:30
Cuisine	웨스턴, 지중해식
Cost	피자 RM20~, 토마토 수프 RM28, 조식 RM12.5~ (SC 10%)
Address	5 Casa Fina, Jalan Pantai Cenang, 07000 Langkawi
Tel	604-955-4055
Web	www.redtomatolangkawi.com

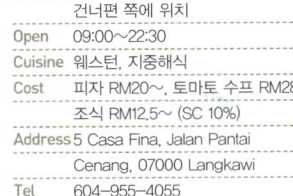

Food ②

오키드 리아 Orkid Ria

랑카위에서 가장 유명한 해산물 레스토랑. 가격은 좀 비싼 편이지만 요리에서는 최고라고 인정받는 곳으로, 식사 시간에는 줄을 서서 기다리는 게 당연한 맛집이다. 입구에 놓여 있는 해산물을 선택하여 조리법을 고르면 바로바로 요리해준다. 단연 인기 메뉴는 바삭한 버터 부스러기들이 듬뿍 올려진 버터 타이거 프론과 버터 랍스터로, 보기에도 황홀하고 입에 들어가면 '아~' 하는 탄성이 절로 나온다. 블랙 페퍼나 딥 프라이드 갈릭 소스로 만든 요리도 인기가 있다. 야채 요리들은 사이즈별(S, M, L)로 주문할 수 있고, 밥류를 추가하고 시원한 맥주까지 곁들이면 랑카위 최고의 한 상이 된다.

Access	판타이 체낭 카사 델 마 옆에 위치
Open	12:00~15:00, 18:00~23:00
Cuisine	해산물
Cost	랍스터 RM18~, 타이거 프론 RM18~, 야채볶음 RM9~ (해산물은 시가)
Address	Lot 1225, Pantai Cenang, Mukim Kedawang, 07100 Langkawi
Tel	604-955-4128

Food
3

툴시 가든 Tulsi Garden

북인도와 남인도 음식으로 호평받는 레스토랑이다. 인디언 셰프가 만드는 커리는 향이 강하지 않아 우리 입맛에도 잘 맞는다. 난이나 밥 종류에 치킨, 비프, 램 커리를 취향에 따라 선택해보자. 치킨 티카가 함께 나오는 툴시 스페셜 샐러드(RM19)도 추천 메뉴. 인디언 레스토랑에서 식전 메뉴로 나오는 바삭하고 짭조름한 인도식 크래커 빠빠담도 툴시 가든만의 레시피로 만들었다. 1인분인 스몰과 2~3인분인 미디엄으로 주문할 수 있고, 매운 정도가 메뉴판에 표시돼 있다. 레스토랑 분위기도 고급스러우며 정원의 테이블석은 동남아의 정취를 더한다. 툴시는 산스크리트어로 '비교할 수 없는 것'이라는 뜻으로, 허브의 여왕이라고 불리는 영국의 바질 이름이기도 하다.

Access	판타이 텡가 거리 로스테리아 옆 선 몰에 위치
Open	12:30~15:00, 17:00~23:00
Cuisine	인도
Cost	커리 RM18~, 베지터블 커리 RM12~, 치즈 난 RM6
Address	6, Lot 2863, Jalan Telok Baru, Pantai Tengah, 07000 Langkawi
Tel	604-955-3011

Food
4

토마토 나시 칸다르 Tomato Nasi Kandar

인도식 말레이 요리를 파는 로컬 식당으로 원래 판타이 체낭 거리에 있던 것이 이곳으로 이전했다. 드물게 24시간 운영하는 레스토랑으로 금요일 낮에만 기도를 위해 문을 닫는다. 인도계 직원들이 언제나 유쾌한 미소로 맞아주고, 주문하면 바로 음식을 만들어준다. 메뉴에 사진이 같이 있어 주문도 쉽다. 화덕에 구운 난과 치킨 탄두리도 맛있다. 현지식으로 먹고 싶다면 30가지가 넘는 다양한 메뉴 중 원하는 것만 골라 담아 뷔페식으로 먹는 나시 칸다르에 도전해보자. 한 접시 넘치게 담아도 RM20 내외의 금액이다. 간은 전체적으로 조금 짠 편이다.

Access	아세아니아 리조트&스파와 페이브 호텔 사이에 위치
Open	24시간 (금 휴무 시간 13:00~14:30)
Cuisine	말레이&인도 퓨전
Cost	볶음밥 RM4.5~, 미미막 RM5, 난 RM2.5~, 치킨 탄두리 RM8
Address	Pantai Tengah, Mukim Padang Mat Sirat, Daerah Langkawi
Tel	604-955-9088

Food
⑤

웅카이잔 Unkaizan

수년간 말레이시아에서 수여하는 여러 가지 상을 받을 정도로 랑카위 최고의 일식집으로 인정받는 곳이다. 일본인 셰프가 정통 일식 레시피로 특급 호텔 일식집 수준의 요리를 제공하는 만큼 가격도 높은 편이다. 특히 신선한 해산물 요리는 신선도와 맛이 으뜸으로 초밥과 회는 입안에서 바다 향을 내며 녹아내린다. 참치, 연어회와 같이 나오는 랍스터회는 최고 인기 메뉴지만 시즌에만 맛볼 수 있다. 셰프가 직접 면을 뽑아 만든 우동과 튀김요리는 일본 스타일로 나오고 여러 가지 세트 메뉴가 있다. 좌식 테이블과 야외 테라스가 있는 위층이 더 운치 있고, 저녁 7시경에 가면 아름다운 안다만 해의 선셋을 감상하며 식사할 수 있다.

Access	판타이 텡아 끝 쪽, 암봉암봉 리조트와 이산 스파 초입에 위치
Open	18:00~23:00 (매월 둘째 수 휴무)
Cuisine	일식
Cost	스시(2조각) RM19~, 테판야키 세트 RM66~, 랍스터회(시가) RM50/100g (SC 10%)
Address	Lot 395, Jalan Telok Baru, Pantai Tengah, 07000 Langkawi
Tel	604-955-4118
Web	www.unkaizan.com

Food
⑥

벨라 레스토랑 Bella Restaurant

허름해보이는 로컬 식당이지만 한 번 맛을 보면 자꾸 생각나는 맛집이다. 가족이 운영하는 이곳에서는 맛있는 말레이시아 음식을 골고루 맛볼 수 있다. 나시 고랭, 미 고랭부터 한국의 조림과 비슷한 른당류도 맛있고, 양념 닭고기와 밥이 같이 나오는 나시 아얌도 우리 입맛에 딱이다. 오전 11시 반까지만 판매하는 로티 차나이(RM1~4)도 놓치지 말자. 음료까지 1인당 RM10~15 정도의 예산이면 충분하다.

Access	판타이 체낭 거리 샌디 비치 리조트 건너편에 위치	
Open	07:30~22:00	Cuisine 말레이
Cost	요리 RM5~, 아침 식사 메뉴 RM8~	
Address	Kampung Lubok Buaya, 07000 Langkawi	

Food
⑦

아티산스 피자 Artisans Pizza

판타이 체낭 거리에 있는 작은 피자가게로 주변의 다른 이탈리안 레스토랑보다 저렴하고 맛있는 피자로 인기가 높다. 피자는 8.5인치, 11인치 두 가지 사이즈가 있고, 슈퍼 슈프림, 마르게리타 등 골고루 다 맛있다. 채식주의자를 위한 피자도 있고 버거류도 판다. 쿠아 타운과 판타이 콕에도 지점이 있으며 배달도 가능하니 전단지를 꼭 챙기자.

Access	판타이 체낭 거리 오키드 리아 옆에 위치
Open	판타이 체낭 지점 09:00~02:00
Cuisine	이탈리안, 인도
Cost	피자 RM22~, 버거류 RM15.5~
Address	Lot 1230, Pantai Cenang, 07000 Langkawi
Tel	604-955-1232
Web	www.artisanspizza.com.my

Food
⑧
브렉퍼스트 바 Breakfast Bar

판타이 체낭 쪽에서 조식이 포함되지 않은 게스트하우스에 묵을 경우 저렴하고 간단하게 조식을 먹을 수 있는 곳이다. 가격도 저렴하고 직원들도 친절하지만, 좋은 품질과 맛을 기대하기는 어렵다. 전통 조식 메뉴인 나시 르막, 아메리칸 브렉퍼스트, 팬케이크 등의 메뉴가 있다. 오전에만 문을 여는 곳으로, 입구에 각국의 아침 인사가 적힌 표지판이 재미있다.

Access	판타이 체낭 거리 말리베스트 리조트 근처에 위치
Open	08:00~12:00 Cuisine 브렉퍼스트
Cost	나시 르막 RM1.5~ 조식 메뉴 RM3.5~10, 과일 RM7
Address	Lot 2328, Tempat Tanjung Mali, Pantai Cenang, 07000 Langkawi
Tel	604-953-3351

Food
⑨
하루 레스토랑 Haroo Restaurant

판타이 체낭의 유일한 한식당으로 엄마 아빠 같은 푸근한 인상의 한국인 부부가 운영한다. 김치, 순두부, 된장찌개 등 기본 한식메뉴에 김치전, 잡채 등의 메뉴가 있으며 반찬은 따로 나오지 않는다. 외국인에게도 인기가 많으며, 쿠아 타운에도 지점이 있다.

Access	판타이 텡아 선바 레트로 바와 밤부 바 사이에 위치
Open	12:00~22:00 (일 휴무) Cuisine 한식
Cost	김치찌개 RM28, 뚝배기 불고기 RM30 (SC 10%)
Tel	604-955-1981

Food
⑩
라 쇼콜라틴 La Chocolatine

정통 프랑스식 베이커리를 선보이는 카페로 프랑스인 파티시에가 매일 아침 신선한 빵을 구워낸다. 초콜릿 마카롱과 타르트, 에클레어 등 가게 이름처럼 쇼콜라(초콜릿)가 들어간 다양한 빵을 선보인다. 순도 100%의 핫초콜릿도 있으며 버터의 풍미가 살아 있는 크루아상도 인기 메뉴다. 브렉퍼스트 세트와 샌드위치, 간단한 샐러드 등도 판다. 정해진 시간보다 일찍 문을 닫는 경우가 많다.

Access	판타이 텡아 거리 아세아니아 리조트와 가까운 곳에 위치
Open	09:00~19:00 (금 휴무)
Cuisine	프렌치 베이커리 카페
Cost	크루아상 RM5, 핫초콜릿 RM10
Address	3, Jalan Teluk Baru, Pantai Tengah, 07000 Langkawi
Tel	604-955-8891

Food
⑪
등 롱 시푸드 레스토랑 Deng Long Seafood Restaurant

판타이 체낭에 '오키드 리아'가 있다면, 판타이 텡아에는 '등 롱 시푸드 레스토랑'이 있다. 중국식 해산물 요리를 선보이며, 수조에서 원하는 해산물을 골라 조리법을 선택해 주문하면 된다. 메뉴판에 사진이 나와 있어 주문이 어렵지 않다.

Access	판타이 텡아 거리 프란지파니 리조트&스파, 홀리데이 빌라 비치와 가까운 곳에 위치
Open	11:30~23:00
Cuisine	말레이&중국식 해산물
Cost	면류 RM10~, 타이거 프론 RM88
Address	Lot 1697, Mukim Kedawong, Teluk Baru, 07000 Langkawi
Tel	604-955-8818

Food

옐로 카페 Yellow Cafe

노란색 건물에 의자도 테이블도 메뉴판도 모두 노란색인 인상적인 레스토랑 겸 바다. 스테이크 하우스 레스토랑, 칵테일 바, 비치 프런트 라운지의 세 가지 콘셉트를 가졌고, 콘셉트별로 다양한 스타일의 테이블과 좌석이 있다. 특히 해변가에는 빈백소파와 해먹이 있어 자유롭게 자리를 잡고 느긋하게 시간을 보내기에 좋다. 스테이크는 물론 피자, 파스타 등 음식 대부분 좋은 평을 받고 있다. 해 질 녘에는 선셋을 감상하려는 사람들로 해변가의 좌석이 만석이 된다. 해피 아워에는 맥주가 1+1이다.

Access	판타이 체낭 체낭 몰 건너편 해변 쪽에 위치
Open	08:00~01:00
Cuisine	웨스턴, 바
Cost	샌드위치 RM17~, 메인 RM22~, 병맥주 RM7
Address	Jalan Pantai Tengah, Pantai Tengah, 07000 Langkawi
Tel	6012-459-3190
Web	www.facebook.com/yellow beach.cafe

Food
얌얌 레스토랑
Yam Yam Restaurant langkawi

지중해 분위기 인테리어의 웨스턴 레스토랑으로 커리 등 아시아 요리도 선보인다. 셰프 추천 메뉴를 선택하면 만족도가 높고 특히 소고기 BBQ와 버거, 스파게티가 맛있다. 과일과 야채를 혼합한 스페셜 주스도 신선하고 특색 있는 맛이다. 홈메이드 빵이 포함된 조식 메뉴도 있다.

Access	홀리데이 빌라 리조트 건너편 판타이 체낭 방향에 위치
Open	09:00~22:00 (화 휴무)
Cuisine	웨스턴, 아시안 Cost 식사류 RM24~
Address	Lot 1697, KG.Tasek Anak, Jalan Teluk Baru, Pantai Tengah, 07000 Kedawang, Kedah
Tel	604-952-3026

Food
더 클리프 The Cliff

판타이 체낭 끝에 해변에 걸쳐 지어진 레스토랑 겸 바로, 사방이 오픈된 시원한 공간에서 바라보는 안다만 해의 전망은 누구라도 엄지손가락을 치켜들 정도로 멋있다. 특히 선셋 타임에는 우아하고 로맨틱한 시간을 보내려는 사람들로 가득해 밤이 깊어질수록 분위기가 좋아진다. 식사 메뉴 외에도 다양한 와인과 위스키를 갖추고 있고 칵테일도 인기가 있다.

Access	판타이 체낭 끝에 위치. 언더워터 월드 가기 전 해변으로 가는 골목으로 들어간다.
Open	12:00~23:00 (해피 아워 12:00~18:00)
Cost	런치 메뉴 RM23~, 디너 메뉴 RM31~, 칵테일 RM18~
Address	Lot 63&40, Jalan Pantai Cenang, 07000 Langkawi
Tel	604-953-3228
Web	www.thecliflangkawi.com

Spa ❶
이샨 스파 Ishan Spa

랑카위 터줏대감격인 스파로 자부심이 대단한 이샨 스파는 안다만 해가 내려다보이는 열대우림이 우거진 언덕 위에 자리 잡고 있다. 나무와 돌로 지어진 6채의 독립된 공간은 시원한 바다 전망을 자랑하며, 벽으로 이뤄진 욕실은 한참을 구경하게 되는 독특한 디자인이다. 자연친화적인 환경에서 받는 마사지는 몸과 마음의 긴장을 풀어주고 힐링의 효과도 있다. 이샨 스파에서 자체 생산한 천연재료의 제품을 사용해 마사지해주고, 트래디셔널 허벌 히트 마사지와 산소를 증가시켜준다는 밤부 마사지 Bamboo Massage 등 다양한 프로그램을 갖추고 있다. 4시간짜리 허니문 스파 Honeymoon 스파는 커플 이벤트로 제격이다. 판타이 텡아와 체낭 지역은 무료 픽업 서비스를 해준다.

Access	판타이 텡아 끝 암봉암봉 리조트에 위치
Open	10:00~21:00
Cost	랑카위 클래식 마사지 RM178/1시간, 밤부 마사지 RM188/1시간
Address	Lot 395, Jalan Telok Baru, Pantai Tengah, 07000 Langkawi
Tel	604-955-6868, 604-955-5585
Web	www.ishan-spa-langkawi.com

Spa ❷
알룬알룬 스파 Alun-Alun Spa

알룬알룬 스파는 랑카위에 세 개의 지점이 있는데, 이 중 가장 최근에 오픈한 판타이 체낭 지점은 동남아의 이국적인 분위기가 물씬 풍기는 인테리어로 넓은 실내와 다양한 마사지룸을 갖추고 있다. 세 지점 모두 같은 내용의 트리트먼트를 서비스하며, 숙련된 테라피스트들이 마사지를 해준다. 발리 스타일의 마사지에 쾌적하고 서비스가 좋아 높은 만족도를 준다. 가장 인기 있는 스파 패키지는 2시간짜리 Spirit of Alun-Alun(RM260)으로 커플이 받아도 좋다. 자체 생산한 오가닉 제품을 사용하며 제품은 알룬알룬 스파숍에서 구매 가능하다. 미리 예약하면 픽업과 샌딩 서비스를 제공한다.

Access	**판타이 체낭** 메리터스 펠랑기 리조트&스파에서 오키드 레이 방향으로 길 건너편에 위치 **판타이 텡아** 선 카페 건너편 트로피컬 리조트 입구 쪽에 위치
Open	11:00~23:00
Cost	허벌 오일 마사지 RM150/1시간, 발마사지 RM55/30분
Tel	판타이 체낭 604-953-3838 판타이 텡아 604-955-5570
Web	www.alunalunspa.com

Spa ❸
아마라 웰니스 센터
Amara Wellness Centre

체낭 몰에 위치한 스파로 랑카위 유명 리조트의 스파 매니저가 독립해 오픈한 곳이다. 아마라Amara는 그리스어로 '영원한 아름다움'을 뜻한다. 4개의 싱글룸이 있고, 5년 이상의 경력을 가진 태국과 랑카위 출신의 테라피스트들이 관리해주며, 발마사지에 강점이 있다. 한국사람들이 '센' 마사지를 좋아하는 걸 잘 알고 있기 때문에 강도에 특별히 신경을 써주고 있다.

Access	체낭 몰 2층에 위치	Open	11:00~23:00
Cost	플렉싱 타이 마사지 RM120/1시간,		
	아로마테라피 마사지 RM120/60m, 발마사지 RM40/30m		
Address	Cenang Mall, Pantai Cenang, 07000 Langkawi		
Tel	604-955 5717		

Spa ❹
후루사토 스파 Furusato Spa

콘셉트가 있는 4개의 룸을 가진 후루사토 스파는 아시안 스타일의 마사지를 제공한다. 부처, 보살, 코끼리 등의 조각이 새겨진 벽면으로 물이 흘러내리는 스파 룸은 마치 동굴 속에서 스파를 받는 것 같다. 판타이 체낭에 본점이 있고, 판타이 텡아에 분점이 있다. 미리 예약하면 체낭과 텡아 지역은 픽업이 가능하다.

Access	판타이 체낭 아세아니아 리조트&스파 앞에 위치
	판타이 텡아 선 몰 내에 위치
Open	판타이 체낭 12:00~22:00, 판타이 텡아 14:00~22:00
Cost	후루사토 말레이 마사지 RM130/1시간,
	아로마테라피 마사지 RM130/1시간
Address	Jalan Pantai Tengah, 07000 Langkawi
Tel	판타이 체낭 604-955-6482
	판타이 텡아 604-955-6968
Web	www.langkawispa.blogspot.kr

Spa ❺
테라타이 리플렉살러지
Teratai Reflexology

선 스파에서 운영하는 발마사지 전문 스파로, 시설 면에서는 선 스파보다 떨어지지만 착한 가격으로 양질의 서비스를 받을 수 있다. 10분간의 풋배스를 포함한 중국식 발마사지 40분짜리는 발목까지, 50분 이상은 무릎까지 마사지를 해준다. 전문적인 네일 케어와 왁싱도 가능하다. 작은 규모라 미리 예약하는 게 좋고, 판타이 체낭과 텡아 지역은 무료 픽업이 가능하다.

Access	판타이 체낭 언더워터 월드 옆에 위치
Open	11:00~02:00
Cost	발마사지 RM39~, 보디마사지 RM99/1시간
Address	Jalan Pantai Tengah, 07000 Langkawi
Tel	604-955-1822

Spa ❻
선 스파 Sun Spa

선 스파는 깔끔한 시설과 훌륭한 서비스로 랑카위에서 오랫동안 사랑받아 온 곳이다. 말레이 전통 스파와 15종의 허브가 들어가 있는 허벌 볼 마사지가 보디마사지로 인기가 있고, 미국 브랜드인 Bd로 관리하는 페이셜 프로그램도 좋은 평을 받고 있다.

Access	판타이 텡아 초입, 트로피컬 리조트 입구 옆에 위치
Open	13:00~22:00
Cost	아로마 오일 보디마사지 RM108/1시간,
	아로마 오일 허벌 콤프레스 마사지 RM158/1시간 30분
Address	Sun Village, Jalan Pantai Tengah, 07000 Langkawi
Tel	604-955-9287

Shopping

체낭 몰 Cenang Mall

2012년 여름 시즌에 새로 오픈한 관광객을 위한 쇼핑몰이다. 로컬 상품 위주의 의류나 액세서리를 판매하고, 환전소와 은행 등 편의시설이 있다. 스타벅스, 올드 타운 화이트 커피, 더 로프 등 유명 레스토랑과 카페가 있어 식사를 하거나 여유로운 시간을 보내기 좋고, 일종의 랜드마크처럼 여겨져 만남의 장소로 이용되기도 한다.

Access	판타이 체낭 거리에서 판타이 텡아 방면 AB 모텔을 지나 왼쪽에 위치
Open	10:00~23:00
Address	Lot 2605, Cenang, Mukim, Jalan Pantai Chenang, 07000 Langkawi
Tel	604-953-1188

Shopping

카이 송 과일가게 Kai Song Fruits Stall

매일 신선한 열대 과일기 들어오는 가게로 과일의 왕인 두리안부터 망고, 망고스틴, 잭 프루트 등 다양한 과일을 판매한다. 먹기 좋게 잘라서 포장된 제품도 있고, 과일을 고르면 바로 주스로 만들어주기도 한다. 아는 사람만 찾는 과일 아이스크림(RM10)은 일찍 완판되는데, 두리안 초보자라면 아이스크림으로 먼저 만나보자. 과일의 종류와 가격은 시즌별로 차이가 있다.

Access	아세아니아 리조트&스파 대각선 방면에 위치
Open	12:30~23:30(아이스크림 13:00~23:00)
Tel	604-955-2077

Shopping

파라다이스 크래프트 Paradise Craft

랑카위 곳곳에 여러 지점을 두고 있는 숍으로 태국 등 동남아 수입품이나 말레이시아 로컬 공예품과 기념품을 판매한다. 액세서리, 향초, 열쇠고리 등 다양한 제품들을 구비하고 있어서 선물이나 기념할 만한 제품들을 고르기에 좋다. 쿠아 타운의 제티 포인트와 업타운 쇼핑타운, 랑카위 퍼레이드에도 지점이 있다.

Access	판타이 체낭 거리 여러 곳에 위치
Open	11:00~23:00

Shopping

시나몬 Cinnamon's

핸드메이드 주얼리를 주로 판매하는 숍으로 가격은 높은 편이지만 그만큼 품질이 보장되는 곳이다. 좋은 원석을 사용하고 디자인도 뛰어나 자기만의 개성을 표현하기 적합한 제품이 많다. 소장가치 있는 인테리어 소품들도 판매하는데 한국으로 배송도 가능하니 찬찬히 둘러보자. 무겁긴 하지만 요가하는 뚱녀상은 정말 탐나는 아이템이다.

Access	판타이 체낭 거리 말리베스트 리조트 옆에 위치. 양쪽으로 마주 보고 두 개의 숍이 있다.
Open	11:00~23:00
Address	Mali Walk Malibest Resort, 16, Pantai Cenang, 07000 Langkawi
Tel	6012-475-0469
Email	cinnamonslgk@gmail.com

Stay : 5성급

카사 델 마 Casa Del Mar

스페인어로 '바닷가의 집'이라는 뜻의 카사 델 마는 들어서는 순간 지중해 어느 마을에 온 것 같은 이국적이고 안락한 분위기를 풍기는 부티크 호텔이다. 객실 상태는 물론 부대시설, 서비스 무엇 하나 빠지지 않아 투숙객의 만족도가 높다. 작은 정원과 낮은 담을 갖춘 독채 형식의 '비치 프런트 스튜디오 스위트' 객실은 가장 인기가 많다. 무인도 투어 등 흥미로운 자체 투어 프로그램도 운영한다. 매주 화요일 저녁 시간에 열리는 바비큐 파티는 투숙객들이 함께 모여 식사를 즐기는 사교의 장이 된다. 미식가들에게 호평을 받고 있는 라살 La Sal 레스토랑에서 아시안 퓨전 지중해 요리를 맛보는 경험도 놓치지 말자.

Access	판타이 체낭에 위치. 공항에서 차로 10분 소요
Cost	카사 시뷰 룸 RM900~, 비치 프런트 스튜디오 스위트 RM1,114~
Address	Jalan Pantai Cenang, Mukim Kedawang, 07000 Langkawi
Tel	604-955-2288
Web	www.casadelmar-langkawi.com

Stay : 5성급

메리터스 펠랑기 리조트&스파 The Meritus Pelangi Resort & Spa

고급스러운 전통의 매력이 넘쳐나는 자연친화적인 리조트. 해변과 열대우림의 정원 속에 350개의 독채 형식 객실과 2층 구조의 말레이시아 전통 우든 샬레 Wooden Chalet가 여유롭게 자리 잡고 있다. 고급스러운 객실은 나무 색과 톤을 맞춘 모던한 디자인이고, 넓은 테라스에서 바라보는 뷰도 평화롭기 그지없다. 부대시설도 훌륭해서 두 개의 수영장과 키즈클럽을 갖추고 있고 정원 곳곳에 놀이터도 있어 가족 여행객에게 만족도가 매우 높다. 자체 해변에서는 다양한 해양 스포츠를 즐길 수 있다.

Access	판타이 체낭 초입에 위치. 공항에서 차로 약 10분 소요
Cost	가든 테라스룸 RM750~, 패밀리룸 RM1,100~
Address	Pantai Cenang, 07000 Langkawi
Tel	604-952-8888
Web	www.pelangibeachresort.co.kr

Stay : 5성급

템플 트리 Temple Tree

랑카위의 숙소 중 가장 독특하고 스타일리시한 부티크 호텔로 바로 옆 본 톤 리조트와 함께 본 톤 그룹에서 경영한다. 페낭, 쿠알라 룸푸르 등 말레이시아 각 지역과 중국에서 건너온 오래된 건물이 독립된 빌라의 객실로 자리 잡고 있고, 골동품으로 채워진 각 빌라는 현재와 과거가 공존하는 듯한 신비한 분위기다. 객실에는 전화기가 없고 TV 채널도 지원되지 않아 다소 불편한 점이 있지만, 단 며칠 사소한 문명과의 단절도 색다른 경험이 된다. 리조트 이름처럼 커다란 나무 아래 작은 절이 있고, 중국하우스 앞에 직사각형으로 자리한 수영장은 굉장히 매력적이다.

Access 판타이 체낭 초입, 공항에서 차로 약 10분 소요
Cost 디럭스 킹 베드 RM820~, 페낭 RM1,120~
Address Temple Tree at Bon Ton, Pantai Cenang, 07000 Langkawi
Tel 604-955-1688
Web www.templetree.com.my

Tip 라씨 LASSie (The Langkawi Animal Shelter & Sanctuary)

본 톤 리조트에서 운영하는 동물보호소로, 20여 년 전부터 쿠알라 룸푸르에서 버려진 개와 고양이들을 돌보기 시작한 것이 발전해 랑카위에도 구조와 재활 본부가 생겼다. 2008년부터 본 톤 리조트와 템플 트리가 라씨를 지원, 운영하고 있다. 리조트 곳곳에서 고양이와 개들을 볼 수 있는 것이 이 때문이다. 자원봉사를 하고 싶은 사람들은 라씨에 문의해보자. 아주 특별한 경험이 될 것이다.
Web www.langkawilassie.org.my

Stay : 5성급

본 톤 리조트 Bon Ton Resort

템플 트리와 같이 역사적·문화적 가치가 있는 말레이 전통 가옥을 옮겨와 지은 부티크 호텔이다. 70~100년의 역사를 가진 각 건물은 겉은 오래된 낡은 가옥이지만 내부는 최신 시설을 갖추고 있고, 사생활이 확실히 보장되는 독립된 구조다. 본 톤에서 운영하는 남 레스토랑 Nam Restaurant은 랑카위에서도 유명한 레스토랑이고, 본 톤의 고급 컬렉션을 볼 수 있는 숍도 있다.

Access 판타이 체낭 템플 트리 옆에 위치. 공항에서 차로 약 10분 소요
Cost 블루 진저 RM800~, 라구나 RM1,250~
Address Lot 1047, Jalan Pantai Cenang, 07000 Langkawi
Tel 604-955-1688
Web www.bontonresort.com.my

Stay : 4성급

❺

아세아니아 리조트&스파 Aseania Resort & Spa

리조트급의 규모를 자랑하는 아세아니아 리조트&스파는 합리적인 가격과 멋진 수영장으로 가족 여행객들에게 인기가 있는 리조트다. 단체 여행객들도 많이 투숙하는 곳으로 규모에 비해 서비스와 객실 컨디션은 다소 떨어지는 편이지만, 슬라이드와 폭포가 있는 대형 수영장이 다른 단점들을 잊게 해준다. 레스토랑과 스파 등 부대시설도 충실히 갖추고 있다. 해변까지는 도보로 약 7분이 소요되고, 메인 도로와 인접한 좋은 위치에 있다.

Access	판타이 체낭과 판타이 텡아가 만나는 지점에 보이는 분홍색 호텔
Cost	수피리어룸 RM350~, 슈퍼 디럭스룸 RM520~
Address	Simpang 3, Jalan Pantai Tengah, Mukim Kedawang, 07000 Langkawi
Tel	604-955-2020
Web	www.aseanialangkawi.com.my

Stay : 4성급

❻

홀리데이 빌라 비치 Holiday Villa Beach

판타이 텡아의 아름다운 해변을 접하고 있는 홀리데이 빌라 비치는 가족 여행객에게 특히 사랑받는 곳이다. 말레이시아 전통 스타일의 건물에 앤티크 가구가 멋을 더하고, 잘 꾸며진 정원에는 연못과 발 지압이 되는 산책로가 있다. 넓은 수영장도 만족도가 높고 스파도 평이 좋다. 기본에 충실한 객실은 다소 낡은 편이지만 관리가 잘 되고 있는데, 가족 여행객은 4~6명이 묵을 수 있는 스위트룸을 추천할 만하다. 두 개의 수영장 중 인피니티 풀은 유료(1일 투숙객 RM25, 일반 RM48)다.

Access	판타이 텡아에 있는 프란지파니 리조트&스파를 지나면 위치
Cost	수피리어룸 RM450~, 스위트룸 RM800~
Address	Lot 1698, Pantai Tengah, Mukim Kedawang, Daerah Langkawi, 07000 Langkawi
Tel	604-952-9999
Web	www.holidayvillahotellangkawi.com

Stay : 4성급

❼

프란지파니 리조트&스파 The Frangipani Resort & Spa

동남아에서 흔히 볼 수 있는 하얀 꽃의 이름인 '프란지파니'를 리조트의 이름으로 하고 있다. 리조트 곳곳에 프란지파니가 있고, 이 꽃잎을 말려 만든 아이스 티를 웰컴 드링크로 맛볼 수 있다. 아름다운 비치와 두 개의 수영장이 있는 이곳은 합리적인 가격으로 오랫동안 가족 여행객들에게 사랑받아 왔다. 매일 다양한 액티비티 프로그램을 운영하기도 한다. 빗물을 모아 발 닦는 물로 사용하는 등 그린 리조트로 유명하며, 환경 관련 상도 여러 번 수상했다.

Access	판타이 텡아에 위치
Cost	디럭스룸 RM590~, 가든 빌라 RM635~
Address	138, Jalan Teluk Baru, Pantai Tengah, Mukim Kedawang, 07000 Langkawi
Tel	604-952-0000
Web	www.frangipanilangkawi.com

Stay : 2성급

페이브 호텔 Fave Hotel

합리적인 가격에 실용적인 객실과 부대시설을 갖춘 젊은 감각의 호텔이다. 97개의 객실에 투숙객이 많은 편이어서 조용한 분위기는 아니다. 길게 뻗은 수영장은 성인에게는 수심이 낮은 편이다. 편안한 휴식보다는 관광 위주의 젊은 층에게 적합한 호텔이다.

Access	판타이 텡아 진입 전 아세아니아 리조트&스파에서 왼쪽으로 가면 위치
Cost	스탠더드룸 RM169~
Address	Lot 119, Pantai Tengah, Mukim Padang Mat Sirat, Daerah Langkawi, 07000 Langkawi
Tel	604-955-6600
Web	www.favehotels.com

Stay : 3성급

빌라 몰렉 Villa Molek

18세 이상만 투숙 가능한 성인을 위한 부티크 호텔로, 전통 말레이시아 스타일로 디자인된 12개의 빌라가 있다. 객실은 침실과 거실이 분리돼 있는 레지던스 형식이고 수영장과 레스토랑, 스파 등을 갖추고 있다. 편안한 휴식과 프라이버시를 위해 객실 인원도 2명으로 제한하고 있어 방해 없는 조용한 휴가를 꿈꾸는 성인들에게 좋은 숙소다.

Access	판타이 텡아 초입, 아세아니아 리조트&스파를 지나 왼쪽 골목에 위치
Cost	스튜디오 빌라 RM850~
Address	Lot 2863, Jalan Teluk Baru, Pantai Tengah, 07100 Langkawi
Tel	604-955-3605
Web	www.villamolek.com

Stay : 3성급

그말라이 리조트 The Gemalai Resort

라만 파디와 논 사이에 지어진 말레이 전통 샬레 스타일의 코티지로, 조용한 힐링의 시간을 갖고 싶은 이들에게 추천할 만하다. 2015년 5월에 문을 연 호텔은 이곳만의 평화로운 분위기로 호평을 받고 있다. 독채 형식의 객실은 3인까지 묵을 수 있고 조식은 원하는 시간에 가져다준다. 목요일에는 호텔 바로 옆에서 야시장이 열린다.

Access	판타이 체낭 초입, 라만 파디 내에 위치
Cost	수피리어 샬레 RM350~
Address	Laman Padi, Jalan Pantai Cenang, 07000 Langkawi
Tel	604-955-3225

Stay : 4성급

암봉암봉 리조트 Ambong Ambong Resort

자연친화적인 리조트로 2012년 문을 열었다. 숲 속에 자리 잡은 객실은 창을 열면 하늘로 뻗은 나무가 손에 닿을 듯 가까워 새와 다람쥐 등을 가까이서 볼 수 있다. 경사진 곳에 있어서 리조트 내는 버기로 이동하는데, 안전상의 이유로 12세 이하의 투숙할 수 없다. 6개의 스튜디오룸과 2개의 투 베드룸 코티지가 있다. 자연주의 이샨 스파가 - 리조트 내에 있다.

Access	판타이 텡아에서 아와나 제티로 가는 방향 왼쪽 언덕에 위치
Cost	스튜디오룸 RM1,700~, 투 베드룸 코티지 RM1,700~
Address	Jalan Teluk Baru, Pantai Tengah, 07000 Langkawi
Tel	604-955-8428
Web	www.ambong-ambong.com

Stay : 4성급

리조트 월드 랑카위
Resort World Langkawi

리조트 월드로 유명한 겐팅 그룹에서 운영하는 리조트다. 아름다운 등대 앞으로 아와나 제티가 있고, 주변 아시아 국가를 운항하는 스타 크루즈가 정박하는 곳이다. 지중해 풍의 객실과 부대시설은 다소 낡은 편이지만 잘 관리되는 편이고 주변 경관도 훌륭하다. 자전거 무료 렌털이 가능하고 체낭 몰까지 하루 5회 셔틀버스를 운영한다.

Access	판타이 텡아 끝 아와나 제티에 위치
Cost	디럭스 가든뷰 RM300~, 디럭스 시뷰 RM350~
Address	Tanjung Malai, 07000 Langkawi
Tel	604-955-5111
Web	www.rwlangkawi.com

Stay : 2성급

트로피컬 리조트 Tropical Resort

2000년에 문을 연 작은 규모의 리조트로 좋은 위치와 친절한 서비스로 평이 좋은 곳이다. 전체적으로 청결하게 잘 관리되고 있고, 25개의 객실은 여유로운 크기에 필요 요소들만 딱 갖춘 디자인이다. 작은 수영장이 있고 해변과는 도보 2분 거리다. 더블룸부터 패밀리룸까지 갖추고 있는데 어린이보다는 성인들이 묵기에 적합하다.

Access	판타이 텡아 아세아니아 리조트&스파에서 남쪽으로 내려가면 표지가 보인다.
Cost	트윈룸 RM310~, 패밀리룸 RM415~
Address	Pantai Tengah, 07000 Langkawi
Tel	604-955-4075
Web	www.tropicalresortlangkawi.com

Stay : 2성급

선셋 비치 리조트 Sunset Beach Resort

좁은 골목을 따라 조성된 아름다운 정원 사이로 18개의 객실이 있다. 선 그룹에서 운영하는 리조트로 객실이 깨끗하고 잘 정돈돼 있으며 위치도 좋다. 해변이 가까워 성수기에는 만실인 경우가 많으니 예약을 서두르는 게 좋다. 수영장은 없고 5명까지 묵을 수 있는 패밀리룸이 있다.

Access	판타이 텡아 언더워터 월드 면세숍 지나 남쪽 방향에 위치
Cost	더블룸 RM190~, 패밀리룸 RM290~
Address	Jalan Pantai Tengah, 07000 Langkawi
Tel	604-955-1751
Web	www.sungroup-langkawi.com/sunset

Stay : 1성급

튜보텔 Tubotel

독특한 콘셉트의 호스텔형 숙소로 원통 튜브 모양의 독립된 객실이 나열돼 있다. 침대만 덩그러니 있는 튜브형 객실은 생각보다 아늑하고 편안하나 2명이 쓰기엔 좁으며 공동욕실과 화장실을 사용한다. 객실보다는 바다 전망의 휴식공간이 잘 되어 있고, 공항이 가까워 비행기의 이착륙을 볼 수 있다. 메인 도로까지는 거리가 있어 택시나 자전거를 대여해 다니는 게 좋다.

Access	판타이 체낭 초입, 본 톤 리조트를 지나 오른쪽으로 난 길로 진입하면 바닷가 끝에 위치
Cost	도미토리 RM60, 가든 룸 RM180~
Address	Kuala Cenang, 07000 Pantai Cenang
Tel	6014-240-7022
Web	www.tubotel.com

Stay : 1성급

카사 피나 Casa Fina

스페인어로 '좋은 집'이란 뜻을 가진 이 숙소는 별다른 부대시설 없이 기본 시설을 갖춘 룸을 제공한다. 정원을 빙 둘러 자리 잡은 컨테이너 박스 같은 객실은 심플한 인테리어로 깨끗하게 관리되고 있다. 외부에 정수기가 있어 냉수와 온수를 24시간 이용할 수 있다.

Access	판타이 체낭 레드 토마토 근처에 위치. 공항에서 차로 약 15분 소요
Cost	수피리어 RM188, 디럭스 트리플 RM168
Address	Lot 53, Persiaran Pantai Chenang, Mukim Kedawang, 07000 Langkawi
Tel	604-953-3555
Web	http://www.casafina.my

Stay : 1성급

캐빈 랑카위 Cabin Langkawi

컨테이너를 이용해 만든 객실로 저렴한 가격에 좋은 위치, 깨끗하게 관리되는 객실 등으로 인기가 높다. 컴팩트한 객실은 욕실과 기타 필요시설을 갖추고 있고, 두 개의 컨테이너가 한 덩어리로 되어 있어 커넥팅룸이 가능하다. 해변과 도보 3분 거리에 있다.

Access	판타이 체낭 거리 언더워터 월드 가기 전에 위치
Cost	스탠더드 RM160~
Address	Jalan Pantai Chenang, 07000 Langkawi
Tel	6012-417-8499
Web	http://www.thecabin.com.my

Stay

판타이 체낭의 해안가 숙소

랑카위 관광의 중심이 되는 판타이 체낭의 중심 해안가를 따라 여러 저가 숙소들이 자리 잡고 있다. 저렴한 모텔 수준의 객실에 부대시설 또한 부실한 편이라 만족도는 낮을 수 있겠지만, 활기차고 아름다운 비치를 바로 마주할 수 있다는 것만으로 가치가 있다. 최근 리모델링을 통해 객실을 정비하고 수영장도 만드는 노력을 하고 있다. 관광 위주로 여행을 계획해 숙소에 기대치가 낮다면 좋은 선택이 될 수 있다.

↳ AB 모텔 AB Motel : 1성급

판타이 체낭의 터줏대감격인 숙소로 랑카위 투어의 중심이다. 해변과 조금 떨어진 길 건너편 객실은 RM90부터 예약할 수 있다. 3인실과 4인실도 있다. 홈페이지를 통해 예약 가능.

Cost	2인실 RM90~, 3인실(시뷰) RM180
Address	Pantai Cenang, 07000 Langkawi
Tel	604-955-1300
Web	http://www.abmotel.weebly.com

↳ 말리베스트 리조트 Malibest Resort : 2성급

정글에나 있을 법한 나무 위에 트리하우스가 있어 눈에 띄는 숙소다. 5개의 트리하우스와 88개의 일반 객실은 물론 수영장도 갖추고 있다.

Cost	트리하우스 RM260~, 2인실 RM160~
Tel	604-955-8222, 8202
Web	http://www.barongrouphotels.com

↳ 베스트 스타 리조트 Best Star Resort : 3성급

다른 곳에 비해 객실이 깨끗하고 침구가 좋은 편이다. 말리베스트와 같은 바론 그룹에서 경영하고 해변가에 작은 수영장이 있다.

Cost	수피리어 RM180, 디럭스 RM240
Tel	604-955-3809
Web	http://www.beststarresort.com

• Guide • 02

판타이 콕
(Pantai Kok)

판타이 체낭 북쪽으로 위치한 판타이 콕과 랑카위 북서부 지역은 아름다운 바다와 내륙으로 열대우림의 밀림, 맛 친창 산 등 천혜의 자연이 있다. 바다와 밀림을 배경으로 하고 공항과도 가까운 판타이 콕 주변의 리조트들은 랑카위 여행의 중심인 판타이 체낭과도 이동이 쉬워서 인기가 많다. 랑카위 케이블카가 있는 오리엔탈 빌리지와 세븐 웰스 폭포, 악어 농장 등의 관광지도 있다.

Sightseeing ★★☆

텔라가 하버 파크 Telaga Habour Park

유럽의 요트 클럽에 온 듯한 이국적인 풍경을 옆에 두고 분위기 있는 시간을 보낼 수 있는 이곳에는 럭셔리 리조트인 다나 랑카위The Danna Langkawi와 세련된 레스토랑이 모여 있다. 요트를 이용하는 상류계층과 고위 관리들이 많이 드나드는 곳으로, 비싼 편이긴 하지만 호평을 받고 있는 레스토랑이 대부분이다. 낮보다는 저녁 시간이 더 운치 있다. 길 건너에 보이는 이슬람 양식의 건물은 이민국이다. 택시를 타고 텔라가 하버 파크나 퍼다나 키Perdana Quay로 가면 된다.

Access 공항에서 차로 10분. 식당가로 가려면 '퍼다나 키'로 찾는 게 빠르다.

Food

마레 블루 Mare Blu

이탈리안 레스토랑으로 '하버 스테이크'라는 부제를 가지고 있는 마레 블루는 하버 파크의 식당 가운데서도 제일 규모가 크고 인기도 많은 곳이다. 모든 음식이 고루 맛있지만 큼직한 새우와 오징어, 홍합, 가리비에 대구까지 푸짐하게 얹어져 나오는 해산물 피자Seafood Pizza(RM30)는 이곳에서만 맛볼 수 있다. 실속 있는 런치 세트(11:00~15:00)도 선보이고 있다.

Access 퍼다나 키에 위치. 판타이 체낭에서 차로 약 20분
Open 11:00~23:00 (해피 아워 15:00~20:00)
Cuisine 이탈리안
Cost 파스타 RM24~, 피자 RM20~ (SC 10%)
Address B5-6, Perdana Quay, Telaga Harbour Park, Pantai Kok, 07000 Langkawi
Tel 604-959-3830 **Web** www.mareblu.com.my

Food

타파즈 Tapaz

스페인식 오믈렛과 빠에야, 상그리아를 만날 수 있는 지중해식 레스토랑이다. 곳곳의 요트와 먹음직한 스페인 요리를 눈앞에 두고 있으면, 지중해의 한 해변으로 공간 이동한 기분마저 들게 한다. 여러 가지 해산물을 재료로 한 스페인식 볶음밥 해산물 빠에야Seafood Paella는 강력 추천 메뉴. 어울리는 와인이나 와인 칵테일인 상그리아와 함께하면 더욱 좋다.

Access 퍼다나 키에 위치. 판타이 체낭에서 차로 약 20분
Open 11:00~23:00 **Cuisine** 지중해식
Cost 치킨 요리 RM12, 비프 른당 RM33, 해산물 빠에야 RM78 (SC 10%)
Address A1&A2, Perdana Quay, Telaga Harbour Park, Pantai Kok, 07000 Langkawi
Tel 6012-329-4094 **Web** www.tapaz.biz

Food ③

더 로프 The Loaf

쿠알라 룸푸르에도 지점이 있는 말레이시아의 유명 베이커리이자 레스토랑인 '더 로프'의 1호점이다. 멀리서도 빵을 사러 올 정도로 유명한 곳으로 가격도 저렴해 빵 마니아라면 꼭 들러볼 만하다. 판타이 체낭의 체낭 몰에도 지점이 있다.

Access	퍼다나 키에 위치. 판타이 체낭에서 차로 약 20분
Open	08:00~23:00
Cuisine	베이커리&비스트로
Cost	브렉퍼스트 RM26~, 샌드위치 RM22~38 (SC 10%)
Address	C9, Perdana Quay, Telaga Harbour Park, Pantai Kok, 07000 Langkawi
Tel	604-959-4866
Web	www.theloaf.com.my

Spa

암 아야 스파 Am Aya Spa

오리엔탈 마사지와 티베트 마사지를 체험할 수 있는 곳이다. 풍수의 원리를 접목시킨 디자인이 인상적이며, 도교 철학에 기반을 둔 암 아야 스파는 신체 내 에너지의 균형을 회복시키고 셀프 힐링 능력을 높이도록 자극한다. 기공의 기본을 수련한 테라피스트들이 관리해주며, 마치 접골하는 듯한 티베트 스타일의 마사지는 확실히 효과가 있다.

Access	퍼다나 키에 위치. 판타이 체낭에서 차로 약 20분
Open	13:00~22:00
Cost	암 아야 스파 패키지 RM188~
Address	Lot H22, Ground Floor, Jalan Teluk Yu, 07000 Pulau Langkawi
Tel	604-959-3959
Web	www.amayaretreat.com

Stay : 5성급

다나 랑카위 The Danna Langkawi

아름답고 평화로운 텔라가 하버 파크에 있는 럭셔리 리조트로, 영국풍 콜로니얼 양식의 하얀 건물에 지중해풍의 분위기로 우아함이 넘친다. 체크인하는 동안 제공하는 간단한 마사지 서비스도 인상적이다. 성인 3명까지 묵을 수 있는 넓은 객실은 고풍스러운 디자인에 투숙객을 위한 세심한 배려가 넘친다. 랑카위에서 가장 큰 인피니티 풀과 고운 백사장이 있는 전용 해변은 다나 랑카위에서의 휴식을 더욱 가치 있게 해준다. 요청에 따라 요가 클래스도 운영한다. 유명 레스토랑이 모여 있는 퍼다나 키가 도보 3분 거리에 있다.

Access	텔라가 하버 파크에 위치. 공항에서 차로 15분 소요
Cost	머천트 더블룸 RM1,200~, 스위트룸 RM2,500~
Address	Telaga Harbour Park, Pantai Kok, 07000 Langkawi
Tel	604-959-3288
Web	www.thedanna.com

Stay : 5성급

버자야 랑카위 리조트
Berjaya Langkawi Resort

열대우림의 숲 속과 바다 위에 말레이시아 전통 양식의 샬레가 들어서 있는 아름다운 리조트로 자연 속에서 방해받지 않는 휴가를 원하는 사람들에게 추천할 만하다. 크진 않지만 전용 해변이 있고 큼직한 수영장도 있다. 리조트 내 이동을 위한 셔틀이 수시로 다니며, 원숭이들도 곳곳에서 만날 수 있다.

Access	판타이 콕 북쪽에 위치, 공항에서 20분 소요
Cost	레인 포레스트 샬레 RM690~, 패밀리 샬레 RM1,100~
Address	Karong Berkunci 200, Burau Bay, 07000 Langkawi
Tel	604-959-1888
Web	www.berjayahotel.com/langkawi

Stay : 3성급

센트리 헬랑 호텔 Century Helang Hotel

공항에서 가장 가까운 호텔로 218개의 객실이 있다. 낡았다는 평이 있지만 객실은 널찍하고 심플한 디자인이다. 호텔 내 수영장의 분위기도 좋은 편으로 가격 이상의 시설과 서비스를 갖춘 곳이다.

Access	판타이 콕에 위치. 랑카위 국제공항에서 5분 소요
Cost	디럭스룸 RM200~
Address	Lot 274, Jalan Lima, Padang Matsirat, 07100 Langkawi
Tel	604-955-3030
Web	centuryhotellangkawi.com

Stay : 4성급

센트리 랑카위 비치 리조트
Century Langkawi Beach Resort

바닷가에 있는 울창한 열대우림 속에 자리 잡아 조용하고 평화로운 분위기로, 원래 셰라톤 랑카위였던 곳을 센트리 그룹에서 인수했다. 버기로 이동해야 할 정도의 넓은 부지에 말레이 전통 형식의 나무로 된 객실이 있고, 바다 전망의 예쁜 수영장과 작은 전용 해변이 있다. 객실 등 시설은 낡은 편이지만 직원들은 친절하다.

Access	판타이 콕에 위치. 공항에서 차로 15분가량 소요
Cost	수피리어룸 RM400~
Address	Nibung, Teluk Baru, 07000 Langkawi
Tel	604-952-8000
Web	www.centuryhotelgroup.com

Stay : 5성급

랑카위 라군 리조트
Langkawi Lagoon Resort

랑카위 국제공항 가까이에 위치한 5성급 리조트다. 객실은 일반 객실인 비치 프런트룸과 바다 위에 떠 있는 씨 빌리지 두 타입으로 나뉘는데, 5성급이라기엔 다소 낡고 모자란 수준이다. 중동과 유럽에서 온 투숙객이 많고 동양인은 드문 편이다. 자체 해변과 운치 있고 깨끗한 수영장이 있다.

Access	랑카위 국제공항에서 차로 5분 소요
Cost	디럭스룸 RM345~, 디럭스 패밀리룸 RM415~
Address	Lot 78, Jalan Kuala Muda Langkawi, 07100 Langkawi
Web	www.langkawilagoonresort.com

• Guide • 03
쿠아 타운
(Kuah Town)

랑카위 남동부 지역에 자리 잡은 쿠아 타운은 랑카위 생활과 경제의 중심 역할을 하는 곳으로 현지인들의 주 생활터전이 되는 곳이다. 면세숍이 곳곳에 자리 잡고 있어서 면세 천국 랑카위를 실감할 수 있고, 저렴하고 실속 있는 숙소들도 찾아볼 수 있다. 페낭 등 말레이시아의 다른 지역이나 가까운 태국의 국경으로 운행하는 페리가 있고, 코랄 투어 등 인근 섬으로 향하는 투어의 출발지인 제티 포인트가 있다. 면세 타운과 야시장은 p.259, 260를 참고하자.

Food

원더랜드 Wonderland

쿠아 타운에서 맛집을 물어보면 누구나 첫손에 꼽는 곳으로 택시 기사들도 모르는 사람이 거의 없다. 로컬 분위기의 식당으로 젊고 활기찬 직원들이 말하기도 전에 손님이 원하는 걸 센스 있게 챙겨준다. 중국 스타일의 해산물 요리 전문이고 랍스터보다는 게나 타이거 프론 요리가 만족도가 높다. 가장 인기 있는 메뉴는 칠리 크랩이고 셰프의 현란한 조각 신공으로 탄생한 당근 그물이 올려져 나온다. 해산물 요리에 시금치와 비슷한 생김새의 깡콩 Kang Kong 요리를 곁들이면 궁합이 잘 맞는데 오이스터나 삼발 소스가 우리 입맛에 맞다. 저녁 시간에만 운영하고 식재료나 일손이 부족한 날은 문을 닫기도 한다.

Access	쿠아 타운 벨라 비스타 호텔 근처에 위치
Open	18:00~23:00
Cuisine	말레이&중국식 해산물
Cost	랍스터, 타이거 프론 RM18/100g~, 새우, 게 RM8/100g~, 볶음밥 RM5~, 야채 RM10~ (SC 10%)
Address	180, Persiaran Mutiara 2, Pusat Perdagangan Kelana Mas, 07000 Langkawi
Tel	6012-494-6555

Food

EE 버거 EE Burger

로컬 식당답지 않게 깔끔한 메뉴판과 와이파이 시설을 갖추고 있다. 식사 시간이면 우리네 패밀리 레스토랑처럼 가족 단위로 테이블을 차지한 곳이 많이 눈에 띈다. 버거류와 스파게티 등 웨스턴 음식과 차퀘티아우 등의 말레이시아 음식까지 다양한 메뉴를 갖추고 있으며, 고루고루 맛있고 저렴하다. 특히 이곳의 차퀘티아우는 맛있다고 소문이 나 있다. 달달하고 새콤한 소스가 뿌려진 버거는 감자튀김이 곁들여져 푸짐하게 나오고, 새콤하고 매콤한 양념이 밴 치킨 윙은 자꾸 생각나는 중독성 있는 맛이다. 쿠아 타운 전 지역으로 배달도 가능하다. 배달 시 메뉴 하나당 RM1이 추가된다.

Access	쿠아 제티 포인트에서 차로 약 4분 소요
Open	17:30~00:00
Cuisine	웨스턴, 말레이
Cost	치킨 윙 RM6, 버거 RM3.5~, 차퀘티아우 RM5~
Address	1, Persiaran Putera, Kuah, 07000 Langkawi, Kedah
Tel	6012-400-6678

Food ③

완 타이 레스토랑 Wan Thai Restaurant

태국인과 말레이 커플이 10년 이상 운영해오고 있는 타이 레스토랑으로, 식사 시간에는 빈자리를 찾기 어려울 정도로 인기 식당이다. 태국에서 공수해 온 재료로 만드는 똠얌꿍과 푸팟 퐁 커리도 태국 현지의 맛이며. 판단 잎에 싸서 나오는 판단 치킨 Ayam Goreng Pandan은 이곳의 베스트 메뉴다.

Access	쿠아 타운 바하지아 호텔에 위치
Open	11:00~15:00, 18:30~22:00
Cuisine	태국식
Cost	해산물 똠얌꿍 RM10~, 푸팟 퐁 커리 RM16~
Address	80-82, Langkawi Mall, Persiaran Bunga Raya, 07000 Langkaw
Tel	604-966-1214

Food ④

하루 플러스 Haru +

판타이 체낭에 있는 하루 레스토랑과 같은 사장님이 운영하는 한식당이다. 한식당이 드문 랑카위에서 오아시스 같은 곳으로 옆자리에서 자연스럽게 삼겹살을 굽고 있는 외국인이 흥미롭다. 다른 메뉴도 맛있지만 매콤한 오징어볶음은 한국인에게 특히 인기가 있다. 랑카위 페어 쇼핑몰에도 '하루 스토리'라는 분점이 있다.

Access	쿠아 타운 Azio 면세숍 건물에 위치
Open	월~토 런치 12:00~15:00, 디너 18:00~22:00 (일 휴무)
Cuisine	한식
Cost	비빔밥 RM28, 김치전 RM28, 오징어볶음 RM30
Address	75, Jalan Pandak Mayah 7, 07000 Langkawi
Tel	604-955-1981

Food ⑤

커피 타임 Coffee Time

주변의 로컬 커피숍과는 다르게 모던하고 젊은 분위기다. 커피도 맛있지만 식사 메뉴도 저렴하고 푸짐해서 인기 있다. 말레이시아 음식을 주메뉴로 하고 있지만, 향이나 간이 강하지 않아 부담 없이 먹을 수 있다. 후식으로 먹는 ABC 아이스 까창도 별미. 메뉴에 사진이 있다.

Access	쿠아 타운 베이뷰 호텔 뒤쪽의 쇼핑 타운에 위치
Open	10:00~22:00
Cuisine	말레이, 카페
Cost	면&밥류 RM8.8~, 커피 RM3~
Address	47, Jalan Pandak Mayah 5, Taman Bendang Baru, 07000 Langkawi
Tel	604-966-4889, 604-961-0013

Stay : 5성급

더 웨스틴 The Westin

스타우드 호텔 계열의 5성급 호텔로 아름다운 자연환경 속에 자리한 고품격 럭셔리 리조트다. 224개의 객실과 20여 개의 풀빌라가 있는 더 웨스틴은 커플 여행객부터 가족 여행객까지 모두를 만족시키는 사려 깊은 서비스를 제공한다. 모든 객실은 스타우드의 자랑인 헤븐리 베드 Heavenly Bed를 사용하고 있어 완벽한 휴식을 돕고 있다. 인피니티 풀을 비롯 3개의 수영장과 4개의 레스토랑 & 바, 피트니스 등 리조트 내에서 지내기에 완벽한 시설을 갖추고 있다.

Access	쿠아 타운 제티 포인트 동쪽에 위치
Cost	디럭스 가든뷰(조식 포함) US$252~, 디럭스 오션뷰 US$326~
Address	Jalan Pantai Dato Syed Omar, 07000 Langkawi
Tel	604-960-8888
Web	www.westinlangkawi.com

Stay : 5성급

세인트 레지스 랑카위 St. Regis Langkawi

스타우드 그룹의 최상위 레벨인 럭셔리 리조트 세인트 레지스가 2016년 5월 랑카위에 문을 열었다. 게스트 우선의 섬세한 배려가 넘치는 서비스와 흠잡을 데 없는 객실과 부대시설을 갖추고 있다. 객실마다 랑카위 출신 작가의 작품이 전시되어 예술적 가치까지 더하고 있다. 바다 위의 하얀 카유푸티 레스토랑 Kayuputi Specialty Restaurant에서는 로맨틱한 시간을 보낼 수 있고 바다 위의 그물 침대로도 유명하다. 안다만 해가 보이는 바다 전망의 풀빌라인 선셋 빌라도 허니무너에게 추천할 만하다.

Access	공항에서 택시로 약 25분 소요. 더 웨스틴 옆에 위치
Cost	프리미어 안다만 시 더블룸 RM2,700~, 세인트 레지스 스위트 RM3,300~
Address	Jalan Pantai Beringin, 07000 Langkawi
Tel	604-960-6666
Web	www.stregislangkawi.com

Stay : 4성급

베이뷰 호텔 Bayview Hotel

쿠아 타운에 있는 4성급 호텔로 객실은 낡은 편이지만 합리적인 가격에 수영장, 레스토랑, 스파 등 부대시설이 알찬 곳이어서 무난한 선택이 된다. 시뷰 룸에서는 수영장과 쿠아 타운 그리고 시원하게 펼쳐진 안다만 해를 볼 수 있다. 호텔 내의 중식당인 '피닉스 레스토랑'도 추천할 만하다. 알룬알룬 스파의 본점도 베이뷰 호텔 내에 있다.

Access	쿠아 타운 면세 타운 안에 위치
Cost	수피리어룸 RM510~, 이그제큐티브 시뷰 룸 RM1,450~
Address	Jalan Pandak Mayah 1, Pusat Bandar Kuah, 07000 Langkawi
Tel	604-966-1818
Web	www.bayviewhotels.com/langkawi

Stay : 1성급

랑카위 바론 호텔 Langkawi Baron Hotel

벽 전면에 말레이시아 국기가 그려져 있어 멀리에서도 바로 눈에 띄는 숙소다. 바론 그룹에서 경영하는 모텔급 호텔로 저렴한 가격에 깨끗한 방을 갖추고 있다. 4층 건물에 44개의 룸이 있고, 킹 베드가 2개 있는 쿼드룸 Quad Room 에는 4명이 묵을 수 있다. 매주 수, 토요일에 열리는 쿠아 타운 나이트 마켓이 호텔 맞은편 앞 광장에서 열린다.

Access	제티 포인트에서 알하나 모스크를 지나면 보이는 말레이시아 국기 그림의 건물
Cost	스탠더드룸 RM100~
Address	2, Jalan Lencongan Putra 3, Mukim Kuah, 07000 Langkawi
Tel	604-966-3000
Web	www.barongrouphotels.com

Stay : 3성급

드 바론 리조트 De Baron Resort

판타이 체낭의 말리베스트 리조트와 베스트 스타 리조트 등 랑카위에 총 6개의 리조트와 호텔 체인을 가지고 있는 바론 그룹의 대표 리조트다. 사실 리조트라고 하기에는 무리가 있는 규모지만 바다와 접해 있고 수영장 등을 갖추고 있으며 객실도 무난한 편이다.

Access	쿠아 타운 알하나 모스크 근처에 위치
Cost	스탠더드룸 RM165~, 디럭스 패밀리룸 RM230~
Address	Bandar Baru BARON, Kedah Darul Aman, 07000 Langkawi
Tel	604-966-2222
Web	www.debaronresort.com.my

Stay : 3성급

벨라 비스타 호텔 Bella Vista Hotel

중세 유럽의 성을 연상케 하는 멋지고 화려한 외관을 가진 호텔이다. 꽤 규모가 있는 호텔로 인피니티 풀· 스파 등 부대시설을 갖추고 있지만, 태국이나 중국 등의 단체 여행객들이 주로 묵는 곳이어서 관리가 잘 되고 있지는 않아 보인다.

Access	쿠아 타운 제티 포인트에서 차로 5분 소요
Cost	디럭스룸 RM240~, 로프트룸 RM330~
Address	Persiaran Mutiara, Pusat Dagangan Kelana Mas, Kuah, 07000 Langkawi
Tel	604-966-2800
Web	www.bellavista-langkawi.com

• Special Beach • 01
다타이 베이(Datai Bay)

랑카위 섬 북쪽 끝에 있는 다타이 베이는 평화롭게 빛나는 아름다운 비치와 울창한 정글의 모습을 그대로 간직한 곳이다. 이 위대한 자연의 품 안에 고요히 자리 잡은 두 곳의 럭셔리 리조트가 있으니, 바로 안다만 리조트와 다타이 리조트다. 두 곳 모두 훌륭한 곳이지만 다타이 리조트가 좀 더 자연에 가까운 환경이고 안다만 리조트는 현대적이다. 각각 빈틈없이 정성을 다하는 서비스와 고품격 리조트로, 잠시 일상을 잊고 자연 속에 파묻혀 오직 휴식만을 위한 휴가를 원하는 사람들에게 추천하고 싶다. 유일한 방해꾼은 먹이를 노리며 테라스를 기웃거리는 원숭이뿐이다.

#안다만 리조트
#The Andaman, a Luxury Collection Resort

스타우드 계열의 최고급 리조트로 아름다운 전용 비치와 숲 사이에서 진정한 휴식을 원하는 사람들을 기다리고 있다. 188개의 객실과 스위트에는 손을 뻗으면 나무가 닿을 법한 멋진 테라스와 아이들이 엑스트라 베드로 쓰기에도 충분한 데이베드가 놓여 있다. 먹이를 구하러 어슬렁거리는 원숭이들이 수시로 방을 노리기 때문에 조심해야 한다. 슬라이드가 있는 수영장과 키즈 클럽의 프로그램이 잘 되어 있어서 가족 여행객에게 큰 장점이 있다. 하루 두 번(08:00, 19:00), 전문 가이드의 설명을 들으며 정글을 돌아보는 '네이처 워크 Nature Walks'는 아이들뿐 아니라 어른들에게도 깊은 인상을 남길 것이다. 쿠아 타운과 판타이 체낭으로 운행하는 셔틀버스가 있으니 미리 시간을 확인하고 이용해보는 것도 좋겠다.

Access	랑카위 국제공항에서 택시로 약 40분 소요(RM70)
Cost	디럭스룸 RM990~, 럭셔리 더블룸 시뷰 RM1,450~
Address	Jalan Teluk Datai, 07000 Langkawi
Tel	604-959-1088
Web	www.theandaman.com

© The Andaman, a Luxury Collection Resort

© The Andaman, a Luxury Collection Resort

© The Andaman, a Luxury Collection Resort

#다타이 리조트 #The Datai Resort

아름다운 다타이 베이의 정글 속에 자리 잡은 다타이 리조트는 GHM 계열의 고품격 리조트다. 자연 경관을 해치지 않기 위해 코끼리로 자재를 이동해 지었다는 전통 목재건물은 마치 원래 있던 것처럼 숲과 어우러져 깊이 있는 멋을 자아내고, 고급스럽고 우아한 디자인의 객실은 실용적인 구조다. 메인 빌딩의 일반 객실 외에 숲 속에 독립된 빌라들이 있는데, 개인 풀빌라는 작고 외진 위치여서 오히려 일반 객실 쪽이 더 나아보이기도 한다.

메인 수영장 아래쪽으로 전용비치로 통하는 정글 산책로가 있고, 오후 시간에는 하얀 눈의 검은잎원숭이 Dusky Leaf Monkey 가족들이 나와 먹이를 먹는 모습을 볼 수 있다. 정글 산책로 가운데에는 스파가 있다. 수심이 깊지 않고 산호가루가 고운 해변은 수영을 하거나 휴식을 취하기에 좋고, 장비를 대여해 무동력 스포츠를 즐길 수도 있다. 해변가에도 수영장이 있고, 레스토랑 '더 비치클럽'이 있어서 이동 없이 해변의 식사도 즐길 수 있다. 가족처럼 세세하게 챙겨주는 높은 수준의 서비스도 다타이 리조트의 격을 높여준다. 유럽과 일본계 투숙객이 대부분이고, 방해 없이 자연 속에서 조용한 휴가를 보내고픈 사람들에게 더없이 좋은 장소다.

Access	랑카위 국제공항에서 택시로 약 40분 소요(RM70)
Cost	캐노피 디럭스룸 RM1,980~, 레인 포레스트 빌라 RM2,500 ~
Address	Jalan Teluk Datai, 07000 Langkawi
Tel	604-950-0500
Web	www.thedatai.com

• Special Beach • 02

탄중 루 비치(Tanjung Rhu Beach)

랑카위에서 가장 아름다운 선셋을 볼 수 있다는 탄중 루 비치는 과거 모 항공사의 광고에도 한 장면이 나올 정도로 환상적인 풍경을 자랑한다. 이 탄중 루 비치를 전용해변으로 가지고 있는 두 곳의 럭셔리 리조트가 있는데, 신혼부부들의 로망인 포 시즌스 리조트 Four Seasons Resort와 자연과 함께 완벽한 휴식을 취할 수 있는 탄중 루 리조트 Tan Jung Rhu Resort가 그곳이다. 두 곳 모두 공항 픽업 서비스를 시작으로 최고의 서비스를 제공하는 곳이라 리조트 내에서 방해받지 않고 휴가를 즐기고 싶은 여행자들에게 추천하고 싶다.

#포 시즌스 리조트 #Four Seasons Resort

전 세계 허니무너에게 전폭적인 지지를 받고 있는 리조트로, 랑카위라는 지역명보다 '포 시즌스'라는 브랜드가 우위에 있을 정도로 로열티와 파워가 있는 곳이다. 스페인의 알함브라 궁전을 모티브로 한 입구를 비롯, 이슬람 건축 양식으로 지어진 리조트는 웅장하고 고전적 분위기로 마치 진짜 궁전에 들어온 듯한 착각이 들기도 한다. 기능보다는 디자인에 충실한 듯한 객실은 넓은 침실과 테라스, 욕실로 나뉘고 완벽하게 독립된 프라이빗한 공간이다. 수영장은 16세 이하는 들어갈 수 없는 성인 풀과 가족 풀이 있고, 아름다운 탄중 루 비치를 전용해변으로 이용한다. 리조트에서 가장 이국적인 분위기인 루 바에서 즐기는 선셋 타임과 칵테일은 평생 잊지 못할 추억으로 남을 것이다.

Access	랑카위 북동쪽 탄중 루 비치에 위치
Cost	디럭스룸 RM3,300~, 비치 빌라 RM7,500~
Address	Jalan Tanjung Rhu, 07000 Langkawi
Tel	604-950-8888
Web	www.fourseasons.com/langkawi

© Four Seasons Resort

© Four Seasons Resort

© Four Seasons Resort

© Four Seasons Resort

© Four Seasons Resort

#탄중 루 리조트 # Tanjung Rhu Resort

자연과 인간의 완벽한 조화를 꿈꾸는 탄중 루 리조트는 오픈한 지 20년이 넘은 리조트라는 게 믿기지 않을 정도로 관리가 잘 되고 있는 곳이다. 오래된 목재의 건물과 가구들은 나이에 맞는 편안함과 고급스러움을 뿜어낸다. 아름다운 정원 사이에 자리 잡은 넓은 객실은 커다란 킹 사이즈 베드가 놓인 여유로운 공간으로 앤티크한 멋을 자아내고, 테라스에서는 가장 아름다운 해변으로 꼽히는 탄중 루 비치의 환상적인 전망을 즐길 수 있다. 각각 다른 콘셉트의 세 개의 수영장과 해변 가까운 곳에 위치한 네 개의 레스토랑, 오리엔탈 스파 프로그램과 요가 클래스가 있는 지바루 스파 Jivarhu Spa 등 훌륭한 부대시설을 갖추고 있어 리조트 내에서도 지루할 틈이 없다. 직원들의 섬세한 서비스도 탄중 루 리조트를 더욱 돋보이게 한다.

요즘에는 공항 픽업&드롭 서비스가 포함되며, 룸 서비스를 포함한 리조트 내 전 일정 식사와 알코올을 제외한 미니 바가 무료로 제공되는 올인클루시브 패키지를 이용하면 더욱 완벽한 휴가를 보낼 수 있다. 허니무너나 커플들에게도 좋은 숙소이지만 나이 들어 삶의 여유를 아는 어르신들에게도 잘 어울리는 숙소다.

Access	랑카위 북동쪽 탄중 루 비치에 위치
Cost	다마이 스위트 RM1,350~, 카하야 스위트 RM1,410~
Address	Mukim Ayer Hangat, 07000 Langkawi
Tel	604-959-1033
Web	www.tanjungrhu.com.my

• Intro •

지상 최대의 낙원, 코타 키나발루

코타 키나발루는 한국과는 비행기로 5시간 걸리는 가까운 거리로, 천혜의 자연환경과 특급 리조트가 있어 가족 여행지로 인기가 높다. 아름다운 자연뿐 아니라 정직하고 정 많은 현지인과 맛있는 음식 등 알면 알수록 매력이 넘치는 곳이다.

코타 키나발루는 '섬'이라는 뜻의 '코타'와 동남아 최고봉인 '키나발루 산'에서 따온 이름이다. 전 세계 산악인이 몰려드는 키나발루 산과 보르네오의 열대우림, 그리고 아름다운 바다는 휴양지로서의 매력을 충족시키고 있다. 지진이나 태풍 등 자연재해도 거의 없고 치안도 안정적이며 여러 민족의 문화가 조화를 잘 이루고 있어 관광은 물론 문화적으로도 흥미를 끈다. 유명 관광지임에도 순수함을 잃지 않고 언제나 유쾌하게 친구가 되어주는 이곳 사람들은 이 섬의 보물 중 제일이다. 대형 리조트 위주의 짧은 휴가를 주로 다녀오는 한국에서는 아직 이곳의 진짜 매력이 덜 알려진 것 같아 안타까운 감도 있다. 현지인들은 코타 키나발루를 줄여서 'KK'라고 부른다.

코타 키나발루의 역사 # History of Kota Kinabalu

15세기경부터 브루나이 제국의 영향 아래 있던 코타 키나발루 지역은 19세기에 영국 북보르네오 회사 The British North Borneo Company(BNBC)가 가야 섬 근처에 정착하면서 새로운 역사가 시작되었다. 영국의 첫 정착지는 1897년 지역의 족장이던 Mat Salleh에 의해 화재로 불탔고, 1899년 7월 가야 섬 건너편에 새로 정착지를 정하고 개발을 시작하며 아피아피 Api-Api라는 이름을 붙였다. 이후 BNBC 부회장의 이름에서 딴 '제셀턴 Jesselton'으로 이름을 바꾸었다. 이 지역에서 생산되는 고무, 등나무, 꿀, 왁스 등이 북보르네오 철도를 통해 항구로 수송됐고, 제셀턴은 이 지역의 주요 무역항이 되었다. 영국의 통치 시대와 일본의 점령 기간 동안 원주민의 크고 작은 반란이 끊임없이 일어났으며, 1945년 제2차 세계대전 때 연합군의 폭격으로 크게 파괴됐다. 전쟁 후 막대한 재건 비용을 감당할 능력이 없었던 BNBC는 영국 왕조에 식민지를 양도했고, 영국 왕조는 산다칸 대신 제셀턴을 북보르네오의 새로운 수도로 선언했다. 1963년 말레이시아 국가가 형성되면서 북보르네오는 사바 Sabah로 이름이 바뀌었고, 제셀턴은 코타 키나발루가 되었다. 코타 키나발루가 도시의 지위를 부여받은 것은 2000년이다.

★
도시 개요
【도시명】
코타 키나발루 Kota Kinabalu
【위치】
보르네오 사바 주의 주도
【인구】
약 457,326명 (2016년)
【홈페이지】
korea.sabahtourism.com
【키워드】
키나발루 산, 리조트, 가족여행, 신혼여행, 정글, 스노클링

★
관광안내소
Information Center
【Access】
가야 스트리트 북쪽 끝 지점에 위치한 하얀색 건물
【Open】
평일 08:00~17:00
주말 및 공휴일 09:00~16:00
【Address】
51, Jalan Gaya,
88000 Kota Kinabalu
【Tel】
6088-212-121
【Web】
www.sabahtourism.com

★
환전
시내 주요 쇼핑몰에 있는 환전소에서 환전하는 게 유리한데, 위즈마 메르데카(p.341) 환전소에서 가장 유리한 환율로 환전할 수 있다. 다른 지역과 달리 원화의 환율이 좋은 편이어서 원화를 그대로 환전해도 괜찮다. 5만 원권의 환전이 가능.

• Must Try •

코타 키나발루 Best 3

#Sightseeing
자연의 보고, 코타 키나발루 투어 Best

키나발루 국립공원 (p.316)

반딧불이 투어 (p.321)

툰쿠 압둘 라만 해양국립공원 (p.318)

#Food & Relax
남녀노소 누구나 좋아하는 맛집 Best

웰컴 시푸드 레스토랑 (p.330)

어퍼 스타 (p.329)

팟키 레스토랑 (p.333)

#Shopping
여행의 만족도를 상승시켜줄 쇼핑 스폿 Best

이마고 쇼핑몰 (p.340)

수리아 사바 (p.340)

나이트 마켓 (p.343)

#Stay
여행 타입별 숙소 Best! 리조트에서만 놀아도 좋아요!

Family 수트라 하버 리조트 (p.344)

Honeymoon 가야 아일랜드 리조트 (p.354)

Economy 드림텔 (p.349)

• Information • 01
코타 키나발루 들어가기 & 나오기

1. 비행기

인천공항과 코타 키나발루 국제공항(KKIA) 간 직항 노선으로 약 5시간이 소요된다. 국내 항공사들의 항공 스케줄은 주로 저녁에 출발해 밤 12시 이후에 도착하는 스케줄이고, 코타 키나발루 출발 시간도 밤 12시 전후로 늦은 시간이어서 주로 3박 5일이나 4박 6일의 일정으로 다녀오게 된다. 말레이시아항공과 인천과 부산을 출발하는 에어아시아는 쿠알라 룸푸르를 경유해 코타 키나발루에 도착한다.

#항공 스케줄표 (2018년 2월 기준)

항공 스케줄		에어서울(아시아나)	이스타항공	진에어(대한항공)	제주항공
인천 → KK	요일	매일	매일	매일	매일
	시간(출발~도착)	19:50~23:55	19:30~23:35	18:00~22:30	19:10~23:20
KK → 인천	요일	매일	매일	매일	매일
	시간 (출발~도착)	00:55~07:00	00:30~07:00	23:40~05:45	00:20~06:25
부산 → KK	요일		매일		
	시간(출발~도착)		18:30~22:55		
KK → 부산	요일		매일		
	시간(출발~도착)		00:00~06:10		
웹/모바일 체크인	시간	출발 48시간 전	출발 24시간 전	출발 48시간 전	출발 24시간 전
비고	✓ 약 5시간이 소요되며, 시즌별 운항 시간과 요일이 변동된다. ✓ 대한항공과 아시아나항공은 각각 진에어와 에어서울을 타게 된다. ✓ 각 항공사별로 수하물 규정과 제공되는 식사 서비스 등을 확인하자. ✓ 이스타항공은 요일별 출도착 시간이 다르므로 꼭 확인하자. ✓ 어린이를 위한 키즈밀은 전화로 미리 예약하는 것이 좋다. ✓ 웹이나 모바일 체크인을 통해 좌석을 미리 지정하면 공항 수속 시간을 줄일 수 있다.				

★
주의! 귀국 날짜 계산
KK 출발 항공편이 자정 이후 출발하는 경우, 날짜를 착각해 잘못 예약하는 경우가 있으므로 주의해야 한다. 예를 들어 10월 5일(수) 인천을 출발하는 3박 5일 항공권은 10월 8일(토) 호텔 3박, 체크아웃 후 10월 9일(일) KK 출발로 예약해야 한다.

★
말레이시아 다른 도시에서 출발
에어아시아로 말레이시아의 쿠알라 룸푸르, 페낭, 쿠칭, 조호 바루와 싱가포르 간 노선을 이용할 수 있다(2시간 내외 소요).

• Information • 02
공항에서 시내 이동

시티 센터에서 남서쪽으로 약 8km 떨어진 곳에 위치한 코타 키나발루 국제공항은 차로 10~15분 정도밖에 안 걸리는 가까운 곳이다. 밤 비행기를 주로 이용하는 관광객들은 시내 이동 시 택시를 이용하면 되고, 다른 곳에서 경유하는 경우 공항버스를 이용해 시티 센터까지 올 수도 있다.
Web   코타 키나발루 국제공항 www.kotakinabaluairport.com

1. 택시

호텔이나 현지 여행사의 픽업이 없는 경우는 공항 내(터미널 1) 택시 카운터를 통해 정액제 쿠폰 택시를 이용하거나 우버나 그랩 택시를 이용하면 된다. 쿠폰 택시의 경우 심야(23:50~06:00)에는 50%의 추가 요금이 붙고, 우버나 그랩 택시도 붐비는 시간은 요금이 올라간다.

	일반 (2~3인, 수하물 3개까지)	큰 택시 (3인, 수하물 4개 이상)	우버/그랩 택시 (기본 소형차 기준)
시티 내 (수트라 하버, 탄중 아루, 워터프런트 외)	RM30 (심야 RM45)	RM42 (심야 RM63)	RM6~16
넥서스 리조트(약 52분 소요)	RM75 (심야 RM113)	RM105 (심야 RM158)	RM37~46
샹그릴라 라사 리아 리조트(약 1시간 소요)	RM90 (심야 RM135)	RM126 (심야 RM189)	RM50 내외

2. 공항버스

공항과 시티 센터를 연결하는 공항버스로, 오전 7시 30분부터 오후 8시경까지 운행한다. 센터 포인트와 파당 메르데카의 버스터미널에서 내리는데, 정류장 주변의 호텔을 이용하고 인원이 적다면 추천할 만하다. 공항과 시티 센터 간 쿠폰 택시 요금이 RM30이므로 위치와 인원을 고려해 이용하도록 하자.

★ 출국 시 KK 공항에서 세금 환급받기
3층 출국장에 'GST 세금 환급'이라고 쓰인 부스에서 여권과 발급받은 택스 리펀드 영수증을 주면 처리해준다. 현금으로 받는 경우 'Tax Free'라고 쓰인 CIMB 은행 창구로 가면 받을 수 있다. 공항의 은행은 밤 10시 정도까지 운영하므로 현금으로 받을 경우 좀 일찍 도착해야 한다.

	공항 → 시티 센터(메르데카 광장)	시티 센터(메르데카 광장) → 공항
시간표 (변동 가능)	08:00, 08:45, 09:30, 10:15, 11:00, 11:45, 12:30, 13:15, 14:00, 14:45, 15:30, 16:15, 17:00, 17:45, 18:30, 19:15, 20:00, 20:30	07:30, 08:45, 09:30, 10:15, 11:00, 11:45, 12:30, 13:15, 14:00, 14:45, 15:30, 16:15, 17:00, 17:45, 18:30, 19:15
요금	성인 RM5, 어린이 RM3	

• Information • 03

시내 교통

현재 코타 키나발루 내에서 관광객이 이용할 만한 대중교통은 택시라고 할 수 있다. 지역 주민들이 이용하는 시내버스가 있지만 관광객들이 이용하기에는 언어나 시설 면에서 어려움이 있다. 시티 센터의 워터프런트와 가야 스트리트 주변은 도보 이동이 가능한 거리에 있고, 수트라 하버 리조트나 샹그릴라 탄중 아루 리조트는 택시로 10분 정도 소요된다. 대형 리조트에 숙박할 경우 시티 센터까지 운행하는 셔틀버스(유료)를 효율적으로 이용해보자.

시내 투어로 가볼 수 있는 불교사원

1. 택시

일반 택시의 경우 거리별로 요금이 정해져 있다. 미터기를 이용하는 기사는 거의 없지만 그렇다고 크게 바가지를 씌우는 기사도 드물다. 시내에서 택시를 잡는 일은 어렵지 않고, 호텔이나 레스토랑에 부탁하면 불러주기도 한다. 시내 이동 시 기본 요금은 RM20~25 정도이고, 외곽으로 나갈 시 흥정이 필요하다. 스마트폰 이용자라면 우버나 그랩 앱을 통해 일반 택시보다 저렴하게 택시를 이용하자.

★
택시로 시내 투어하기
택시를 이용해 시내 외곽의 관광지들을 둘러볼 수 있다. 리카스 모스크, 사바 주 청사, 불교사원, 도교사원, 사바 주립 대학교, 시그널 힐 전망대 등 네다섯 곳을 정해 둘러보게 되며 3~4시간 정도 소요된다. 시간당 RM50~60 정도로 흥정이 가능하다.

2. 렌트하기

공항이나 시내 렌터카 회사에서 렌트할 수 있다. 차량 대여비와 주유비가 저렴하고, 도로가 비교적 단순해 렌터카를 이용하는 것도 괜찮은 선택이다. 단, 주요 시간에 차가 많이 막히고 주행 방향이 우리와 반대인 우측 핸들이어서 사고의 위험이 있기도 하다. 렌트 시 국제운전면허증이 필요하고, 주차 시에는 주차 티켓을 구입해야 한다.

택시

3. 리조트 셔틀버스

대형 리조트에서 시내 중심인 센터 포인트, 수리아 사바, 이마고 쇼핑몰까지 셔틀버스를 운행한다. 샹그릴라 리조트는 원 보르네오, 워터프런트, 이마고 쇼핑몰을 경유하며 탄중 아루 리조트와 라사 리아 리조트를 왕복하는 셔틀버스는 1일 3회 운행한다. 수트라 하버 리조트의 경우 이마고 쇼핑몰과 워터프런트를 왕복하는 셔틀버스를 1일 4회 운행한다. 모두 유료이며 인원수에 따라 택시가 더 저렴할 수도 있다. 밍 가든 호텔은 워터프런트까지 무료 셔틀버스를 운행한다.

Cost   **샹그릴라 리조트** 왕복 RM39, 6세 이하 무료
       수트라 하버 리조트 성인 RM3.2, 어린이 RM1.6

• Information • 04
투어 예약하기

관광자원이 많은 곳이니만큼 다양한 투어 프로그램이 있다. 짧은 일정이 많으니 미리 일정을 정해 예약해두는 것도 좋다. 한국인이 운영하는 여행사와 현지 여행사를 통해 예약이 가능하고, 모든 투어에는 자격증을 가지고 있는 현지 가이드가 함께하게 된다. 일일 투어의 경우 보통 10명 내외의 인원이 함께 하게 되는데, 전 세계에서 모인 관광객들과 함께 투어를 즐기면서 자유여행의 빅 재미를 느껴보자. 현지 가이드들과는 영어로 의사소통을 하게 되는데, 잘 못해도 크게 무리는 없다.

보통 12인승 버스로 투어를 하게 된다

투어 예약처

#마리하우스
현지에서 민박집을 운영하는 코타 키나발루의 터줏대감. 네이버 카페를 통해 숙박과 투어 등을 예약할 수 있고, 카페 회원들에게는 현지에서 사용 가능한 쿠폰을 제공한다. 특히 수트라 하버 리조트 예약 시 혜택이 있고, 코타 키나발루 내 골프 부킹도 가능하다. 카카오톡 아이디 'kotamari'를 통해 바로 문의할 수 있다.
Web   cafe.naver.com/rumahmari

투어 예약이 가능한 마리하우스 민박집

#코타포유
쿠알라 룸푸르에 본사를 둔 '투어 말레이시아 포유(투말포)'의 코타 키나발루 버전이다. 오랜 기간 높은 신뢰도를 얻고 있는 여행사인 만큼 다양한 투어 프로그램을 제공하며 호텔 예약도 가능하다. 카카오톡 아이디 '코타포유'로 문의하면 된다(카드 결제 가능).
Web   cafe.naver.com/speedplanner

#온라인 웹사이트
보르네오 섬 사바 주에서 할 수 있는 대부분의 투어 프로그램을 판매하는 말레이시아 여행사로 온라인 예약과 결제가 가능하다. 인원이 많을수록 가격이 낮아진다.
Web   리버벅 www.riverbug.asia
       어메이징 보르네오 투어 www.amazingborneo.com

#현지 여행사
센터 포인트 등의 쇼핑몰과 가야 스트리트 주변, 제셀턴 포인트 등에 위치한 현지 여행사를 통해 예약할 수 있는데 반드시 허가된 업체를 이용하는 것이 좋다. 워터프런트 주변이나 노상에서 호객하는 섬 투어의 경우 가격은 저렴하나 안전장비가 없고, 보험처리가 되지 않는 무허가 업체나 개인이 운영하는 경우가 많으므로 응하지 않도록 하자.

• Itinerary •

코타 키나발루 추천 일정: 4박 6일

최고의 휴양지답게 다양한 투어가 있으므로 취향에 따라 선택해 다녀오자. 반일 투어를 잘 이용하면 하루에 두 개의 투어도 가능하며, 밤늦게 출발하는 한국행 비행기 시간에 맞춰 마지막 날 일정도 알차게 조정할 수 있다. 완벽한 시설을 갖춘 대형 리조트에 묵는다면 부대시설을 충분히 이용하도록 하자.

#1일
릴랙스

오후
인천국제공항 출발
↓
새벽
숙소 도착,
체크인 후 휴식
첫날은 잠만 자게 되므로 시내의 저렴한 숙소를 이용하는 것도 좋아요.

#2일
스노클링 데이

오전
선택 관광
❶ 휴식형
오전 호텔 휴식, 오후 사피 섬 투어
❷ 관광형
폰툰 아일랜드 투어(08:30~15:00)
↓
16:00
쇼핑
【추천】 수리아 사바 or 이마고 쇼핑몰
(p.340)
↓
18:00
저녁 식사 후
워터프런트 시장 구경
【추천】 워터프런트 레스토랑

#3일
일일 투어

08:00
키나발루 국립공원 일일 투어
(p.316)
↓
18:00
해산물 만찬 즐기기
【추천】 웰컴 시푸드 레스토랑
(p.330)
↓
20:00
발마사지 후 휴식

#4일
일일 투어

09:00
마리 마리 민속마을
또는 켈리베이 투어
(p.317, 322)
↓
14:00
반딧불이 투어
밤늦게 도착하는 투어예요.
저녁 식사는 포함!
(p.321)
↓
20:00
숙소 도착 후 휴식

#5일
릴랙스 & 시내 관광

오전
리조트 휴식 & 체크아웃
↓
12:00
점심 식사
【추천】 쇼핑몰 내 식당
↓
13:00
시내 관광 & 쇼핑
택시로 시내 투어하기
(p.308)
↓
18:00
저녁 식사
【추천】 팟키 레스토랑 or 어퍼스타
(p.333, 329)
↓
19:00
전신 마사지
↓
22:00
공항으로 이동

#6일
밤 비행기 1박

오전
인천국제공항 도착

KK 시티 센터
KK City Centre

KK 시티 센터 중심

청새치 조각상
하얏트 리젠시 Hyatt Regency
하드 록 카페 Hard Rock Cafe
핸디 크래프트 마켓 Handicraft Market
위즈마 메르데카 Wisma Merdeka
오셔너스 워터프런트 몰 Oceanus Waterfront Mall
센트럴 마켓 Central Market
가야 센터 호텔 Gaya Centre Hotel
제셀턴 포인 Jesselton Poi
KK 마리나 코트 리조트 베케이션 콘도 KK Marina Court Resort Vacation Condos
클럽 베드 Club B.E.D
나이트 마켓 Night Market
호텔 그랜디스 Hotel Grandis
KK 타임스 스퀘어 KK Times square
르 메르디잉 Le Méridien
호라이즌 호텔 Horizon Hotel
수리아 사바 Suria Sabah
머큐어 코타 키나발루 Mercure Kota Kinabalu City Centre
프로머나드 호텔 Promenade Hotel
와리산 스퀘어 Warisan Square
Jalan Tun Fuad Stephen
자이언트 슈퍼마켓 Giant Supermarket
아피아피 센터 Api-Api Centre
센터 포인트 사바 Centre Point Saba
고등법원 시청
Jalan Tun Razak
가야 스트리트 Jalan Gaya
선데이 마켓 Sunday Market
Jalan K.K. Bypass
Lorong Dewan
시그널 힐 전망대 Signal Hill Observatory
와와산 플라자 Wawasan Plaza
레스토랑 스리 말라카 Restoran Sri Melaka
Jalan Bukit Bendera
이마고 쇼핑몰 Imago Shopping Mall
시티텔 익스프레스 Cititel Express
드림텔 Dreamtel
앳킨슨 시계탑 Atkinson Clock Tower
웰컴 시푸드 레스토랑 Welcome Seafood Restaurant
999 바 999 Bar
파당 메르데카 Padang Merdeka
가든 호텔&레지던스 Ming Garden Hotel & Residences
힐튼 코타 키나발루 Hilton Kota Kinabalu
경찰서
마사다 백패커 Masada Backpacker
Jalan Kemajuan
호텔 샹그릴라 Hotel Shangri-La
깜풍 아이르 시푸드 KG. Air Seafood
사바 오리엔탈 호텔 Sabah Oriental Hotel
Jalan Tangky
팰리스 호텔 The Palace Hotel
칼라문싱 콤플렉스 Karamunsing Complex
Jalan Nenas
Jalan Tuaran
Jalan Tunku Abdul Rahman
델리 코리아 Deli Korea
Jalan Menteri
한인 천주교회 Sacred Heart Cathedral
사바 이슬람 문명 박물관 Muzium Tamadun Islam Sabah

Activity ★★★

①
키나발루 산 Mt. Kinabalu

최정상인 해발 4,095.2m 로우 피크 Low's Peak에 오르면, 발아래 흘러가는 구름 위에서 장엄한 해돋이를 맞이하는 평생 잊지 못할 경험을 하게 된다. 동남아시아의 최고봉 키나발루 산은 저지대부터 고지대까지 다양한 기후와 4,500종이 넘는 동식물군이 서식하고 있는 생태계의 보고다. 1964년 높은 보존가치를 인정받아 말레이시아 최초로 국립공원으로 지정됐고, 2000년 12월에는 유네스코 세계유산으로 등재됐다.

Web   www.mountkinabalu.com

라플레시아 Rafflesia

세계에서 가장 큰 꽃으로 동남아시아와 말레이반도에 분포하는 희귀식물이다. 장장 10개월을 기다려 꽃을 피우고 단 일주일 만에 사라지는 이 꽃은 현지인들도 보기 힘들어서 꽃이 피는 시기에 방문하는 것을 '행운'이라고 한다. 암수가 구분되는데, 암꽃이 좀 더 선명한 붉은색을 띤다. 냄새를 피워 파리를 꼬여서 죽게 만든다. 개인 사유지에서 볼 수 있는데 입장료(RM30)를 내야 한다.

◆
Story. 키나발루 산의 지진
2015년 6월 5일, 진도 5.9의 지진으로 키나발루 산에서 18명이 사망하는 사고가 나자 지역 주민들은 지진 6일 전 일어난 서양인 관광객의 부적절한 행동 때문에 산신이 노했기 때문이라고 분노했다. 영국, 캐나다, 네덜란드 등의 서양인 관광객 10명이 산 정상에서 나체 사진을 찍고 소변을 누는 행위를 했는데, 이 중 4명은 체포돼 외설죄로 구류 3일, 벌금 RM5000을 선고받고 추방됐다.
키나발루 산은 원주민인 카다잔(Kadazan) 언어로 '아키 나발루(Aki Nabalu, 조상의 산)'에서 유래했으며, 조상의 영혼이 머무는 안식처로 여기며 신성시하고 있다.

로우 피크까지 1박 2일 Climbing Mount Kinabalu

키나발루 산은 고도에 따라 시시각각 환경과 날씨 변화가 심하고, 해발 3000m 이상 높아지면 로프를 잡고 올라가야 할 만큼 험한 코스가 많아진다. 따라서 반드시 안전한 산행과 환경을 감시하는 역할을 하는 전문 가이드를 동반해 산에 올라야 한다. 키나발루 산의 최정상인 로우 피크까지 오르려면 최소 1박 2일의 일정은 돼야 하고, 2박 3일 일정으로 다녀오기도 한다. 기후 변화와 고산병 등 등반 시 돌발 상황에 대한 철저한 준비를 갖추도록 하자.

> **Tip 등반 비용**
> 1박 2일 등반 패키지의 경우 1인 RM 2000 내외이고, 인원이 많아질수록 가격이 낮아진다(산악 가이드, 숙박과 식사, 국립공원 입장료, 보험, 등반 허가증과 정상 등정증, GST 포함).

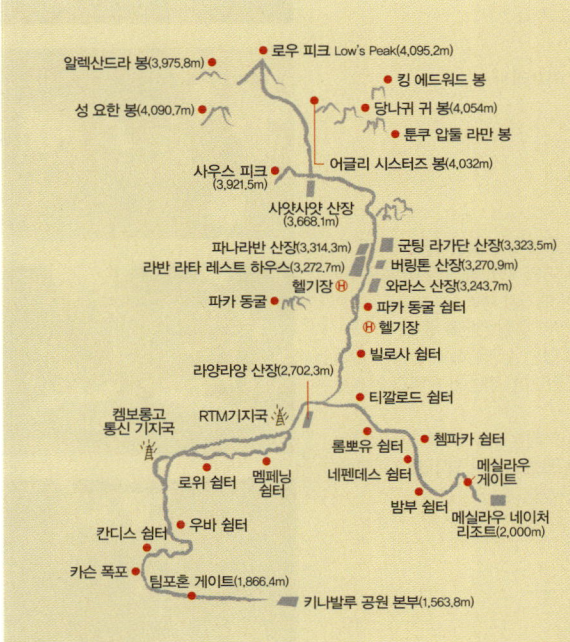

※ 키나발루 등산로 루트

1일째
시내 출발 → 키나발루 공원 본부까지 차로 약 2시간 소요 → **팀포혼 게이트** Timpohon Gate(1866m) → **파나라반** Panalaban(3273m)까지 약 6~8시간 소요 → 주변 숙소에서 휴식 및 숙박

2일째
새벽 2시경 숙소 출발 4~5시간 등반해 정상인 **로우 피크**까지 오른다.

준비물
소염진통제나 고산병 치료약 등의 의약품, 선글라스, 선크림, 벌레 퇴치제, 화장실용 휴지, 등산화와 장갑 등 등반 장비, 방수의류(우비), 슬리퍼 등

키나발루 국립공원 일일 투어 Kinabalu Park Tour

정상인 로우 피크까지 오르진 못해도 일일 투어로 키나발루 국립공원을 다녀올 수 있다. 시내에서 2시간여를 달려 전망대에서 로우 피크와 첫 조우를 한 후, 보타니컬 가든 트레킹과 트리톱 캐노피 워크, 정글의 천연 유황온천 등에서 키나발루 산의 자연과 하나가 되어보자. 운이 좋으면 활짝 핀 라플레시아도 볼 수 있다. 차로 이동하므로 어린이와 동반해도 무리 없다. 편한 복장과 운동화는 필수다.

Bring	운동화(등산화), 온천 준비물 (수영복, 비치 타월, 여벌 옷), 선글라스, 선크림
Cost	성인 RM180~, 어린이(3~11세) RM150~

일일 투어 스케줄(시즌별, 투어별로 다를 수 있다)

07:30 호텔 픽업

09:30 전망대★★★
구름이 걸린 로우 피크를 배경으로 한 인증 사진은 필수!
과일과 기념품을 파는 상점이 있다.

전망대

10:30 보타니컬 가든 트레킹 Botanical Gardens Nature Trail★★★
식물자원의 보고 키나발루 산을 경험할 수 있는 트레킹(약 30분 소요).
곳곳에 있는 영지버섯이 눈에 띄는데, 채취하면 현지 경찰관을 만나게 되니 주의할 것.

보타니컬 가든

11:30 젖소농장 Desa Cow Farm
작은 뉴질랜드로 불리는 젖소농장에서 리프레시!
아이스크림과 요거트가 정말 맛있다.

13:00 점심 식사

젖소농장

14:00 포링 온천 & 캐노피 워크 Poring Hot Spring Station & Canopy Walk★★★
- 투어의 하이라이트인 캐노피 워크는 총 5개의 출렁다리가 나무 꼭대기에 이어져 있다. 175m가 넘는 길이와 41m 높이가 아찔하지만 짜릿한 쾌감을 즐길 수 있다(사진촬영 기기당 RM5).
- 야외 자쿠지와 족욕탕에서 정글 속 천연 유황온천을 즐길 수 있다. 시간적 여유만 있다면 숲을 둘러싸고 있는 수영장에서 수영을 즐겨도 좋을 것 같다. 간단한 샤워시설이 있으며, 주변에 호텔과 레스토랑 등도 갖추고 있다.
- 캐노피 워크에서 약 5분 정도 올라가면 작은 규모의 폭포가 나오는데, 물속에 발을 담그고 있으면 작은 물고기들이 달라붙어 각질을 뜯어 먹는다. 천연 닥터피시 스파장인 셈이다.

포링 온천

16:00 키나발루 국립공원 출발

18:00 시티 센터 도착

키나발루 국립공원

Activity ★★★

마리 마리 민속마을 Mari Mari Cultural Village

보르네오 지역에 살고 있는 다섯 부족의 전통가옥과 문화를 체험할 수 있는 정글 속 민속마을이다. 원주민 가이드의 안내에 따라 각 부족의 가옥을 둘러보게 되는데, 유쾌한 원주민들이 부족별 의상을 입고 시연하는 의식주가 흥미롭다. 생소한 문화지만 직접 보고 체험할 수 있는 곳이라 남녀노소 누구나 즐길 수 있다. 투어 마지막에는 전통공연을 관람하고 다 같이 어울리는 뱀부댄스에 참여해보자. 마리 마리는 영어로 'Come, Come'이라는 뜻으로 환영의 의미를 지니고 있다.

Bring	모기 퇴치제, 선크림, 선글라스
Cost	성인 RM180~, 어린이(만 12세 미만) RM150~
Web	www.marimariculturalvillage.com

전통가옥 소개

✓ **두순 하우스** Dusun House
사바 주에서 가장 큰 부족인 카다잔 두순 Kadazan Dusun 족의 가옥. 쌀로 만든 술인 타파이 Tapai와 몬토쿠 Montoku를 시음할 수 있고, 대나무 통을 이용한 요리를 체험할 수 있다.

✓ **룽구스 롱하우스** Rungus Longhouse
사바 주에서 네 번째로 큰 부족인 룽구스족의 롱하우스로, 마찰을 이용해 불을 붙이는 꽃부년이 있다.

✓ **룬다예 하우스** Lundayeh House
나무껍질을 평평하게 다듬고 단단히 해 로프와 조끼, 바닥, 벽 등을 만드는 방법을 시연한다.

✓ **바자우 하우스** Bajau House
바자우족의 신혼방을 꾸며 놓았다. 전통 쿠키인 잘라 Jala와 판단주스 Pandan Juice를 맛볼 수 있다.

✓ **무룻 롱하우스** Murut Longhouse
전사 부족인 무룻족의 집으로, 입구에서 족장과 전사들이 심각한 표정으로 환영식을 해 준다. 내부에서는 신나는 민속놀이와 헤나를 즐길 수 있다.

> **Tip 1 1일 2투어**
> 4~5시간이 소요되는 투어이니만큼, 오후 반딧불이 투어나 오전 켈리베이 투어 등과 연계한 일정을 고려해 볼 만하다.

> **Tip 2 스케줄**
> **오전 투어**
> 09:00 호텔 픽업 → 10:00 투어 시작 → 12:00 점심 식사 → 13:00 숙소로 출발 → 14:00 숙소 도착
> **오후 투어**
> 13:00 호텔 픽업 → 14:00 투어 시작 → 16:00 하이 티 → 17:00 숙소로 출발 → 18:00 숙소 도착
> **밤 투어**
> 16:30 호텔 픽업 → 18:00 투어 시작 → 20:00 저녁 식사 → 21:00 숙소로 출발 → 22:00 숙소 도착

Activity ★★★

툰쿠 압둘 라만 해양국립공원 섬 투어 Tunku Abdul Rahman National Marine Park Tour

코타 키나발루에서 놓치지 말아야 할 것 중 첫손에 꼽히는 것이 바로 사피, 마누칸, 마무틱, 가야, 술룩 5개 섬이 있는 툰쿠 압둘 라만 해양국립공원 섬에서 즐기는 스노클링이다. 제티에서 불과 10~20분 정도의 거리에 있는 섬에서 고운 모래사장과 맑고 투명한 물빛 아래 노니는 열대어와 산호초를 만날 수 있다. 아름다운 해변에서의 휴식과 BBQ 런치는 덤이고, 20여 분의 산책으로 작은 섬 안의 열대우림을 만끽할 수 있다. 관광객이 많아지면서 해변이 예전만 못하다는 평이 있지만 여전히 인기 있는 섬 투어다. 일찍 도착할수록 조용하고 아름다운 해변을 즐길 수 있다.

↳ 사피 섬 Sapi Island

25ac(101,173㎡)의 작은 면적이지만, 아름다운 해변과 투명한 물빛으로 5개의 섬 중 단연 인기 1위를 달리고 있다. 스노클링과 시 워킹을 통해서 진귀한 산호초와 손에 잡힐 듯한 열대어를 볼 수 있고, 곱고 하얀 모래사장에서는 모래성 쌓기에 열중하는 천진난만한 아이들의 모습을 볼 수 있다. 작은 규모의 매점도 있어 관광객들이 편리하게 이용할 수 있다.

↳ 마누칸 섬 Manukan Island

리조트가 있어 숙박이 가능한 마누칸 섬은 사피 섬과 더불어 관광객들이 많이 찾는 섬으로, 관광객을 위한 편의시설이 잘 되어 있는 편이다. 해변의 상태가 매우 훌륭하지는 않지만 물고기가 많아 스노클링을 즐기기엔 적합하다.

↳ 마무틱 섬 Mamutik Island

5개 섬 중 가장 작은 섬으로 상대적으로 방문객이 적어서 조용하게 휴식을 취할 수 있다. 사피 섬 못지않게 고운 모래사장과 투명한 바다가 있어 만족도가 높은 편이다. 수심이 얕은 해변에서 조금 나가면 절벽으로 깊은 수심의 환상적인 스노클링 포인트가 나온다.

↳ 가야 섬 & 술룩 섬 Gaya Island & Suluk Island

해양국립공원의 5개 섬 중 가장 큰 가야 섬은 아무 방해 없이 자연과 함께 조용한 휴가를 즐길 수 있는 럭셔리 리조트 세 곳이 있는 곳으로 신혼부부와 커플에게 인기가 많다. 리조트 내에서 각종 해양 스포츠를 즐길 수 있고 아름다운 산호를 볼 수 있는 스노클링 포인트가 있다. 5개 섬 중 제티에서 가장 멀리 떨어진 술룩 섬은 미개발 지역으로, 관광객의 발길이 거의 닿지 않고 있다.

✓ 섬 투어 예약하기

툰쿠 압둘 라만 해양국립공원으로 섬 투어를 가는 여러 가지 방법을 소개한다. 개별로 예약할 경우 원하는 시간에 가장 저렴하게 갈 수 있다는 장점이 있으나, 직접 제셀턴 포인트까지 가서 옵션별로 예약해야 하는 번거로움이 있다. 여행사의 반일 투어나 일일 투어를 이용해 편하게 다녀와도 좋고, 수트라 하버와 샹그릴라 탄중 아루 리조트에 투숙할 경우 리조트 내 제티에서 출발할 수도 있다. 국립공원 입장료(성인 RM10, 어린이 RM6)는 첫 섬에 입장할 때 한 번만 내면 된다.

✓ 제셀턴 포인트 Jesselton Point

제셀턴 포인트에 있는 투어 부스에서 사피, 마누칸, 마무틱 섬 중 원하는 곳을 선택해 들어갈 수 있다. 한 곳의 섬에 다녀올 경우 보트(RM23), 장비(RM40), 터미널 이용료(RM7.63), 국립공원 입장료(RM10)까지 약 RM80 정도의 비용이 든다. 오전 8시 30분부터 섬으로 들어가는 보트가 있고, 들어갈 때 나오는 보트 시간을 예약하고 들어간다.

	성인	어린이(11세 이하)	팁
보트 비용 (섬 한 곳 왕복)	RM23	RM18	섬이 추가될 때마다 RM10 추가
터미널 이용료	RM7.63	RM3.82	
국립공원 입장료	RM10	RM6	첫 섬 입장 시 지불한다
스노클링 장비	RM40		구명조끼, 스노클, 오리발, 매트 등
보트 시간	08:30~17:00		돌아오는 보트 시간은 미리 확인하자.

✓ 일일 투어 신청

현지 여행사나 한인 여행사에서 예약 가능한 아일랜드 호핑 투어 Island Hopping Tour는 숙소 픽업부터 보트, BBQ 점심 뷔페, 장비, 입장료 등이 모두 포함된 가격으로 두 곳의 섬을 다녀오게 된다. 오전 9시경 출발해 오후 3~4시경 돌아오는 일정으로 성인 RM180, 어린이 RM130 정도의 가격이며 약간의 흥정이 가능하다.

✓ 수트라 하버 시 퀘스트 & 샹그릴라 탄중 아루 스타 마리나
Sutera Harbour Sea Quest & Shangri-La's Taujung Aru Star Marina

수트라 하버 리조트와 샹그릴라 탄중 아루 리조트에 투숙할 경우 별도의 이동 없이 리조트 내의 제티를 이용해 섬 투어를 다녀올 수 있다. 개별 예약보다는 다소 비싸지만 제셀턴 포인트까지의 택시 비용을 감안하면 큰 차이가 없다. 섬 한 곳을 다녀올 경우 보트 비용 RM60~65에 장비 RM40 정도의 비용과 국립공원 입장료가 추가된다. 섬 두 곳을 다녀오는 아일랜드 호핑 투어와 선셋 크루즈도 예약 가능하며, 제트스키, 바나나보트 등 각종 해양 스포츠도 이용할 수 있다. 수트라 하버 리조트 투숙객은 골드카드를 이용하면 마누칸 섬에 다녀올 수 있다.

Activity ★★★

④ 폰툰 아일랜드 투어 Pontoon Island Tour

바다와 산호가 아름다운 툰쿠 압둘 라만 해양국립공원에 설치된 인공 구조물인 폰툰 아일랜드를 베이스 캠프로 다양한 해양 스포츠를 즐기는 투어이다. 정식 명칭은 보르네오 리프 월드 The Borneo Reef World로 산호가 아름다운 사피 섬과 가야 섬 사이에 자리 잡고 있어 최적의 스노클링 장소가 된다. 스노클링 외에도 체험 다이빙, 시 워킹 등을 옵션으로 즐길 수 있으며 아래층에 수중 전망대 겸 수족관이 있어 바다를 들여다볼 수 있다. 점심 식사 후에는 2층 데크의 선베드에서 일광욕도 즐길 수 있고, 바다생물을 관리하는 작은 어장도 있어서 피딩 체험도 할 수 있다. 간단한 샤워 시설과 매점 등 편의시설을 잘 갖추고 있어 만족도가 높은 편이다. 스노클링 시 산호를 밟거나 만지지 않도록 주의하자. RM10을 추가하면 사피 섬으로 이동할 수도 있다.

Bring	수영복, 선글라스, 모자, 여벌 옷, 선크림, 샌들, 타월, 간단한 샤워 용품, 태닝로션(필요시)
Cost	성인 RM200~, 어린이(3~7세) RM180~ (로커 사용 시 RM5 추가)
Web	www.borneoreefworld.com.my
예약	마리하우스, 코타포유 등

Tip 스케줄
- 08:30 시티 센터 내 호텔 픽업
- 09:30 제티에서 스피드 보트로 폰툰 아일랜드 이동 (약 15분) 후 자유시간
- 12:30 BBQ 런치 후 휴식 및 자유시간
- 14:00 숙소 이동

Activity ★★★

반딧불이 투어 Firefly Tour

루미나리에보다 빛나는 빛의 향연!
코타 키나발루에서만 즐길 수 있는 한밤의 빛의 향연, 반딧불이 투어는 맹그로브 숲으로 둘러싸인 강을 따라 그곳에 서식하는 코주부원숭이와 반딧불이를 만나는 투어다. 오후에 출발하는 이 투어는 해가 떠 있는 시간에는 보트를 타고 코주부원숭이와 커다란 모니터도마뱀 등의 야생동물을 관찰하고, 해 질 녘에는 코타 키나발루의 자랑인 그림 같은 석양을 즐긴다. 저녁 식사를 마친 후에는 투어의 하이라이트인 반딧불이 쇼를 만나게 된다. 마치 크리스마스 트리처럼 반짝거리는 신비로운 반딧불이 투어는 사진으로 다 담아지지 않는 게 아쉬울 만큼 오랫동안 잔상이 남는 황홀한 경험이 될 것이다. 대표적으로 나나무 반딧불이 투어와 스르방 반딧불이 투어 등이 있다.

Bring	긴팔 겉옷, 모기 퇴치제
Cost	성인 RM180~, 어린이(12세 미만) RM150~

Tip 1 알차게 일정 짜기
밤 비행기를 이용하는 경우 마지막 날 호텔 체크아웃 후 반딧불이 투어를 다녀오는 일정도 괜찮다. 단, 어린이를 동반한 경우 이동 시간이 길어 체력적으로 힘들 수도 있다.

Tip 2 스케줄
14:00 호텔 픽업
16:00 나나무 or 클리아스 강 도착, 간단한 티타임
16:30 보트로 맹그로브 숲 투어
17:40 가까운 해변에서 선셋 감상
18:00 저녁 식사
19:00 반딧불이 투어
20:00 숙소 이동

Activity ★★☆

켈리베이 투어 Kelly Bay Tour

용의 꼬리처럼 생겼다고 해 용미만龍尾灣으로 불리는 켈리베이에서 강과 바다를 즐기는 투어다. 잔잔한 해변에서 휴식과 수영을 즐기거나 맹그로브 숲에 둘러싸인 강을 따라 바나나보트나 카야킹을 즐길 수 있다. 바틱 체험이나 전통문화 체험도 할 수 있으며, 점심 뷔페가 푸짐하게 차려진다. 하루에 일정 인원만 들어갈 수 있어 복잡하지 않고 남녀노소 안전하게 즐길 수 있다. 자신의 바틱 작품을 챙겨오는 것도 잊지 말자. 반딧불이 투어나 마리 마리 투어와 연계된 일정도 고려해볼 만하다.

Bring	수영복, 여벌 옷, 선크림
Cost	성인 RM190~
	어린이(만 12세 미만) RM160~

Tip 스케줄
08:30 호텔 픽업
09:30 켈리베이 입구 도착, 보트로
       강 건너 이동 후 자유시간
12:30 점심 식사 후 자유시간
15:00 숙소 이동

Activity ★★☆

판단판단 섬 스노클링 Pandan Pandan Island Tour

아름다운 산호섬을 만끽할 수 있는 투어로 투명한 애메랄드빛 바다에서 스노클링 등 다양한 액티비티를 즐길 수 있다. 시티 센터에서 차로 약 1시간 30분, 보트로 15분 이동 후 섬에 도착해 스노클링과 전통 낚시 체험, 산호 보호 활동 등을 즐기고, 여유 시간에는 해변의 해먹과 선베드에서 휴식을 취하거나 카약, 서핑보드 등 부대시설을 이용할 수 있다. 바다 위에 놓인 그네에서의 인증 사진은 필수. 스노클링 장비와 해산물 뷔페로 차려지는 점심 식사를 포함하며, 성인은 바나나보트 1회 체험도 할 수 있다. 한인 여행사 코타포유에서 진행하며 소규모 인원이어서 만족도가 높다. 체험 다이빙(옵션)도 가능하다.

Bring	수영복, 여벌 옷, 선크림
Cost	성인 RM260,
	어린이(만 11세 미만) RM 230
Web	예약 코타포유

Tip 스케줄
07:30 호텔 픽업
09:00 롯지 도착, 브리핑
09:30 섬 도착 후 스노클링
12:00 점심 식사 후 자유시간
13:30 전통 낚시 체험
       & 산호 보호 활동
15:00 롯지 복귀 후 숙소 이동

Activity ★★☆

만타나니 섬 Mantanani Island

코타 키나발루에서 만나는 열대의 파라다이스!

코타 키나발루 최고의 해변과 투명한 바다가 있는 만타나니 섬은 다소 험한 여정임에도 가고 싶은 곳 베스트로 꼽힌다. 아름다운 산호와 진귀한 열대어가 노니는 바닷속 스노클링과 산호 가루가 반짝이는 백사장 휴식이 주는 꿀 같은 매력에 빠져보자. 곳곳에 가이드가 있어 초보자들도 안전하고 즐겁게 스노클링을 즐길 수 있다. 장시간 버스와 보트를 타는 여정이어서 노약자에게 추천하기는 어렵고, 날씨가 허락되지 않으면 파도가 심해 투어가 취소되기도 하니 참고하자.

Bring	수영복, 여벌 옷, 선크림
Cost	성인 RM220~

Tip 스케줄
07:00 호텔 픽업
10:30 1차 스노클링
12:30 만타나니 섬 점심 뷔페
13:30 2차 스노클링 또는 해변 휴식
15:00 숙소 이동
18:00 숙소 도착

Activity ★★☆

키울루 강 래프팅 Kiulu River Rafting

코나 키나발루의 대자연을 온몸으로 체험할 기회!

키나발루 산의 지류인 키울루 강은 울창한 숲 사이의 아름다운 계곡에서 안전하게 래프팅을 즐길 수 있는 곳이다. 무난한 코스지만 스피디하면서도 스릴감 넘치는 래프팅이 가능해 가장 인기 있는 래프팅 장소다. 맑은 공기와 수려한 경치 속에서 급류를 헤치며 소리치다 보면 일상의 스트레스를 단숨에 날려버릴 수 있다. 래프팅을 마치면 각 포인트에서 전문가가 찍은 역동적인 사진을 구매할 수 있다. 상급자는 난이도가 높은 파다스 강 Padas River 래프팅 투어를 고려해볼 수도 있다. 반일 투어로 마리 마리 민속마을과 연계한 투어 상품도 있다.

Bring	여벌 옷, 아쿠아슈즈, 선크림, 타월, 모기 퇴치제
Cost	성인 RM180, 어린이(5~11세) RM160~ (5세 이상 신청 가능)

Tip 스케줄
오전 출발
09:00~14:00 (점심 포함)
오후 출발
13:00~18:00 (하이 티 포함)

© Riverbug   © Riverbug

Activity ★★☆

바다 낚시 Sea Fishing

툰쿠 압둘 라만 해양국립공원에서 즐기는 바다 낚시 투어로 한국인 맞춤 투어라고 할 수 있다. 한국인 선장의 인도로 주요 포인트에서 스노클링과 낚시를 하게 되는데, 선장의 지시만 잘 따르면 초보자도 낚시의 손맛을 제대로 느낄 수 있다. 운이 좋으면 다금바리도 낚인다. 투어의 하이라이트는 맥주와 함께하는 푸짐한 해산물 식사로, 잡은 고기는 바로 회로 떠 맛볼 수 있으니 센스 있게 초고추장을 준비해 가도 좋다. 오후 출발인 경우 아름다운 선셋 감상은 덤이다. 간혹 멀미를 할 수도 있으니 멀미약도 챙기자.

Bring	여벌 옷, 아쿠아슈즈, 선크림, 타월, 멀미약
Cost	성인 RM310~ 어린이(만 12세 미만) RM280~

Tip 스케줄
- 08:30 호텔 픽업
- 09:00 제티 출발, 바다로 이동해 스노클링&낚시
- 12:00 점심 식사(회, 매운탕 등)
- 14:00 제티 도착, 숙소 이동
  (오후 출발일 경우 1시경 호텔 픽업을 시작해 7시경 마친다.)

Activity ★★☆

수트라 하버 북보르네오 관광열차 Sutera Harbour North Borneo Railway

증기 기관차를 타고 떠나는 시간 여행
사바와 보르네오에서 가장 오래된 철로를 복원한 북보르네오 열차가 수트라 하버 리조트와 손잡고 북보르네오 관광열차를 탄생시켰다. 2011년 7월부터 운행을 시작했으며 1900년대 영국 식민지 시절을 그대로 재현한 증기 기관차를 타고 피크닉을 즐길 수 있다. 콜로니얼룩의 유쾌한 승무원들의 서비스는 물론 영국식 모닝 티와 티핀 런치, 작은 마을과 시장 구경 등 다채로운 즐길 거리가 있다. 맨 앞 칸은 매연을 고스란히 느끼게 되니 되도록 중간 정도에 자리를 잡도록 하자(회차역에서 앞뒤가 바뀐다).

Bring	선크림, 선글라스, 손수건
Cost	RM380 (3세 이하 무료)
Tel	6088-308-500
Web	www.northborneorailway.com

Tip 일일 투어 스케줄
(매주 수 · 토 2회 운행)
- 09:00 수트라 하버 리조트 픽업
- 09:30 탄중 아루역 보딩 및 모닝 티타임
- 10:40 키나룻(Kinarut)역 정차 (티엔시 사원 or 전통시장 선택 관광)
- 11:00 키나룻역 출발
- 11:45 파파르(Papar)역 정차, 전통시장 둘러보기
- 12:20 증기 기관차 전후 교체 재연결
- 12:30 파파르역 출발, 티핀 런치
- 13:40 탄중 아루역 도착
- 14:00 수트라 하버 리조트 도착

Activity ★★☆

코타 키나발루에서 골프 Golf

바다를 배경으로 야자수가 시원하게 뻗어 있는 필드와 해저드마저도 아름다운 그림 같은 코스가 골프 마니아들을 기다리고 있다. 수트라 하버, 샹그릴라, 넥서스 리조트 등 코타 키나발루의 대형 리조트들은 개성 있는 골프 코스로 한국에서보다 여유롭게 라운딩을 즐길 수 있어 여행의 만족도를 한층 더 높이고 있다.

수트라 하버 골프 클럽 Sutera Harbour Golf Club

마젤란 수트라 리조트와 퍼시픽 수트라 리조트 주변을 빙 둘러서 해안가까지 광대하게 펼쳐진 이곳은 세계적인 골프이자 코스 설계가인 호주의 그레이엄 마시 Graham Marsh가 디자인한 27홀 72파 규모의 챔피언십 골프 코스다. 바다를 배경으로 시원하게 펼쳐진 필드는 해저드까지 아름답게 보이고, 해 질 무렵에는 한 편의 명화 속에 들어간 듯 환상적인 선셋을 감상하며 라운딩을 할 수 있다. 코타 키나발루에서 유일하게 나이트 시설을 갖추고 있어 야간 티업이 가능해 밤 11시까지 골프를 즐길 수 있으며 골드카드가 있으면 드라이빙 레인지를 무료로 이용할 수 있다.

© Sutera Harbour Resort

달릿 베이 골프&컨트리 클럽 Dalit Bay Golf & Country Club

샹그릴라 라사 리아 리조트에 있는 18홀의 챔피언십 골프 코스로 페어웨이가 넓어서 드라이버에 자신 있는 남성 골퍼들이 열광하는 곳이다. 100개 정도 치는 초보자들은 다소 어려울 수도 있지만 도전해볼 만하고, 90개 정도 치는 플레이어들은 재미있게 라운딩을 할 수 있는 수준의 코스다. 전 코스가 아름답지만 특히 11번 홀은 어디에서도 볼 수 없는 강과 바다가 만나는 지형으로 맹그로브 숲과 바다, 야자수가 장관을 이룬다.

사바 골프&컨트리 클럽 Sabah Golf&Country Club

코타 키나발루 유일의 로컬 전용 회원제 골프장으로 회원 동반하에 이용할 수 있는 18홀의 골프장이다. 전통 있는 골프장으로 역동적인 코스가 인상적이다. 4인 이상은 마리하우스(cafe.naver.com/rumahmari)를 통해 부킹이 가능하다.

© Shangri-La's Rasa Ria Resort

© Nexus Resort

Sightseeing ★★☆

록카위 야생공원 Lok Kawi Wildlife Park

동물원과 보타니컬 가든이 있는 야생공원으로 2007년 2월 문을 열었다. 영혼의 새라 불리는 코뿔새 Hornbill와 코주부원숭이 Proboscis Monkey, 오랑우탄, 보르네오 피그미코끼리, 말레이호랑이, 수마트라코뿔소 등 보르네오 섬에 서식하는 희귀 야생동물을 가까이서 볼 수 있다. 열대우림에 자리 잡은 록카위 야생공원의 보타니컬 가든에서는 짧게나마 보르네오의 정글을 경험할 수 있는데, 1.4km의 트레일 중 절반 정도가 일반에 개방되어 있다. 피딩 타임과 동물쇼 시간에 맞춰 방문하면 더 큰 즐거움을 주는 곳으로, 어린이를 동반한 가족 여행객에게 추천할 만하다. 동물원 내를 운행하는 트램(RM2)도 있다.

Access	시티 센터에서 남서쪽으로 약 20km 떨어진 곳에 위치. 택시로 약 30분 소요
Open	09:30~17:30 (마지막 입장 16:30)
Cost	성인 RM20, 어린이 RM10
Address	W.D.T No.63, Jalan Penampang, 89507 Penampang, Sabah
Tel	6088-765-793

Tip 록카위 야생공원 관광 정보

1. 택시를 이용해서 방문할 경우 관람 시간을 포함해 왕복 요금을 흥정해서 다녀오는 게 좋다.
2. 선크림, 모기 퇴치제, 햇빛 차단용 모자 또는 양산을 준비해 가자.
3. 동물쇼는 금요일을 제외하고 하루 2회(11:00, 15:00).
4. 트램(RM2) 운영시간은 10:00, 11:00, 14:00, 15:00

Sightseeing ★☆☆

제셀턴 포인트 Jesselton Point

19세기 말 천연자원이 풍부한 말레이시아를 식민지로 만들기 위해 영국군이 최초로 상륙한 곳으로, 현재는 각 지역을 연결하는 여객터미널이다. 라부안 Labuan과 브루나이 Brunei 등으로 운항하는 페리와 가야 섬, 사피 섬, 마누칸 섬 등이 있는 툰쿠 압둘 라만 해양국립공원으로 가는 스피드 보트가 운항 중이다. 코타 키나발루 여행의 중심지 역할을 하고 있어 여러 여행사들의 투어 데크도 자리 잡고 있다. 가야 섬에 있는 리조트의 라운지도 이곳에 있다. 아름다운 항구의 모습으로 현지인들의 웨딩 촬영 장소가 되기도 한다.

Access	가야 스트리트 북쪽 끝에 위치
Address	Jesselton Point Ferry Terminal, 88300 Kota Kinabalu, Sabah
Tel	6088-240-709
Web	www.jesseltonpoint.com.my

Sightseeing ★★★

리카스 모스크 Likas Mosque

마치 물 위에 떠 있는 듯한 아름다운 모스크로 푸른색 돔이 인상적이어서 블루 모스크, 혹은 시티 모스크라고 불린다. 말레이시아에서 가장 아름다운 모스크로 꼽히는데, 이슬람 건축 양식의 하얀 건물과 푸른색 돔이 호수에 비치는 모습은 눈을 뗄 수 없을 정도다. 13개 연방 주를 의미하는 13개의 기둥에 지어졌고, 4개의 첨탑은 동서남북을 의미한다. 코타 키나발루에서 가장 큰 규모를 자랑하는 모스크로 한 번에 만 명 이상을 수용할 수 있다. 내부에 들어가려면 의복을 갖추어야 한다.

Access 시티 센터에서 택시로 10~15분 소요(RM15~20)
Open 월~목·주말 08:00~12:00, 14:00~15:30(금 일반인 방문 금지)
Cost 무료
Address Jalan Teluk Likas, 88400 Kota Kinabalu, Sabah

Sightseeing ★☆☆

시그널 힐 전망대 Signal Hill Observatory

코타 키나발루 시내와 멀리 툰쿠 압둘 라만 해양국립공원까지 조망할 수 있는 전망대로 가야 스트리트 뒤쪽의 언덕에 있다. 큰 건물에 가려져 예전만큼 시원한 전망은 아니지만, 공기 좋은 곳에서 소박하고 정감 있는 시내의 모습을 바라볼 수 있다. 아름다운 선셋을 보려는 현지 커플들의 데이트 장소이기도 하다. 가야 스트리트에서 시그널 힐 전망대로 오르는 트레킹 코스가 있어 여유롭게 산책하기도 좋다.

Access 가야 스트리트 뒤쪽으로 산책로가 있다.
Address Jalan Bukit Bendera, 88400 Kota Kinabalu, Sabah

Sightseeing ★☆☆

앳킨슨 시계탑 Atkinson Clock Tower

1905년에 지어진 오래된 나무 구조물. 이 주변은 코타 키나발루 시내에서 가장 먼저 개발된 곳으로 사바 주 철도의 출발점인 제셀턴역이 있던 곳이다. 현재는 철도시설은 철거됐고 시계탑만 남아 있다. 제셀턴의 첫 지역 관리자이자 28세에 '보르네오 열병'으로 요절한 영국인 프란시스 조지 앳킨슨Francis George Atkinson을 기리기 위해 지어졌다. 현재 관광안내소로 쓰이는 옛 우체국 건물과 더불어 제2차 세계대전 폭격에서 살아남은 가장 오래된 건축물 중 하나다.

Access 파당 메르데카 왼편 작은 언덕에 위치
Address 88400 Kota Kinabalu, Sabah

Sightseeing ★☆☆

사바 주립 대학교
Universiti Malaysia Sabah(UMS)

세계 유수의 대학들과 어깨를 나란히 하는 명문 대학으로 말레이시아 전역의 수재들이 모여 공부하는 곳이다. 자연과 어우러진 아름다운 캠퍼스는 버스가 다닐 정도로 넓다. 멀리서도 눈에 띄는 핑크색 건물인 대학 모스크Masjid Universiti와 30분 정도면 둘러볼 수 있는 작은 수족관(성인 RM20, 청소년 RM10, 사진 촬영 RM10)이 있다.

Access	시티 센터에서 북쪽으로 약 3km 떨어져 있다. 택시 이용 시 15~20분 소요
Address	Jalan UMS, 88400 Kota Kinabalu, Sabah
Tel	6088-320-000
Web	www.ums.edu.my

Sightseeing ★★☆

사바 주 청사 Sabah Foundation Building

강철과 유리로 만들어진 30층 높이의 원형타워로, 1977년 완공된 이래 사바 주의 아이콘 역할을 하고 있다. 하나의 기둥에 의지한 로켓 같은 모양의 조금은 아슬아슬하게 서 있는 빌딩은 이 지역이 자연재해로부터 안전하다는 것을 보여주는 상징이 되기도 한다. 건물의 일부가 사바 주 청사로 사용되고, 건물 앞에 사진이 잘 나오는 포토존이 있다. '툰 무스타파 빌딩Menara Tun Mustapha'으로도 불린다.

Access	시티 센터에서 택시로 10~15분 소요(RM20 내외)
Address	Menara Tun Mustapha, 88400 Kota Kinabalu, Sabah
Tel	6088-326-300

© Sabah Foundation Building

Sightseeing ★☆☆

사바 주립 모스크 Sabah State Mosque

이슬람 건축 양식과 현대적인 디자인이 결합되어 지어진 모스크로 1977년 완공되었다. 황금빛 무늬가 들어간 대형 돔과 첨탑이 가장 먼저 눈에 들어오는 모스크는 마치 우주선 기지 같기도 하다. 동시에 6,000명이 예배를 할 수가 있고 남녀를 엄격히 구분하는 이슬람 문화여서 여성 신자만을 위한 발코니가 따로 있다. 무슬림 기도의 날인 금요일에는 비신자의 방문이 제지되기도 한다.

Access	시티 센터에서 택시로 10분 이내(RM20 내외)
Open	월~목·주말 08:00~12:00, 14:00~17:00 금 14:00~17:00
Cost	무료
Address	Jalan Tunku Abdul Rahman, 88100 Kota Kinabalu, Sabah
Tel	6013-869-3148, 6016-523-5235

Sightseeing ★☆☆

사바 박물관 Sabah Museum

사바의 역사와 문화, 종교, 과학, 자연 등 사바 주의 모든 것을 전시하고 있는 박물관이다. 주요 전시장인 본관 외에 과학기술센터, 헤리티지 빌리지, 보타니컬 가든, 사바 이슬람 박물관이 있다. 볼거리가 풍성하고 규모가 커서 다 둘러보려면 2시간은 족히 걸린다. 실내 사진 촬영은 금지다.

Access	시티 센터에서 택시로 10분 이내(RM20 내외)
Open	09:00~17:00 Cost 성인 RM15
Address	Jalan Muzium, 88300 Kota Kinabalu, Sabah
Tel	6088-225-033
Web	www.museum.sabah.gov.my

© Sabah Museum

Food : Franchise

❶ 어퍼스타 Upperstar

코타 키나발루에서 가장 인기 있는 패밀리 레스토랑으로, 저렴한 가격에 활기찬 분위기로 누구에게나 사랑받는 곳이다. 록 스타일의 악기와 고전 그림 액자가 멋진 조합을 이루는 인테리어에, 인터넷이 가능한 컴퓨터가 놓인 테이블이 있어 젊은 층이 특히 좋아한다. 웨스턴 요리부터 아시안 요리까지 다양한 메뉴들을 선보이는데, 저렴하고 맛있는 스테이크류가 최고 인기 메뉴다. 특히 우리나라에서 드문 메뉴인 블랙 페퍼 소스의 양고기 스테이크 램 촙 Lamb Chops은 양고기에 입문하게 만드는 메뉴다. 피자와 파스타도 인기가 많고 나시 고랭 등 말레이시아 요리도 있다. 펍 느낌이 강한 하얏트 리젠시 옆 지점은 밤에 가면 더욱 분위기 있다. 런치 메뉴(11:00~17:30)는 가격이 더 착하다.

Access	이마고 쇼핑몰, 수리아 사바, 워터프런트 하얏트 리젠시 맞은편 외 다수
Open	10:00~22:00
Cuisine	웨스턴&말레이
Cost	립 아이 RM26, 스파게티 RM8~ (Tax & SC 16%)

Tip 코나 키나발루에만 있는 프랜차이즈 레스토랑

품질 좋은 재료를 쓴 맛있는 음식과 저렴한 가격, 유래한 분위기까지. 생각만으로도 군침이 돌면서 기분 좋아지는 코타 키나발루의 프랜차이즈 레스토랑은 대형 쇼핑몰을 중심으로 본점이 계속 늘어나는 추세다.

Food : Franchise

❷ 요요 카페 Yoyo Cafe

코타 키나발루에서 만날 수 있는 카페 체인점으로, 방부제 없는 건강하고 맛있는 음료와 베이커리를 판매한다. 가장 인기 있는 음료는 큼직한 타피오카 펄이 들어간 밀크 티 종류. 색다른 음료를 마시고 싶다면 아이스 망고 요구르트나 코코넛 밀크 티를 주문해보자. 요요 카페의 명물 '미니 크루아상 Mini Croissant'도 정말 맛있다. 특히 초콜릿 미니 크루아상은 구워지기 무섭게 동나 버린다. 음료 주문 시 주문지에 체크해 제시하면 된다.

Access	이마고 쇼핑몰, 수리아 사바, 센터 포인트, 위즈마 메르데카 외 다수
Open	11:00~22:00
Cuisine	카페&베이커리
Cost	펄 밀크 티 RM5.5, 미니 크루아상 RM6.5~7.5 (Tax 6%)
Web	www.yoyo-cafe.com

Food
3
웰컴 시푸드 레스토랑 Welcome Seafood Restaurant

시끌벅적한 수산시장 같은 분위기의 해산물 레스토랑이지만, 코타 키나발루 최고의 맛집으로 꼽힌다. 합리적인 가격에 누구나 엄지를 치켜세울 맛은 해산물 한 상 차림을 더욱 푸짐하게 만든다. 도착하면 우선 테이블을 잡고, 수조에 가서 해산물과 조리법을 선택해 주문하면 된다. 가격은 kg당으로 적혀 있는데, 직원에게 인원수를 말하면 적당한 양으로 주문해주고 조리법도 추천해준다. 인기 메뉴는 사진으로 따로 설명해 놓았으니 참고해도 좋다. 가장 인기 있는 메뉴는 매콤한 감칠맛이 일품인 캄훙 스파이시 크랩Kam Hiong Spicy Crab(2마리 RM15)이고, 새우요리는 웻 버터Wet Butter나 솔티드 에그Salted Egg 소스가 인기다. 생선요리와 오징어 튀김도 별미고, 메인요리에 볶음밥과 사바 베지나 깡콩 등 채소요리, 그리고 맥주 한 잔을 추가하면 완벽한 한 상이 된다. 손을 씻을 수 있는 세면대도 마련돼 있다.

Access	아시아시티와 스타시티 사이에 위치. 대부분의 택시 기사들이 알고 있다.
Open	12:00~00:00
Cuisine	해산물
Cost	게 요리 RM15~, 바닷가재 RM320/kg, 조개류 RM24~/kg, 야채 RM12~ (GST 6%)
Address	Lot G 18, Ground Floor, Kompleks Asia City, Phase 2A, Jalan Asia City, 88300 Kota Kinabalu, Sabah
Tel	6088-447-866
Web	www.wsr.com.my

Tip 코나 키나발루에서 맛보세요

1. 낏 차이 핑(Kit Chai Ping)
최근 한국에서도 인기를 끌고 있는 칼라만시 라임 주스로 코타 키나발루를 비롯한 사바 지역 어디서나 볼 수 있다. 일반 칼라만시 주스와 다르게 소금에 절인 건매실이 들어가서 짜고 신맛이 나기 때문에 맛의 호불호가 갈리지만 중독성 있는 맛이고 건강에도 좋다.

2. 사바 베지(Sabah Vegetable)
사바 지역에서 생산되는 나물 종류로 줄여서 '사바 베지'라고 부른다. 데치거나 볶은 후 소스와 함께 먹게 되는데 메인요리와 밥에 사바 베지까지 추가하면 영양 밸런스를 맞춘 한 끼가 완성된다. 아삭한 식감에 강한 향이 없어 우리 입맛에 딱이고, 매콤하게 삼발 소스를 곁들여도 맛있다.

Food ④

레스토랑 스리 말라카
Restoran Sri Melaka

현지인들이 첫손으로 꼽는 정통 말레이시아 요리 맛집이다. 1980년 문을 연 이래 합리적인 가격으로 깨끗하고 맛깔나는 할랄푸드를 제공하고 있다. 나시 르막부터 른당 Rendang 요리, 말레이식 해산물 요리를 맛볼 수 있다. 오징어 튀김인 소똥 고랭Sotong Goreng은 꼭 먹어보자.

Access	센터 포인트 길 건너편 깜풍 아이르 근처에 위치
Open	10:00~21:30 Cuisine 말레이
Cost	밥류 RM10~
Address	9, Jalan Laiman Diki, 88000 Kota Kinabalu, Sabah
Tel	6088-224-777 Web www.srimelaka.com

Food ⑤

깜풍 아이르 시푸드 KG. Air Seafood

말레이어 '물의 마을'에서 유래된 이름으로, 원래 바다 위 수상 가옥이 있던 곳에 해산물 레스토랑이 촌을 이뤄 성황을 이루고 있다. 4곳의 레스토랑이 'ㄷ'자 모양으로 있고 그 가운데 테이블이 놓여 있는데, 살짝 비릿한 냄새와 왁자지껄한 분위기가 우리나라의 노량진 수산시장 같아 정겹다. 메뉴와 가격은 어디를 선택해도 비슷하다. 해산물 가격은 시가인 경우가 많고 100g당 가격이다.

Access	세드코 지역에 위치. 택시를 타고 '깜풍 아이르'라고 하면 다 안다.
Open	14:30~02:00 Cuisine 해산물
Cost	크랩 RM10~/100g, 랍스터 RM32~/100g
Address	Sedco Square, Lot 12, Kampung Air, 88300 Kota Kinabalu, Sabah

Food ⑥

그레이스 포인트 푸드코트
Grace Point Food Court

수트라 하버에서 운영하는 푸드코트로 현지인과 한국인이 많이 거주하는 고급 주택단지인 그레이스 빌에 있다. 다른 푸드코트에 비해 가격은 비싸지만 깔끔하게 관리되고 있고, 무엇보다 깨끗한 화장실이 있어 편리하다. 한식을 비롯해 말레이시아, 태국, 인도, 일본, 아랍 등 다국적 메뉴가 있고 메뉴 사진이 같이 있어 주문이 크게 어렵지 않다. 놀이터와 공터가 있는 열린 공간으로 어린이를 동반한 가족 단위의 손님이 많다. 그레이스 빌 주변의 숙소나 수트라 하버에 묵을 경우 이용하기 좋다.

Access	그레이스 빌에 위치 Open 10:00~23:00
Cost	식사류 RM7~20 (GST 6%) Cuisine 푸드코트
Address	Sembulan, 88100 Kota Kinabalu, Sabah
Tel	6011-1265-2906

Food ⑦

퍼스트 비치 탄중 아루 푸드코트
First Beach Tanjung Aru Food Court

선셋이 아름다운 탄중 아루 퍼스트 비치에 있는 푸드코트다. 아무 테이블이나 자리를 잡으면 그 테이블의 지정 식당에서 알아서 메뉴판을 가져다준다. 식사와 음료는 따로 주문해야 한다. 간식으로 좋은 말레이 어묵 튀김인 크르폭 르코Keropok Lekor(6개 RM2)는 꼭 먹어봐야 할 현지 음식이다. 바닷물이 빠진 모래사장을 붉게 물들이는 선셋은 로맨틱하기 그지없다.

Access	탄중 아루 퍼스트 비치 초입에 위치
Open	09:00~2:00
Cuisine	푸드코트
Cost	식사 RM8~20, 음료 RM10 내외
Address	First Beach, Tanjung Aru, 88100 Kota Kinabalu, Sabah
Tel	6088-268-546

Food ⑧
마이 야이 타이 오키드 레스토랑
Mai Yai Thai Orchid Restaurant

다국적 레스토랑이 모여 있는 워터프런트에 위치한 타이 레스토랑이다. 타이 음식 마니아에게 강력 추천하고 싶은 곳으로 메뉴판의 사진보다 실제 음식이 훨씬 먹음직스럽게 나온다. 똠얌꿍은 물론 매콤새콤한 쏨땀과 해산물 가득한 얌문센도 인기 메뉴고, 태국식 파인애플 볶음밥과 바싹 튀겨진 태국식 치킨 윙까지 맛있다. 워터프런트의 정취까지 더해져 더없이 만족스러운 식사를 할 수 있다.

Access	워터프런트에 위치
Open	11:30~23:30
Cuisine	태국
Cost	요리 RM19~ (GST 6%)
Address	Lot 13, The Waterfront, Jalan Tun Fuad Stephens, 88000 Kota Kinabalu, Sabah
Tel	6088-234-841

Food ⑨
토스카니 Toscani

화덕에서 갓 구운 얇고 바삭한 도우의 피자로 오랫동안 사랑받고 있는 이탈리안 레스토랑이다. 맛도 맛이지만 워터프런트의 정취를 느낄 수 있는 야외 테라스가 있어 더욱 인기가 있는데, 선셋 타임에는 미리 예약하지 않으면 자리를 잡기 어려울 정도다. 큼직한 글씨의 한국어 메뉴판이 있어 마음 편히 주문할 수 있다.

Access	워터프런트에 위치
Open	11:00~23:00
Cuisine	이탈리안
Cost	피자 RM24~, 파스타 RM14~ (GST 6% & SC 10%)
Address	Jalan Tun Fuad Stephens, The Waterfront, 88000 Kota Kinabalu, Sabah
Tel	6088-242-879

Food ⑩
코이누르 Kohinoor North Indian Restaurant

코타 키나발루에서 몇 안 되는 정통 인도요리 전문점으로 인도 펀자브 지방의 요리를 즐길 수 있다. 인도풍의 이국적인 실내 한쪽에서 난과 탄두리를 굽는 모습을 볼 수 있다. 탄두리 치킨과 커리, 난 등 익숙한 메뉴에 맛과 서비스도 좋은 편이다. 바삭하고 짭쪼름한 인도식 크래커 빠빠담이 기본으로 나온다.

Access	워터프런트에 위치
Open	11:00~14:30, 17:30~23:00
Cuisine	북인도 요리
Cost	난 RM12~, 요리 RM21~ (GST 6% & SC 10%)
Address	Lot 4, Anjung Samudra Waterfront, Jalan Tun Fuad Stephen, Pusat Bandar Kota Kinabalu, 88000 Kota Kinabalu, Sabah
Tel	6088-235-160

Food ⑪
고려정 Koryo-Jeong

와리산 스퀘어의 좋은 위치에 있는 한식당으로 인심 좋은 사장님 부부가 운영한다. 깔끔한 인테리어에 정갈한 음식으로 한국 음식이 그리울 때 찾아가볼 만하다. 현지인들에게 별미로 통하는 삼겹살도 메뉴에 있고 정성 들인 밑반찬도 맛있다. 워터프런트 건너편에 큼직하게 고려정의 간판이 보인다.

Access	와리산 스퀘어 B블록 2층에 위치
Open	11:00~23:00
Cuisine	한식
Cost	찌개류 RM22~, 냉면 RM30 (GST 6% & SC 10%)
Address	Block B, B-01-09, Warisan Square, Jalan Tun Fuad Stephen, 88000 Kota Kinabalu, Sabah
Tel	6088-448-860

가야 스트리트
Gaya Street

다양한 로컬 레스토랑과 다국적 메뉴를 갖춘 레스토랑이 모여 있는 가야 스트리트는 현지인뿐 아니라 실속파 여행자들에도 큰 사랑을 받고 있다. 이 일대는 코타 키나발루가 제셀턴이던 시절 가장 먼저 개발된 지역으로 여러 문화의 영향을 받았다. 호주 군대가 주둔했던 오스트레일리아 플레이스까지 실속 여행자들을 위한 호텔과 배낭여행자를 위한 호스텔, 카페와 레스토랑이 이어져 있다. 이 주변 호텔은 조식을 따로 제공하지 않는 곳이 많아서 아침 일찍 문을 여는 식당이 많다. 일요일 오전에는 선데이 마켓이 열린다.

Food

팟키 레스토랑 Kedai Kopi Fatt Kee

별 만 개를 줘도 아깝지 않은 로컬 맛집이다. 중국 광동식 요리를 선보이는 곳으로 달달하고 짭조름한 굴 소스에 묻어 나오는 '굴 소스 치킨 윙 Chicken Wings with Oyster Sauce'은 거의 모든 테이블에 올려져 있다. 맨밥을 주문해 남은 굴 소스에 비벼서 사바 베지를 곁들여 먹는 것도 별미다. 스몰 사이즈에 8조각이 나온다. 이 외에도 새우 등의 해산물 요리와 커리 요리 등 거의 모든 메뉴가 맛있고, 특히 볶아서 나오는 요리는 다 맛있다. 돼지고기 요리도 유명한 논할랄 레스토랑이기도 하다. 인기 식당답게 항상 대기자가 많은 편인데, 줄은 따로 없고 빈자리가 나면 먼저 온 순서대로 앉는다. 양해를 구하고 합석을 해도 괜찮다. 한 상 푸짐하게 차려 먹어도 부담 없는 가격이며, 영어 메뉴판이 준비돼 있어 부담 없이 주문할 수 있다.

Access	가야 스트리트 근처 앙스 호텔 간판을 보고 찾으면 쉽다. 베스트 웨스턴 키나발루 다야 호텔 옆에 위치
Open	17:00~23:00
Cuisine	중식
Cost	치킨 윙(S) RM12, 볶음채소 RM9~

Food
②
유키 바쿠테 Yu Kee Bak Kut The

현지인의 영양식인 바쿠테 요리로 가장 유명한 로컬 맛집이다. 돼지고기의 각종 부위나 버섯 등 선택한 건더기에 바쿠테 육수를 부어 나오는데, 한약재를 넣은 갈비탕 같은 바쿠테는 상대적으로 여성보다는 남성, 젊은 층보다는 어르신들이 좋아한다. 테이블 위에 올려져 있는 차이니즈 티는 따로 돈을 받으니 계산 시 참고하자. 크게 걸린 사진을 보고 번호를 선택할 수 있다. 8번 삼겹살, 9번 갈비, 10번 족발 등 고기나 버섯류를 선택하고, 곁들여 먹는 6번 세트(차이니즈 티+유부+빵 튀김)와 밥을 주문하는 게 일반적이다.

Access	가야 스트리트에 위치
Open	14:00~22:00
Cuisine	바쿠네
Cost	고기와 버섯류 RM6.5~7
Address	74, Jalan Gaya, 88000 Kota Kinabalu, Sabah
Tel	6088-221-192

Food
③
리틀 이태리 Little Italy

20년 이상의 역사를 가진 이탈리안 레스토랑으로 이곳에 이민 온 이탈리안 가족이 운영한다. 피자와 파스타는 셰프인 어머님의 손끝에서 나오며, 본토의 맛을 살린 파스타를 위해 직접 파스타 공장도 운영하고 있다. 어느 피자를 선택해도 좋을 만큼 맛과 개성을 보장한다. 취향에 따라 3종류의 파스타를 골라 다양한 소스로 맛볼 수 있는 라비올리 콤보 피에스타 Ravioli Combo Fiesta와 진하고 풍부한 맛의 이탈리아식 티라미수도 꼭 먹어보자.

Access	캐피탈 호텔 G층에 위치
Open	10:00~23:00
Cuisine	이탈리안
Cost	피자(S/L) RM17.9/22.9 (GST 6% & SC 10%)
Address	Jalan Haji Saman, 88813 Kota Kinabalu, Sabah
Tel	6088-232-231
Web	www.littleitaly-kk.com

Food
④
엘 센트로 El Centro

'먹고 마시고 즐기자'를 모토로 한 레스토랑 겸 퍼브로 재즈 라이브, 퍼브 퀴즈, 살사의 밤 등 매일 다른 이벤트를 진행하면서 여행객들의 아지트 역할을 하고 있다. 멕시칸, 지중해식, 아랍 요리 등 다양한 웨스턴 메뉴를 갖추고 있으며 상큼하게 마실 수 있는 칵테일도 추천할 만하다. 친절한 서비스에 편안한 분위기여서 각지에서 온 여행자들과 자연스럽게 합석해 얘기를 나눌 수 있다. 벽면에는 현지 아티스트들의 작품이 전시돼 있고 구매도 가능하다.

Access	위즈마 메르데카 건너편, 칠리 바닐라 옆쪽에 위치
Open	12:00~00:00
Cuisine	웨스턴
Cost	메인 RM20 내외 (GST 6% & SC 10%)
Address	32, Jalan Haji Saman, Pusat Bandar, 88000 Kota Kinabalu, Sabah
Tel	6019-893-5499
Web	www.kr.elcentro.my

Food
❺
푹옌 Fook Yuen Cafe & Bakery

저렴하고 맛있는 음식을 원하는 대로 골라 먹을 수 있는 중국식 뷔페 레스토랑이다. 줄을 서서 접시에 음식을 골라 담은 후 계산대에서 음료와 같이 주문하고 계산하는 시스템이다. 할랄 레스토랑이어서 돼지고기는 없지만 딤섬류와 빵류가 특히 인기 있다. 주변 호텔에 묵을 경우 조식으로 먹기 딱 좋다. 빵은 입구 왼쪽에서 따로 주문해야 한다.

Access	가야 스트리트 북쪽 제셀턴 호텔 지나서 위치
Open	06:30~01:00 Cuisine 말레이
Cost	면&밥류 RM1.6~, 딤섬 RM3.6~
Address	53, Jalan Gaya, 88000 Kota Kinabalu, Sabah

Food
❻
칠리 바닐라 Chi li Vanila

2011년 여름에 문을 연 헝가리안 레스토랑으로, 소고기나 양고기를 기본으로 계절 채소 등을 곁들이는 정통 헝가리식 레시피를 선보이며 꾸준히 사랑받고 있다. 대표 메뉴는 소고기와 채소 수프인 헝가리안 굴라시(Hungarian Goulash)로 우리 입맛에 잘 맞는 매콤한 맛이다. 양고기 마니아라면 모로칸 램 스튜를 추천할 만하다. 시원한 청량감이 느껴지는 이색 음료 칼라만시 주스도 함께 해보자.

Access	위즈마 메르데카 건너편에 위치
Open	월~토 10:30~22:30, 일 17:00~22:30
Cuisine	헝가리
Cost	음료 RM5~, 헝가리안 굴라시 RM16 (SC 10%)
Address	35, Jalan Haji Saman, 88000 Kota Kinabalu, Sabah
Tel	6088-238-098

Food
❼
페퍼민트 Peppermint

가야 스트리트에서도 오랫동안 사랑받아 온 베트남 레스토랑이다. 속이 확 풀리는 베트남 쌀국수와 매운 소스를 얹은 스파이시 치킨라이스가 인기 메뉴. 얇은 버미첼리(Vermicelli)로 만드는 스프링 롤을 애피타이저로 맛보자.

Access	가야 스트리트에 위치
Open	08:00~22:00 Cuisine 베트남
Cost	면류 RM8.5~, 스파이시 치킨라이스 RM7~
Address	81, Jalan Gaya, 88000 Kota Kinabalu, Sabah
Tel	6088-232-130

Food
❽
올드 타운 화이트 커피 Old Town White Coffee

말레이시아에서 가장 유명한 코피티암 체인으로 식사부터 음료, 후식까지 남녀노소 누구나 부담 없이 즐길 수 있는 곳이다. 메뉴를 보고 테이블에 있는 노란 주문서에 체크해서 주문한다. 메인 메뉴를 고르고 음료나 빵류를 추가하면 되며 세트 메뉴를 이용하면 저렴하다. 카야버터 토스트와 달달한 연유가 들어간 화이트 커피도 맛보도록 하자.

Access	가야 스트리트 북쪽에 위치
Open	06:30~01:30 Cuisine 말레이
Cost	카야버터 토스트 RM4.5, 런치메뉴 RM12.9~ (GST 6% & SC 10%)
Address	53, Jalan Gaya, 88000 Kota Kinabalu, Sabah
Tel	6088-259-881 Web www.oldtown.com.my

Food
⑨
옥토버 커피 하우스 October Coffee House

한국인이 운영하는 카페로 매일 로스팅한 신선한 원두로 커피를 내려준다. K-Pop이 흘러나오는 편안한 분위기로 현지인은 물론 여행자들에게도 큰 사랑을 받고 있다. 바리스타가 직접 내려주는 핸드드립 커피와 더치커피도 맛볼 수 있고, 한 끼 식사로도 충분한 한국식 토스트와 케이크도 맛있다. 2013년 리카스 지역에 처음 문을 열었으며, 가야 스트리트 지점이 가장 접근성이 좋다.

Access	가야 스트리트 동쪽에 위치. 앳킨스 시계탑 길을 따라 북쪽으로 약 3분
Open	11:00~12:00
Cuisine	카페
Cost	커피 RM6.8~, 토스트 RM8.8 (GST 6%)
Address	24, Lorong Dewan, Taman Fortuna Phase 2, 88000 Kota Kinabalu, Sabah
Tel	6088-346-129
Web	www.facebook.com/10OctoberCoffeeHouse

Food
⑩
초핑 블록 Chopping Block

작은 규모지만 고급 레스토랑 못지않은 메뉴와 서비스를 갖춘 곳이다. 젊은 감각의 심플한 인테리어에 버거, 파스타 등 웨스턴 요리와 말레이시아 요리를 맛볼 수 있고 디저트도 훌륭하다. 계속 사진을 찍게 만드는 예쁜 플레이팅에 신선한 재료를 쓴 맛있는 요리에서 셰프의 자존심이 느껴진다. 메뉴판에 셰프 추천메뉴가 표시돼 있으니 참고하자. 신선한 과일주스도 맛있다.

Access	가야 스트리트 동쪽. 옥토버 커피 하우스 근처에 위치
Open	화~금 11:00~23:30 주말 10:00~23:30 (월 휴무)
Cuisine	웨스턴&말레이
Cost	버거 RM24~, 피자 RM20~ (SC 10%)
Address	6, Lorong Dewan, 88000 Kota Kinabalu, Sabah
Tel	6088-255-492
Web	www.facebook.com/choppingblocksabah

Food
⑪
스시 테이 Sushi Tei

싱가포르에 있는 스시 체인점으로, 2012년 여름 '수리아 사바'가 오픈할 때 코타 키나발루에 첫선을 보였다. 넓고 깨끗한 실내에는 회전초밥을 먹을 수 있는 테이블과 개별 테이블, 단체석 등이 완비돼 있다. 전골인 나베류, 생선회, 마키류, 구이, 튀김, 면 등 거의 모든 종류의 일식을 맛볼 수 있다. 재료로 쓰이는 해산물은 알래스카나 캐나다, 홋카이도 등에서 수입해 온다. 섬 지역의 특성상 쿠알라 룸푸르의 지점보다 대체로 비싼 편이다.

Access	수리아 사바 G층에 위치
Open	11:00~22:00
Cuisine	일식
Cost	면&밥류 RM10~, 롤류 RM12~ (GST 6% & SC 10%)
Address	G-68, Ground Floor, Suria Sabah Shopping Mall 1, Jalan Tun Fuad Stephen, 88000 Kota Kinabalu, Sabah
Tel	6088-485-595
Web	www.sushitei.com

Night Life

하드 록 카페 Hard Rock Cafe

2015년 11월 코타 키나발루에 문을 연 하드 록 카페는 세계적으로 명성이 자자한 나이트 스폿이자 미국식 캐주얼 레스토랑이다. 유명 록 스타의 소장품들을 전시하는 것으로 유명한 곳답게 록 스타의 스웨그가 느껴지는 인테리어를 자랑하며, 언제나 유쾌한 스태프들이 친절하게 맞이해준다. 저녁 시간에는 하우스밴드의 수준 높은 공연이 이어지는 나이트 스폿으로 즐기고, 낮 시간에는 온 가족이 식사하기 좋은 패밀리 레스토랑으로 즐기기에 안성맞춤이다. 특히 이곳의 버거는 푸짐하고 맛있기로 유명하다. 기념품을 구입할 수 있는 록 숍 Rock Shop도 있다.

Access	워터프런트에 위치
Open	레스토랑 11:30~22:30 (바는 늦게까지 주문 가능)
Cost	버거 RM35~60, 칵테일 RM47 (GST 6% & SC 10%)
Address	Unit G-26/F-28, Oceanus Waterfront Mall, Jalan Tun Fuad Stephens, 88000 Kota Kinabalu, Sabah
Tel	6088-273-952
Web	www.hardrock.com

Night Life

클럽 베드 Club B.E.D

종교의 영향으로 화끈한 나이트 라이프를 기대하기 어려운 코타 키나발루에서 오랫동안 사랑받고 있는 나이트 클럽이다. 단체 손님들이 와도 끄떡없는 넓은 공간에 라이브가 펼쳐지는 큰 무대가 있다. 매일 밤 9시경부터 1시간마다 세 번씩 실력 있는 뮤지션들의 라이브 공연이 펼쳐진다. 댄스 타임을 만끽하고 싶다면 클럽의 분위기가 무르익는 밤 11시 이후가 좋고, 좀 이른 시간이어도 유쾌한 스태프들이 스스럼없이 편안한 분위기를 만들어줘서 한잔하며 라이브를 즐기기에 좋다.

Access	워터프런트에 위치
Open	19:00~02:00 (해피 아워 20:00~21:00)
Cost	맥주 RM15~ (GST 6% & SC 10%)
Address	Jalan Tun Fuad Stephen, 88000 Kota Kinabalu, Sabah
Tel	6088-251-901

Night Life

999 바 999 Bar

2016년 2월 그랜드 오프닝 갈라 나이트 쇼로 화려하게 문을 연 대형 극장식 카바레 나이트다. 로컬밴드부터 유명 DJ와 연예인을 초청한 다양한 이벤트를 선보이며 코타 키나발루에서 가장 핫한 클럽이 됐다. 짝퉁 싸이의 이미테이션 공연이 열리기도 했다. 대로변 교차로에 있고 밤마다 현란한 조명쇼로 건물 외관이 빛나고 있어 찾기 쉽다.

Access	깜풍 아이르 교차로 사거리에 단독건물로 있어 눈에 잘 띈다.
Open	월~토 20:00~00:00
Address	128A, Kg Air Bahru, Jalan Haji Yaacob, 88000 Kota Kinabalu, Sabah
Tel	6088-283-889

Spa

❶ 아시아나 스파 Asiana Spa

한국인 매니저가 있는 마사지숍으로 중저가 마사지숍 중 최고의 서비스를 보여준다. 간단히 카톡으로 상담, 예약 후 방문하면 되고 픽업 서비스도 가능하다. 시내 숙소의 경우 4인 이상은 픽업과 샌딩이 무료다. 카다잔족 출신 14명의 테라피스트가 관리해주며, 싱글룸부터 4인실까지 안락한 룸이 있다. 가장 인기 있는 메뉴는 패키지 A2(RM130)로 발마사지 30분과 아로마 전신마사지 60분으로 구성돼 있다. 카다잔족이 직접 해주는 전통 마사지와 두 명의 테라피스트가 호흡을 맞추는 하모니 마사지도 추천할 만하다. 주변에 식당과 슈퍼마켓이 있어 야간 비행편을 이용할 경우 저녁 시간을 효과적으로 보낸 후 공항으로 이동할 수 있다. 마리하우스를 통해 예약하면 할인이 된다.

Access	그레이스 빌 아시아나 호텔 옆에 위치. 마리하우스와 가깝다.
Open	11:00~23:00
Cost	카다잔 전통 마사지 RM85/60분, 패키지 A1 RM120/90분
Address	Grace Square Shophouse, 88100 Kota Kinabalu, Sabah
Tel	6088-241-879 (카카오톡 아이디 kotamari)

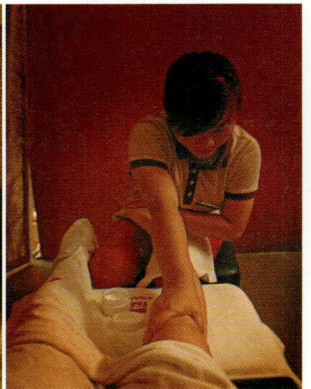

Tip 코타 키나발루의 스파

여행의 피로를 풀어주고 스트레스를 완화시키는 힐링의 시간. 마사지와 스파는 동남아 여행의 필수 코스처럼 여겨진다. 동남아 최고의 휴양지인 코타 키나발루에서도 최고급 스파부터 저렴한 마사지까지 취향대로 다양하게 마사지를 받을 수 있다. 대형 리조트 내의 럭셔리 스파는 명성만큼 최고의 서비스를 제공하며, 와리산 스퀘어와 센터 포인트, 가야 스트리트에는 저렴한 가격의 마사지숍이 많아 가볍게 발마사지나 보디마사지를 받기에 좋다.

1. 팁은 얼마나 줘야 하나요?
코타 키나발루에서 마사지 후 팁은 필수사항은 아니지만 서비스가 마음에 들었을 경우 기분 좋게 팁을 줘도 좋겠다. 보통 RM5~10 정도가 적당하고, 서비스 차지 10%가 포함된 경우는 따로 챙기지 않아도 된다.

2. 대형 리조트의 고급 스파

마젤란 수트라 리조트, 만다라 스파(Mandara Spa)
천연 재료를 사용한 말레이시아 전통 스파. 골드카드로 10% 할인받을 수 있다.
10:00~22:00 | 6088-318-888

샹그릴라 탄중 아루 리조트, 치 스파(Chi Spa)
샹그릴라의 시그니처 스파 브랜드. 요가 강습도 진행한다.
10:00~23:00 | 6088-327-888

Spa ❷
자리 자리 스파 Jari Jari Spa

보르네오 원주민 두순Dusun족의 전통 마사지를 받을 수 있는 고급 스파로, 보르네오 정글에서 얻은 재료를 이용한 스파 프로그램이 있다. 각종 어워드에서 수상한 스파답게 숙련된 테라피스트가 있고 서비스 수준도 높다. '자리'는 말레이어로 손가락이라는 뜻이다. 수리아 사바 2층과 탄중 아루 플라자, 팰리스 호텔에도 지점이 있다.

- **Access** 수리아 사바 2층에 위치
- **Open** 월~토 10:00~22:00
- **Cost** Borneo Dusun Lotud Inan RM265/1시간 45분, 발마사지 RM85/45분 (GST 6% & SC 10%)
- **Address** Lot 2-34, 2nd Floor, Suria Sabah Shopping Mall, 88000 Kota Kinabalu, Sabah
- **Tel** 6088-487-259   **Web** www.jarijari.com.my

Spa ❸
헬렌 뷰티 리플렉살러지
Helen Beauty Reflexology

한국 사람들이 많이 가는 마사지숍으로 와리산 스퀘어뿐 아니라 센터 포인트에도 지점이 있다. 가격이 저렴한 편이고 마사지의 강도 정도는 소통할 만큼의 한국어 실력을 가진 테라피스트들도 있다. 발마사지와 보디마사지 등을 묶는 2시간 패키지 상품도 있으며 가격에 GST가 포함되어 있다.

- **Access** 와리산 스퀘어와 센터 포인트 G층에 위치
- **Open** 11:00~23:00
- **Cost** 보르네어 마사지 RM140/1시간~, 발마사지 RM53/1시간
- **Address** Lot 13, Block B, Warisan Square, 88000 Kota Kinabalu, Sabah
- **Tel** 6088-270-073, 3011-1892-1760
- **Web** www.helenbeautyspa.wix.com/index

 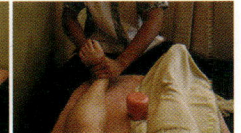

Spa ❹
시프런트 리플렉살러지
Seafront Reflexology

워터프런트의 오픈된 공간에 예쁜 커플 의자를 놓고 영업하는 마사지숍이다. 시원한 바닷바람을 맞으며 피로를 풀 수 있는 곳으로, 밤늦게까지 하기 때문에 주변 레스토랑이나 바에서 식사를 마친 전후로 이용해볼 만하다. 테라피스트들의 전문성은 다소 떨어지는 편이나 가격이 저렴하고, 자유롭고 편안한 분위기에서 기분 좋게 마사지를 받을 수 있다.

- **Access** 와리산 스퀘어 건너편, 워터프런트 시프런트 카페에 위치
- **Open** 11:00~23:00
- **Cost** 발마사지 RM25~/30분, 보디마사지 RM65/1시간 (GST 6%)
- **Address** Jalan Tun Fuad Stephen, 88000 Kota Kinabalu, Sabah

Spa ❺
블루 라군 리플렉살러지
Blue Lagoon Reflexology

2층 구조의 마사지숍으로 파란색 유니폼을 입은 테라피스트들이 와리산 스퀘어 주변에서 호객을 하기 때문에 쉽게 찾을 수 있다. 저렴한 가격에 부담 없이 마사지를 받을 수 있는 곳으로 20명의 남녀 테라피스트들이 관리해준다. 마사지가 강한 편이라 한국인에게도 잘 맞는다. 가격은 정가에서 약간 흥정이 가능하다.

- **Access** 와리산 스퀘어 B블록 스타벅스 건물에 위치
- **Open** 11:00~23:00
- **Cost** 보디 1시간+발 30분 RM65
- **Address** Warisan Square, Lot 100, 88000 Kota Kinabalu, Sabah
- **Tel** 6088-488-077
- **Web** bluelagoonreflexcyolasite.com

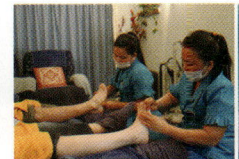 

Shopping

이마고 쇼핑몰 Imago Shopping Mall

2015년 3월에 오픈한 코타 키나발루 최대 규모의 쇼핑몰로, 현대적 시설과 고급화 전략으로 코타 키나발루의 상권을 변화시키고 있다. 코치, 마이클 코어스 등 해외 유명 브랜드와 유명 SPA 브랜드, 다수의 로컬 브랜드가 입점해 있고, 한국인들에게도 큰 사랑을 받는 명품 화장품 편집숍 세포라Sephora가 코타 키나발루 최초로 문을 열었다. 또한 지하에 있는 전문 식당가에 유명 로컬 레스토랑이 입점해 있어 쇼핑과 식도락을 동시에 즐길 수 있다. 팍슨Parkson 백화점이 연결되어 있고 지하에 에버라이즈Everrise 슈퍼마켓도 있다. 시내에서 걸어가기는 무리가 있고, 차로 10분 정도 소요된다.

Access	KK 타임스 스퀘어에 위치. 시티 센터에서 택시로 RM20~25
Open	10:00~22:00
Address	KK Times Square, Phase 2, Off Coastal Highway, 88100 Kota Kinabalu, Sabah
Tel	6088-275-888
Web	www.imago.my

Shopping

수리아 사바 Suria Sabah

2009년 문을 연 수리아 사바는 이마고 쇼핑몰이 생기기 이전까지 가장 현대적인 쇼핑몰이었고 여전히 큰 사랑을 받고 있다. 쇼핑몰은 제셀턴 윙과 키나발루 윙으로 나뉘고, 지하부터 2층까지는 메트로자야 백화점이 자리 잡고 있다. 쇼핑 스폿 외에도 멀티플렉스 영화관과 대형 서점 타임스Times, 세련된 레스토랑이 있어 식도락과 엔터테인먼트까지 충족시키는 멀티 플레이스다. 3층에는 바다 전망의 수리아 사바 푸드코트Suria Sabah Food Court가 있으며 지하(LG)에 있는 바랑바랑Barang-Barang from Sabah에서는 품질 좋은 사바 주의 특산품과 기념품을 구입할 수 있다.

Access	워터프런트 북쪽 끝에 위치. 가야 스트리트와도 가깝다.
Open	10:00~22:00
Address	1, Jalan Tun Fuad Stephens, 88000 Kota Kinabalu, Sabah
Tel	6088-487-087
Web	www.suriasabah.com.my

Shopping
③

센터 포인트 사바 Centre Point Sabah

멀티플렉스 영화관과 다수의 로컬 브랜드가 입점해 있고 각종 생필품을 판매하는 센터 포인트는 현지인들의 절대적인 지지를 받는 곳이다. 관광객에게 쇼핑으로 어필할 만한 게 많지는 않지만, 저렴하고 맛있는 현지식을 맛보고 싶거나 슈퍼마켓 쇼핑을 원한다면 이곳이 딱이다. 지하에 있는 퀸스Queen's는 한국인 추천 1위 슈퍼마켓이다. 일일투어를 예약할 수 있는 여행사도 많다.

Access	워터프런트와 가깝다. 가야 스트리트와는 도보 10분 거리
Open	10:00~22:00
Address	1, Jalan Centre Point, 88000 Kota Kinabalu, Sabah
Tel	6088-246-900
Web	www.centrepointsabah.com

Shopping
④

위즈마 메르데카 Wisma Merdeka

전형적인 로컬 쇼핑몰로 관광객에게 매력적인 쇼핑 스폿이라기보다는 환전을 이유로 찾는 경우가 많다. G층에 있는 여러 환전소에서 게시된 환율을 비교해보고 환전하면 된다. 둘러보면 괜찮은 기념품숍이 꽤 있고 슈퍼마켓도 있다.

Access	하얏트 리젠시 옆에 위치
Open	10:00~22:00
Address	LotA 1019-1021, Wisma Merdeka, Phase 1, Jalan Tun Razak, 88000 Kota Kinabalu, Sabah
Tel	6088-219-753
Web	www.wismamerdeka.com

Shopping
⑤

원보르네오 하이퍼몰 1Borneo Hypermall

호텔 네 곳과 접하고 있는 원보르네오 하이퍼몰은 쇼핑과 숙박, 식도락, 엔터테인먼트를 한 번에 해결할 수 있는 복합 쇼핑 콤플렉스로 코타 키나발루 최대 규모다. 유명 수입 브랜드와 로컬 브랜드가 적절히 조화를 이루고 있으며 다양한 레스토랑과 카페, 유명 체인인 자이언트 슈퍼마켓이 입점해 있다. 오랜 전통의 타이 오디세이 스파의 마사지도 추천할 만하다. 택시 외에 교통편이 따로 없어 시내에 묵는다면 굳이 여기까지 올 필요는 없고, 넥서스 리조트나 샹그릴라 라사 리아에 묵는다면 환전이나 슈퍼마켓 쇼핑을 위해 한 번 정도 방문할 만하다. 수영장이 있는 4성급 클라간 리젠시The Klagan Regency와 그랜드 보르네오 호텔Grand Borneo Hotel이 쇼핑몰 바로 옆에 있어 관광과 쇼핑에 중점을 둔 여행이라면 이곳에 숙소를 두는 것도 괜찮다.

Access	시내에서 택시로 20~30분 소요 (RM80~100)
Open	10:00~22:00
Address	Jalan Sulaman, 88450 Kota Kinabalu, Sabah
Tel	6088-448-089

• Special Shopping •

코나 키나발루 시장 구경(KK Market)

보르네오의 산과 바다를 기반으로 한 풍부한 자원을 바탕으로 살아가는 코타 키나발루의 시장은 풍요로움 그 자체다. 일요일 오전 가야 스트리트를 떠들썩하게 만드는 선데이 마켓과 밤이면 더욱 활기가 넘치는 필리피노 마켓, 그리고 매일 공급되는 신선하고 건강한 식재료와 특산품이 넘쳐나는 워터프런트의 다양한 시장에서 현지인의 삶에 접근해보자.

#센트럴 마켓 #Central Market

현지인의 삶에 가장 가까운 살아 있는 시장으로 코타 키나발루의 식재료들을 모두 만날 수 있다. 신선한 열대 과일과 채소, 향신료 등은 물론 건어물 시장과 생선 시장도 바로 접하고 있다. 관광객들은 이곳에서 열대 과일을 사먹기 딱 좋은데, 과일의 왕 두리안은 물론 망고와 망고스틴 등을 착한 가격에 푸짐하게 맛볼 수 있다. 파인애플, 수박, 바나나와 바로 잘라서 빨대를 꽂아주는 코코넛 주스도 정말 달고 맛있다. 먹기 좋게 잘라서 포장 판매하는 과일도 있다. 두리안과 망고스틴은 호텔에 가지고 들어갈 수 없으니 워터프런트나 근처 공원에서 먹고 가자.

Access 워터프런트 하얏트 리젠시에서 나이트 마켓 방향으로 위치
Open   08:30~18:00
Address Jalan Tun Fuad Stephens, 88000 Kota Kinabalu, Sabah
Tel   6012-834-3693

#핸디크래프트 마켓
#Handicraft Market

좁은 골목을 두고 작은 상점들이 빽빽이 들어선 수공예품 시장으로 자연자원이 풍부한 사바 지역 특산물로 만든 기념품을 사기에 적합하다. 사바 지역 전통 악기인 솜포톤 Sompoton과 다루기 쉬운 작은 악기, 액세서리, 바틱 제품도 살 만하고, 소박한 디자인이지만 해수 진주 제품도 인기 품목이다. 부르는 가격에서 20~30% 정도 선에서 흥정도 가능하다. 건물 밖으로 재봉틀이 줄지어 있는데 부지런히 재봉틀을 돌리는 수선공 아저씨의 모습도 이곳의 명물이다.

Access 센트럴 마켓과 나이트 마켓 사이에 위치
Open 10:00~18:00
Address Jalan Tun Fuad Stephens, 88000 Kota Kinabalu, Sabah

#나이트 마켓
#Night Market

매일 밤 워터프런트를 뜨겁게 달구는 야시장으로 코타 키나발루 여행의 필수 코스다. 원래 필리핀 이주민들이 모여 형성된 시장이라 필리피노 마켓이라고도 부른다. 낮 시간에는 열대 과일과 식료품을 판매하는 노점이 문을 열고, 늦은 오후부터는 먹거리 위주의 노점이 문을 열면서 이 일대가 대형 푸드코트가 된다. 전통 말레이 요리를 기본으로 당일 잡아 올린 싱싱한 생선을 눈앞에서 골라 요리해 먹을 수 있다. 친절하고 활기찬 상인들의 적당한 호객행위도 유쾌한 수준이고, 언어가 잘 통하지 않아도 주문에 큰 문제는 없다. 비위생적이라는 지적도 있지만 바로 눈앞에서 오감을 자극하며 구워지는 치킨 윙과 사테 등은 거부할 수 없는 유혹이다.

Access 워터프런트 르 메르디앙 건너편에 위치
Open 늦은 오후~23:00
Address Jalan Tun Fuad Stephen, 88000 Kota Kinabalu, Sabah

#선데이 마켓
#Sunday Market

매주 일요일 오전 가야 스트리트를 따라 열리는 코타 키나발루의 명물로, 현지인뿐 아니라 관광객들이 몰려 일대가 그야말로 시장통이 된다. 원래는 현지인들의 작은 로컬 마켓이었는데, 관광객이 증가하면서 현재는 약 300여 개의 노점상이 모여 장을 열고 있다. 생활용품, 식재료, 약초, 동식물 등 없는 게 없이 다양한 품목이 나오고, 꽤 괜찮은 품질의 제품을 저렴한 가격에 판매하고 있어 액세서리나 기념품 등을 구매하면 좋다. 시장에서 빠질 수 없는 먹거리도 넘쳐나는데, 사바 지역의 전통 음식이나 열대 과일을 맛보는 것도 좋다. 작은 수박을 통째로 갈아 만든 수박 주스도 별미다. 그리 크지 않은 규모이니 일정 중 일요일이 있다면 들러보도록 하자.

Access 가야 스트리트 제셀턴 호텔부터 만다린 호텔까지 이어진다.
Open 대략 06:00~12:00
Address Jalan Gaya, 88400 Kota Kinabalu, Sabah

Stay : 5성급

수트라 하버 리조트 Sutera Harbour Resort

코타 키나발루 대표 리조트로 이곳에서 며칠을 보내도 다 즐기지 못할 정도로 엄청난 규모를 자랑한다. 남중국해를 마주한 리조트는 말레이시아 정부가 인정한 '아름다운 리조트 상'을 받을 정도로 수려한 자연환경과 외관을 자랑한다. 5개의 테마 수영장, 15개의 레스토랑과 바, 27홀의 골프 코스, 마리나 제티와 해양 스포츠 센터인 시 퀘스트, 영화관, 키즈 클럽 등 남녀노소 누구나 완벽한 휴가를 즐길 수 있는 모든 조건을 갖추고 있다. 리조트는 클래식한 마젤란 수트라 리조트와 현대적인 퍼시픽 수트라 호텔로 나뉘는데, 부대시설과 각종 액티비티를 공유하며 두 리조트 간 수시로 셔틀버스가 다닌다. 한국인 직원이 상주하고 있어 의사소통에 대한 부담도 거의 없다.

Access 공항에서 택시로 약 10분 소요
Cost 퍼시픽 수트라 디럭스룸 RM570~, 퍼시픽 클럽룸 RM740~, 마젤란 클럽룸 RM910~.
Address Jalan Utama Sutera Harbour, 88100 Kota Kinabalu, Sabah
Tel 6088-318-888
Web www.suteraharbour.co.kr

Tip 1 셔틀버스
리조트 내 순환버스
무료, 06:00~01:00, 10분 간격
리조트-시내 순환버스
성인 RM3.2, 어린이 RM1.6, 1일 4회 운행. 컨시어지 사전 예약 필수

Tip 2 수트라 하버 리조트 골드카드 All Inclusive Gold Card

수트라 하버만의 특전! 리조트 내 전식 식사와 부대시설, 액티비티의 무료 또는 할인 혜택을 포함한 All Inclusive Card인 골드카드를 이용해 리조트를 알차게 이용해보자. 수트라 하버 국내 공식 예약 센터나 여행사 객실 예약 시 문의하면 된다.
Cost 1일 성인 $90, 만 5~12세 $60 (최소 2일 이상 연속 사용)

골드카드 혜택
- 리조트 내 무료 뷔페 또는 세트메뉴(레스토랑별 지정 메뉴), 음료 1잔
  (추천 : 실크 가든 런치 딤섬 뷔페, 알 프레스코 디너세트, 파이브 세일즈 디너 뷔페, 마누칸 섬 런치 BBQ 뷔페)
- 마누칸 섬 호핑 투어 1회 (런치 뷔페와 왕복 페리 포함, 국립공원 입장료와 장비 대여 불포함)
- 드라이빙 레인지 무료 (1인 1회 $50 무료, 사전 예약 필수)
- 키즈 클럽 무료
- 셔틀버스 무료
- 마지막 날 레이트 체크아웃, 오후 6시까지 연장 (객실 상황에 따라 변경 가능)
- 기타 스파와 부대시설 이용 시 할인 혜택

↳ 마젤란 수트라 리조트
The Magellan Sutera Resort

사바풍의 전통 양식으로 지어진 5층 건물은 웅장한 로비와 456개의 고급스러운 객실을 갖추고 있다. 앤티크 가구와 원목이 주는 편안함이 차분하게 휴가를 즐길 수 있는 환경을 조성하며, 테라스에서 잘 가꿔진 정원과 남중국해의 멋진 바다를 감상할 수 있다. 키즈 풀 2개와 폭포 풀, 키즈 클럽이 있어 가족 여행객들이 선호한다. 만다라 스파 Mandara Spa도 이곳에 있다.

↳ 퍼시픽 수트라 호텔
The Pacific Sutera Hotel

500개의 여유로운 객실과 넓은 웨이브풀이 있는 퍼시픽 수트라 호텔은 쾌적하고 현대적인 분위기로 손님을 닻이한다. 객실에 따라 마리나 제티와 골프 코스 등 시원한 뷰를 자랑한다. 가족 여행객은 킹 사이즈 베드와 2개의 싱글 베드가 있는 패밀리룸에 묵어도 좋고, 커넥팅룸을 이용해도 좋다. 딤섬 뷔페로 유명한 레스토랑 실크 가든과 차바나 스파 Chavana Spa가 있다.

↳ 알 프레스코 Al Fresco

수트라 하버 리조트에서 가장 사랑받는 지중해식 레스토랑이다. 인기 메뉴는 단연 화덕피자로, 수영장과 아름다운 해변을 배경으로 한입 베어 물면 지중해 어딘가에 온 기분이 든다. 아름다운 선셋을 즐기는 선셋 디너도 큰 사랑을 받고 있다. 피자 외에 파스타, 스테이크도 맛있다. 골드카드로 점심과 저녁 세트메뉴 이용이 가능하다.

Access	마젤란 수트라 리조트에 위치		
Open	11:00~23:00	Cuisine	이탈리안
Cost	피자 RM44~, 파스타 RM40~, 수박 주스 RM25		

↳ 실크 가든 Silk Garden

알 프레스코와 더불어 수트라 하버 리조트의 최고 인기 레스토랑이다. 딤섬이 유명한 중식 레스토랑으로 맛도 양도 가격도 '굿'을 연발하게 되는 곳이다. 한국인 선호 1위 식당이기도 해 한글 메뉴판도 있다. 만족도가 높은 런치 딤섬 뷔페는 1인당 네 종류의 메뉴를 계속 주문할 수 있는 시스템으로, 잠시 다이어트는 잊어버려도 좋다. 골드카드로도 즐길 수 있다.

Access	퍼시픽 수트라 호텔에 위치
Open	평일 11:30~14:30, 18:30~22:30
	주말 및 공휴일 11:00~15:00, 18:30~22:30
Cost	런치 딤섬 뷔페 성인 RM64.1, 어린이 RM40.8

Stay : 5성급

샹그릴라 탄중 아루 리조트 Shangri-La's Tanjung Aru Resort

자타공인 세계 최고의 럭셔리 호텔 체인인 샹그릴라 탄중 아루는 완벽한 시설과 품격 있는 서비스로 사랑받는 곳이다. 총 492개 객실이 산 또는 바다 전망의 키나발루 윙Kinabalu Wing과 수영장, 해변에 접해 있는 탄중 윙Tanjung Wing에 나뉘어 있는데, 키나발루 윙이 상대적으로 조용한 편이다. 클럽룸은 키나발루 윙에 있다. 스릴 넘치는 슬라이드와 물대포가 있는 미니 워터파크, 인피니티 풀은 탄중 아루의 자랑으로 인피니티 풀은 깊이가 1.9m에 달해 주의가 필요하다. 키즈 풀도 따로 있다. 리조트에서 맞이하는 환상적인 선셋 타임도 특별한 추억을 선물해준다. 해변 산책로나 시뷰 객실에서도 감상할 수 있고, 선셋 바에서 칵테일과 함께 로맨틱하게 즐겨도 좋다. 공항과 시내가 가까워 일정이 짧은 여행객들은 멀리 떨어진 샹그릴라 라사 리아보다 이곳을 선호하는 편이다. 한국인 직원이 상주하고 있어 의사소통에 어려움이 없다.

Access	공항에서 택시로 10분 소요
Cost	키나발루 트윈 RM1,100~, 탄중 윙 RM1,180~
Address	20, Jalan Aru, Tanjung Aru, 88100 Kota Kinabalu, Sabah
Tel	6088-327-888
Web	www.shangri-la.com/kr/kotakinabalu/tanjungaruresort

♦

스타 마리나(Star Marina)
샹그릴라 탄중 아루의 해양 스포츠센터로 각종 해양 액티비티와 투어 예약이 가능하다. 전용 보트로 툰쿠 압둘 라만 해양국립공원의 섬 투어를 다녀올 수 있고, 선셋 크루즈도 운영한다.

♦

스타 라운지(Star Lounge)
체크인 전후로 투숙객들이 이용할 수 있는 라운지로 밤 비행기를 타는 한국 여행객에게 유용하다. 사우나와 샤워실, 휴게공간이 마련돼 있는데 붐빌 수도 있으니 시간적 여유를 가지고 이용하자. 체크아웃 시 스타 라운지 티켓을 받아 입장할 수 있다.

Stay : 5성급

샹그릴라 라사 리아 리조트 Shangri-La's Rasa Ria Resort

400ac에 달하는 보르네오 정글과 평화로운 달릿 베이에 둘러싸인 샹그릴라 라사 리아 리조트는 코타 키나발루에서 가장 아름다운 리조트다. 코뿔새가 사는 싱그러운 정원과 수영장이 있는 가든 윙은 자연친화적인 객실에서 숲 또는 정원과 바다 전망을 즐길 수 있다. 특히 정원과 바로 연결되는 가든 윙 1층 객실은 어린이를 동반한 가족 여행객에게 최고의 선택이다. 라사 리아만의 특별한 별관 오션 윙은 바다 전망의 넓은 테라스에 커다란 자쿠지와 데이베드가 있는 로맨틱한 객실로 커플 여행과 허니문에 적합하다. 성인 풀과 조식당도 따로 있다. 며칠을 보내도 지루할 틈이 없는 데일리 프로그램과 바다, 산, 강이 만나는 18홀의 달릿 베이 골프 코스도 이곳의 가치를 높여준다. 특히 키즈클럽을 비롯해 어린이를 위한 프로그램이 매우 알차다. 시내에서 멀리 떨어져 있어 리조트 내에서 모든 것을 해결해야 하는 것이 유일한 단점이지만 머물다 보면 그 이상의 장점을 경험하게 된다.

Access	공항에서 택시로 약 50분 소요. 시내까지 30~40분 소요
Cost	수피리어룸 RM 900~, 이그제큐티브룸 RM1,250~
Address	Pantai Dalit Beach Tuaran, 89208 Kota Kinabalu, Sabah
Tel	6088-797-888
Web	www.shangri-la.com/kr/kotakinabalu/rasariaresort

Tip 셔틀버스
라사 리아 리조트와 탄중 아루 리조트를 왕복하는 셔틀버스를 1일 3회 운행한다. 원보르네오, 워터프런트, 디마고 쇼핑몰을 경유한다.
Cost RM39, 6세 이하는 무료

↳ 테피 라웃 마칸 스트리트 Tepi Laut Makan Street

라사 리아에서 가장 유명한 레스토랑으로 푸드코트의 형식으로 전통공연과 함께하는 디너 뷔페가 인기 있다. 낮 시간에는 풀 바 겸 식당으로 변신한다.

Access	가든 윙 수영장 옆에 위치
Open	11:45~17:00, 18:30~22:00 (전통공연 19:00~20:30)
Cuisine	말레이&웨스턴
Cost	디너 뷔페 RM145~

Stay : 5성급

넥서스 리조트 Nexus Resort

보르네오 전통 양식의 웅장한 리조트는 무려 6km 길이의 화이트 비치와 열대 우림 속에 위치해 있다. 전통 스타일의 236개의 객실과 조경이 잘된 정원, 넓은 수영장, 보르네오 스파, 18홀의 골프장 등 부대시설도 잘 갖추고 있어 전체적으로 편안한 분위기다. 시내와 멀리 떨어져 있어 위치적인 단점이 있으며, 단체 관광객들이 많은 편이므로 섬세한 관리가 필요해 보인다.

Access	공항에서 택시로 약 40분 소요
Cost	오션 파노라마 디럭스 RM690~
Address	Off Jalan Sepanggar Bay, Locked Bag 100, 88993 Kota Kinabalu, Sabah
Tel	6088-480-888
Web	www.nexusresort.com

Stay : 5성급

하얏트 리젠시 Hyatt Regency

시원한 바다 전망을 볼 수 있는 워터프런트의 한복판에 자리하고 있는 하얏트 리젠시는 레스토랑, 쇼핑, 나이트 라이프 등 활기찬 주변 지역을 즐길 수 있다. 288개의 객실과 스위트룸, 수영장은 보수를 마치고 더욱 모던하게 변신했다. 밝은 베이지 톤의 여유로운 객실은 욕실과 침실이 개방형 구조이고, 시티뷰와 시뷰 모두 시원시원하다. 4개의 원목 카바나가 있는 야외 수영장은 큰 규모는 아니지만 아름답게 꾸며져 있어 사진도 잘 나온다. 호텔에서의 편안한 휴식과 관광, 식도락, 쇼핑 등에 중점을 둔 여행에 좋은 선택이 될 수 있다.

Access	공항에서 차로 15분 소요. 워터프런트에 위치
Cost	트윈룸 RM590~, 시뷰 킹룸 RM800~
Address	Jalan Datuk Salleh Sulong, 88991 Kota Kinabalu, Sabah
Tel	6088-221-234
Web	www.kinabalu.regency.hyatt.com

Stay : 5성급

르 메르디앙 Le Meridien

스타우드 계열의 호텔로 하얏트 리젠시와 더불어 시내에 있는 특급 호텔이다. 명성에 걸맞은 친절하고 세련된 서비스를 제공하고, 객실과 부대시설도 훌륭하다. 가장 낮은 카테고리인 클래식룸도 41m²로 넓고 여유로우며, 편안하고 잘 정돈된 300여 개의 객실과 시원한 바다 전망의 야외 수영장도 있다. 주변에 센터 포인트, 필리피노 마켓 등 흥미로운 쇼핑 스폿들이 모여 있다.

Access	워터프런트에 위치. 센터 포인트와 가깝다.
Cost	어번룸 RM550~, 비스타 시뷰 룸 RM620~
Address	Jalan Tun Fuad Stephens, Sinsuran, 88000 Kota Kinabalu, Sabah
Tel	6088-322-222
Web	www.lemeridienkotakinabalu.com

Stay : 4성급

밍 가든 호텔 & 레지던스 Ming Garden Hotel & Residences

공항에서 시내로 들어가는 도로변에 자리한 밍 가든 호텔은 11층 높이에 600여 개의 객실과 356개의 레지던스를 갖추고 있다. 합리적인 가격과 깔끔하고 실용적인 객실, 야외 수영장과 스파, 레스토랑 등 부족함 없는 부대시설로 사랑받고 있다. 단체 관광객이 많은 편임에도 관리가 잘 되고 있고 직원들의 서비스도 훌륭하다. 길 건너편에 이마고 쇼핑몰이 있어 밍 가든 호텔의 가치를 높여주고 있다. 투숙객은 호텔에서 시내까지 셔틀버스를 이용할 수 있다. 한국인 직원이 상주하며, 한국어 홈페이지도 있다.

Access	공항에서 택시로 10분 거리. 이마고 쇼핑몰 건너편에 위치
Cost	수피리어룸 RM280~, 프리미어룸 RM450~
Address	Jalan Coastal, 88000 Kota Kinabalu, Sabah
Tel	6088-528-888
Web	www.minggardenhotel.com

Stay : 4성급

호라이즌 호텔 Horizon Hotel

시내 중심에 있는 4성급 호텔로 코타 키나발루에서는 드물게 부티크 호텔로 어필하고 있다. 모던하고 럭셔리한 180개의 객실이 있으며 시티뷰와 시뷰로 나뉘는 수피리어룸과 디럭스룸이 있다. 허니무너와 커플은 새하얀 오픈형 욕조가 있는 그랜드 디럭스룸이나 주니어 스위트룸을 추천할 만하다. 6층에 있는 수영장은 시내가 한눈에 들어오는 시원한 시티뷰로 작은 규모지만 키즈 풀까지 갖추고 있다. 현지식으로는 '호리즌 호텔'이라고 발음한다.

Access	공항에서 차로 15분 거리. 가야 스트리트 옆에 위치
Cost	수피리어 디럭스 RM390~
Address	Jalan Pantai, Locked Bag 2084, 88999 Kota Kinabalu, Sabah
Tel	6088-518-000
Web	www.horizonhotelsabah.com

Stay : 3성급

드림텔 Dreamtel

좋은 위치에 합리적인 가격, 친절한 서비스로 큰 사랑을 받고 있는 중급 호텔이다. 3인이 머물 수 있는 트리플룸까지 기본에 충실한 160개의 객실이 있는데, 대체로 깔끔하게 잘 관리되고 있다. 가장 저렴한 스탠더드룸은 창문이 없어 답답하고 방음이 잘 안 되는 곳도 있다. G층에 있는 레스토랑에서는 런치 세트나 애프터눈 티, 디너 뷔페 등을 제공하고 있으며 조식도 먹을 만하다.

Access	공항에서 차로 20분 거리. 공항 셔틀버스 종점인 메르데카 광장 옆에 위치
Cost	스탠더드(창 없음) RM200~, 수피리어룸 RM220~, 트리플룸 RM240~
Address	5, Jalan Padang, 88000 Kota Kinabalu, Sabah
Tel	6088-240-333
Web	www.dreamtel.my

Stay : 3성급

제셀턴 호텔 The Jesselton Hotel

1954년에 문을 연 코타 키나발루 최초의 호텔로 오랜 역사만큼 품격을 지닌 곳이다. 객실과 호텔 곳곳에 장식된 앤티크 가구와 소품이 유럽의 오래된 호텔을 연상시킨다. 32개의 객실은 여유로운 크기에 고전적이고 편안한 분위기다. G층에 유러피언 레스토랑 쿠도스Kudos가 있다. 일요일에는 바로 앞에서 선데이 마켓이 열린다.

Access 공항에서 택시로 약 20분 소요(RM30), 가야 스트리트에 위치
Cost 수피리어룸 RM265~
Address 69, Jalan Gaya, Pusat Bandar, 88000 Kota Kinabalu, Sabah
Tel 6088-223-333   **Web** www.jesseltonhotel.com

Stay : 3성급

호텔 식스티3 Hotel Sixty3

킹 사이즈 침대가 있는 기본 슈퍼 스탠더드룸부터 퀸 사이즈 침대가 두 개 놓여 있어 4인 가족이 이용하기에 부족함이 없는 패밀리 디럭스룸 등 여유로운 공간의 100개의 객실이 있다. 깨끗한 객실과 욕실 외에도 소소한 부분까지 신경을 쓰는 세심한 서비스로 인기가 많다. 조식은 포함되지 않지만 같은 건물에 유로 베이커리와 카페 겸 슈퍼마켓이 있고 주변에 저렴한 로컬 레스토랑이 많다.

Access 가야 스트리트 관광안내소 건너편에 위치
Cost 슈퍼 스탠더드룸 RM260~, 디럭스 패밀리룸 RM400~
Address 63, Jalan Gaya, Pusat Bandar, 88000 Kota Kinabalu, Sabah
Tel 6088-212-663   **Web** www.hotelsixty3.com

Stay : 한인 민박

마리하우스 Mari House

코타 키나발루 공항 근처의 고급 빌라 단지인 그레이스 빌에 있는 한인 민박으로, 숙박뿐 아니라 자유여행을 위한 여러 가지 도움을 받을 수 있다. 유쾌하고 훈훈한 부부와 귀여운 남매가 함께하는 민박은 집처럼 편안한 분위기고, 주변에 수영장과 테니스장, 슈퍼마켓과 한인이 경영하는 마사지숍, 그레이스 빌 푸드코트가 있어 편리하다. 자유여행과 관련한 숙박과 일일 투어, 골프 부킹 업무도 대행해주는데, 특히 수트라 하버 리조트의 객실이나 레스토랑, 스파 등을 좋은 조건에 예약할 수 있고, 까다롭기로 소문난 키나발루 산 등산 준비도 완벽하게 도움받을 수 있다. 해외 자유여행에 익숙지 않거나, 아무 계획이나 정보 없이 코타 키나발루에 도착했을 때에도 믿고 의지할 수 있는 한인 민박의 장점을 고루 갖춘 곳이다. 이마고 쇼핑몰 주변에 2호점이 있다.

Access 공항에서 택시로 약 10분 소요, 그레이스 빌에 위치
Cost 커플룸 7만 원~, 패밀리룸 (4인 기준) 12만 원~
Address 32, Grave Ville, Jalan Sembulan, 88100 Kota Kinabalu, Sabah
Tel 6017-856-9592 (카카오톡 아이디 kotamari)
Web cafe.naver.com/rumahmari

Stay : 3성급

가야 센터 호텔 Gaya Centre Hotel

부대시설은 부족하지만 좋은 위치에 있으며 가격과 서비스 면에서 추천할 만한 호텔로 관광 위주의 실속 여행자에게 사랑받고 있다. 260개의 객실은 평범하지만 깨끗하게 관리되고 있고 기본 객실은 트윈베드가 있는 스탠더드룸이다. 퀸 사이즈 베드가 두 개 놓여진 스튜디오 스위트룸은 가족 여행객에게 인기가 높다. 조식도 꽤 알차게 나오는 편이다.

Access	수리아 사바 옆에 위치
Cost	스탠더드룸 RM250~, 스튜디오 스위트룸 RM450~
Address	Jalan Tun Fuad Stephen, Pusat Bandar Kota Kinabalu, 88000 Kota Kinabalu, Sabah
Tel	6088-245-567
Web	www.gayacentre.com

Stay : 1성급

호텔 에덴 54 Hotel Eden 54

2인실부터 4인실까지 31개의 객실이 있는 미니호텔이다. 저렴한 가격과 깨끗한 환경, 친절한 서비스로 배낭여행객에게 인기가 많은 곳이다. 객실은 많이 좁은 편이어서 창문이 없는 일부 객실은 답답한 편이다. 모든 객실에 욕실이 딸려 있고 공동주방이 있어 간단한 조리가 가능하다.

Access	가야 스트리트 북쪽에 위치
Cost	2인실 RM139~, 패밀리룸 RM239
Address	54, Jalan Gaya, 88000 Kota Kinabalu, Sabah
Tel	6088-266-054
Web	www.eden54.com

Stay : 1성급

보르네오 백패커스 Borneo Backpackers

시설이 빈약한 다른 호스텔에 비해 비교적 괜찮은 환경을 갖춘 호스텔이다. 제2차 세계대전 말 호주 군대의 캠프가 있던 곳으로, 1980년대까지 청남 인쇄소 Chung Nam Printing 건물이었다. 6인실 도미토리와 1~4인실이 있고 공동욕실과 화장실을 이용하게 된다. 간단한 조식과 수건을 제공하고 공동주방이 있다. G층에 비루비루 카페 Sharikat Biru Biru가 있다.

Access	공항 셔틀버스가 서는 메르데카 공원에서 도보로 약 5분. 가야 스트리트와도 가깝다.
Cost	6인실 도미토리 RM35(1인), 싱글 RM60
Address	24, Lorong Dewan, Pusat Bandar, 88000 Kota Kinabalu, Sabah
Tel	6088-234-009
Web	www.borneobackpackers.com

Stay : 1성급

마사다 백패커 Masada Backpacker

남녀 각각 4인실과 6인실 도미토리와 2인 가족실을 갖춘 호스텔로 비교적 좋은 위치에 깨끗하고 안전하게 관리되고 있어 배낭여행객에게 인기가 많다. 간단한 조식을 제공하며 여행자들을 위한 편의시설을 잘 갖추고 있는 편이다. 주변에 저렴한 로컬 레스토랑이 많고 가야 스트리트, 센터 포인트 쇼핑몰과도 가깝다.

Access	공항 셔틀버스 종점인 메르데카 광장에서 드림텔 방향으로 도보 5분
Cost	도미토리 RM38~, 트윈룸 RM90, 패밀리룸(6인) RM220
Address	12, Jalan Masjid Lama, Bandaran Berjaya, 88000 Kota Kinabalu, Sabah
Tel	6088-238-494
Web	ko-kr.facebook.com/masadabackpackers

• Special Island •

가야 섬(Gaya Island)

툰쿠 압둘 라만 해양국립공원의 섬 중 가장 큰 섬인 가야 섬에는 각기 다른 콘셉트의 럭셔리 리조트 세 곳이 있다. 섬 속의 섬으로 현실에서 벗어나 열대우림과 아름다운 바다에서 누구나 꿈꾸는 완벽한 휴가를 보낼 수 있는 곳이다.

#가야 섬 들어가기 & 나오기

	가야 아일랜드 리조트		가야나 에코 리조트 & 붕아 라야 아일랜드 리조트	
이용 제티	제셀턴 포인트			
요금(왕복)	성인 RM140, 어린이(2~11세) RM70		무료 (개별 요청 시 편도 RM150~)	
보트 시간	from 제티	from 리조트	from 제티	from 리조트
	08:00, 10:00, 12:00 14:00, 16:00, 18:00	09:00, 11:00, 13:00 15:00, 17:00, 18:30	12:30, 14:30, 16:30	13:00, 16:00
소요 시간	약 10분		15~20분	
Tip	✓ 제셀턴 포인트 각 리조트의 라운지에서 체크인을 하고 보트를 타게 되니, 출발 시간보다 30분 정도 일찍 도착하는 게 좋다. ✓ 리조트 내에 레스토랑이 있긴 하지만, 간단한 간식 정도는 챙겨가도록 하자. ✓ 툰쿠 압둘 라만 해양국립공원 환경부담금이 별도로 청구된다.			

© Gaya island Resort

#가야 섬 탐험 #Gaya Island Exploration

보르네오의 정글과 바다가 공존하는 툰쿠 압둘 라만 해양국립공원의 럭셔리 리조트에서 여행을 특별하게 해줄 액티비티 리스트를 파헤쳐보자. 여기 소개된 것 외에도 요가와 사바 전통게임 등 리조트별 특별 프로그램을 통해 즐길 수 있다.

✓ 스노클링 & 다이빙
전문가와 함께 최고의 포인트에서 스노클링과 다이빙을 즐길 수 있다. 리조트 해변에서 즐기는 스노클링과 카야킹도 만족스럽다.

✓ 정글 트레킹
매일 오전 정글 가이드와 함께하는 트레킹을 통해 보르네오의 정글을 경험해보자. 운이 좋으면 코주부원숭이나 날다람쥐, 독성이 강한 녹색뱀 등을 만날 수 있다. 어려운 코스가 아니어서 어린이도 참가 가능하다.

✓ 정글 스파
사바 스타일의 전통 스파를 특별한 환경에서 경험해보자. 사바 정글의 천연 재료를 이용한 스파는 치유와 힐링의 시간이 될 것이다.

✓ 키나발루 산이 보이는 일출
조금만 부지런하면 키나발루 산이 보이는 경이로운 일출을 만날 수 있다. 멋진 장관을 연출하니 놓치지 말 것.

✓ 리조트에서 만나는 동물친구들
가야 섬의 해변에서 멧돼지를 만나는 일은 흔하다. 각 리조트에서 돌보는 희귀동물은 물론 해양센터에서 바다생물들도 만날 수 있다.

#가야 아일랜드 리조트 #Gaya Island Resort

2012년 7월 문을 연 가야 섬의 세 번째 리조트로 말레이시아 럭셔리 리조트 그룹인 YTL 계열의 리조트다. 열대우림 사이사이 들어선 빌라 동은 사바 전통 양식의 영향을 받은 외관과 사바 지역에서 나는 자재를 사용해 지어진 자연친화적 리조트다. 현대적이고 우아한 객실은 은은한 조명 아래 따뜻한 색감으로 꾸며져 있고 테라스에는 널찍한 데이베드가 마련되어 있다. 모든 빌라는 15.6평으로 크기가 같고 위치에 따라 전망이 숲과 바다로 달라진다. 키나발루 빌라는 키나발루 산과 시부를 동시에 즐길 수 있는 전망으로 인기가 높다. 투 베드룸의 수리아 스위트는 넓은 거실과 침실 공간이 있고 키나발루 산과 바다의 최고 전망을 볼 수 있으며 24시간 버틀러 서비스를 제공한다. 객실에 전화기가 없는 대신 체크인 시 제공되는 스마트폰을 숙박 기간 동안 편리하게 이용할 수 있다. 언제든지 장비를 챙겨서 열대어와 산호가 풍부한 주변 바다로 뛰어들 수 있고, 바다를 향해 아름답게 뻗은 수영장에서는 완전한 휴식이 가능하다. YTL이 자랑하는 럭셔리 스파 체인인 스파 빌리지|Spa Village는 풍부한 자원의 바다와 사바 지역의 재료를 사용한 트리트먼트로 심신의 안정과 영혼의 치유에 도움을 준다. 매일 다양한 이벤트가 펼쳐지고 보트를 타고 이동해 가까운 비치에서 피크닉을 즐길 수도 있다. 가야 리조트 마린센터에서는 주변 해양식물을 연구하고 보호한다. 조용한 휴가를 원하는 모든 이들에게 적합한 리조트고 특히 허니무너들에게 추천하고 싶은 곳이다.

Access 제셀턴 포인트 라운지에서 체크인 후 보트로 이동. 약 20분 소요
Cost 캐노피 빌라 RM1,250~, 키나발루 빌라 RM1,400~
Address Malohom Bay, Gaya Island, 88100 Kota Kinabalu, Sabah
Tel 603-2783-1000, 한국번호 (001) 800-9899-9999
Web www.gayaislandresort.com

#가야나 에코 리조트 #Gayana Eco Resort

가야 섬에서 가장 오래된 리조트로, 자연친화적으로 설계됐고 해양 생태를 연구하는 연구소와 미니 해양박물관이 있는 에코 리조트다. 여유로운 크기의 방갈로형 객실 중 팜빌라, 오션빌라, 맹그로브빌라는 테라스와 바다가 연결돼 있어 바로 입수 가능하다. 허니무너에게 인기가 많은 팜빌라는 작은 야외 수영장이 딸려 있고 거실 바닥 중앙이 유리로 되어 있어 바다를 내려다볼 수 있다. 장비를 빌려 스노클링이나 카약킹을 즐기거나 아름다운 인피니티 풀에서 시간을 보낼 수 있다. 정글과 바다가 함께하는 리조트여서 가족 여행객에게도 인기가 많다. 지은 지 20년이 넘은 리조트여서 다소 낡은 면이 있으며, 날씨나 계절 상황에 따라 바다 상황이 달라질 수도 있다.

Access 제셀턴 포인트 라운지에서 체크인 후 보트 탑승. 약 15분 소요
Cost 열대우림 빌라 RM1,600~, 팜빌라 RM 2,850~
Address Malohom Bay, Gaya Island, Tunku Abdul Rahman Park, Kota Kinabalu, Sabah
Tel 6088-380-390
Web www.gayana-eco-resort.com

#붕아 라야 아일랜드 리조트
#Bunga Raya Island Resort

같은 계열의 가야나 에코 리조트가 바다 콘셉트라면, 붕아 라야 아일랜드 리조트는 정글 콘셉트의 리조트다. 붕아 라야는 말레이시아의 국화인 히비스커스의 말레이어로, 붉은 붕아 라야를 곳곳에서 만날 수 있다. 자연의 훼손을 최소화해 지어진 리조트는 정글 안에 빌라와 부대시설이 자리 잡고 있어서 한국인에게는 다소 낯선 환경일 수도 있다. 리조트 내에서 다양한 동물들과 마주칠 수 있고, 숲 속 캐노피 다리 건너편에 자리 잡고 있는 솔라스 스파Solace Spa에서 받는 스파도 특별한 경험으로 남을 것이다. 해안가에 길게 뻗은 인피니티 풀은 이곳에서도 가장 아름다운 바다 전망을 선사한다. 리조트 내 레스토랑에서 제공되는 모든 메뉴는 객실에서 서비스받을 수 있다. 가야나 에코 리조트와는 보트로 이동 가능하며, 양쪽의 부대시설을 모두 이용할 수 있다.

Access 제셀턴 포인트 라운지에서 체크인 후 보트 탑승. 약 20분 소요
Cost 디럭스 빌라 RM1,750~, 풀빌라 RM2,300~
Address Polish Bay, Gaya Island, Tunku Abdul Rahman Park, Kota Kinabalu, Sabah
Tel 6088-380-390
Web www.bungarayaresort.com

쿠칭 Kuching

• Intro •
고양이 도시, 쿠칭

사라왁 주의 주도 쿠칭은 다른 도시와는 확연히 다른 역사와 문화를 가지고 있다. 열대우림으로 둘러싸여 정글과 도시가 공존하는 독특한 환경으로, 말레이시아에서 가장 살고 싶은 도시로 꼽힐 만큼 사회 기반이 잘 되어 있고 경제적으로도 안정돼 있다. 역사적으로는 1841년부터 제2차 세계대전이 일어난 1941년까지 영국의 브룩Brooke 가문에 의해 통치를 받아 영국식 건축이나 문화가 곳곳에 남아 있고, 상업이 발달하면서 정착한 중국계 주민도 많은 편이다. 열대우림을 비롯한 신비한 자연환경이 있고 역사적 가치가 있는 깨끗하고 안전한 도시여서 기대 이상의 만족감을 주는 관광지다. 그러면서도 관광객이 차고 넘치는 도시가 아니라 조용하고 여유로운 휴가를 즐길 수 있고 호텔도 저렴하다. 말레이어로 '고양이'라는 뜻을 가진 도시답게 고양이들은 우아하고 품격 있어 보이며 유유히 흐르는 사라왁 강을 오가는 삼판의 모습은 어느 각도에서 봐도 그림 같아 절로 힐링이 된다.

#사라왁의 역사 #History of Sarawak

보르네오 섬 북부의 사라왁 주는 말레이시아 13개 주 중 가장 큰 124,450km² 로 남한보다 큰 면적이다. 사라왁의 약 50%가 열대우림 지대로 각종 동식물이 분포하고 있는 자연생태계의 보고다. 영혼의 새로 불리는 코뿔새Hornbill가 사라왁의 상징이다.

브루나이 왕조의 통치 아래 있던 사라왁 지역은 1841년 해적을 소탕한 공로를 인정받은 영국인 제임스 브룩James Brooke에게 통치권이 양도되면서 사라왁 왕국이 탄생했고, 쿠칭은 사라왁의 주도가 됐다. 1864년 '백인왕White Rajah'으로 불리던 제임스 브룩의 건강이 악화되면서 그의 사촌인 찰스 브룩Charles Brooke이 사라왁의 2대 수장이 됐다. 찰스 브룩은 1917년 아들인 바이너 브룩Vyner Brooke에게 왕위를 물려주기까지 오랜 기간 사라왁을 통치하면서 근대 사라왁의 발전을 이뤘다. 쿠칭의 여러 곳에서 찾아볼 수 있는 '마르게리타'라는 명칭은 그의 아내인 라니 마거릿Ranee Margaret의 이름에서 따온 것이다. 제2차 세계대전이 한창이던 1942년 사라왁이 일본에 점령되면서 백인 통치가 막을 내렸고, 1945년 전쟁 후 바이너 브룩은 사라왁을 영국의 식민지로 남기려고 했으나 1963년 말레이시아 연방 정부 탄생과 함께 말레이시아 연방 13개 주의 하나로 편입됐다.

★
도시 개요
【도시명】
쿠칭 Kuching
【위치】
보르네오 사라왁 주의 주도
【인구】
약 650,000명 (2010년)
【홈페이지】
sarawaktourism.com/kuching
【키워드】
고양이, 정글, 사라왁 강, 제임스 브룩, 삼판

★
관광안내소
Information Center
【Access】
풀만 호텔이 있는 언덕 방향 UTC 건물 1층. 톱 스폿 시푸드 레스토랑 옆에 위치
* 메르데카 광장 앞의 관광청 건물(STB)로 이사할 예정이다. 시기는 아직 미정.
【Open】
08:00~21:00 (공휴일 휴무)
【Address】
UTC Sarawak, Jalan Padungan, 93100 Kuching, Sarawak
【Tel】
6082-410-944
【Web】
sarawaktourism.com/kuching

• Must Try •
쿠칭 Best 3

#Sightseeing
보르네오의 자연과 문화를 여유롭게 즐겨보자.

바코 국립공원 (p.368)

사라왁 민속촌 (p.369)

사라왁 리버 크루즈 (p.371)

#Food & Relax
부담 없는 해산물 만찬과 사라왁의 맛을 만끽하자.

톱 스폿 시푸드 (p.378)

블랙 빈 커피 (p.380)

사라왁 락사 (p.365)

#Shopping
대형 쇼핑몰과 로컬 쇼핑 모두 만족스럽다. '후추'는 필수 쇼핑 목록이니 놓치지 말자.

플라자 메르데카 (p.382)

메인 바자 (p.382)

사라왁 후추 (p.364)

#Stay
5성급 호텔도 부담 없는 가격! 등급별 숙소 Best

Luxury 힐튼 호텔 (p.383)

Economy 리버사이드 마제스틱 호텔 (p.383)

Backpacker 싱가사나 로지 (p.385)

• Information • 01
쿠칭 들어가기 & 나오기

1. 비행기

아쉽게도 한국에서 쿠칭으로 가는 직항 노선은 없다. 쿠알라 룸푸르나 코타 키나발루를 경유해 가는 항공편이 가장 빠르다. 말레이시아항공이나 에어아시아에 쿠알라 룸푸르를 경유해 쿠칭까지 연결되는 노선이 있고, 에어아시아를 이용해 코타 키나발루, 페낭, 조호 바루, 미리, 싱가포르 등과 연결되는 여행 경로를 고려해볼 수도 있다.

Web   에어아시아 www.airasia.com
　　　　말레이시아항공 www.malaysiaairlines.com
　　　　쿠칭공항 www.kuchingairportonline.com

2. 고속버스

사라왁 주의 시부Sibu(RM50), 미리Miri(RM80) 등과 쿠칭을 연결하는 고속버스를 이용할 수 있다.
Web   www.busonlineticket.com/bus-info/kuching-bus-guide

쿠칭공항

• Information • 02
공항에서 시내 이동

쿠칭공항에서 시내까지 가는 대중교통 수단은 택시가 유일하다. 공항 내에 있는 택시 쿠폰 카운터Taxi Coupon Counter에서 목적지를 말하고 쿠폰을 받아 밖으로 나가 택시 승강장에서 택시를 타면 된다. 요금은 정액제로 공항에서 메인 바자까지 RM26이고, 우버나 그랩 택시를 이용하면 메인 바자까지 RM10 내외의 요금이 나온다. 공항에서 다마이 센트럴까지는 RM70이다.

• Information • 03
시내 교통

1. 택시

관광객이 가장 쉽게 이용할 수 있는 교통수단. 대부분 미터 택시로 기본 요금은 RM2에 1km마다 RM3이 추가된다. 원거리는 흥정에 의해 이동하는 경우가 많은데, 바가지나 속임수를 쓰는 기사는 거의 없다. 스마트폰 이용자라면 우버나 그랩 앱을 통해 일반 택시보다 저렴하게 택시를 이용하자.

2. 버스

리틀 인디아의 푸트라자야 버스터미널을 기점으로 쿠칭 시내와 외곽 지역을 연결한다. 시간이 오래 걸리지만, 깨끗하고 노선이 단순해서 이용할 만하다. 시간 변경이 많은 편이므로 관광안내소에서 노선을 확인하고 이용하자.

3. 셔틀버스

쿠칭 시내(그랜드 마르게리타 호텔)와 다마이 센트럴(사라왁 민속촌) 간의 공식 셔틀버스가 매일 5~9회 운행한다(계절별로 스케줄 변동이 있다). 그랜드 마르게리타 호텔 로비에서 티켓을 구입할 수 있고 왕복 티켓을 구입하면 할인된다. 이 외에도 워터프런트의 호텔과 다마이 비치 주변 리조트를 연결하는 셔틀버스가 있으니 호텔 프런트에 문의해보자.
Cost 　성인 편도 RM12, 왕복 RM20
　　　　어린이(6~12세) 편도 RM6, 왕복 RM10 (약 40분 소요)

4. 삼판

사라왁 강을 건너는 대중교통 수단으로 단돈 RM1이면 강을 건널 수 있다.

5. 관광버스

10명 이내의 단체 여행객은 관광버스를 대절해 주요 관광지를 돌아보는 것도 좋다. 보통 오전 7시부터 오후 7시까지 12시간을 기준으로 네 곳 정도의 관광지를 돌아보게 된다. 다마이 비치(사라왁 민속촌)와 오랑우탄 보호구역을 주요 목적지로 오전·오후로 일정을 짜고, 악어 농장이나 고양이 박물관 등을 포함해 둘러보도록 하자. 비용은 약 RM270이고 입장료는 별도다.

★
쿠칭 투어 예약
바코 국립공원과 세멩고 오랑우탄 보호구역 등 사라왁의 주요 관광지를 여행사 투어를 통해 당일부터 1박 이상의 투어로 다녀올 수 있다. 숙소부터 픽업&드롭을 비롯해 식사와 입장료 등이 포함돼 있다. 온라인으로 미리 예약할 수도 있고, 메인 바자 주변에 여러 여행사들이 있어 비교해보고 예약할 수도 있다. 하루 전에도 예약 가능하다. 개별 투어로 다녀올 경우 시즌별로 시간이 변경되는 교통편을 관광안내소에서 미리 확인하자.
Web 보르네오 어드벤처
borneoadventure.com/tours/sarawak/

• Itinerary •
쿠칭 추천 일정: 3박 4일

사라왁의 깨끗하고 안전한 도시 쿠칭은 작은 도시지만 역사적, 문화적 가치가 충분한 유적이 많은 곳이다. 사라왁 열대우림의 하이라이트인 바코 국립공원은 꼭 방문해보자.

#1일
관광 & 릴랙스

12:00
공항 도착 및
숙소 체크인
↓
13:00
메인 바자 &
워터프런트 둘러보기
(p.382, 372)
↓
17:30
사라왁 리버 크루즈
(p.371)

#2일
보르네오 정글 탐험

07:00
바코 국립공원
자유 여행 시 간식 준비
(p.368)
↓
17:00
저녁 식사
【추천】제임스 브룩 비스트로&카페
(p.379)
↓
18:00
쇼핑몰 둘러보기
후추 쇼핑은 필수!

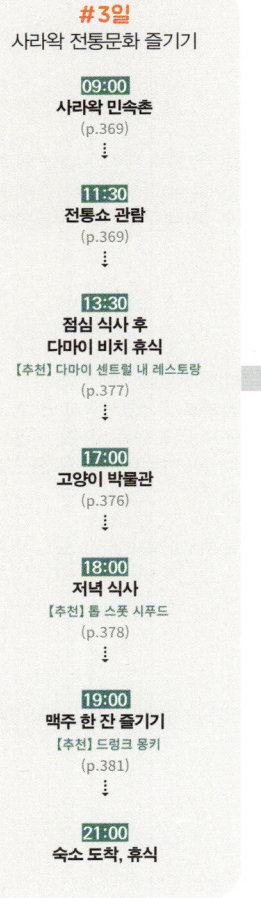

#3일
사라왁 전통문화 즐기기

09:00
사라왁 민속촌
(p.369)
↓
11:30
전통쇼 관람
(p.369)
↓
13:30
점심 식사 후
다마이 비치 휴식
【추천】다마이 센트럴 내 레스토랑
(p.377)
↓
17:00
고양이 박물관
(p.376)
↓
18:00
저녁 식사
【추천】톱 스폿 시푸드
(p.378)
↓
19:00
맥주 한 잔 즐기기
【추천】드렁크 몽키
(p.381)
↓
21:00
숙소 도착, 휴식

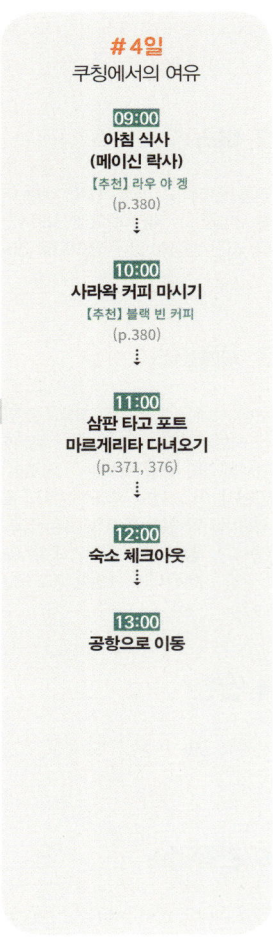

#4일
쿠칭에서의 여유

09:00
아침 식사
(메이신 락사)
【추천】라우 야 껭
(p.380)
↓
10:00
사라왁 커피 마시기
【추천】블랙 빈 커피
(p.380)
↓
11:00
삼판 타고 포트
마르게리타 다녀오기
(p.371, 376)
↓
12:00
숙소 체크아웃
↓
13:00
공항으로 이동

• Kuching Fun • 01

쿠칭에서 고양이 찾기

고양이의 도시 쿠칭은 이름에 걸맞게 시내 곳곳에서 흥미로운 고양이상을 만날 수 있다. "여기가 바로 고양이의 도시!"라고 외치는 듯한 고양이상은 여행의 활력소가 되기 충분하다. 가장 쉽게 만날 수 있는 것은 그랜드 마르게리타 호텔 앞 교차로에 있는 '고양이 가족'으로 쿠칭 북의회의 대표 동상이기도 하다. 근엄한 아빠와 인자한 엄마를 둘러싸고 놀고 있는 일곱 마리 새끼들의 개구진 모습이 사랑스럽다. 가장 유명한 그레이트 캣(The Great Cat of Kuching)은 1988년 최초로 세워진 고양이상으로 쿠칭 남부의회의 대표 동상이다. 사람의 키를 훌쩍 넘는 크기의 하얀 고양이는 중국 설날, 크리스마스 등 명절이나 축제 때 그에 걸맞은 옷을 입는다. 둘 다 예술성 높은 작품이라고 하기는 어렵지만 충분히 사랑스럽고 흥미롭다. 파둥안 거리(Jalan Padungan)의 교차로에도 라플레시아 꽃이 달린 기둥 아래 네 마리의 고양이상이 있고, 제임스 브룩 비스트로&카페 정원에서는 정교한 청동 고양이상을 만날 수 있다. 친숙함 때문인지 기분 탓인지 실제 쿠칭의 고양이들은 다른 지역의 고양이에 비해 날씬하고 깨끗하며 잘생겨보인다.

가장 찾기 쉬운 고양이 가족 동상

그레이트 캣

파둥안 거리에 있는 고양이 4마리

쿠칭의 고양이가 예뻐 보이는 건 기분 탓일까?

구애하는 고양이 앞에 쥐 잡는 고양이

• Kuching Fun • 02

후추사탕 먹어봤니?

쿠칭 쇼핑리스트의 필수 아이템이 바로 후추다. 전 세계 유명 셰프들에게 사랑받는 사라와 후추는 뛰어난 맛과 최고의 품질을 자랑한다. 크게 검은 후추(Black Pepper)와 흰 후추(White Pepper)로 나뉘어 통후추부터 굵기별로 다양한 후춧가루가 판매되는데, 특히 'Sara Spice' 브랜드가 제일 맛있다. 허브 맛이 나는 듯한 사라와 후추는 어린이들도 부담 없이 먹을 수 있는데, 흰 후추가 조금 더 비싸고 자극적인 향이 덜하다. 특산품답게 후추가 들어간 후추사탕과 후추커피도 인기가 있다. 매콤한 후추 향과 달달함이 섞여 호불호가 갈리는 맛인 후추사탕은 남자, 특히 흡연자에게 호응이 높은 편이다.

• Kuching Fun • 03

제비집

후추사탕과 더불어 쿠칭에서 살 수 있는 독특하고 흥미로운 제품이 바로 제비집 젤리다. 사라와의 정글에서 수작업으로 채집되는 제비집은 천연 자양강장제로 유명하다. 직접적 효능을 보고 싶은 사람은 제비집을 사면 되고, 가볍게 즐기고 싶은 사람은 젤리나 음료로 충분하다. 제비집 젤리도 맛에서는 호불호가 갈리지만 건강에 좋다고 하니 일단 먹어보자.

• Kuching Fun • 04

감비르 사라왁

사라왁 정글의 감비르 나무에서 채취한 액으로 만든 감비르 사라왁(Gambir Sarawak)은 원주민들 사이에 민간요법으로 효능을 인정받은 약품이다. 치통이나 피어싱 후의 통증을 줄여주고, 벌이나 전갈, 물고기 등에 물려 독성에 감염됐을 경우 해독제 역할을 한다. 사용법은 손바닥에 적당량을 덜어 희석시킨 후 해당 부위에 바르면 된다. 가장 유명한 감비르의 효능은 19금 성인용으로 남자들이 사용한다고 한다.

• Kuching Fun • 05

맛있는 쿠칭

보르네오 섬 사라왁 주에 있는 쿠칭은 문화와 자연적 배경을 바탕으로 고유의 음식문화를 발전시켜왔다. 사라왁 락사와 켁 라피스를 대표로 사라왁 콜로미 등 중국이민자들이 발전시킨 음식과 신선한 해산물 요리도 쿠칭이 자랑하는 음식이다. 세계 최고 품질을 자랑하는 후추 등 향신로드 요리의 풍미를 더하는 데 한몫하고 있다.

#사라왁 락사 #Sarawak Laksa

사라왁 대표 음식으로 페낭 락사와는 전혀 다른 맛이다. 닭고기와 새우로 낸 육수에 코코넛 밀크를 섞어 고소하고 담백한 맛이 강한 국물에 미훈 국수를 넣고 각종 해산물과 육류, 달걀 노른자 지단을 올려 먹는다. 맵지 않고 중독성이 강한 맛으로 국물까지 깨끗하게 비우게 된다.

#사라왁 커피 #Sarawak Coffee

커피 애호가라면 놓치지 말아야 할 희귀템. 사라왁 정글에서 생산되는 커피로 보디감이 풍부하고 산도가 낮으며 부드럽고 마일드한 향이 특징이다. 우유와 특히 잘 어울리는 맛이다. 블랙 빈 커피(p.380)에서 당일 로스팅한 원두를 진공포장해서 판매한다.

쿠칭 레스토랑의 필수 메뉴

사라왁에서만 맛볼 수 있는 커피

#미딘 #Midin

사라왁에서만 맛볼 수 있는 야생 고사리로 이 지역의 정글에서 자란다. 갖가지 소스를 섞은 볶음요리가 별미다. 쉽게 시들기 때문에 외부 지역으로 수출이 어려워 당일 이른 아침에 채집한 것을 그날 판매하고 요리해 먹는다고 한다.

#켁 라피스 #Kek Lapis

떡과 케이크의 중간쯤 되는 사라왁의 간식이자 디저트. 깜풍 보얀의 미라 케이크 하우스 Mira Cake House가 대표 상점이다. 겹겹이 화려한 색상만큼 다양한 맛을 자랑하는 켁 라피스는 식사 대용으로 먹어도 든든하다. 상온에서 일주일 정도 보관이 가능하다.

한 개당 RM10~15

Activity ★★★

바코 국립공원 Bako National Park

사라왁 여행의 하이라이트로, 쿠칭에 왔다면 놓치지 말아야 할 환상적인 자연의 보고다. 환경문제의 심각성을 깨달은 정부의 보호 아래 열대우림이 잘 보존되고 있다. 바코^{Bako}는 맹그로브라는 뜻으로 바다에 뿌리내리고 사는 맹그로브 숲의 아름답고 신비스러운 바다를 지나 정글로 들어가게 된다. 정글 안에는 보르네오 섬에 있는 거의 모든 식물종이 있고, 다양한 종의 원숭이, 왕도마뱀, 야생 멧돼지 등을 가까이서 볼 수 있다. 특히 보르네오 섬의 맹그로브 숲이나 늪지대에만 서식하는 희귀 원숭이인 코주부원숭이^{Proboscis Monkey}를 볼 수 있는데, 정글 가이드(시간당 RM20)와 함께하면 이 원숭이를 볼 확률이 높다. 등산이 익숙하지 않은 초보자는 가장 짧은 한 시간짜리 트레일을 선택하는 것이 좋고, 한 시간 반 정도 걸리는 'T.Pandan Kecil'은 누구나 무리 없이 즐길 수 있다. 도착점에 펼쳐지는 환상적인 해변은 말로 표현할 수 없는 감동을 준다. 해변에서 돌아오는 길에 버섯 바위인 시 스택^{Sea Stack}의 모습도 사진에 꼭 담아보자.

Access 쿠칭 시내에서 버스 No.1로 약 50분 소요

Tip 1 바코 국립공원 자유여행

준비물 트레킹 슈즈, 물, 모기 퇴치제, 선크림, 모자, 간단한 간식

1. **쿠칭-바코 빌리지(보트제티)**
리틀 인디아 버스터미널 1번 정류장 No.1 버스 (RM3.5, 약 50분 소요, 07:00부터 한 시간 간격 운행)

2. 관리사무소에서 입장 등록(입장료 RM20) & 보트 티켓 구매(왕복 RM40)

3. 보트로 베이스캠프로 이동(20분 소요), 돌아가는 보트 시간 예약. 보트 기사의 이름과 비상 연락처를 알아두자.

4. 입장료 재구매(외국인만 적용. 성인 RM20, 어린이 RM7)

5. 원하는 트레일의 지도를 받고 트레킹 시작. 종착지 해변에서 보트로 베이스캠프까지 이동(추가 비용)한 후, 약속 시간에 보트를 타고 바코 빌리지로 이동.

6. **바코 빌리지-쿠칭**
No.1 버스
운행시간 08:00~18:00, RM3.5, 한 시간 간격(Return 08:00~18:00)
미니밴
RM5(인원이 차면 출발한다) 또는 택시 이용(약 RM50)

Tip 2 여행사 일일 투어

오전 8시 30분경 호텔 픽업을 시작으로 가이드를 따라 이동하면 된다. 모든 교통비와 식사 입장료가 포함돼 있고 오후 4~5시경 숙소로 돌아온다. 성인 RM280

Activity ★★★

사라왁 민속촌 Sarawak Cultural Village

사라왁 원주민들의 전통문화와 생활방식을 직접 체험해볼 수 있는 살아 있는 박물관으로, 전설의 산인 산투봉 산을 배경으로 68,796㎡ 면적의 열대우림에 자리 잡고 있다. 혼빌(코뿔새)의 땅 사라왁에는 약 27개의 부족이 있는데, 크게 말레이Malay, 다약Dayak, 소수 부족인 오랑울루Orang Ulu, 멜라나우Melanau 4개 부족으로 나눌 수 있다. 이 중 다수를 차지하는 다약의 이반Iban과 비다유Bidayuh, 그리고 오랑울루족의 롱하우스, 멜라나우족의 톨하우스 등 전통가옥이 있고, 그 안에서 전통 복장을 한 원주민이 의식주와 공예 등 생활모습과 문화를 직접 재현하고 설명해준다. 실제로 약 150명의 원주민이 이곳에 거주하고 있다. 문화적 유산이 풍부한 만큼 다양하고 독특한 체험을 할 수 있고, 정글 속 마을을 누비면서 자연과 하나가 되기도 한다. 매일 오전 11시 30분과 오후 4시에는 전통음악과 댄스 등 다양한 퍼포먼스를 포함한 전통쇼가 펼쳐지는데, 이 시간에 맞춰 방문해 3~4시간 정도 천천히 둘러본 후 다마이 비치에서 휴식을 취하는 것도 좋겠다. 민속촌 내에 식당과 기념품숍 등이 있다.

Access	쿠칭 시내에서 차로 45분 소요. 다마이 센트럴 건너편에 위치. 그랜드 마르게리타 호텔과 다마이 센트럴 간을 운행하는 셔틀버스가 있다.
Open	09:00~17:00
Cost	성인 RM60, 어린이(6~2세) RM30
Address	Damai Beach Resort, 93762 Kuching, Sarawak
Tel	6082-846-411
Web	www.scv.com.my
Bring	선크림, 물, 모자나 양산

Tip 레인포레스트 월드 뮤직 페스티벌 Rainforest World Music Festival

매년 여름 사라왁 민속촌에서 열리는 음악축제로, 보르네오 정글의 전설이 가득한 신비로운 산투봉 산의 기운과 아름다운 음악이 어우러지는 축제다. 낮 시간에는 전 세계 연주자들과 함께하는 여러 가지 유익한 워크숍과 미니 콘서트 등이 열리고, 밤 시간에는 메인 공연이 열린다. 3일 동안 열리는 이 축제는 1일 패스와 3일 패스가 있고, 성인은 물론 어린이까지 온 가족이 즐길 수 있다. 가족 패키지도 판매한다.

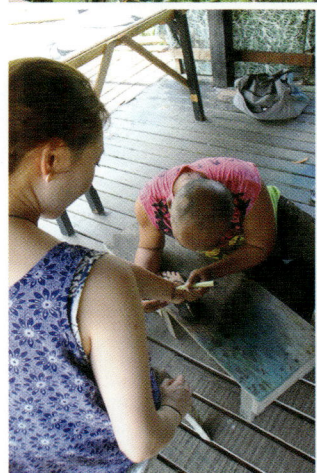

Activity ★★☆

세멩고 오랑우탄 보호구역 Semenggoh Nature Reserve

쿠칭에서 남쪽으로 24km 떨어져 있는 이곳은 멸종 위기에 처한 오랑우탄을 보호하고, 부모를 잃은 어린 오랑우탄들이 다시 정글에서 살 수 있게 적응시키는 곳이다. 하루 두 번 먹이 주는 시간에 먹이를 먹으러 나타나는 오랑우탄을 만나볼 수 있다. 버스나 택시를 이용하거나 현지 여행사의 반일 투어 프로그램으로 편리하게 다녀올 수도 있다. 개별로 갈 경우 20분 정도 숲으로 들어가야 하기 때문에 한 시간 전에는 도착하는 게 좋다. 12~5월에는 숲에 열매가 많아 오랑우탄이 나타날 가능성이 적으니 참고하자.

Access 리틀 인디아 버스터미널 2번 정류장에서 K6번 버스를 타면 입구에서 내린다.
Open 08:00~11:00, 14:00~16:00 피딩 타임 09:00~10:00, 15:00~16:00
Cost 성인 RM10, 청소년(6~18세) RM4, 60세 이상 RM6
Address 93250 Siburan, Sarawak   Tel 609-610-088, 1-800-88-2526
Web sarawaktourism.com/attraction/semenggoh-nature-reserve/

> **Tip 버스 스케줄**
> 시즌별로 스케줄이 달라지니 관광안내소에서 확인하자.
>
> **6번** (요금 RM4)
> 시내 출발 06:45, 12:15
> 세멩고 출발 10:00, 15:45
>
> **K6번** (요금 RM4,3)
> 시내 출발 07:15, 10:15, 13:00, 16:45
> 세멩고 출발 08:45, 11:15, 14:15, 16:15

Activity ★☆☆

구능 가딩 국립공원
Gunung Gading National Park

현존하는 가장 큰 꽃인 라플레시아를 볼 수 있는 곳으로, 1963년 라플레시아 보호구역을 만들어 1994년 일반인에게 개방하기 시작했다. 현지 여행사에서는 구능 가딩 국립공원 트레킹과 라플레시아 꽃 관람, 바다 휴식을 포함한 일일 투어 프로그램을 운영한다. 개별로 갈 경우 꽃이 피었는지 전화로 확인하고 가도록 하자.

Access 쿠칭 센트럴에서 EP7버스(RM12, 08:15, 11:00, 14:00, 16:00)로 2시간 소요
Open 08:00~17:00   Cost 성인 RM20
Address 94500 Lundu, Sarawak   Tel 6082-735-144
Web sarawaktourism.com/attraction/gunung-gading-national-park/

Activity ★☆☆

악어 농장 Jong's Crocodile Farm

쿠칭 시내에서 29km 떨어진 시부란Siburan 지역에 있는 악어 농장으로 자동차로 20분 정도 소요된다. 피딩 타임에 도착하면 먹이를 먹는 야생 악어의 모습을 볼 수 있다. 이 외에도 공작새 정원과 미니 동물원, 세계 최대의 담수어인 피라루쿠가 사는 연못 등 다양한 볼거리를 제공하고 있어 어린이를 동반한 가족 여행객들에게 추천할 만하다.

Access 리틀 인디아 버스터미널 2번 정류장에서 3A 버스 (45분 소요)
Open 09:00~17:00 피딩 타임 11:00, 15:00
Cost 성인 RM22, 어린이(3~12세) RM11
Address Siburan, 29Km Kuching-Serian Road, 93250 Kuching, Sarawak
Tel 6082-863-570, 6082-242-790
Web www.jongscrocodile.com

Activity ★★☆

6

사라왁 강 크루즈 Sarawak River Cruise

**아름다운 사라왁 강을 즐기는
가장 좋은 방법은 역시 뱃놀이!**
주요 관광지가 강변을 따라 자리 잡고 있어서 크루즈 한 번으로 쿠칭의 현재 모습을 간단하게나마 돌아볼 수 있다. 일반인의 출입이 통제되는 아스타나와 금빛 시의회 건물을 가까이서 볼 수 있고, 전설이 깃든 산투봉 산의 모습도 멀리 바라볼 수 있다. 워터프런트를 거닐다 보면 다양한 종류의 크루즈를 만날 수 있는데, 바의 종류와 코스에 따라 가격이 다르다. 샤오 트나 전화로 미리 예약할 수 있고, 현장에서 직접 예약할 수도 있다. 삼판을 타고 단순히 강을 건너는 것도 흥미롭다.

↳ 사라왁 리버 크루즈 Sarawak River Cruise

관광청에서 운영하는 유람선으로 웰컴 음료가 제공되고 전통공연도 열린다. 화장실을 갖춘 2층 구조의 유람선을 타고 약 한 시간 반 동안 사라왁 강변을 따라 산투봉 산이 보이는 지점까지 다녀오는 크루즈다.

Open	선셋 크루즈 17:30~19:00, 시그니처 크루즈 15:00~16:00
Cost	선셋 크루즈 성인 RM60, 어린이(4~12세) RM30
	시그니처 크루즈 성인 RM45, 어린이(4~12세) RM27
Web	www.sarawakrivercruise.com

↳ 사라왁 전통 보트 크루즈
Sarawak Traditional Boat Cruise

말레이 전통 배인 삼판을 타고 한 시간 동안 강변을 둘러보는 크루즈다. 오전 10시부터 한 시간 혹은 한 시간 반 간격으로 운행된다.

Open	10:00~18:30
Cost	성인 RM30, 어린이 RM9 (프로모션 또는 현장 흥정이 가능하다)
Web	www.ssoonz.com

↳ 삼판 Sampan

단돈 RM1으로 탈 수 있는 사라왁의 전통 보트. 아름다운 사라왁 강을 오가며 현지인과 관광객의 발이 되어주는 매력적인 교통수단이다. 기본적으로는 모터엔진으로 이동하지만 사공이 노를 저어 움직인다. 약 2~3분간의 짧은 시간이지만 '기익~ 기익~' 노 젓는 소리와 물결 소리의 앙상블은 강변의 낭만을 느끼기에 충분하다. 사라왁 강변 여러 곳에 선착장이 있고 사람이 어느 정도 차면 출발한다.

Sightseeing ★★★

워터프런트 사라왁 강 Waterfront Sarawak River

그랜드 마르게리타 호텔 주변부터 리틀 인디아에 이르기까지의 강변을 따라 조성되어 있는 공원이다. 유명 호텔과 레스토랑이 들어서 있고, 강을 건너는 교통수단인 삼판을 탈 수 있는 작은 선착장들이 있다. 사라왁 리버 크루즈도 이곳에서 출발한다. 워터프런트 남쪽으로 메인 바자와 차이나타운, 리틀 인디아 등이 형성되어 쿠칭 시내의 중심을 이루고 있다. 강 건너로는 쿠칭의 랜드마크인 화려하고 웅장한 사라왁 주의회 의사당과 아스타나가 보인다. 유유히 흐르는 강 위로 건너다니는 삼판이 절로 아름다운 그림을 만들어내는 이곳은 쿠칭 시민들의 최고의 휴식 공간이자 연인들의 데이트 코스이기도 하다. 사라왁 강을 잇는 336m 길이의 S자형 보행자 다리인 골든 브리지의 완공으로 강변은 과거와 미래를 넘나드는 화려한 풍경으로 변신했다.

Access 공항에서 차로 약 15분

Sightseeing ★★☆

사라왁 주의회 의사당
New Sarawak State Legislative Assembly

사라왁 강변에서 가장 눈에 띄는 아름다운 금색 빌딩으로, 2009년 3월에 완공되어 그해 7월부터 주의회 의사당 역할을 해오고 있다. 사라왁의 미래를 상징하는 9층 건물은 순식간에 사라왁과 쿠칭을 대표하는 랜드마크가 되었다. 일반인의 출입은 통제되어 있고 내부를 보기는 어렵지만, 강변에 비치는 금빛 건축물은 낮에도 밤에도 그 아름다움을 잃지 않는다.

Access 워터프런트 강변 어디서나 보인다.
Address Petra Jaya, 93050 Kuching, Sarawak

Sightseeing ★☆☆

아스타나 Astana

아스타나는 궁전이란 뜻의 이스타나(Istana)에서 유래된 명칭이다. 영국 식민지였던 1870년에 찰스 브룩이 부인인 마거릿에게 결혼 선물로 지어준 왕궁으로 통치 기간 동안 이곳에서 거주하기도 했다. 세 개의 건물이 좁은 통로로 연결되어 있는 아스타나 왕궁은 현재 사라왁 주지사의 관저로 사용되고 있다. 일반인의 출입은 금지되어 있으며 이슬람의 큰 명절인 하리 라야 기간에만 공개된다.

Access 워터프런트 강변에 위치. 사라왁 주의회 의사당 옆으로 보인다.
Address Jalan Astana Lot, Kampung Istana, 93050 Kuching, Sarawak

Sightseeing ★★☆

올드 코트하우스 The Old Courthouse

영국의 통치하에 지어진 콜로니얼 양식의 건축물로 역사적 의미를 지닌 랜드마크다. 6년의 시간을 거쳐 1874년 완공된 올드 코트하우스는 1878년부터 1973년까지 주의회 의사당으로 사용되었다. 4개의 블록으로 나뉜 건물이 정원을 빙 둘러싼 구조를 취하고 있으며 1883년 콜로니얼 바로크 양식의 시계탑이 세워지면서 정문의 역할을 하고 있다. 1924년에는 2대 백인 통치자 찰스 브룩의 기념비가 그 앞 광장에 세워졌다. 현재는 대부분의 건물동이 레스토랑 겸 종합문화공간인 '차이나 하우스'로 채워져 있다.

Access 워터프런트에 위치
Address Jalan Tun Abang Haji Openg, 93000 Kuching, Sarawak

Sightseeing ★☆☆

스퀘어 타워 Square Tower

올드 코트하우스, 포트 마르게리타와 더불어 영국 식민지 시대에 건축된 새하얀 사각 건축물이다. 1879년 지어져 원래는 지하까지 감옥이었고, 이후에 사라왁 강을 지키는 요새로 이용되다가 한동안은 댄스홀로도 쓰였다고 한다. 갤러리 등 이벤트 공간으로 활용되다가 현재는 개인에게 인수되어 레스토랑으로 운영되고 있다. 주변 광장에서는 영화 상영 등 이벤트가 열리기도 한다.

Access 워터프런트 올드 코트 하우스 앞 광장에 위치
Address Jalan Gambier, Jalan Main Bazaar, 93000 Kuching, Sarawak
Tel 6082-426-093

Sightseeing ★★☆

중국 역사 박물관
Chinese History Museum

1912년에 지어진 건물로 1921년까지 중국인 커뮤니티의 의회로 사용되었다. 사라왁으로 건너온 중국 이민자들의 역사와 생활에 대해 전시한 이곳은 낯선 땅에서 중국의 역사와 문화를 계승하고 보존해온 선조들의 노력과 업적을 후손들에게 알리고자 만들어졌다. 콜로니얼 양식의 영향을 받은 건물로 중국 역사 박물관으로 새롭게 문을 연 것은 1993년이다.

Access 워터프런트에 위치. 투아펙콩 사원에서 대각선 방향
Open 평일 09:00~16:45, 주말·공휴일 10:00~16:00
Cost 무료
Address Jalan Tunku Abdul Rahman, 93756 Kuching, Sarawak
Tel 6082-231-520
Web www.museum.sarawak.gov.my

Sightseeing ★★☆

투아펙콩 사원 Tua Pek Kong Temple

쿠칭에서 가장 오래된 중국 불교사원. 화려한 색감과 장식의 중국사원으로 기록에는 1876년부터 있었다고 하는데 실제로는 1843년부터 있던 사원으로 알려져 있다. 중국계 말레이시아 신인 투아펙콩(대백공大伯公)을 주신으로 모시는 사원으로 관음, 지장왕보살도 같이 모신다. 쿠칭에서 가장 크고 오래된 사원답게 조상을 기리고 소원을 빌며 향을 피우는 사람들이 넘쳐난다.

Access 메인 바자 동쪽 끝 교차로 지점에 위치
Open 08:00~22:00
Cost 무료
Address Jalan Tunku Abdul Rahman, 93100 Kuching, Sarawak

Sightseeing ★☆☆

홍산시 사원 Hong San Si Temple

1848년 중국 호키엔(복건성)에서 온 사람들이 세운 중국 사원으로, 그 지역에서 널리 존경받는 콩텍춘옹Kong Teck Choon Ong을 모신다. 전설 속 동물과 신들이 앉은 지붕은 화려한 색채와 정교한 조각으로 이 사원에서 가장 인상적인 부분이다. 사원 전체가 정교한 돌조각과 벽화로 이루어진 예술품이어서 어디 하나 소홀히 볼 수가 없다. 매년 음력 2월 22일 신의 생일을 기리는 축제가 성대하게 열린다.

Access	투아펙콩 사원에서 카펜터 거리로 들어가는 초입에 위치
Open	06:00~18:00
Cost	무료
Address	5, Wayang Street, 93000 Kuching, Sarawak

Sightseeing ★☆☆

세인트 토머스 성당 St. Thomas's Cathedral

의사이자 성직자였던 프란시스 토머스 맥더갈 주교가 1848년 세운 영국 성공회 교회다. 식민지 시대 사라왁의 첫 통치자였던 제임스 브룩의 초청으로 쿠칭에 온 이후 선교에 전념하여 사라왁에 천주교를 전파한 성직자이기도 하다. 2층에서 바라보는 성당 내부의 모습도 매우 아름답다.

Access	메르데카 광장 옆에 위치
Open	월~토 08:30~18:30, 일 07:30~16:30(변동 가능)
Cost	무료
Address	Jalan Tun Abang Haji Openg, 93000 Kuching, Sarawak
Tel	6082-242-625
Web	www.stthomascathedralkuching.org

Sightseeing ★★☆

섬유 박물관 Textile Museum

영국 르네상스와 콜로니얼 스타일이 접목된 직사각형 모양의 3층 건물로, 1907년 병원으로 세워졌던 것이 교육청이 되었다가 2005년 섬유 박물관으로 변신해 일반에 공개됐다. 말레이시아 전통 섬유의 직조 과정을 재현해 놓았고 전통 부족들의 의상과 비즈 장신구가 전시되어 있다. 큰 규모는 아니지만 알차게 꾸며져 있고 박물관 내부도 멋지다.

Access	워터프런트 호텔 지나서 우체국 건너편에 위치
Open	평일 09:00~16:45, 주말·공휴일 10:00~16:00
Cost	무료
Address	5, Jalan Tun Abang Haji Openg, 93000 Kuching, Sarawak
Web	www.museum.sarawak.gov.my

Sightseeing ★★☆

이슬람 박물관 The Islamic Heritage Museum

1930년 영국 식민지 시대에 대학으로 세워져 이후 교육청으로 사용됐던 것이 1992년부터 이슬람 박물관이 되었다. 사라왁 이슬람의 역사, 건축, 과학과 문학, 음악, 무기, 생활 장식, 코란 등 7개의 테마로 나뉘어 전시되어 있다. 자위문자를 사용한 최초의 비문인 트릉가누 비석 Batu Bersurat Terengganu의 일부가 전시되어 있다.

Access	워터프런트에서 도보 15분, 사라왁 박물관 공사현장 뒤쪽에 위치
Open	평일 09:00~16:45, 주말·공휴일 10:00~16:00
Cost	무료
Address	Jalan P. Ramlee, 93400 Kuching, Sarawak
Tel	6082-244-232, 6082-244-378
Web	www.museum.sarawak.gov.my

Sightseeing ★★☆

민족학 박물관 Ethnology Museum

1891년 찰스 브룩에 의해 세워진 건축물로 프랑스의 노르망디 시청을 모티브로 디자인했다고 한다. 2층 건물로 아래층은 자연사 박물관과 원시 시대 생활과 도구 관련 전시관으로 나뉜다. 자연사 박물관은 멸종된 동물의 뼈 구조물 등 여러 동물의 일생에 대해 전시되어 있어서 흥미롭다. 특히 어린이들이 좋아하는 곳이다.

Access	메르데카 광장을 지나 왼쪽 언덕에 있는 하얀색 건물이다.
Open	평일 09:00~16:45, 주말·공휴일 10:00~16:00
Cost	무료
Address	Jalan Tun Abang Haji Openg, 93400 Kuching, Sarawak
Tel	6019-876-6641
Web	www.museum.sarawak.gov.my

Tip 박물관은 공사 중
쿠칭 최대 박물관이었던 '사라왁 박물관'은 신구관을 합쳐 현재 건설 중인 새 빌딩으로 이전하게 된다. 2020년 완공 예정.

Sightseeing ★☆☆

리틀 인디아 Little India

관광객을 위한 곳이라기보다는 현지 인도계 말레이시아인들을 위한 거리다. 독특한 향신료, 커리 재료를 파는 식료품숍, 히잡이나 전통 의상인 사리Sari 등을 파는 의류숍이 모여 있다. 리틀 인디아 가운데 갬비어 거리 Jalan Gambier라는 좁은 골목이 있는데, 본래의 모습을 많이 잃기는 했지만 19세기 중반 쿠칭의 인디안 무슬림들이 세운 작은 모스크를 만날 수 있다. 쇼핑에는 적합하지 않지만, 이국적인 정취와 색다른 문화를 접하고 싶다면 둘러볼 만하다. 쿠칭 시내와 시외를 이어주는 버스터미널이 있다.

Access	올드 코트하우스 옆 Jalan Barrack으로 들어가면 오른쪽에 위치

Sightseeing ★★★

쿠칭 모스크 Kuching Mosque

1847년 세워진 쿠칭 최초의 모스크로, 1968년 말레이시아 국왕이 지금의 모스크를 새로 지으며 쿠칭의 대표 모스크가 됐다. 핑크색 외벽에 금빛 돔 지붕의 모스크는 사라왁 강이 보이는 언덕에 자리해 전략적으로도 중요하다. 4000여 명을 수용할 수 있는 규모다. 이곳에서 바라보는 쿠칭 시내와 사라왁 강의 풍경은 매우 아름답기로 소문나 있고, 특히 선셋을 감상하기 좋은 곳이다. 오래된 모스크라는 뜻의 '마스짓 라마Masjic Lama'라고도 불린다.

Access	리틀 인디아 끝 언덕에 위치
Open	06:00~20:30 (비신자는 기도 시간에 입장 불가)
Cost	무료
Address	Jalan Datuk Ajibah Abol, 93400 Kuching, Sarawak

Sightseeing ★★★

포트 마르게리타 Fort Margherita

1879년 사라왁을 통치하던 찰스 브룩이 해적을 대비해 요새로 지은 건물로 영국의 고성 같은 아름다운 외관에 역사적으로도 큰 의미를 지닌 곳이다. 3층 건물 꼭대기에 적을 관찰할 수 있는 전망대가 있고 높은 벽으로 둘러싸인 정원에는 요새의 역할을 짐작하게 하는 대포들이 줄을 서 있다. 제2차 세계대전 시 죄인을 가두고 처벌했던 곳이기도 하다. 현재는 이곳의 역사를 알 수 있는 내용을 전시한 박물관으로 이용된다.

Access	삼판을 타고 강을 건너 깜풍 보얀 초입 왼쪽으로 표지를 따라가면 위치
Open	평일 09:00~16:45, 주말·공휴일 10:00~16:00
Cost	무료
Address	Petra Jaya, 93050 Kuching, Sarawak
Web	www.museum.sarawak.gov.my

Sightseeing ★★☆

깜풍 보얀 Kampung Boyan

삼판을 타고 워터프런트를 건너면 말레이시아 전통 가옥들이 보존돼 있는 마을을 만날 수 있다. 포트 마르게리타로 가는 길목에 있는 마을로 말레이 깜풍 중 가장 접근하기 쉬운 곳이기도 하다. 사라왁 지역의 전통 간식인 켁 라피스로 유명한 미라 케이크 하우스와 푸드코트가 강변을 따라 자리 잡고 있다. 선착장부터 사라왁 주의회 의사당 근처까지 놓여진 강변의 다리를 따라 산책하는 것도 좋다.

Access	워터프런트에서 삼판을 타고 강을 건너면 위치

Sightseeing ★★☆

고양이 박물관 Cat Museum

쿠칭 시내 북쪽으로 부킷 시올 Bukit Siol 이라는 언덕에 위치한 쿠칭 북시청 건물 안에 있다. 규모가 큰 편은 아니지만 고양이 도시의 박물관답게 전 세계 고양이 캐릭터를 모두 모아 놓은 듯하다. 입장료는 무료지만 사진을 촬영하려면 비용을 내야 한다. 해발 60m 위에 있는 언덕에서 내려다보는 쿠칭 타운의 전망도 즐겨보자. 다마이 비치로 이동하는 중에 잠깐 들러도 좋다.

Access	리틀 인디아 3번 버스 정류장에서 K15번 버스(08:00, 10:30, 13:00, 15:30, 17:40) 이용
Open	09:00~17:00 (공휴일 휴무)
Cost	무료, 사진촬영 RM3, 영상촬영 RM5
Address	Bukit Siol, Jalan Semariang, Petra Jaya, 93050 Kuching, Sarawak
Tel	6082-446-688

Sightseeing ★★☆

다마이 비치 Damai Beach

쿠칭 시내에서 북쪽으로 약 45분을 달려가면 아름답고 고요한 다마이 비치가 나온다. 남중국해로 뻗은 비치는 전설의 산투봉 산줄기와 맞닿아 있어 신성하고 신비로운 분위기를 자아낸다. 바로 앞 해변은 에메랄드빛은 아니지만 적당한 파도와 부드러운 모래 해변에 수심도 깊지 않아서 비교적 안전하게 즐길 수 있다. 또 배를 타고 조금만 나가면 산호가 가득한 다이빙 포인트가 나오고, 돌고래 투어를 통해 희귀종의 돌고래도 만날 수 있다.

사라왁 최고의 관광명소인 사라왁 민속촌도 이곳에 자리 잡고 있어 민속촌을 둘러보고 평화로운 해변에서 시간을 보내는 일정도 추천할 만하다. 일정에 여유가 있다면 해변을 따라 자리 잡은 가성비 좋은 리조트에서 힐링의 시간을 가져보자.

Access 쿠칭국제공항에서 1시간, 쿠칭 시내에서 약 45분 소요. 그랜드 마르게리타 호텔을 비롯한 시내 여러 곳에서 셔틀버스를 운행한다.

Tip 1 산투봉 산
산투봉 산은 반드시 가이드를 동반해야 등반이 가능하다. 쿠칭 시내와 다마이 센트럴의 여행사에 문의하도록 하자.

Tip 2 다마이 센트럴
Damai Central

다마이 비치와 산투봉 산을 찾는 관광객들의 편의를 위해 새롭게 오픈한 멀티 콤플렉스다. 투어 예약이 가능한 여행사, 레스토랑, 기념품숍, 편의점, 갤러리 등이 있고, 광장과 무대 공간에서 공연 등의 이벤트가 열리기도 한다. 바로 앞 해변에서 수영을 즐길 수 있도록 로커와 샤워시설을 갖추고 있다. 쿠칭 시내와 연결되는 셔틀버스의 출도착지이기도 하다.

Food
①
톱 스폿 시푸드 Top Spot Seafood

자타공인 쿠칭 최고의 맛집으로 멀리서도 왕새우 간판으로 찾을 수 있는 할랄 해산물 전문 푸드코트다. 건물 옥상의 야외 공간에 300여 개의 해산물 전문식당이 각각 오후 4시경부터 문을 열어 늦은 밤까지 영업한다. 매일 들어오는 신선한 해산물을 중국식 요리법으로 요리하는데, 원하는 해산물과 조리법을 선택해 주문하면 된다. 솔티드 에그, 블랙페퍼, 프라이드 에그, 칠리 중에 선택하면 무난하게 즐길 수 있고, 직원에게 문의하면 적당한 양과 조리법을 추천해준다. 메인요리에 사라왁 정글의 채소인 미딘Midin 요리와 밥을 곁들이면 풍성한 한 상이 차려진다. 음료는 별도로 주문한다. 바닷가재와 게, 주요 생선은 1kg을 기준으로 가격이 정해지는데, 생선은 종류와 크기에 따라 1kg당 RM30~70, 게는 RM60 내외다. 게 한 마리는 500~600g 정도다. 주차장에서 6층까지 올라가는 엘리베이터가 있고, UTC 건물을 통해 올라갈 수도 있다. 가장 유명하고 인기가 있는 곳은 6번 'Ling Loong Seafood'와 10번 'ABC Seafood'다.

Access	주차장 쪽에 엘리베이터가 있으며, UTC 건물을 통해서 올라갈 수도 있다. 6층에 위치
Open	18:00~23:00
Cuisine	중국식 해산물
Cost	1인 예산 RM40 내외 (GST 6%)
Address	Bukit Siol, Jalan Semariang, Petra Jaya, 93050 Kuching, Sarawak
Tel	6011-2506-7090

Food
2

제임스 브룩 비스트로 & 카페 James Brooke Bistro & Cafe

워터프런트를 걷다 보면 누구나 한 번쯤 지나갈 법한 좋은 위치에 단독으로 자리 잡은 이곳은 사라왁을 통치했던 제임스 브룩의 이름을 딴 레스토랑이다. 웨스턴 메뉴와 말레이시아, 사라왁 전통 음식들을 선보이며 맛도 분위기도 만족할 만하다. 일반 로컬 레스토랑보다는 가격이 조금 높은 편이다. 현지인보다는 주로 서양 관광객들이 많이 찾는 곳으로 여유롭게 식사와 풍경을 즐길 수 있다. 실내는 원주민들의 공예품으로 장식돼 있고, 바로 앞 정원에는 청동으로 제작된 고양이 조각상이 있다.

Access	워터프런트 힐튼 호텔에서 강 쪽 정원에 위치
Open	10:30~22:30 (음료 ~00:00)
Cuisine	웨스턴&사라왁
Cost	메인요리 RM25~45, 사라왁 락사 RM12
Address	Jalan Tunku Abdul Rahman, 93100 Kuching, Sarawak
Tel	6082-412-210
Web	www.facebook.com/jamesbrookebistrocafe

Food
3

차이나 하우스 China House

페낭에 있는 카페 겸 갤러리 차이나 하우스의 쿠칭 지점이다. 올드 코트하우스의 3개 동과 정원에 카페, 레스토랑, 라이브 바, 갤러리, 도서관, 상점 등 14개의 공간이 자리 잡고 있어 복합문화공간의 역할도 한다. 유서 깊은 영국식 건물에 동서양이 어우러진 인테리어와 메뉴가 차이나 하우스만의 세련되고 고급스러운 분위기를 만들어낸다. 차이나 하우스의 자랑인 케이크는 꼭 맛보도록 하자. 페이스북(www.facebook.com/ChinaHouseK)을 통해 라이브 공연과 다양한 이벤트 소식을 받아볼 수 있다.

Access	워터프런트 올드 코트하우스 내에 위치
Open	09:00~00:00
Cuisine	카페&베이커리
Cost	커피 RM6~, 케이크 RM9~ (GST 6% & SC 10%)
Address	Jalan Tun Abang Haji Openg 93000 Kuching, Sarawak
Tel	6082-417-601
Web	www.chinahouse.com.my

Food

블랙 빈 커피 Black Bean Coffee

사라왁 커피를 맛볼 수 있는 완소 로스터리 카페. 작은 규모의 동네 커피숍이지만 쿠칭에서 가장 맛있는 커피를 착한 가격에 마실 수 있는 곳이다. 사라왁에서 난 원두를 직접 로스팅해 판매하는데, 옆집 아줌마 같은 사장님이 알고 보면 쿠칭 최고의 바리스타인 셈이다. 커피 외에 중국 티도 판매한다. 선물용으로 원두를 구매해도 좋다.

Access	메인 바자 뒤쪽 카펜터 거리에 위치. 홍산시 사원과 가깝다.
Open	월~토 09:00~18:00
Cuisine	카페
Cost	아메리카노 RM5, 카페라테 RM6
Address	87, Ewe Hai Street, 93000 Kuching, Sarawak
Tel	6082-420-290

Food

라우 야 겡 Lau Ya Keng

차이나타운의 라우 야 겡 사원으로 들어가는 통로에 몇 개의 노점상이 자리 잡으면서 형성된 식당가로, 락사와 콜로미, 돼지고기 사테 Pork Satay 등을 맛볼 수 있다. 특히 메이신 Merxin 락사는 사라왁 락사 맛집으로 유명한데, 국물 맛이 일품이다. 올려지는 재료에 따라 가격이 달라진다. 바로 옆 노점에서 파는 돼지고기 사테도 이곳의 인기 메뉴로, 오후 1시부터 영업을 시작하는데 재료가 떨어지면 먹을 수 없다.

Access	카펜터 거리 백패커 스테이 옆에 있는 작은 푸드코트에 위치
Open	락사 07:00~14:00 (월 휴무), 돼지고기 사테 13:00~16:00
Cuisine	푸드코트
Cost	사라왁 락사 RM6~20, 돼지고기 사테 RM0.7
Address	37, 1, Jalan Carpenter, 93000 Kuching, Sarawak

Food

블라 블라 블라 Bla Bla Bla

잉어가 사는 작은 연못이 있는 전통적인 장식과 오래된 건물이 조화를 이룬 스타일리시한 캐주얼 레스토랑이다. 중국식 요리법이 가미된 아시아 퓨전 음식을 주메뉴로 하는데, 새우 요리와 망고 오리 Mango Duck 가 인기 메뉴고, 사라왁 채소인 미딘 샐러드도 추천 메뉴다. 저녁 시간에만 영업을 하는데, 어두운 조명이 제법 로맨틱한 분위기를 자아낸다.

Access	투아펙콩 사원에서 템플 스트리트 방향으로 직진하다 더 정크에서 오른쪽으로 돌아가면 위치
Open	월, 수~일 19:00~23:00 (화 휴무)
Cuisine	아시아 퓨전
Cost	메인 RM35~, 망고 오리 RM48~, 미딘 샐러드 RM18
Address	27, Jalan Tabuan, 93100 Kuching, Sarawak
Tel	6082-233-944

Food
❼

더 정크 The Junk

1920년대 숍하우스에 자리 잡은 이곳은 3개의 레스토랑과 2개의 바(The Junk Restaurant, Junk Bar, Backstage, Red Room, White Room)로 이뤄진 독특한 곳이다. 쿠칭에서 가장 세련되고 분위기 좋은 스폿답게 쿠칭의 힙스터들이 이곳을 찾는다. 공간별로 콘셉트를 정해 앤티크 가구나 예술 작품을 장식해 놓았고, 음식과 칵테일 등도 좋은 평을 받고 있다. 특히 엄청난 양의 해산물과 감자튀김이 나오는 Fisherman's Basket과 대표 음료인 555 Sour Juice는 최고 인기 메뉴다. 깔라만시, 자두, 말린 귤 껍질 등 5가지 과일이 들어간 주스는 신맛, 짠맛, 쓴맛, 단맛, 매운맛 등 온갖 미각을 경험할 수 있는 자극적인 맛으로 유명하다.

Access	투아펙콩 사원에서 템플 스트리트 방향으로 직진하다 보면 오른쪽에 위치
Open	월·수~일 18:00~24:00 (화 휴무)
Cuisine	말레이&웨스턴&바
Cost	Fisherman's Basket RM50, 555 Sour Juice RM9
Address	80, Jalan Wayang, 93000 Kuching, Sarawak
Tel	6016-889-2044
Web	www.facebook.com/thejunkkch

Food
❽

드렁크 몽키 Drunk Monkey Old Street Bar

차이나타운이 있는 카펜터 거리를 따라 배낭여행자들의 아지트가 되고 있는 퍼브가 몇 곳 있다. 그중 가장 인기 있는 곳으로, 영국식 퍼브 같은 실내 공간과 오래된 건물 사이 골목에 마련한 야외 공간의 분위기가 좋다. 다양한 종류의 맥주와 요리를 판매한다.

Access	카펜터 거리 가운데 위치		
Open	14:00~02:00	Cuisine	웨스턴&바
Cost	맥주 RM15 내외		
Address	68, Jalan Carpenter, 93000 Kuching, Sarawak		
Tel	6016-864-9222		
Web	www.facebook.com/drunkmonkeyoldstreetbar		

Food
❾

깜풍 보얀 푸드코트 Kampung Boyan Food Court

소박한 말레이 전통 마을에 있는 푸드코트로 삼판 선착장에서 내리면 오른쪽으로 보이는 노란색 천막 아래 있다. 나시 고랭, 미 고랭, 른당 요리 등 일반적인 말레이시아 요리가 대부분으로 새로 맛을 낸 사라왁 락사도 착한 가격에 만날 수 있다. 거의 모든 메뉴가 RM6 내외다. 평화롭게 흐르는 사라왁 강 너머 보이는 워터프런트의 풍경도 볼만하다.

Access	워터프런트 강 건너 깜풍 보얀 초입에 위치	
Cuisine	푸드코트	Cost 나시 고랭 RM5~
Address	Kampung Boyan, 93050 Kuching, Sarawak	

Shopping
메인 바자 Main Bazaar

플라자 메르데카나 리버사이드 콤플렉스 등 현대식 쇼핑몰도 있지만, 쿠칭의 가장 서민적인 쇼핑 장소는 메인 바자다. 오래된 숍하우스 건물에 상점과 카페, 호텔, 투어 회사까지 섞여 있어 얼핏 복잡해 보이지만, 찬찬히 둘러보면 색다른 재미가 있는 곳이다. 대대로 가업을 잇는 장인의 숍도 있고, 후추나 바틱 제품 등 쿠칭의 특산품이나 액세서리를 팔기도 하는데 가격이 저렴해서 기념품을 사기에 알맞다. 흥정의 스트레스 없이 대부분의 숍이 정찰제로 판매하고 있으며 여러 개를 구입하면 할인해주기도 한다.

Access	워터프런트 강변을 따라 형성돼 있다.

Shopping
플라자 메르데카 Plaza Merdeka

쿠칭에서 가장 현대적인 쇼핑몰로 2012년 11월 문을 열었다. 명품 브랜드는 없지만 다양한 SPA 브랜드를 비롯해 종합쇼핑몰의 면모를 갖추고 있어 쇼핑하기 좋다. 팍슨 백화점이 입점해 있고 3층(L3, 우리나라 4층)에는 한식 코너가 있는 푸드코트가 있다. 지하(LG)에 에버라이즈 Everrise 슈퍼마켓이 있으며 건물 G층은 워터프런트 호텔과 연결돼 있다.

Access	올드 코트하우스에서 메르데카 광장 방향에 위치
Open	10:00~22:00
Address	88 Pearl Street, 93000 Kuching, Sarawak
Tel	6082-237-526
Web	www.plazamerdeka.com

Shopping
사톡 선데이 마켓 Satok Sunday Market

쿠칭에서 가장 큰 시장으로 매주 토요일 오후에 시작해 일요일 오후까지 이어진다. 사라왁 지역에서 나오는 각종 농산물과 해산물, 토산품, 생활용품이 판매되고 있으며 규모만큼 사람들도 많아서 구경하는 재미가 쏠쏠하다. 눈앞에서 조리되는 말레이시아 전통음식을 사먹을 수 있는데 따로 테이블이 있지는 않다. 정식 명칭은 'Medan Niaga Satok'이다.

Access	리틀 인디아 2번 정류장에서 K5, K7, K15, K1 버스 혹은 3번 정류장에서 5, 7, 9, 11, 12번 버스 이용
Open	토요일 오후~일요일 오후
Address	Jalan Matang, Petra Jaya, 93050 Kuching

Stay : 5성급

힐튼 호텔 Hilton Hotel

사라왁 강변의 호텔 중 가장 훌륭한 리버뷰를 보여주는 힐튼 호텔은 5성급의 명성에 어울리는 객실과 부대시설, 서비스를 제공한다. 2011년 대대적인 보수를 마친 315개의 객실은 스탠더드룸 일부만 시티뷰이고 대부분은 멋진 리버뷰를 가지고 있다. 디럭스룸은 스탠더드룸보다 두 배 정도 넓고 거실이 있다. 최고의 사라왁 강 풍경을 즐길 수 있는 이그제큐티브룸은 10층부터 13층에 있으며, 클럽 라운지 혜택을 누릴 수 있다. 미식가들에게 소문난 중식당 토옌Toh Yuen과 스테이크 하우스 등 6개의 레스토랑과 바가 있고, 밤 9시부터는 로비 라운지에서 라이브 음악을 즐길 수 있다. 야자수가 시원하게 뻗어 있는 실외 수영장이 있고 조식도 풍성하다. 정문 외에 워터프런트 쪽으로 바로 연결되는 출구가 있다.

Access	공항에서 택시로 약 20분. 워터프런트에 위치
Cost	힐튼 트윈룸 RM300~, 킹 게스트룸 플러스 RM380~
Address	Jalan Tunku Abdul Rahman, 93100 Kuching, Sarawak
Tel	6082-223-888
Web	www3.hilton.com/en/hotels/malaysia/hilton-kuching-KUCHITW/index.html

Stay : 5성급

풀만 호텔 Pullman Hotel

2009년 문을 연 호텔로, 쿠칭 시내에서 가장 높은 언덕에 위치해 있어 360도의 시원한 전망을 감상할 수 있다. 자연 채광을 중시한 객실에는 넓은 창이 있고, 일곱 겹의 레이어드 침구를 사용해 편안한 휴식을 돕는다. 객실과 편의시설 모두 최신 시설이다. 호텔 내의 레스토랑도 훌륭하고, 호텔 지하에 있는 멀티 쇼핑공간인 '힐스 쇼핑몰'에는 여러 브랜드숍과 유명 레스토랑 체인이 입점해 있다.

Access	공항에서 차로 약 20분. 워터프런트에서 가까운 언덕에 위치
Cost	수피리어룸 RM230~, 디럭스룸 RM290~
Address	1A Jalan Mathies, 93100 Kuching, Sarawak
Tel	6082-222-888
Web	www.pullmanhotels.com/gb/hotel-6332-pullman-kuching/index.shtml

Stay : 5성급

리버사이드 마제스틱 호텔
Riverside Majestic Hotel

쿠칭의 전통 있는 호텔로 여유로운 공간의 클래식한 241개의 객실이 있다. 수영장에서 보이는 사라왁 강의 전망이 훌륭하고 멀티플렉스 극장과 슈퍼마켓이 있는 리버사이드 쇼핑 콤플렉스Riverside Shopping Complex가 있어 편리하다. 친절한 스태프들도 인상적이다.

Access	워터프런트에 위치
Cost	수피리어룸 RM180~, 클럽 수피리어룸 RM280~
Address	Jalan Tunku Abdul Rahman, P.O. Box 2928, 93756 Kuching, Sarawak
Tel	6082-247-777
Web	www.riversidemajestic.com

Stay : 5성급

메르데카 팰리스 Merdeka Palace

궁전이란 이름에 걸맞은 고전적인 분위기의 호텔로, 웅장한 로비와 클래식하고 여유로운 241개의 객실이 있다. 투 베드룸, 스리 베드룸의 주방이 딸린 레지던스형 객실도 있다. 전체적으로 시설은 낡은 편이지만 예스럽고 정겨운 분위기인데, 보자마자 웃음이 나는 인공바위와 폭포가 있는 수영장도 재미있다. 메르데카 광장과 박물관지구 일대가 보이는 전망도 시원하다. 다이닝 공간도 훌륭한데, 흡연자들이 좋아할 만한 시가 바 '라 하바나 La Habana'에서는 쿠바산 시가를 즐길 수 있다. 수영장 옆으로 어린이를 위한 놀이터가 있으며 주요 관광지도 5분 이내에 있다.

Access	메르데카 파당 앞에 위치. 워터프런트와는 도보 5분 이내
Cost	스탠더드룸 RM150~. 투 베드룸 아파트 스위트 RM330~
Address	Jalan Tun Abang Haji Openg, 93000 Kuching, Sarawak
Tel	6082-258-000
Web	www.merdekapalace.com

Stay : 5성급

워터프런트 호텔 Waterfront Hotel

아트 호텔을 표방하면서 2016년 2월에 문을 연 새 호텔이다. 최신 설비의 객실과 부대시설을 갖추고 있고 객실은 방향에 따라 사라왁 강, 메르데카 광장, 리틀 인디아 등의 전망을 가지고 있다. 사라왁 강 전망의 수영장도 아름답다. 심플하고 모던한 디자인의 호텔로 곳곳에서 로컬 아티스트의 작품을 전시하고 있다.

Access	올드 코트하우스 바로 뒤쪽에 위치. 플라자 메르데카와 연결돼 있다.
Cost	디럭스 킹 RM230
Address	68, Jalan Tun Abang Haji Openg, 93000 Kuching, Sarawak
Tel	6082-227-227
Web	www.thewaterfrontkuching.com

♦
쿠칭의 눈꽃나무
Silk Cotton Tree

메르데카 팰리스 앞 광장에는 사라왁에서 가장 유명한 나무가 있다. 판야나무(Ceiba Pentandra)과의 이 나무는 27.4m에 달하는 키에 수령은 100년이 넘는 걸로 알려져 있다. 그 가치도 어마어마한데 이 나무가 유명해진 이유는 따로 있다. 2, 3년에 한 번씩 만개하는 하얀 솜꽃이 떨어지면서 마치 눈발이 날리는 듯한 장관을 보여주기 때문이다. 이 기간에는 진귀하고 아름다운 풍경 아래 추억을 나누는 사람들의 행진이 끊이지 않는다고 한다. 쿠칭 방문 기간에 눈꽃을 볼 수 있는 행운을 가져보길 희망한다.

Stay : 5성급
⑥

그랜드 마르게리타 호텔
Grand Margherita Hotel

리버사이드 마제스틱 호텔과 자매호텔로 강변에 가장 가까이 있는 호텔이다. 주변에 쇼핑몰과 은행, 레스토랑 등 편의시설이 모여 있는 쿠칭의 중심에 있어 여러모로 편리하고 바로 앞 교차로에 고양이 가족상이 있다. 다마이 비치로 가는 셔틀버스를 운행하고 있어 리셉션에서 티켓을 구입할 수 있다. 2016년에 대대적인 보수공사를 마친 288개의 객실과 수영장이 있고, 수영장에는 키즈풀뿐 아니라 미끄럼틀이 있는 미니 놀이터가 있다.

Access	공항에서 차로 20분 거리. 워터프런트 강변에 위치
Cost	수피리어룸 RM180~, 이그제큐티브 수피리어 RM260~
Address	Jalan Tunku Abdul Rahman, 93748 Kuching, Sarawak
Tel	6082-532-111
Web	www.grandmargherita.com

Stay : 4성급
⑦

더 라니 부티크 호텔
The Ranee Boutique Hotel

2012년 오픈한 더 라니 부티크 호텔은 쿠칭에서 가장 독특한 분위기의 디자인 호텔이다. 메인 바자의 19세기 전통 숍하우스를 개조한 4층 건물의 호텔이고, 24개의 전 객실이 스위트룸이다. 보르네오 지역의 고급 목재와 앤티크한 소품들로 장식된 호텔은 사라왁 전통 디자인과 콜로니얼 스타일을 혼합해 럭셔리하고 로맨틱한 분위기다.

Access	메인 바자에 위치
Cost	스탠더드 스위트룸 RM340~, 이그제큐티브 스위트룸 RM500~
Address	7, Jalan Main Bazaar, Main Bazaar, 93000 Kuching, Sarawak
Tel	6082-258-833
Web	www.theranee.com

Stay : 2성급
⑧

싱가사나 로지 Singgahsana Lodge

쿠칭의 게스트하우스 중 각종 사이트에서 가장 높은 평점을 받는 곳 중 하나로 사라왁 관광청의 상도 수상한 곳이다. 2003년부터 게스트하우스로 운영되고 있고, 사라왁 전통 스타일을 모티브로 한 디자인이 눈길을 끈다. 2~3인실과 가족실, 10인실 도미토리를 갖추고 있고 욕실이 딸린 객실도 있다. 투어 데스크와 도서관, 카페 등 부대시설도 잘 되어 있는 편이다.

Access	워터프런트와 가까운 곳에 위치
Cost	도미토리 RM35~, 2인실 RM101~
Address	1, Temple Street, 93000 Kuching, Sarawak
Tel	6082-429-277
Web	www.singgahsana.com

Tip 기타 호텔 & 호스텔

1. 바틱 부티크 호텔
Batik Boutique Hotel(3성급)
Classy, Chic, Cosy를 콘셉트로 하는 부티크 호텔이다.
Address 38, Jalan Padungan, 93100 Kuching, Sarawak
Tel 6082-422-845

2. 쿠칭 워터프런트 로지
Kuching Waterfront Lodge(2성급)
전통 숍하우스를 그대로 재현한 독특한 분위기의 호스텔로 도미토리도 있다.
Address 15, Bishopsgate Street, Main Bazaar, 93000 Kuching, Sarawak
Tel 6082-231-111

3. 백패커 스테이
Backpacker Stay(1성급)
배낭여행객을 위한 숙소다. 싱글룸과 더블룸이 있고 6인실의 도미토리가 있다.
Address 23, Jalan Carpenter, 93000 Kuching, Sarawak
Tel 6082-422-566

Step to Malaysia 01
말레이시아 **일반 정보**

#수도
쿠알라 룸푸르 **Kuala Lumpur**

#행정수도
푸트라자야 **Putrajaya**

#총면적
약 32만km² (한반도의 약 1.5배)

#언어
말레이어(공식언어), 영어(통용어),
기타언어(중국어, 타밀어, 아랍어, 이반어 등)

#인구
약 3,100만 명 (2016년 10월)

#민족
말레이계 65%, 중국계 24.6%, 인도계 7.3%
(말레이계 인구 증가 속도가 가파른 추세)

#종교
이슬람교(공식) 61.3%, 불교 19.8%, 기독교 9.2%,
힌두교 6.3%

#국기
잘루르 그미랑 **Jalur Gemilang** (영광의 줄무늬)
말레이시아를 구성하는 13개의 주와 말레이시아의 연방 정부를 의미하는 14개의 가로 줄과 이슬람교를 상징하는 초승달이 그려져 있다. 노란색은 말레이시아 국왕을, 파란색은 국민의 단결을 의미한다.

#국왕
클란탄 주의 술탄 무하마드 5세 **Muhammad V**
(2016년 12월 13일~2018년 현재)

#정치
연방제, 의원내각제 입헌군주국

#총리
나집 툰 라작 **Najib Tun Razak** (2009년~2018년 현재)

#기후
열대지역에 속하는 말레이시아의 기후는 연중 고온다습한 편이다. 연평균 기온이 21~32도, 평균 습도는 63~80%로 일년 내내 여름이다. 단, 우기에는 일교차가 커져 아침저녁으로 선선해지므로 겉옷을 준비하는 게 좋다. 건기와 우기는 지역마다 차이가 있는데 말레이반도의 동해와 사바(코타키나발루), 사라왁(쿠칭)의 우기는 11~2월, 서해 쪽은 8~9월이다. 연간 강우량은 2,000~2,500mm이고 일출과 일몰 시간은 거의 비슷하다(일출 06:00, 일몰 19:00)

#시차
우리나라보다 1시간 느리다.

#전압
240V로 3구 콘센트를 사용한다. 우리나라(220V) 기기들을 변압기 없이 사용해도 큰 문제는 없지만 이용하려면 멀티 어댑터가 필요하다. 대부분 호텔에서 대여해주기는 하나 수량이 부족한 편이므로 각자 준비해가는 게 좋다.

★
통신사 로밍센터에서 멀티 어댑터 대여하기
SKT, KT, LG 통신 3사의 공항 로밍센터에서 멀티 어댑터, 일명 돼지코를 무료로 대여할 수 있다. 3층 출국장의 로밍센터에서 바로 대여가 가능하고, 돌아온 후 1층 입국장에 있는 로밍센터에서 반납하면 된다. 통신사별로 2개까지 대여가 가능하며, 정해진 날에 반납하지 않을 경우 분실물로 처리해 해당 요금(5~7천 원)이 다음 달 통신 요금에 청구된다.

말레이시아 국기

삼구 플러그 전압

국교인 이슬람교의 사원, 모스크

GDP (국내총생산)
약 300,000억 달러

통화
말레이시아 링깃(RM).
1RM은 약 270원이다.
(2018년 2월 기준)

환전
한국에서 달러로 환전해 말레이시아에서 말레이시아 링깃으로 재환전하는 게 일반적이다. 달러는 100단위로 환전하는 게 가장 유리하다. 은행마다 영업시간이 다른데 보통 오전 9시부터 오후 4시까지이고 주말은 휴무다. 환전소의 경우 공식 환전소를 이용하는 게 안전하다. 신용카드 사용이 자유로운 편이며, 시내 곳곳에 ATM 기기가 설치되어 있다.

환전소

신용카드
비자와 마스터 카드는 해외 어디서나 사용 가능하다. 쇼핑몰이나 레스토랑 등에서 신용카드 사용이 원활한 편이다. 신용카드 결제 시 현지 통화, 즉 링깃으로 결제하도록 하자. 원화로 결제 시 5~10%의 수수료가 추가로 붙는다.

ATM 현금 인출
ATM 기기로 현금을 인출해 사용하는 것이 환율과 안정성 면에서 유리하다. 말레이시아 은행의 ATM 기기는 총 3가지 종류가 있는데 ATM은 예금 인출할 때, Cash Deposit은 현금 예금할 때, Cheque Deposit은 수표를 입금할 때 이용한다. Cirrus나 Maestro 로고가 붙어 있는 국제 현금카드로 같은 표시가 있는 ATM 기기를 이용하면 된다. 인출 시 수수료는 일반적으로 $3+인출액의 1% 정도가 붙기 때문에 1회당 많은 금액을 인출하는 게 유리하다. ATM 기기에서 카드를 넣고 현금 인출Cash Withdrawal을 선택해 원하는 금액과 비밀번호를 누르면 된다. 보통 1회 인출 금액 한도는 RM2000이다.

전화와 인터넷
통신 3사를 이용하는 경우 대부분 자동으로 로밍이 되므로 따로 해외로밍을 신청할 필요가 없다. 통신사별로 제공하는 해외 무제한 데이터 요금제를 이용하면 해외에서도 인터넷 사용이 가능하니 필요시 신청하자. 보통 공항에서 무료 인터넷 이용이 가능하고, 대부분의 호텔에서도 투숙객들에게 무료 와이파이를 제공하고 있으며 공공 핫스팟도 늘어나는 추세다. 와이파이 지역에서는 카카오톡의 보이스톡을 이용해 통화도 가능하다.

★
말레이시아로 전화할 경우
예) 603-4251-2336 (주 말레이시아 대한민국 대사관)
한국에서 말레이시아 | 00-603-4251-2336
말레이시아에서 말레이시아로 | 03-4251-2336

★
말레이시아에서 한국으로 전화할 경우
예) 010-1234-1234
전화걸기 | 00-82-10-1234-1234 or 8210-1234-1234

★
국가 & 지역번호(지역번호의 '0'은 빼고 건다)
말레이시아 국가번호 60
쿠알라 룸푸르 지역번호 03
코타 키나발루 지역번호 088
말라카 지역번호 06
랑카위/페낭 지역번호 04
쿠칭 지역번호 082

스마트폰 와이파이 이용하기
1) 무료 와이파이
대부분의 호텔이 투숙객에게 무료 와이파이를 제공한다. 스타벅스나 맥도날드 등에서도 와이파이를 이용할 수 있다.

2) 통신사 데이터 로밍서비스
통신 3사에서 1일, 일주일 등 다양한 무제한 데이터 로밍서비스를 선보이고 있다.

호텔 내 무료 와이파이 이용

3) 심 카드 구입
현지 유심 카드를 구입해 전화와 데이터를 이용할 수 있다. 사용하고 있는 전화기의 심 카드만 교체하면 되는데, 가격도 저렴하고 SNS나 모바일 메신저 무료 이용 등 다양한 혜택이 있다. 일주일 단위로 구매가 가능하며 편의점 등에서 쉽게 충전할 수 있다. 현지 번호를 새로 받아 사용하는 것이라 사용하지 않는 공기계가 있으면 이용하는 게 편리하다. 공항에 많은 심 카드 업체가 있다.

4) 에그 이용
포켓 와이파이 개념의 '에그'를 이용하면 여러 기기를 한꺼번에 사용할 수 있다. 가격은 저렴한 편이지만 에그 기기를 들고 다녀야 하는 불편함이 있다.

★
데이터 로밍 차단하는 방법
아무 생각 없이 해외에서 데이터를 이용하게 되면 엄청난 요금이 청구된다. 데이터 통신이 차단되어 있는지 '꼭' 확인하자.
❶ 아이폰
설정 ⋯ 셀룰러 ⋯ 데이터로밍 비활성화
❷ 안드로이드
환경설정 ⋯ 추가설정(무선 및 네트워크)
or 해외로밍 ⋯ 모바일 네트워크 ⋯ 데이터로밍 비활성화

#스마트폰에 유용한 애플리케이션
1) 구글 맵 Google Map
현재 위치와 목적지를 가장 잘 알려주는 유용한 지도 앱으로 내비게이션 역할도 한다. 목적지에 '즐겨찾기'를 해놓고 이용하자.

2) 카카오톡 Kakao Talk
말이 필요없는 필수 앱으로 현지 한인 여행사와의 소통도 카톡이 가장 빠르다. 보이스톡 통화 품질도 괜찮다.

3) 환율계산기 Currency
현지 통화에 익숙하지 않은 여행객들에게 매우 유용하다. 매일 당일 환율로 업데이트 된다.

4) 우버 & 그랩 Uber & Grab
동남아 여행 시 유용한 차량 공유 서비스로 바가지가 없고 안전해서 현지인들에게도 인기 있는 교통수단이다. 말레이시아 전역에서 사용이 가능하고, 심 카드를 이용해 현지 번호를 이용하면 더욱 편리하다(p.33 참고).

5) 여행가계부
지출이 있을 때마다 가계부를 바로 적으면 실속 있는 여행을 할 수 있다. 트라비포켓 추천.

#긴급 연락처
1) 주 말레이시아 대한민국 대사관(쿠알라 룸푸르)
Tel 근무시간 603-4251-2336
　　 근무시간 외 6017-623-8343
Web mys.mofa.go.kr

2) 경찰/화재/구급 999

3) KL 관광경찰 본부
603-2149-6590, 603-2163-4422(신고)

4) 해외 안전지킴이 영사 콜센터
82-2-3210-0404(24시간, 한국)

거리의 무료 와이파이 구역

유심 카드 업체

Step to Malaysia 02
말레이시아 연중 행사

말레이시아의 축제

#1~2월
타이푸삼 Thaipusam
힌두교 최대 축제

중국 새해 Chinese New Year
한국의 구정과 같다. 이때 관광객이 급증한다.

#3~4월
F1 페트로나스 말레이시아 그랑프리
Grand Frix Auto Racing
쿠알라 룸푸르 남부, 세팡 인터내셔널 서킷에서 해마다 열리는 월드투어 카 레이싱이다. 말레이시아는 18개 주최국 중 하나로 매해 두 번째 레이스를 개최한다.

말레이시아 슈 페스티벌
Malaysia International Shoe Festival
2018년 9회를 맞는 국제적인 슈 페스티벌. 매년 3월 말경에 열린다.
Web www.misfshoe.com

#5~6월
카마탄 페스티벌 Kamatan Festival
매년 5월 말에 사바 지역에서 개최되는 말레이시아의 대표적인 추수 감사 축제

컬러 오브 말레이시아 페스티벌
Colours of Malaysia Festival
다민족, 다문화 국가 말레이시아의 놀라운 조화를 축제로 승화시킨 행사

#7~8월
하리 라야 푸아사 Hari Raya Puasa
이슬람 최대 명절로, 한 달간의 금식 기간인 라마단이 끝나는 날이자 이슬람 달력의 열 번째 달인 샤왈 Shawal의 첫날이다.

하리 메르데카 Hari Merdeka
영국으로부터의 독립을 기념하여 매년 8월 31일 전후 보름씩, 약 한 달간 진행된다.

#10~11월
디파발리 Deepavali
힌두교 타밀 Tamil 달력의 첫째 달에 해당하는 양력 10월 혹은 11월 중에 열리는 대규모 신년 축제로 '빛의 축제'로도 불린다.

말레이시아 공휴일(2017년)

#1월
1월 1일 새해(신정)
1월 31일 타이푸삼(힌두 기념일) **Thsipusam**

#2월
2월 1일 연방주 기념일 **Federal Territory Day**
2월 16일~18일 중국 새해(구정) **Chinese New Year**

#5월
5월 1일 노동절
5월 15일 라마단 첫날
5월 29일 석가탄신일

#6월
6월 2일 누줄 알 꾸란(무슬림 명절) **Nuzul Al-Quran**
6월 15일 하리 라야 푸아사(무슬림 명절) **Hari Raya Puasa**

#8월
8월 22일 하리 라야 하지 **Hari Raya Haji**
8월 31일 말레이시아 광복절 **National Day**

#9월
9월 11일 아왈 무하람(무슬림 신년) **Awal Muharam**
9월 16일 말레이시아 연방 설립일 **Malaysia Day**

#11월
11월 6일 디파발리(힌두 신년) **Deepavali**
11월 20일 국왕 탄신일 **Maulidur Rasul**

#12월
12월 25일 성탄절 **Christmas**

중국 새해

하리 라야

Step to Malaysia 03
말레이시아 들어가기&나오기

1. 인천국제공항에서 출국하기
국제선은 출발 3시간 전에 여유 있게 공항에 도착하는 게 좋다. 성수기에는 여행자가 많아 탑승 수속이 지연되니 더욱 서두르도록 하자. 2018년 1월 인천공항 제2터미널이 문을 열면서 대한항공, 에어프랑스, KLM, 델타항공 탑승자는 제2터미널을 이용하게 됐다.
인천국제공항 1577-2600, www.airport.kr

일반 탑승 수속
1) 탑승 정보 확인
출발층(3층) 항공사 카운터 안내에서 탑승할 항공사와 탑승 수속 카운터(A~M)를 확인한다.

2) 탑승 수속
해당 카운터에서 예약 항공권 혹은 E-티켓과 여권을 제시한 후, 수하물을 부치고 탑승권을 받는다.

3) 출국장
보안검색대 통과 시 주머니의 소지품과 노트북 등은 따로 바구니에 담아 통과시킨다. 액체류(물), 칼 등 규정 외 물품은 압수당할 수 있으니 필요시 미리 수하물에 넣도록 하자.

4) 출국
출국 수속을 마치고 면세쇼핑을 즐기거나 미리 구입한 면세품을 찾은 후 탑승구Gate로 이동한다. 외국 항공사 등은 셔틀 트레인을 타고 탑승동으로 이동해야 하고 면세품도 탑승동에서 찾게 된다. 셔틀 트레인은 5분 간격으로 출발하고 한 번 이동하면 다시 여객터미널로 돌아갈 수 없다.

★
수하물
수하물은 일반석 1인 기준으로 약 23kg이다(항공사마다 다르다). 저가항공사는 수하물 무게에 따라 추가 요금이 든다.

웹 체크인과 셀프 체크인
항공사별로 제공하는 웹 체크인과 셀프 체크인으로 원활하고 빠른 탑승 수속을 할 수 있다. 웹 체크인은 보통 출발 하루 전부터 가능한데 미리 원하는 좌석을 지정할 수 있어서 편리하다. 웹 체크인을 못한 경우 공항의 셀프 체크인 키오스크에서 여권과 항공권을 스캔하면 체크인을 진행할 수 있다. 체크인을 마친 후 탑승권을 들고 항공사 카운터에서 수하물만 부치면 된다.

★
항공사별 웹 체크인 가능 시간(국제선 기준)
대한항공 출발 48시간~1시간 전
아시아나항공 출발 48시간~1시간 전
말레이시아항공 출발 48시간~1시간 30분 전
에어아시아 출발 14일~1시간 전 (좌석 지정 시 추가 요금)

★
자동 출입국 심사
사전에 자동 출입국 심사 등록센터에 찾아가 지문을 등록해 놓으면 이후 자동 출입국 심사대에서 여권과 지문을 찍고 출입국 심사를 통과할 수 있다. 셀프 체크인과 자동 출입국 심사를 이용하면 출입국 시간이 많이 절약된다. 자동 출입국 등록센터(07:00~19:00)는 인천국제공항 3층 2번 출국장 바로 옆 F구역에 위치해 있다. 미리 등록을 해두면 여권 만료 때까지 언제든지 이용할 수 있다.

★
기내 반입 금지 품목
- 라이터, 칼, 총기, 공업용 본드, 스프레이 타입의 가스 인화물질, 액체 및 젤 등으로 된 모든 품목, 배터리.
- 물, 음료, 식품, 화장품 등 액체, 스프레이, 젤로 된 물품은 100ml 이하의 개별 용기에 담아 1인당 1L 내의 투명 비닐 지퍼백 1개에 한해 반입 가능.
- 카메라, 스마트폰 등 전자 기기용 충전식 리튬 이온 배터리는 위탁 수하물에 넣을 수 없고 기내 수하물에 넣어 들고 들어가야 한다. 항공사별로 반입 가능한 개수와 용량 제한이 다르니 미리 체크하도록 하자.

인천국제공항

탑승 수속

#도심공항터미널에서 탑승 수속하기

도심공항터미널에서 미리 탑승 수속과 수하물 위탁, 출국 심사를 마칠 수 있다. 서울역과 삼성동 2곳의 도심공항터미널에 탑승 수속을 위한 카운터가 있다. 무거운 짐을 미리 부치고 편리하게 공항까지 이동할 수 있으며, 무엇보다 빠른 출국 수속이 가능한 것은 물론 전용출국통로를 이용할 수 있다는 장점이 있다.

	서울역	삼성동
이용 가능 항공사	대한항공, 아시아나항공, 제주항공, 티웨이항공, 중국남방항공	대한항공, 아시아나항공, 제주항공, 타이항공, 싱가포르항공, 중국동방항공, 중국남방항공, 필리핀항공 외 다수
마감 시간	인천국제공항 이용자는 출발 3시간 전까지 수속을 마쳐야 한다.	
문의	KARST 코레일 공항철도	CALT 한국도심공항
Web	www.arex.or.kr	www.calt.co.kr
Tel	1599-7788	02-551-0077~8
운영 시간	체크인 카운터 05:20~19:00	체크인 카운터 05:10~18:30 (항공사별로 차이가 있다)
	직통열차(43분 소요) 인천공항행 06:00~22:10 서울역행 05:20~21:40	인천공항행 리무진 6103번 04:15~21:30 (10~20분 간격)
요금	성인 8,000원, 어린이 6,900원	성인 편도 16,000원
전용 출국통로	인천국제공항 3층 각 출국장 좌우측 통로에 있는 전용출국통로로 바로 입장 가능하다.	

2. 말레이시아 공항 입국하기

#입국 심사 #Immigration
'Immigration'과 'Baggage Reclaim' 표지를 따라 이동해 공항의 입국 수속 카운터에 줄을 선다. 말레이시아 국적과 외국 국적으로 구분되어 있다. 입국 심사 시 별다른 질문은 없고 지문 인식 과정을 거친다. 심사관의 안내에 따라 지문 스캐너 위에 양쪽 검지를 올려놓고 녹색등이 켜지면 손을 뗀다.

#수하물 찾기 #Baggage Claim
입국 심사 후 본인이 탄 비행기의 편명이 표시된 컨베이어에서 수하물을 찾는다.

#세관 #Customs
공항 밖으로 나가는 입구에 세관이 있다. 신고할 것이 없으면 녹색 카운터 쪽으로 나가면 된다.

★
짐이 나오지 않을 때
공항 내 직원에게 문의해 분실물 센터로 가서 체크인 시 받은 클레임 태그를 보여준다. 짐을 잃어버리는 경우는 거의 없지만 만약 분실하면 항공사에서 피해보상을 해준다. 보상 금액은 적은 편이다.

★
KL CAT 쿠알라 룸푸르 도심공항 이용하기 (KLIA 이용 시)
KL 센트럴역에도 도심공항인 KL CAT(City Airport Terminal)이 있다. KLIA나 KLIA2 출국 전 미리 탑승 수속을 한 후 수하물을 부치고 가볍게 이동할 수 있다. KLIA 익스프레스와 KLIA 트랜짓 티켓 소지자만 이용이 가능하며, 항공편 출발 2시간 전까지 체크인이 가능하다.
이용 항공사 말레이시아항공, 케세이퍼시픽항공, 에티하드항공, 말린도항공
위치 KLIA 익스프레스 카운터

수하물 찾기

말레이시아 공항

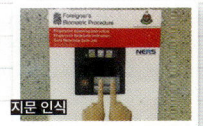
지문 인식

Step to Malaysia 04
말레이시아 **여행 준비**

단체 관광이라면 여행사에서 여권 발급부터 일정까지 책임져주겠지만, 개별 여행은 하나부터 열까지 꼼꼼히 따져보고 준비해야 한다. 처음 준비하는 사람이라면 조금 힘들 수도 있지만 아는 만큼 보이는 여행의 즐거움을 실감하게 될 것이다.

여행 구상 ⋯ 여권 만들기 ⋯ 항공권 예약 ⋯ 숙소 예약 ⋯ 여행 정보 수집 ⋯ 면세점 쇼핑 ⋯ 환전 ⋯ 여행자 보험 ⋯ 짐 꾸리기 ⋯ 출발

#신청 시 준비물
여권 발급 신청서, 여권용 사진 1매(전자여권은 2매, 6개월 이내 촬영한 사진), 신분증, 병역 관계 서류

#여권 발급 수수료
여권 종류와 유효기간, 페이지 수에 따라 달라진다.
전자 복수여권(5, 10년) 42,000원~53,000원
사진 부착식 단수여권(1년 이내) 15,000원
★
미성년자 여권
만 18세 미만 미성년자는 법정 대리인(친권자, 후견인) 동의서, 법정 대리인 신분증, 기본 증명서 및 가족관계 증명서를 추가해 신청해야 한다.
★
여권을 분실했을 때
현지 한국 대사관이나 영사관에 방문해 여행용 임시 증명서를 발급받아야 한다. 여권 번호와 여권용 사진 2매가 필요하니 만일의 상황에 대비해 여권 복사본과 여권 사진 2매를 준비하자.

1. 여행 구상
여행의 목적과 동행, 일정, 예산 등을 고려해 말레이시아의 어느 지역을 방문할지 정하자. 인천국제공항에서 직항편이 있는 쿠알라 룸푸르와 코타 키나발루를 제외한 다른 지역은 최소 1회 이상의 경유를 해야 하고, 경유지에서 연결편을 타야 하는 경우 최소 2시간의 연결 대기 시간이 필요하다. 스톱오버 서비스를 이용해 경유지에서 숙박과 여행을 한 다음 연결편을 탈 수도 있는데 이 경우 비행기 예약 시 신청해야 하고 항공권에 따라 추가 요금이 들기도 한다.

2. 여권 만들기
대한민국 국적의 국민이라면 누구나 여권을 만들 수 있다. 필요한 서류를 구비해 발급 기관(서울은 각 구청, 지방은 도청 외)에 접수한 후 발급받으면 된다. 2010년부터 발급이 시작된 전자여권은 내장 IC칩에 각종 신원 정보가 수록되어 있어 여러모로 편리하다. 미성년자의 경우 법정 대리인인 부모가 대신 신청할 수 있다. 공휴일을 제외하고 보통 4일 정도 소요되니 여유 있게 신청해야 한다. 해외로 출국하려면 여권은 유효기간이 6개월 이상 남아 있어야 하며, 관광을 목적으로 말레이시아에 입국하는 경우 90일까지 무비자로 체류할 수 있다.
외교통상부 여권 안내 www.passport.go.kr

3. 항공권 예약
말레이시아 전 지역 중 인천에서 직항이 있는 곳은 쿠알라 룸푸르와 코타 키나발루 단 두 곳이다. 따라서 이 두 곳 외 다른 지역을 가려면 쿠알라 룸푸르를 경유하는 항공편을 이용하거나 구간별로 에어아시아 항공사를 통해 예약해야 한다. 경우에 따라서 버스나 페리, 기차를 이용해 다른 지역으로 이동할 수도 있다.

#항공사
말레이시아항공 www.malaysiaairlines.com
에어아시아 www.airasia.com
대한항공 kr.koreanair.com
아시아나항공 www.flyasiana.com
이스타항공 www.eastarjet.com
진에어 www.jinair.com
에어서울 www.flyairseoul.com

#항공권 예약
포털 사이트(네이버, 다음 등)나 항공권 가격 비교 사이트(스카이스캐너, 카약 등)에서 항공권 검색 후 최저가 사이트로 이동하는 방법이 있다.
인터파크 투어 air.interpark.com
온라인 투어 www.onlinetour.co.kr
탑항공 www.toptravel.co.kr

4. 숙소 예약

국제 무역의 중심지이자 관광자원의 보고인 말레이시아는 전 세계에서 관광과 비즈니스를 목적으로 많은 이들이 방문하는 곳이어서 유명 호텔 체인을 비롯해 다양한 숙소를 갖추고 있다. 여행의 목적과 예산에 따라 특급 호텔이나 럭셔리 리조트 또는 레지던스나 실속형 중급호텔, 게스트하우스 등을 선택할 수 있다. 호텔 페이지에서 직접 예약도 가능하나 대부분의 경우 호텔 예약 사이트를 통하는 경우가 더 저렴하다(말레이시아의 호텔 참고 p.62).

호텔 예약 사이트
부킹닷컴 www.booking.com
아고다 www.agoda.com
호텔스닷컴 kr.hotels.com

5. 여행 정보 수집

우리는 인터넷에 키워드만 검색하면 관련 정보가 쏟아지는 편리한 세상에 살고 있다. 가이드북의 정보에 블로그나 관련 카페의 최신 정보를 더하면 알찬 여행 준비가 될 수 있다. 영어 의사소통에 자신이 없거나 익숙하지 않은 지역의 여행이라면 한인 게스트하우스나 여행사를 통해 상세한 현지 소식과 호텔, 투어 예약 등의 도움을 받는 것도 방법이다.

말레이시아 관광청
지하철 1, 2호선 시청역 부근에 있는 관광청에 방문하면 말레이시아 각 지역을 소개한 무료 책자와 지도를 받아볼 수 있다.
Web www.mtpb.co.kr

투어 말레이시아 포유
쿠알라 룸푸르를 기반으로 한 한인 여행사다. 알찬 투어 일정으로 만족도가 높은 '반딧불이 투어'를 비롯해 다양한 투어 프로그램을 운영하며, 말레이시아 기관에 공식 등록된 여행사라 신뢰할 수 있다. 호텔도 좋은 딜로 예약이 가능하며 신용카드 결제도 가능하다. 홈페이지보다 카페에 정보가 더 많으니 참고할 것. 코타 키나발루 전문 카페인 코타포유(cafe.naver.com/speedplanner)도 운영한다.
Tel 6070-8632-4422
    카카오톡 ID twinhouseinkl
Web www.tourmy.co.kr, cafe.naver.com/lsh1020

코타 키나발루 마리하우스
코타 키나발루의 고급 빌라촌에 있는 한인 민박으로 숙박뿐 아니라 수트라 하버 리조트 관련 예약과 각종 투어를 예약할 수 있다. 오랜 경험과 노하우로 신뢰할 수 있고 골프 부킹 등도 가능하다. 마리하우스 이용자는 코타 키나발루 내에서 유용한 쿠폰을 제공받을 수 있다.
Tel 6017-856-9592
    카카오톡 ID kotamari
Web cafe.naver.com/rumahmari

랑카위 매니아
랑카위에 있는 한인 여행사로 랑카위 호텔과 투어에 대한 정보와 생생한 리뷰가 가득한 알찬 카페도 운영한다. 각종 투어와 함께 좋은 조건으로 호텔을 예약할 수 있고, 이용자에 한해 현지에서 유용한 할인 쿠폰도 제공한다.
Tel 6012-428-1004, 카카오톡 ID langkawirobin
Web cafe.naver.com/langkawimania

트립 어드바이저
호텔, 레스토랑, 관광지 등에 대한 전 세계 여행자들의 리뷰와 별점을 볼 수 있는 곳이다. 상업적으로 변질된 면이 없지 않지만 여전히 각 지역과 분야의 랭킹은 참고할 만하다.

6. 면세점 쇼핑

해외 여행을 앞둔 자만이 누릴 수 있는 면세 쇼핑의 특권을 충분히 즐겨보자. 세금을 제외한 가격으로 평소에 눈여겨본 명품 제품을 구매할 수 있는데, 면세점마다 제공하는 멤버십 혜택과 적립금, 각종 쿠폰을 이용하면 훨씬 경제적인 쇼핑을 할 수 있다. 도심에 있는 면세점이나 온라인 면세점에서 쇼핑과 지불을 마친 후, 인천국제공항의 인도장에서 물건을 받거나 탑승 전 공항 내의 면세점에서 면세 쇼핑을 즐길 수 있다. 면세 쇼핑의 기회를 놓쳤다면 인기 제품을 모아놓은 비행기 내 기내 면세점을 이용해보자.

주요 면세점
롯데면세점 www.lottedfs.com
신라면세점 www.shilladfs.com
동화면세점 www.dutyfree24.com

★
면세 한도
내국인이 구입할 수 있는 외국 제품의 한도는 $3,000이고, 입국 시 면세 한도액은 $600다. 예를 들어 출국 시 외국 제품으로 $3,000 상당을 구매한 후 외국에서 사용하거나 친지들에게 선물로 주고, 귀국 시에 $600 미만의 물건을 들고 온다면 신고할 필요 없이 면세 한도에 들었다고 할 수 있다.

★
1인당 휴대품 면세 범위
(과세 대상 – 국내 면세점 구입 물품 + 외국에서 구입한 물품)
주류 1병(1L, $400 이하), 향수 60ml, 담배 200개비(1보루)
기타 합계 $600 이하의 물품(농산물 등 일부 제외)

7. 환전
말레이시아 화폐 단위는 링깃(RM)으로 한국에서 미국 달러로 환전해 현지에서 재환전하는 게 일반적이다. 현지에서 ATM 기기를 이용해 링깃으로 바로 인출 가능하다. 신용카드(VISA, Master) 이용에 별 문제가 없으므로 예산 계획을 잘 세워 적당한 금액을 환전해 가는 게 좋다. **신용카드 결제 시에는 반드시 현지 통화로 결제하자.**

#온라인 환전
온라인에서 우대 환율을 적용받아 환전한 후 공항의 은행 카운터에서 받을 수 있다.

8. 여행자 보험
여행지에서 발생할 수 있는 여러 가지 사건, 사고에 대비해 여행자 보험을 들어 두는 것이 좋다. 여행자의 나이, 여행지, 일정, 보장 내역에 따라 가격이 달라지는데 온라인 사이트에서 가입하는 게 가장 저렴하다. 인천국제공항 출발층의 3층 보험사 카운터에서도 가입할 수 있다.

★
여행자 보험 사이트
트래블러버(여행자 보험몰) www.travelover.co.kr
투어밸리 www.tourvalley.net

★
해외 여행 등록제 '동행'
외교부에서 운영하는 안전 여행의 동반자로 여행자가 신상 정보, 국내 비상 연락처, 현지 연락처 등을 등록하면 해외에서 위급 상황 발생 시 해외 공관에서 소재 파악 및 가족에게 신속한 연락과 도움을 줄 수 있는 제도다. 인터넷으로 간단히 등록한 후 출발하면 한결 든든하다.
외교통상부 해외 안전 여행 www.0404.go.kr

9. 짐 꾸리기
짐을 꾸릴 때 리스트를 챙겨두지 않으면 꼭 빼먹는 물품이 생긴다. 아래 리스트를 기본으로 필요한 것을 적은 뒤 마지막에 체크해보자.

필수 준비물	내용	확인
여권	여권, 여권 복사본, 신분증, 여권용 사진 2매(분실 시 대비)	
항공권	E-티켓 (출력 또는 모바일 티켓)	
바우처	호텔 바우처, 교통관련 바우처, 면세품 인도장 등 (가능하면 다운받아서 모바일에 저장해두자)	
여행 경비	현금, 신용카드, 체크카드, 지갑 등	
의류	여름 옷(현지에서 입을 옷), 속옷, 양말, 얇은 긴팔 옷 (일교차나 실내외의 냉방 온도 대비), 수영복, 모자 등	
신발	아쿠아슈즈, 편한 신발	
세면도구	치약, 칫솔, 샴푸, 컨디셔너, 폼클렌징 등 (호텔에도 비치되어 있지만 예민한 사람들은 준비해 가자. 일회용 칫솔은 질이 떨어지는 편)	
화장품	선크림, 기초 화장품, 메이크업 제품	
비상약품	소화제, 연고, 반창고, 지사제, 모기 퇴치제, 생리용품	
카메라	충전기, 보조배터리, 메모리 등	
휴대폰	충전기, 보조배터리	
기타	선글라스, 우산, 물티슈, 가이드북, 필기구, 비상식량(컵라면, 고추장 등), 멀티 어댑터(통신사 대여 가능)	
개인 추가 물품		

Step to Malaysia 05
서바이벌 여행 영어

말레이시아의 국어는 말레이어지만, 영어가 제2의 언어일 정도로 일정 교육을 받는 사람이라면 누구나 영어를 유창하게 사용한다. 따라서 표현하고자 하는 핵심 단어만 잘 사용해도 어느 정도의 의사소통은 가능하니 두려워 말고 아는 대로 자신 있게 표현해보자.

★
EBS 여행영어 어플
'EBS 여행영어' 어플을 이용해 여행 중 필요한 영어 표현을 익히자. 교통, 식당, 쇼핑, 숙박 등 9가지 상황에 필요한 표현을 담고 있다. 외국인 발음도 들을 수 있어 유익하다.

#공항
맡기실 짐이 있으신가요?
Do you have any baggage to check?
몇 번 탑승구입니까? What's the gate number?
짐 찾는 곳은 어디입니까? Where can I get my luggage?

#기내
닭고기와 소고기가 있습니다. 뭘로 하시겠습니까?
We have chicken and beef. What would you like, sir?
닭고기(소고기)로 주세요. Chicken(Beef), please.
담요 좀 주시겠습니다. Can I have a blanket?
저녁 식사가 준비되면 깨워 주십시오.
Please wake me up when the dinner is ready.

#환전소
환전소는 어디에 있나요?
Where is the money exchange?
달러를 말레이시아 링깃으로 환전해 주세요.
Can you change dollars into RM(링깃)?
100달러를 환전하고 싶어요. I'd like to exchange $100.

#호텔
체크인(체크아웃)하고 싶습니다.
I'd like to check-in(check-out).
전망 좋은 방을 원합니다.
I'd like a room with a nice view.
제 방으로 요금을 청구해 주세요.
Please charge it to my room.
내일 아침에 깨워 주세요. I'd like a wake-up call.
2시까지 제 짐을 여기에 맡겨도 되나요?
Can I leave my bags here until 2:00?
에어컨이 고장 났습니다.
The air-conditioner is not working.

#교통
(택시에서) 이 주소로 가 주세요.
To this address, please.
KL 타워까지 얼마나 걸리나요?
How long does it take to go to the KL tower?

#레스토랑
6시에 2명 예약해 주세요.
I'd like to book a table for two at 6.
메뉴 좀 볼 수 있을까요? Can I see the menu?
추천해 줄 만한 게 있나요? What do you recommend?
이걸로 할게요. I will have this.
스테이크는 어떻게 익혀 드릴까요?
How would you like your steak?
중간으로 익혀 주세요. Medium well, please.
여기서 드실 건가요? 가지고 가실 건가요?
Is that for here or to go?

#쇼핑
그냥 구경하고 있어요. I'm just looking around.
재킷을 찾고 있어요. I'm looking for a jacket.
이걸로 할게요. I'll take this one.
입어봐도 될까요? Can I try this on?
이것으로 4사이즈 있나요? Do you have this in size 4?
제 신발 사이즈 좀 봐 주세요.
Plesase check my shoe size.
따로따로 포장해 주세요. Wrap them separately, please.
환불하고 싶어요. I'd like to get a refund.

#관광
관광안내소가 어디 있나요?
Where is the tourist information center?
시내 지도를 얻을 수 있나요? Can I have a city map?
제 사진 좀 찍어 주시겠어요?
Can you please take my picture?

#긴급 상황
지갑을 잃어버렸어요. I lost my purse.
지갑을 도둑맞았어요. I had my wallet stolen.
긴급 상황입니다. We have an emergency.
경찰을 불러요! Call the police!
당장 구급차를 보내주세요.
Send an ambulance right now, please.

Step to Malaysia 06
바하사(Bahasa) 말레이시아

간단한 말레이시아어로 현지인들과 소통해보아요!

#인사 & 간단 회화

안녕
Hai(하이), **Helo**(헬로)
안녕하세요
아침 **Selamat Pagi**(슬라맛 파기)
점심 **Selamat Tengahari**(슬라맛 틍가하리)
오후 **Selamat Petang**(슬라맛 프탕)
밤 **Selamat Maram**(슬라맛 마람)
안녕히 계세요
Selamat Tinggal(슬라맛 팅갈)
안녕히 주무세요
Selamat Tidur(슬라맛 티두르)
환영합니다
Selamat Datang(슬라맛 다탕)
잘가요
Selamat Tinga(슬라맛 팅가)
또 만나요
Jumpa Lagi(줌파 라기)
고맙습니다
Trima Kasih(트리마 까시)
천만에요
Sama-sama(사마사마)
네/아니오
Ya/Tidak(야/티닥)
실례합니다
Maafkan Saya(마프칸 사야)
미안합니다
Minta Maaf(민타 마앞)
도와주세요
Tolong(톨롱)
얼마예요?
Berapa?(브라빠?)
계산해주세요
Tolong Kira(톨롱 키라)
비싸요
Mahalnya(마할냐)
맛있어요
Enak/Sedap Sekali(에낙/스답 스칼리)

경찰/의사 불러주세요!
Panggil Polis!/Doktor!(팡길 뽈리스!/독토르!)
아파요
Saya Sakit(사야 사킷)

#유용한 단어 : 한국어 | 말레이어(발음) | 영어

열림/닫힘
Buka/Tutup(부카/투툽) | Open/Closed
입구/출구
Masuk/Keluar(마숙/켈루아) | Entrance/Exit
화장실
Tandas(탄다스) | Toilet
남자/여자
Lelaki/Perempuan(렐라키/프름푸안) | Men/Woman
멈춤
Berhenti(브르흔티) | Stop, Quit
가다
Pergi(퍼기) | Go
댐
Ampang(암팡) | Ampang
도시
Bandar(반다르) | Town
언덕
Bukit(부킷) | Hill
히비스커스
Bunga Raya(붕아 라야) | Hibiscus
궁전
Istana(이스타나) | Palace
마을
Kampung(깜풍) | Village
식당
Kedai Kopi/Kopitiam(크다이 코피/코피티암) | Coffee Shop
도로
Lebuh(르부) | Avenue
거리
Jalan(잘란) | Road/Street

골목
Lorong(로롱) | Lane

모스크
Masjid(마스짓) | Mosque

독립
Merdeka(메르데카) | Independent

국가, 국립
Negara(느가라) | National

광장
Padang(파당) | Field

해변
Pantai(판타이) | Beach

시장
Pasar(파사르) | Market

섬
Pulau(플라우) | Island

강
Sungai(숭아이) | River

산
Gunung(구눙) | Mountain

건물
Wisma(위즈마) | Building

#날짜

1월 | **Januari**(자누아리) | January
2월 | **Februari**(페부아리) | February
3월 | **Mac**(마쯔) | March
4월 | **April**(에이쁘릴) | April
5월 | **Mei**(메이) | May
6월 | **Jun**(준) | June
7월 | **Julai**(줄라이) | July
8월 | **Ogos**(오고스) | August
9월 | **September**(셉뗌버) | September
10월 | **Oktober**(옥또버르) | October
11월 | **Novemvber**(노뻼버르) | November
12월 | **Disember**(디셈버르) | December

#요일

월요일 | **Isnin**(이스닌) | Monday
화요일 | **Selasa**(슬라-사) | Tuesday
수요일 | **Rabu**(라부) | Wednesday
목요일 | **Khamis**(카미스) | Thursday
금요일 | **Jumaat**(주마앗) | Friday
토요일 | **Sabtu**(삽뚜) | Saturday
일요일 | **Ahad**(아하드) | Sunday

#숫자

0 | **Kosong**(꼬송) | Zero
1 | **Satu**(사뚜) | One
2 | **Dua**(두아) | Two
3 | **Tiga**(띠가) | Three
4 | **Empat**(음팟) | Four
5 | **Lima**(리마) | Five
6 | **Enam**(으남) | Six
7 | **Tujuh**(뚜주) | Seven
8 | **Lapan**(라빤) | Eight
9 | **Sembilan**(슴빌란) | Nine
10 | **Sepuluh**(스뿔루) | Ten
11 | **Sebelas**(스벌라스) | Eleven
12 | **Dua Belas**(두아 블라스) | Twelve
13 | **Tiga Belas**(띠가 블라스) | Thirteen
14 | **Empat Belas**(음팟 블라스) | Fourteen
15 | **Lima Belas**(리마 블라스) | Fifteen
20 | **Dua Puluh**(두아 뿔루) | Twenty
21 | **Dua Puluh Satu**(두아 뿔루 사뚜) | Twenty-one
30 | **Tiga Puluh**(띠가 뿔루) | Thirty
40 | **Empat Puluh**(음팟 뿔루) | Forty
50 | **Lima Puluh**(리마 뿔루) | Fifty
100 | **Seratus**(스라뚜스) | One Hundred
200 | **Dua Ratus**(두아 라뚜스) | Two Hundred
1000 | **Seribu**(스리부) | One Thousand
2000 | **Dua Ribu**(두아 리부) | Two Thousand

SELF TRAVEL 세계여행 가이드북 시리즈

한국인이 쓴 한국인을 위한 셀프트래블은 실속 있고 감성적인 여행정보를 담은 프리미엄 가이드북입니다.

SELF TRAVEL 의 장점!

① 휴대용 미니 맵북은 물론 지역별 상세지도, 손지도 수록

② 한국인이 직접 쓴 맞춤 셀프트래블이 가능한, 프리미엄 가이드북

③ 나라별 특성에 맞춰 테마별, 동선별 가이드와 핵심 코스를 구성하여 제시

www.esangsang.co.kr

상상출판

코타포유

코타키나발루 여행/호텔은 코타포유만 쿨~!

코타유일 스르방 반딧불,
만따나니섬, 바다낚시
스쿠버다이빙 체험 등
제일 재밌고 다양한 투어!
호텔/리조트까지
최저가로 만나보세요~

코타포유 카페 바로가기!

NAVER에서 **코타포유** 를 검색해 보세요~

카페 http://cafe.naver.com/speedplanner
홈페이지 http://tourmy.co.kr

투말포

쿠알라룸푸르 여행/호텔은 투말포만 핫~!

퍼펙트반딧불,
퍼펙트말라카,
퍼펙트GET투어 등
제일 재밌고 알찬 투어!
호텔까지 최저가로 만나보세요~

투말포 카페 바로가기!

NAVER에서 **투말포** 를 검색해 보세요~

카페 http://cafe.naver.com/lsh1020
홈페이지 http://tourmy.co.kr

tour malaysia 4U 투말포
조인투어 할인쿠폰
퍼펙트시티반딧불투어
5 % 할인
유효기간 : 2018.12.31 까지
(1인 1회, 타 쿠폰이나 할인과 중복불가)

tour malaysia 4U 투말포
조인투어 할인쿠폰
퍼펙트말라카투어
5 % 할인
유효기간 : 2018.12.31 까지
(1인 1회, 타 쿠폰이나 할인과 중복불가)

tour malaysia 4U 투말포
조인투어 할인쿠폰
퍼펙트GET(겟)투어
5 % 할인
유효기간 : 2018.12.31 까지
(1인 1회, 타 쿠폰이나 할인과 중복불가)

tour malaysia 4U 투말포
단독투어 할인쿠폰
시티반딧불 투어
50 RM 할인
유효기간 : 2018.12.31 까지
(1인 1회, 타 쿠폰이나 할인과 중복불가)

tour malaysia 4U 투말포
단독투어 할인쿠폰
말라카 투어
50 RM 할인
유효기간 : 2018.12.31 까지
(1인 1회, 타 쿠폰이나 할인과 중복불가)

tour malaysia 4U 투말포
단독투어 할인쿠폰
출국일패키지 투어
50 RM 할인
유효기간 : 2018.12.31 까지
(1인 1회, 타 쿠폰이나 할인과 중복불가)

tour malaysia 4U 투말포
스파/마사지 할인쿠폰
조조바스파(jojoba spa)
50 RM 할인
유효기간 : 2018.12.31 까지
(1인 1회, 타 쿠폰이나 할인과 중복불가)

tour malaysia 4U 투말포
스파/마사지 할인쿠폰
아람스파(alam spa)
10 % 할인
유효기간 : 2018.12.31 까지
(1인 1회, 타 쿠폰이나 할인과 중복불가)